유아교육기관평가

이기숙·강수경

창지사

머리말

우리나라는 영유아교육에 대한 관심을 기울이게 되면서 유아교육기관의 양적인 팽창이 이루어짐과 동시에 질적 수준에 대한 관심이 급증하고 있습니다. 이러한 과정에서 유아교육기관평가는 유아교육의 질 개선과 책무성 이행을 촉진하기 위한 방법으로 관심을 받고 있으며, 많은 국가들은 각 국가의 실정에 적합한 형태의 유아교육기관평가를 실시하고 있습니다. OECD국가들의 정책에서도 유아교육과 보호의 질적 개선에 많은 중점을 두고 있으며, 많은 연구들은 유아교육의 질이 유아의 발달에 매우 중요함을 강조하고 있고, 1980년대 이후 미국과 호주 등에서 평가인증제를 실시하기 시작하였습니다. 유아교육기관평가는 유아교육기관에서 이루어지는 유아교육의 질과 관련된 다양한 요인들을 평가함으로써 프로그램의 교육목표 수행 여부는 물론, 프로그램의 효과를 검증하며, 수정·보완이 필요한 부분에 대해 찾아내어 이를 개선해 나가는 중요한 과정이라고 할 수 있습니다.

최근에는 영유아 교육의 질적 요인들을 탐색하면서 그 실제를 평가할 수 있는 인증 기준들이 개발되었고, 우리나라에서도 국가 수준에서 유아교육기관을 평가하기 시작하였습니다. 이제 유아교육기관평가는 선택이 아닌 필수적인 요소로 인식되고 있습니다. 우리나라의 경우 유치원은 시범평가를 거쳐 평가 2주기를 맞이하고 있고 어린이집은 이미 2005년 시범평가 이후 어린이집 평가인증을 실시하여 이제는 거의 모든 어린이집의 질적인 평가로서 자리 잡아 가고 있습니다. 즉, 평가는 현장의 의견을 수렴해 나가면서 기관의 질 개선뿐 아니라 영유아들의 교육을 담당하는 교사들에게 실질적인 도움을 줌으로써 전문성을 향상시킬 수 있습니다. 또한 유아교육기관평가는 부모님들께 올바른 정보를 제공하고 선택권을 줄 수 있는 장점을 가지고 있습니다. 교육의 질적 개선, 교사의 수업개선을 위해서 이루어지고 최종적으로는 '유아'에게 행복을 주는 질 높은 교육을 하는 것이 평가의 목적이라고 볼 수 있습니다. 하지만 평가결과, 교사들은 평가가 반드시 필요하지만 평가에 대한 준비의 부족과 올바른 인식 부족으로 인하여 많은 어려움을 겪고 있습니다. 이에 따라 국내와 국외의 유아교육기관평가의 평가과정과 지표를 분석하여 이들이 어떤 철학적 배경과 개념을 가지고 출발하였고, 교육의 질적인 요소와 어떻게 연관이 되어 있는지에 대해 알아보는 것이 필요합니다.

본서의 특징은 유아교육기관평가의 개념 및 연구동향을 포함한 이론적 기초를 제시하고, 국내의 평가와 외국의 평가절차와 방법을 자세히 소개한 후 평가관련 연구동향을 소개하였다는 점입니다. 또한 국내와 국외의 대표적 평가지표를 제시하여 각 나라별 특성 및 맥락에 맞는 평가지표 개발을 위한 근거 및 기초자료를 제시해 주려고 노력하였습니다.

이를 구체적으로 살펴보면, 1부의 유아교육기관평가의 개념과 연구동향에서는 유아교육기관평가의 배경과 개념뿐 아니라 유아교육기관평가에 영향을 미친 학교평가의 배경 및 개념을 설명하였습니다. 또한 유아교육기관평가의 지표를 구성하기 위한 이론적 기반이 되는 유아교육의 질적 요인 가운데, 구조적인 질과 과정적인 질에 대해 기술하고 관련연구들을 분석하였습니다. 2부에서는 우리나라 유아교육기관평가로 유치원 평가와 어린이집 평가의 배경 및 목적, 평가과정 및 절차, 평가영역 및 지표를 자세히 설명하였고 관련연구의 동향을 분석하고자 하였습니다. 3부에서는 우리나라 유아교육기관평가에 영향을 주었던 국외 유아교육기관평가로 미국과 호주의 평가배경 및 목적, 평가과정 및 절차, 평가영역 및 지표를 설명하고 각각의 기관평가 유형에서 얻을 수 있는 시사점을 파악하도록 하였습니다. 부록에는 미국 NAEYC의 일부 평가지표와 호주ACECQA의 평가지표, 국내 평가로서 유치원 제2주기 평가지표와 어린이집 평가인증 지표를 수록하였습니다.

본서는 유아교육기관평가의 모든 내용을 담기 위해 지속적으로 연구동향과 평가

동향을 파악하여 수정하면서 자료를 구성하였습니다. 외국의 평가절차 및 과정에서 용어가 다소 생소하거나 어려울 수 있는 부분은 원어와 한글번역을 함께 사용하여 이해를 도우려고 노력하였습니다. 유아교육기관에서 평가를 준비하는 원장 및 교사, 유아교육기관평가에 관심이 있는 대학원생, 대학의 강의 교재 등 유아교육 관련 분야의 모든 사람들에게 작은 도움이 되길 바랍니다. 아울러 유아교육의 질적인 발전을 위하여 이 책의 출판을 기꺼이 맡아주신 창지사에 깊은 감사를 드립니다.

2012년 4월

저자 일동

차례

머리말 / 3

Part 01. 유아교육기관평가의 개념 및 연구동향 _ 9

chapter 01 유아교육기관평가의 필요성 및 개념 11

1. 유아교육기관평가의 배경 및 개념 11
2. 학교평가의 배경 및 개념 14

chapter 02 유아교육기관의 질적 요인과 연구동향 25

1. 구조적 질 27
2. 과정적 질 41

Part 02. 우리나라의 유아교육기관평가 _ 53

chapter 03 유치원 평가 55

1. 평가의 배경 및 목적 55
2. 제1주기(2008~2010) 유치원 평가 57
3. 제2주기(2011~2013) 유치원 평가 69

chapter 04 어린이집 평가 73

1. 평가의 배경 및 목적 73
2. 평가과정 및 절차 75
3. 평가영역 및 지표 91

chapter 05 우리나라 유치원·어린이집 평가관련 연구 95

1. 유치원 평가관련 연구 95
2. 어린이집 평가관련 연구 110

Part 03. 외국의 유아교육기관평가 _ 125

chapter 06 미국(NAEYC)의 유아교육기관평가 ······ 127

1. 평가의 배경 및 목적 ······ 128
2. 평가과정 및 절차 ······ 130
3. 평가영역 및 지표 ······ 138
4. 시사점 ······ 184

chapter 07 호주의 유아교육기관평가 ······ 187

1. NCAC의 평가 시스템 ······ 188
2. ACECQA의 평가 시스템 ······ 204
3. 시사점 ······ 211

chapter 08 외국의 평가관련 연구 ······ 215

부록 _ 225

부록 1 유치원 평가지표 ······ 227

부록 2 어린이집 평가지표(40인 이상) ······ 248

부록 3 미국 NAEYC의 인증평가지표 ······ 265

부록 4 호주 ACECQA의 평가지표 ······ 274

참고 문헌 _ 279

유아교육기관평가의 개념 및 연구동향

P·A·R·T 01

CHAPTER 01 유아교육기관평가의 필요성 및 개념

CHAPTER 02 유아교육기관의 질적 요인과 연구동향

CHAPTER 01

유아교육기관평가의 필요성 및 개념

1. 유아교육기관평가의 배경 및 개념

유아교육에 대한 관심이 증가하면서 유아교육기관의 양적인 성장뿐만 아니라 질적 수준에 대한 관심이 급증하고 있다. 이러한 과정에서 유아교육기관평가는 유아교육의 질 개선과 책무성 이행을 촉진하기 위한 방법으로 관심을 받고 있으며, 많은 국가들은 각 국가의 실정에 적합한 형태의 유아교육기관평가를 실시하고 있다. 우리나라는 유아교육기관평가로서 유치원과 어린이집의 질적인 향상을 도모하고자 국가 수준에서 평가를 실시하고 있다. 사실 초·중등의 경우 2011년 개정된 교육법에 의하면 '기관평가'라 함은 지방교육행정기관에 대한 평가를 말하는 것으로써 특별시·광역시·도교육청과 하급교육행정기관을 대상으로 한다. '학교평가'는 국·공·사립의 초등학교·중학교·고등학교 및 특수학교를 대상으로 학교를 평가하는 것을 말한다. 그러나 유아교육기관은 아직까지 학교라는 말을 사용하고 있지 않기 때문에 학교평가라는 말 대신에 유치원 평가와 어린이집 평가인증이라는 용어를 사용하며 이를 통틀어서 유아교육기관평가라는 용어를 사용하고 있다.

즉, 여성가족부에서 2005년도 시범운영을 시작으로, 현재 보건복지부가 한국보육진흥원에 위탁하여 시행하고 있는 어린이집 평가인증제와 교육과학기술부에서 2007년 시범평가를 거쳐 2008년부터 실시되고 있는 유치원 평가가 그것이다. OECD 국가들의 정책에서도 유아교육과 보호의 질적 개선에 많은 중점을 두고 있으면서 최근의 많은 연구들이 유아교육의 질이 유아의 발달에 매우 중요함을 강조하고 있는데, 이 중에는 질이 낮은 유아교육프로그램을 경험한 유아들이 언어, 사회 및 행동발달에서 어려움이 많은 것으로 보고되고 있다(Bowman et al., 2000; Cost, Quality and Child Outcomes Study Team, 1999; NICHD, 1997).

대부분의 국가들이 인정하고 있는 질에 대한 기준들을 살펴보면 질은 상대적인 것이며 보편적이지는 않다(Dahlberg, Moss & Pence, 1999). 국가가 유아들을 대상으로 정한 목표를 바라보는 사회의 관점이 다르고, 강조하는 바도 다르기 때문이다. 또한 한 국가 내에서도 시골과 도시지역, 공립과 사립기관, 사회경제적 혹은 다문화적 상황, 부모요인, 심지어는 부처 간에도 그 기준과 목표가 다르기 때문이다. 그러한 의미에서 현재 유아교육기관의 평가는 주로 국가기준을 준거로 이루어지고 있지만 국가적 차원의 평가에 무조건 복종하는 경향에서 점차 지방의 책임과 교사들의 전문성을 신뢰하는 방향으로 바뀌고 있다. 즉, 국가가 중앙집권적으로 시행하고 외부 장학에 의존하던 방식으로부터 벗어나 전체적인 지도와 감독 수준에 그치고 지방정부의 통제와 관리체제로 그 권한과 책임을 이양하고 있는 추세이다(OECD, 2001, 2006).

국가적인 차원, 혹은 민간단체의 차원에서 자발적인 기준, 윤리강령, 지침, 권고사항을 마련하고 자발적인 인증과 질 개선을 지원하기 위하여 시행되고 있는 유아교육기관평가의 대표적인 평가체제는 미국의 NAEYC와 호주의 NCAC라고 할 수 있다(OECD, 2001). 유아교육기관의 평가를 위해 미국에서 널리 사용되고 있는 NAEYC 인증제는 1984년부터 시작되어 그 후 계속 개정을 해 나가고 있다(1984, 1991, 1998, 2006). 우리나라 어린이집 평가인증 개발의 주요 모델이 되었으며 미국 NAEYC 지침서와 ECERS 평가도구를 토대로 만들어진 호주의 NCAC 평가인증제도는 오늘날 국가 품질인증제도로 알려지면서 호주의 전국적인 형성평가도구로 주목받고 있으며 폭넓게 사용되고 있다. 이러한 평가체제를 통하여 많은 연구들은 그동안 인증지표를 사용해 평가를 받은 유아교육기관의 질이 향상되었다고 보고하고 있다(Goffin, 2002;

NAEYC, 1999; Whitebook, Sakai & Howes, 1997). 2005년도 우리나라 어린이집 평가인증을 획득한 671개 어린이집을 대상으로 평가인증참여 효과를 분석한 결과에서도 응답자의 77.4%가 향상되었다고 답하여, 전반적으로 평가에 참여한 것이 어린이집의 질적 수준 향상에 효과적이었음을 보고하고 있다(이은해, 유희정, 김온기, 2006). 또한 유치원 평가에서도 2007년 9월 시행된 유치원 시범평가에 대한 연구를 통하여 개선되어야 할 문제점들에 대한 지적과 함께 유치원의 운영실태 진단과 개선방안 제안을 통한 책무성 강화와 유치원의 질적 수준 향상에 대해 긍정적인 보고를 하고 있다(임정호, 2009). 유아교육기관에 대한 평가가 실시되어야 하는 이유를 몇 가지 정리해 보면 다음과 같다(이기숙 외, 2002).

첫째, 유아교육기관의 평가는 기관의 질적인 향상을 유도할 수 있는 안내자의 역할을 할 수 있다. 둘째, 유아교육기관에 대한 평가의 실시는 기관의 질 개선뿐 아니라 영유아들의 교육을 실질적으로 담당하는 교사들의 전문성을 향상시킬 수 있다. 셋째, 유아교육기관에 대한 평가의 실시는 유아교육의 질을 체계적으로 관리하는 일련의 정책이 될 수 있다. 넷째, 유아교육기관에 대한 평가를 실시함으로써 우리 사회가 요구하고 있는 질 높은 교육과 보육을 유아들에게 제공할 수 있다. 이러한 시점에서 유아교육기관에 대한 평가의 실시는 부모들에게 질 높은 기관을 변별할 수 있는 기준을 제시해 주고, 나아가 우리나라 유아교육의 질 향상을 가져오게 하고 영유아들에게 질 높은 경험을 제공해 줄 수 있는 정책의 기반을 마련할 수 있게 한다.

이러한 유아교육기관평가의 필요성에 비추어 볼 때 유아교육기관평가의 개념은 유아교육기관에서 이루어지는 유아교육의 질과 관련된 다양한 요인들을 평가함으로써 프로그램의 교육목표 수행 여부는 물론, 프로그램의 효과를 검증하며, 수정·보완이 필요한 부분에 대해 찾아내어 이를 개선해 나가는 과정이라고 말할 수 있다. 교육과학기술부는 유치원 평가의 목적을 크게 두 가지로 정의하고 있다(교육과학기술부, 2011).

유아교육 서비스의 질적 수준을 제고

- 교육과정 내실화 및 종일제 운영 등을 지원하기 위한 유치원 운영관리 시스템 개선
  - 교사의 수업 능력 향상을 지원할 수 있는 원장의 역량 제고

- 평가 결과 환류를 통하여 서비스 수준을 진단하고 개선방안 제안

| 학부모의 알 권리를 보장하고, 유치원 선택권을 확대

- 평가 결과 공개와 개선사항 홍보를 통해 유치원에 대한 정보제공
- 우수유치원에 대한 인센티브 제공 등을 통해 유치원 간 선의의 경쟁 촉진

유아교육기관평가의 개념은 또한 학교평가의 개념과 같은 맥락을 가지고 있다. 학교평가가 일찍이 초·중등학교를 중심으로 이루어져 오고 있으며, 유아교육도 2007년부터 이러한 학교평가의 차원에서 평가에 대한 정책을 시·도교육청을 중심으로 하여 본격적으로 시작하고 있다. 이에 학교평가의 개념 및 배경을 살펴보는 것은 유아교육기관평가를 이해하기 위해 필요한 일이라고 할 수 있다.

2. 학교평가의 배경 및 개념

학교평가는 단위학교의 교육 수준, 강점 및 약점에 관한 정보를 수집하고, 이를 토대로 학교교육을 개선하기 위해 수행된다. 평가의 의미를 살펴보면, Tyler(1949)는 교육목표들이 실현되는 정도를 규명하는 과정이라고 정의하였고, 김성열(1999)은 학교라는 기관에 대한 평가로서, 단위기관으로서의 학교가 교육목표의 달성 및 교육적 가치를 창출, 성취, 변형하기 위해 올바른 방향으로 기능하고 있는가를 평가하는 것이라고 정의하였다. 곽병선 등(2000)은 효과적인 학교 교육활동을 수행하기 위해 개별 교육여건을 조성하고 그 과정과 성과를 점검하는 일련의 과정이라고 하였다. 그러나 학교를 단위로 하는 평가가 그 취지나 방식, 범위 등에서 다양하게 이루어질 수 있는 만큼 그 의미는 여전히 모호한 것이라고 설명하는 입장도 있다(백순근, 1994).

한국교육개발원에서 주관하는 학교평가의 목적은 크게 세 가지로 규정되고 있다(백순근, 2003; 한국교육개발원, 2001). 첫째, 단위학교의 개선 노력을 지원하기 위해 평가대상 학교의 현 상황을 진단해 주기 위한 것, 둘째, 국가 수준에서 학교교육 전반에 대한 질을 점검하고 학교교육과 관련되는 국가 수준의 정책들이 단위학교 차원에

서 어떠한 효과를 발휘하는지를 파악하기 위한 것, 셋째, 평가의 과정과 결과를 통해 교사나 학교, 양성기관 등 학교교육 관련 주체들 간의 정보 교류를 활성화하기 위한 것이다.

이상의 학자들의 논의를 종합해 볼 때 학교평가란 교육의 목적과 가치를 실현하기 위하여 단위학교가 올바른 방향으로 기능하고 있는가를 평가해 보는 활동이라고 할 수 있다. 또한 이러한 평가를 통해 학교교육의 질 제고를 위하여 교육활동의 제반 여건을 조성하고 개선을 유도하는 일련의 과정이라고 정의할 수 있을 것이다.

우리나라에서는 1995년 5월 31일 교육개혁위원회가 '신교육체제 수립을 위한 교육개혁 방안'에서 교육개혁 과제의 하나로 학교평가 실시를 제안한 이후, 1997년부터 시·도교육청에서 학교평가가 시행되기 시작하였다. 국가 수준의 학교평가를 위하여 법적 근거 조항으로서 초·중등 교육법 제9조 제2항(1997. 12. 13)이 마련되었고, 제정 이후에 조항에 따라 약간씩 수정이 되어오고 있다. 2005년에 처음으로 공통평가지표가 개발되어 2006년부터 학교평가 공통평가지표를 제시하고 이를 시·도교육청에서 공통으로 적용하도록 하고 있다. 따라서 2006년부터는 모든 초·중·고등학교가 3년을 주기로 학교평가를 받고 있다. 한국교육개발원은 2005년과 2006년에 당시 교육인적자원부의 위탁을 받아 「학교평가 공통지표」와 「학교평가 공통지표 매뉴얼」을 개발하였다.

초·중등교육법 제9조(일부개정 2011.9.30 법률 제11065호 시행일 2011.12.31)

제9조(평가)

① 교육과학기술부장관은 학교에 재학 중인 학생의 학업성취도를 측정하기 위한 평가를 실시할 수 있다. 〈개정 2001.1.29, 2008.2.29〉

② 교육과학기술부장관은 교육행정의 효율적 수행을 위하여 필요한 경우에는 지방자치단체의 교육·과학·기술·체육 기타 학예에 관한 사무를 관장하는 지방교육행정기관과 학교에 대하여 평가를 실시할 수 있다. 〈개정 2001.1.29, 2008.2.29〉

③ 제2항의 규정에 의한 평가의 대상·기준 및 절차와 평가결과의 공개 등에 관하여 필요한 사항은 대통령령으로 정한다.

④ 평가대상기관의 장은 특별한 사유가 있는 경우를 제외하고는 제1항 및 제2항의 규정에 의한 평가에 응하여야 한다.

초·중등교육법시행령(일부개정 2011.9.30.대통령령 제23184호)

제11조(평가의 대상)

① 법 제9조제2항에 따른 지방교육행정기관에 대한 평가(이하 "기관평가"라 한다)는 특별시·광역시·도·특별자치도(이하 "시·도"라 한다) 교육청과 하급교육행정기관을 대상으로 한다.

② 법 제9조제2항에 따른 학교에 대한 평가(이하 "학교평가"라 한다)는 국·공·사립의 초등학교·중학교·고등학교 및 특수학교를 대상으로 하되, 학생 수, 지역의 실정 등 학교 특성에 따라 학교를 구분하여 평가할 수 있다.

[전문개정 2011.3.18]

제12조(평가의 기준)

① 기관평가는 다음 각 호의 사항을 기준으로 실시한다.

1. 예산의 편성 및 운용
2. 학교 및 교육기관의 설치·운영
3. 학교 교육 지원 및 교육 성과
4. 학생 및 교원의 교육 복지
5. 그 밖에 지방자치단체의 교육행정에 관한 사항으로서 교육과학기술부장관이 필요하다고 인정하는 사항

② 학교평가는 다음 각 호의 사항을 기준으로 실시한다.

1. 교육과정 운영 및 교수·학습 방법
2. 교육 활동 및 교육 성과
3. 그 밖에 학교운영에 관한 사항으로서 교육과학기술부장관이 필요하다고 인정하는 사항

[전문개정 2011.3.18]

제13조(평가의 절차·공개 등)

① 교육과학기술부장관은 매 학년도 개시 전까지 기관평가 및 학교평가에 관한 기본계획을 수립하여 이를 공표하여야 한다. 〈개정 2001.1.29, 2008.2.29〉

② 기관평가는 서면평가, 현장평가, 설문조사, 관계자 면담 등의 방법으로 할 수 있다. 〈개정 2011.3.18〉

③ 학교평가는 법 제30조의 4에 따른 교육정보시스템에 저장된 자료, 「교육관련기관의 정보공개에 관한 특례법」 제5조에 따른 공시정보 등을 이용한 정량(定量)평가의 방법으로 한다. 다만, 정량평가만으로 정확한 평가가 어렵다고 인정되는 경우에는 정성(定性)평가의 방법을 병행할 수 있다. 〈신설 2011.3.18 〉

④ 교육과학기술부장관은 특히 필요하다고 인정하는 경우를 제외하고는 평가결과를 공개하여야 한다. 〈개정 2001.1.29, 2008.2.29, 2011.3.18〉

⑤ 기관평가 및 학교평가에 관하여 기타 필요한 사항은 교육과학기술부장관이 정한다. 〈개정 2001.1.29, 2008.2.29〉

현재 교육청별로 실시되고 있는 학교평가의 목적은 단위학교의 교육적 책무성과 전문성 증진이라고 할 수 있다. 이는 2009년 현재 시·도교육청별 학교평가 문서에 제시되고 있는 여러 목적 중 대부분의 시·도에서 공통적으로 제시한 목적이다(김정민 외, 2009). 이에 따라, 교육과학기술부(2010)는 시·도교육청의 학교평가 지원 및 연계 체제 구축, 학교평가 질 향상과 학교교육의 책무성 제고를 목적으로 학교평가 정책을 수립하고 있다.

1) 학교평가지표의 개념

학교의 가치 또는 특징을 평가하기 위해서 선정된 평가준거(또는 평가질문)와 관련하여 학교가 실천한 수행 결과와 특징을 나타내는 근거는 수없이 많을 수 있다. 이러한 근거 중에서 평가준거에 비추어 학교의 가치 또는 특징을 평가하기 위하여 선정된 양적, 질적 근거가 학교평가지표에 해당된다. 지표가 주로 통계치 등 양적 특성을 가지는 것으로 정의되고 있지만 최근에 교육 시스템의 수행 특성을 나타내는 질적 지표도 강조되고 있다. 예를 들면, 학교교육계획서의 특징 등이 질적 지표의 한 예이다(한국교육개발원, 2010).

2) 학교평가지표 체계의 사례

• 영국 교육기준청(OFSTED) 학교평가지표

영국은 국가 수준 학교평가의 오랜 전통을 가지고 있으며 학교평가는 교육기준청(OFSTED : Office for Standards in Education)에서 담당하고 있다. 영국의 학교평가 경우는 학생의 성취를 교육의 결과로 하여 평가의 중심에 놓고 이러한 성취에 기여하는 요소로서 교육의 과정과 경영활동을 평가하고 있다.

영국 교육기준청(OFSTED)은 학교평가를 통해 궁극적으로는 "학교가 얼마나 효과적이며, 왜 그런가?"에 대한 답을 얻고자 한다. 학교의 효과성을 판단하기 위해 평가위원들은 아래 핵심 질문들을 활용한다. 평가를 통해 알고자 하는 내용을 핵심 질문 형태로 명확하고 간결하게 제시한 것은 우리나라 학교평가에 시사하는 바가 크다.

우선 평가를 통해 답을 얻고자 하는 문제가 명확하며, 그 내용이 산발적이지 않고, 하나의 질문을 중심으로 얼개를 이루는 10가지 핵심 질문을 가진다는 장점을 가지고 있다(한국교육개발원, 2010).

〈표 1-1〉 영국의 학교평가를 위한 주요 질문(준거)

핵심평가질문
• 학교의 효율성
1. 학교가 얼마나 성공적인가?
2. 학교가 개선해야 할 부분은 무엇인가?
• 학생들의 성취 수준
3.1 교과영역에서 학생들의 성취 수준은 어느 정도인가?
3.2 학생들의 태도, 가치관, 인성 발달수준은 어느 정도인가?
• 학교가 제공하는 교육의 질
4. 교수-학습 활동이 효과적으로 이루어지고 있는가?
5. 교육과정은 학생들의 요구를 얼마나 잘 충족시켜 주고 있는가?
6. 학생들을 위한 지원, 상담 활동은 잘 이루어지고 있는가?
7. 학교는 학부모, 지역사회와의 파트너십을 유지하며 일하고 있는가?
• 리더십과 경영
8. 학교장은 리더십을 발휘하고 있으며 학교는 잘 운영되고 있는가?
9. 교과영역에서 교육의 질은 어느 정도 확보되고 있는가?
10. 기타 영역에서 교육의 질은 어느 정도 확보되고 있는가?

출처 : 한국교육개발원(2010). 2010 학교평가 공통지표 매뉴얼, 연구자료 CRM 2010-33, p. 26.

영국의 학교평가팀 규모는 학교단계별, 유형별, 규모별로 다르며 OFSTED(교육기준청)에 의해 연수를 받고 그 자격이 인정된 인사들로 구성된다. 학교평가가 종료되면 평가팀은 평가결과보고서와 요약본을 작성하고 이것은 모든 학부모에게 보내지며 지방 언론사와 도서관에도 보내진다. 이러한 평가결과보고서에 따라 해당학교는 학교의 개선을 위한 실행계획을 세워야 하며, 개선되지 않을 경우 폐쇄조치까지 취할 수 있는 강력한 시스템을 가지고 있다.

그 외에 이루어지고 있는 학교평가의 주요사례들을 살펴보면 다음과 같다.

• 미국 NSSE(National Study of School Evaluation)의 학교평가지표

미국의 NSSE는 지역별 학교인증체제와 관련을 맺으면서 지난 60년 동안 실제 학교 간 차이를 만드는 교수-학습과 조직의 조건에 대한 경험적, 실증적 연구를 바탕으로 학교평가 준거를 개발하고 이를 계속해서 발전시켜오고 있다. 특히 학교가 제공하는 교육의 질을 향상시키기 위해서 학생의 성취와 학교의 성취를 주요 초점으로 정하고 있다.

• 뉴질랜드 교육평가청(ERO)의 학교평가지표

학교평가시스템의 역사가 오래되고 체계적이며 활발하게 학교평가가 잘 이루어지고 있는 곳으로 뉴질랜드를 들 수 있다. 뉴질랜드는 1989년에 교육개혁을 시작하면서 교육평가청(ERO : Education Review Office)을 설치하고 질 높은 학교평가를 통하여 교육의 질 개선을 지원·촉진하고 있다. 학교평가의 주요 영역 및 내용은 다음과 같다.

① 학생성취 : 학생의 학업성취도
② 학생과 학습의 연계성 : 교수의 질, 평가 및 평가 후의 환류, 학생복지, 학교와 가정의 연계 등
③ 지식, 기술, 가치 : 국가교육과정의 시행여부, 교육과정 설계 등
④ 학교운영과 경영 : 전문적 지도성, 학교관리, 자원관리, 인사관리, 학교교육계획, 반성과 발전 등

평가 후에는 교육평가청의 모든 보고서가 투명성과 책무성 보장을 위해 철저하게 공공에게 개방이 되도록 한다. 특히 학교평가 결과는 지방자치단체, 학부모, 교장, 교사, 학생이 공유하면서 교육의 질을 향상시키기 위해 노력한다(성기옥, 2005).

3) 한국교육개발원의 공통지표

한국교육개발원은 2005년과 2006년에 당시 교육인적자원부의 위탁을 받아 「학교평가 공통지표」와 「학교평가 공통지표 매뉴얼」을 개발하였다. 그 후 계속 연구된 「2010년 학교평가 공통지표 매뉴얼」은 학교평가 모형과 공통지표의 취지, 근거 수집 방법,

평정근거 등을 보다 구체적으로 제시함으로써 학교와 외부 평가위원이 현재의 학교 평가 모형과 공통지표를 정확하게 이해하고 적용하도록 보완한 것이다. 이는 현재 유치원을 제외한 초·중등학교의 평가에서 공통적으로 쓰이는 지표이다. 공통지표 구조모형은 다음과 같이 설정되었다(한국교육개발원, 2010).

- 학교의 총체적 모습(school as whole)을 평가할 수 있도록 하였고, 학교행정을 단순히 지원 기능으로 보기 보다는 경영적 기능을 강조하였다. 즉, 학교가 스스로 하고자 한 것을 얼마나 잘 성취하였는가를 분석·평가하고자 한다.
- 학교에서 일어나는 모든 활동은 학교목표 달성에 기여할 수 있을 때 그 타당성이 확보되며, 교육의 결과도 일차적으로는 학교의 목표에 비추어 그 질적 수준이 판단되어야 함을 부각하여, 학교가 수행하는 활동의 책무성을 강조하고 있다.

이와 같은 구조모형을 가지고 만들어진 공통지표의 선정기준은 다음과 같다.

〈내용적 기준〉

- 학교교육의 질(투입, 과정, 결과)을 종합적으로 판단할 수 있는 지표
- 학교가 책무성 체제를 갖추는 데 필요한 지표
- 학교의 시스템적 성격을 반영하는 지표
- 학교 혁신과 개선에 방향감을 줄 수 있는 지표
- 좋은 학교 특성에 대한 연구결과를 반영하는 지표
- 학교의 통제 가능한 변인에 해당하는 지표
- 일시적 자료 준비로는 분석할 수 없는 지표

〈기술적 기준〉

- 평가 근거 유형의 수를 최소화함
- 결과 근거 중심으로 판단할 수 있는 지표체계를 구성
- 질적 지표 중심으로 하되 질적 근거와 양적 근거를 모두 활용하여 판단할 수 있는 지표체계로 구성

초·중등학교평가는 1995년 5월 31일에 발표된 '신교육체제 수립을 위한 교육개혁 방안'에서 교육공급자를 평가하여 그 정보를 공개함으로써 학부모의 학교선택권을 보장하고, 교육수요자 중심 교육을 실현하기 위한 정책의 하나로 제안되었는데 학교교육의 질적 개선과 책무성 강화를 위해 현장에 도입되어 꾸준히 발전되어 왔으며, 학교교육의 질 보장 차원에서 학교교육의 실태 및 교육정책의 효과를 점검하고, 나아가 공교육의 내실화를 기하려는 취지하에 실시되고 있다. 2004년도부터는 국가수준의 학교평가와 시·도교육청이 주관하는 학교평가의 중복성을 피하기 위하여 국가와 시·도 간의 역할분담을 통해 학교평가시스템의 효율성을 제고하였다. 즉, 국가에서는 학교평가의 기획을 담당하고 공통지표를 개발·안내하는 데 비해 시·도 수준에서는 실제적인 학교평가를 실시하고 자체지표를 개발하여 활용하는 것이다(한국교육개발원, 2005).

학교평가의 지표 개발은 한국교육개발원 교육기관평가연구실에서 주로 하고, 최종 지표 확정 및 발표는 교육과학기술부에서 한다. 국가공통지표가 2006년에 21개 지표에서 → 2007년 19개 지표 → 2009년도부터는 14개 지표이다(각 시·도에서 6개 정도 자체지표를 포함하여 평균적으로 총 20개 정도가 된다〈한국교육개발원, 2008, 2009〉). 2010년 현재 공통지표는 학교 교육목표(2개 지표), 교육과정 및 방법(4개 지표), 교육성과관리(4개 지표), 교육경영(4개 지표)이라는 4개의 영역에 걸쳐 총 14개로 구성되어 있으며 교육청별 자체지표는 교육청에서 자체적으로 지역의 특성을 반영하여 자율적으로 개발하고 활용한다. 학교종합평가의 공통지표는 초·중등학교가 함께 사용하는 지표인데, 해마다 지표수가 줄어들고 있음을 알 수 있다.

〈표 1-2〉 '09(~'11)학년도 학교평가 공통평가 지표

평가 영역	평가 항목	평가지표	평가요소
학교 교육 목표	학교 교육 목표 및 전략	1. 학교 교육목표가 적합하게 설정되어 있는가?	1-1 학교 교육목표가 학생의 지적, 정의적, 신체적 발달을 조화롭게 포괄하고 있다.
			1-2 학교 교육목표는 학생, 학부모, 지역사회의 특성 및 요구를 반영하고 있다.
			1-3 학교 교육목표가 구체적으로 제시되어 있다.

		2. 학교 교육목표를 달성하기 위한 구체적인 실천 전략을 가지고 있는가?	2-1 학교 교육활동 및 경영 활동이 학교 교육목표 실현에 기여할 수 있도록 설계되었다.
			2-2 인적·물적 자원의 투입과 활용이 학교 교육목표 달성을 위해 적절하다.
			2-3 학교회계예산 편성 및 집행이 학교 교육목표 달성을 위해 적절하다.
교육 과정 및 방법	학생 이해 노력	3. 학생들의 특성을 신뢰롭고 타당하게 분석·활용하고 있는가?	3-1 지적 특성(지능, 적성, 사전성취수준 등)을 신뢰롭고 타당한 방법으로 분석·활용하고 있다.
			3-2 정의적 특성(학습동기, 직업진로, 인성 등)을 신뢰롭고 타당한 방법으로 분석·활용하고 있다.
			3-3 가정환경(물리적, 심리적 환경)을 신뢰롭고 타당한 방법으로 분석·활용하고 있다.
	교육 과정 편성 · 운영	4. 교육과정의 편성·운영이 학교 교육목표와 연계되어 있는가?	4-1 학교 교육과정의 편성·운영에 있어 학교 교육목표를 반영하고 있다.
			4-2 학교의 특성을 분석하여 학교 교육과정을 특색 있게 편성·운영하고 있다.
			4-3 학생의 인성함양을 위해 충분하고 효과적인 교육프로그램을 운영하고 있다.
		5. 학생의 학습 능력과 특성에 맞게 교과교육과정을 재구성하여 가르치고 있는가?	5-1 교과 목표와 내용을 학생 능력과 특성에 맞게 재구성하여 가르치고 있다.
			5-2 학습부진학생 지도계획, 실천, 지도결과에 대한 자체점검 및 후속조치가 체계적으로 이루어지고 있다.
		6. 학교 교육과정이 학생의 다양한 특기·적성계발 및 진로 성숙 요구를 충족할 수 있도록 편성·운영되고 있는가?	〈전체 학교〉 6-1 교과, 재량활동, 특별활동이 학생들의 다양한 특기·적성 계발 요구를 충족할 수 있도록 운영되고 있다.
			6-2 질 높은 다양한 방과 후 학교 프로그램을 제공하고 있다.
			〈일반계 고등학교〉 6-3 학생의 선택과목 요구를 잘 충족하고 있다. 〈전문계 고등학교〉 6-3 학과별 교과목이 학과의 특성에 비추어 볼 때 타당하다.
교육 성과 관리	교육 성과	7. 학생이 학교 교육목표를 달성하고 있는가?	7-1 학생들이 학업성취목표를 달성하고 있다.
			7-2 학생들의 무단결석 및 학업 중단율 등이 감소하고 있다.
			7-3 학생들이 건강체력등급 목표를 달성하고 있다.
			7-4 7-1~3 외의 학교 교육목표를 달성하고 있다.
		8. 학생 및 학부모가 학교 교육에 만족하고 있는가?	8-1 학생이 학교교육에 만족하고 있다.
			8-2 학부모가 학교교육에 만족하고 있다.

	평가 관리 및 활용	9. 교육결과에 대한 평가가 타당하고 신뢰롭게 이루어지고 적절하게 활용되고 있는가?	9-1 학업성적 관리(지필평가, 수행평가 등)가 공정하고 신뢰롭게 이루어지고 있다.
			9-2 각종 평가(국가 수준 학업성취도평가, 시·도교육청별 학업성취도평가 등)의 결과를 적절하게 활용하고 있다.
		10. 학교가 학교 교육활동(투입·과정·결과) 및 자녀의 학교생활(학습수준·적응도 등)을 학부모에게 알려 주고 있는가?	10-1 학교가 학교 교육활동 및 자녀의 학교생활을 학부모에게 알리는 내용이 이해하기 쉽고 방식이 다양하다.
			10-2 학교가 학교 정보를 정확하게 공시하고 있다.
교육 경영	학교구성원의 리더십 및 변화와 개선을 위한 노력	11. 학교구성원이 각자의 위치에서 리더십을 발휘하고 있는가?	11-1 교장이 리더십을 발휘하고 있다.
			11-2 교직원들이 각자의 직무수행 영역에서 리더십을 발휘하고 있다.
		12. 학교가 변화와 개선을 위하여 체계적인 노력을 기울이고 있는가?	12-1 학교가 중장기 발전계획을 가지고 있으며, 계획된 목표를 달성하고 있다.
			12-2 학교가 학교개선을 위해 자체평가를 체계적으로 실시하고, 평가의 결과를 합리적으로 활용하고 있다.
	전문적 공동체 구축 및 지역사회와의 관계	13. 학교 구성원들이 전문적 공동체 구축을 위한 노력을 기울이고 있는가?	13-1 교직의 전문성 신장을 위한 적절한 연수프로그램과 학습 조직이 활성화되어 있다.
			13-2 협동적 문제해결 사례가 학교의 개선과 변화에 기여하고 있다.
			13-3 교수 활동의 공개 및 투명성이 높다.
			13-4 교사들이 교수 활동에 전념할 수 있는 여건을 조성하고 있다.
		14. 학교가 지역사회와 호혜적인 협력 관계를 구축하고 있는가?	14-1 학교운영위원회가 학교운영에 실질적으로 기여하고 있다.
			14-2 학교와 지역사회가 바람직한 협력관계를 구축하고 있다.

C H A P T E R 02

유아교육기관의 질적 요인과 연구동향

유아교육기관의 질에 대한 정의는 국가별로 상당히 다르다. 이는 질의 개념이 모든 상황에 적용될 수 있는 단일의 개념으로 정의될 수 없으며 다양하기 때문이다. 유아교육의 질은 유아의 바람직한 성장과 발달에 직·간접적으로 영향을 미치는 모든 요인들에 의해 결정된다. 유아교육의 질적 요인들이 무엇인지는 학자들의 관점에 따라 조금씩 차이가 있다(Phillips & Howes, 1987). Vandell과 Wolfe(2000)는 「유아교육의 질적 문제에 대한 논의 : 유아교육의 질을 어떻게 측정할 수 있는가?」라는 논문에서 유아교육의 질은 구조적인 질과 과정적인 질로 나눌 수 있다고 규정하고 있다. 구조적 질(structure quality)은 교사 대 유아 비율, 학급의 크기, 교사의 학력과 경력, 교사의 임금과 안정성, 건물과 공간과 같은 물리적 환경 등을 포함한 규정 가능한 변인들을 의미한다. 대부분의 국가들은 주로 질의 구조적인 측면(예를 들면, 교사-유아 비율, 집단크기, 기관의 상태, 교사교육)에 관심을 기울인다(OECD, 2001). 과정적 질(process quality)은 건강과 안전, 발달적으로 적절한 자극, 교사와의 긍정적 상호작용, 개인의 정서발달에 대한 격려, 또래와의 긍정적인 관계 형성과 같이 프로그램을 진행하면서 이루어지는 요인을 의미한다(Howes, Phillips & Whitebook, 1992).

OECD보고서의 질 평가개념을 살펴보면 유아교육기관의 평가는 구조(재정, 교직원의 질 등)와 과정(상호작용, 교육적 관계 등), 교육과정의 목표달성에 초점을 두며, 주된 관심은 영유아를 실험하거나 검사하는 것보다 이러한 구조적, 과정적 질을 위해 행정적인 책무성과 함께 교사에 대한 형성평가에 초점을 둔다고 설명하고 있다(OECD, 2006).

요약하면, 유아교육기관의 질을 증진시키려는 노력은 크게 두 가지 범주로 구분되고 있다. 그중 하나는 물리적, 혹은 구조적 요인으로 교사 대 유아의 비율, 집단의 크기, 교사의 자격기준, 교사의 이직률 등 상황이 수량화되어 나타날 수 있는 요인들이 속하며 따라서 법으로 규제화시킬 수 있는 요인(학급크기, 물리적 환경, 교사 대 유아의 비율, 교사의 교육수준과 훈련정도, 교사의 경력, 교사의 급여, 교사의 안정성)들이다.

다른 하나는 환경구성 및 운영내용, 교육과정, 교사와 유아의 상호작용(교사와 유아 간 상호작용의 질, 교사의 민감성과 반응성, 교사-부모-동료-유아 간의 긍정적 의사소통, 발달적으로 적합한 활동과 경험 제공) 등과 같은 포괄적인 과정적 차원을 향상시키려는 것이다. 즉, 유아교육기관의 질 평가의 측면이 유아교육환경에서 일어나고 있는 역동적인 현상의 과정, 예를 들어 교사-유아, 유아-유아, 유아-교구의 상호작용, 교육과정 같은 과정적 차원을 향상시키려는 것이다.

이를 정리하면 다음과 같다.

구조적 질	과정적 질
• 학급크기, 물리적 환경 • 교사 대 유아 비율 • 교사의 교육수준과 훈련정도 • 교사의 경력 • 교사의 급여 • 교사의 안정성(이직률)	• 교사-유아 간 상호작용의 질 • 교사의 민감성과 반응성 • 교사-부모-동료-유아 간 긍정적 의사소통 • 발달적으로 적합한 활동과 경험 제공

[그림 2-1] 유아교육의 질적 요인

1. 구조적 질

유아교육기관의 구조적 측면의 질적 변인은 수량화할 수 있는 변인으로 환경의 유동적인 측면보다는 고정적인 측면을 평가하는 변인이다. 구조적 변인을 통한 프로그램 질 평가 연구들에서 높은 질의 환경에 있는 유아들이 더 나은 경험을 하고 있다는 증거를 제시하고 있다.

유아교육기관의 구조적 질을 측정하기 위해서는 ① 성인 대 유아의 비율 ② 집단크기 ③ 교사의 정규교육과 현직교육 ④ 교사의 임금 등이 주요한 요인이 된다. 특히 성인 대 유아 비율, 학급의 집단크기는 영유아보육과 교육에 결정적인 요소일 수 있으며, 교사요인은 영유아들에게 더욱 중대한 요인으로 작용할 수 있다. 이 중에서도 유아교육기관의 질을 개선하기 위해 유아 대 성인의 비율을 줄이는 것도 중요하지만, 그보다도 교사 경력을 늘리는 것이 유아교육기관의 비용 감소를 가져오고 또한 질 개선과도 관련이 있음이 밝혀짐으로써 교사의 질적 변인이 질에 중요한 요소임을 강조하고 있다(Howes et al., 1992; Vandell & Wolfe, 2000). 구조적 질의 변인으로 교사 대 유아의 비율과 학급크기, 교사의 학력과 경력 및 연령, 교사의 이직률, 교사의 임금, 물리적 환경을 살펴보면 다음과 같다.

1) 교사 대 유아의 비율과 학급크기

교사는 유아로 하여금 사회적·물리적 세계를 접할 수 있도록 해 주는 매개체 역할을 한다는 가정에서 볼 때 교사 대 유아의 비율은 매우 중요한 질적 변인 요소로 작용할 수 있다. OECD에서는 유아교육의 질을 평가하는 구조적인 준거의 하나로 교사 대 유아 비율을 제시하고 있으며, NAEYC에서는 발달에 적합한 유아교육프로그램의 바람직한 운영을 위해 개별화와 대상 유아의 연령에 적합한 교육경험을 제공하기 위한 최적의 학급크기를 고려해야 함을 주장한다. 미국유아교육협회에서 추천하는 교사 대 유아의 비율로, 기어 다니는 시기에는 집단의 크기가 6명을 넘지 않아야 하며, 걸음마 시기의 교사 대 유아 비율은 더 강화하고 있다. 영아(infant) 시기에는 1 : 3, 12~28개월까지는 6명인 경우 1 : 3, 12명 이내인 경우 1 : 4로 제한하고 있다. 유아기인 만 4~5세의 유아는 16명인 경우 1 : 8, 18명은 1 : 9, 20명은 1 : 10으로 최대 20명으로 제한하고 있고, 혼합연령 집단의 경우 가장 어린 유아를 위한 비율이 적용된다. 이 권장 비율은 40% 이상 초과하면 바람직한 교사-유아 상호작용과 교육과정 운영이 불가능하다는 연구보고도 있다(NAEYC, 2006). NAEYC의 평가인증 지표 가운데 운영지침과 절차 부분에서 제시하고 있는 교사 대 유아 비율은 다음 페이지의 표 2-1과 같다. NAEYC에서는 영유아기관 평가인증을 위해 교사 대 유아 비율을 제안하면서 교사 1인이 몇 명의 영유아와 있는가 하는 비율뿐 아니라 한 교실 안에서의 영유아 최대 집단크기를 제시하고 있다. 우리나라의 경우 정부에서 제안하고 있는 교사와 유아의 비율은 최소 적정 비율을 제시하고 있다고 할 수 있다. 그러나 교사와 유아의 비율에 따른 최대 집단크기를 제시하고 있지 않는 점은 자칫 오해를 불러일으켜서, 비율만 맞추면 얼마든지 한 교실에서 교사와 유아 수를 늘릴 수 있는 것으로 생각될 수 있는 점이 우려된다. 물론 저 연령층의 영아의 경우는 교사가 잠시도 눈을 뗄 수 없는 상황에서 반을 합하여 2인 이상의 교사가 있는 것이 효율적일 수 있다. 그러나 이때 최대 집단크기를 고려하지 않는다면 오히려 더 많은 문제점을 야기할 수 있다. 예를 들어 0세의 경우 교실의 수가 적어 한반에 교사와 영아가 4 : 12명이 있다고 가정할 때 1 : 3의 비율을 맞추고 있다고 할 수 있다. 그러나 이때 최대 집단크기가 커짐으로써 한반에 지나치게 많은 영아들이 있게 되면 효율적인 보육이 이루어지기 어렵다고 할 수 있다. 그러므로 현재 우리나라 유치원과 어린이집의 현실을 감안하여 그 질을 높이기 위해서는 무조건 반을 합치거나 대형 교실에 두 반을 넣도록 제안하기보다는 교사와 유아의 비율을 지키면서 보조 인력을 활용하는 방안 모색이나 최대 집단크기 안에서의 합반을 생각해 보도록 해야 할 것이다.

〈표 2-1〉 비율: 집단크기 내에서 교사ⓐ - 유아의 비율

연령 집단	영유아 집단크기									
	6	8	10	12	14	16	18	20	22	24
영아(0~15개월ⓑ)	1 : 3	1 : 4								
걸음마기(12~36개월)ⓑ										
12~28개월	1 : 3	1 : 4	1 : 4ⓒ	1 : 4						
21~36개월		1 : 4	1 : 5	1 : 6						
유아(Preschool)										
2.5~3세(30~48개월)				1 : 6	1 : 7	1 : 8	1 : 9			
4세						1 : 8	1 : 9	1 : 10		
5세						1 : 8	1 : 9	1 : 10		
유치원(Kindergarten)								1 : 10	1 : 11	1 : 12

ⓐ 이때 교사는 교사, 보조교사 등을 포함한다.

ⓑ 의도적으로 연령이 중첩된 범위이다. 혼합연령의 경우, 혼합연령의 대상이 된 가장 어린 연령의 비율을 따른다.

ⓒ 교사 : 유아 비율이 1 : 4이지만 이 연령에서 집단크기(유아 수)가 10인 경우에는 한 명의 (보조)교사가 더 있어야 한다. 즉, 집단크기는 교사의 수와 관계없이 지켜져야 한다.

위의 표에서 살펴본 바와 같이 이러한 최대 집단크기는 교사들의 수와는 관계없이 유아들의 최대 수이다. 비율과 집단크기는 NAEYC 인증을 위한 현장방문 중 항상 평가된다. 비율과 집단크기에 반드시 요구되는 기준은 아니나 각 교사에게 할당된 유아의 수를 초과하거나 최대 집단크기를 초과하는 프로그램은 각 표준을 충족시키기가 어려워 NAEYC 인증을 받기가 힘들 수 있다. 유아 수가 더 많이 초과될수록 각 표준을 충족시키기가 더 어렵게 된다.

미국 어린이집 관리규정에 의한 2006년 보고서에 의하면 영아기는 1 : 4, 걸음마기는 1 : 6, 학령 전 유아는 1 : 10으로 학급당 최대 유아 수는 영아기에 8명, 걸음마기는 12명, 학령 전 유아는 20명으로 제한하고 있다(National Association for Regulatory Administration and National Child Care Information Center, 2006). 교사-유아 비율과 유아발달과의 관계를 살펴본 연구(Phillips, Scarr & McCarteny, 1987)에서는 교사 대 유아의 비율이 더 낮을수록 또래 또는 성인과의 관계에서 사회적 유능성이 더 높은 것으로 나타났다.

교사 대 유아 비율과 마찬가지로 학급규모는 교육의 구조적 질을 나타내는 중요한 지표이다. 우리나라에서는 2004년 유아교육법 제정과 2005년 유아교육법 시행령이 제정되면서 법률적으로 유치원의 학급당 유아 수에 대한 명확한 규정이 없이 관할청이 담당하여 각 시·도교육청에서 각각 정하도록 하고 있다(유아교육법 제16조). 적정 학급규모에 관한 정계영(2008)의 연구에 의하면 현재 우리나라 학급당 원아수는 만 3세 학급은 약 21명, 만 4세 학급은 약 25명, 만 5세 학급은 약 27명으로 연령이 높을수록 학급규모가 커지는 반면, 교사들이 인식한 유치원의 적정 학급규모는 만 3세 13~18명, 만 4세 15~20명, 만 5세 16~21명으로 나타났다. 어린이집 평가인증 2영역의 운영관리 영역에서는 어린이집 교사 대 영유아 비율을 평가인증 지표에 포함하고 있다. 영유아보육법 시행규칙 제10조에 제시하고 있는 연령별 교사 대 영유아 비율은 만 0세 3명, 만 1세 5명, 만 2세 7명, 만 3세 15명, 만 4세 20명으로 법정비율을 제시하고 있다.

유치원의 학급크기는 유아들의 바람직한 행동이나 스트레스 행동을 일으키는 중요한 요인이다. Fimina와 Cross(1996)의 아동기 후기에 있는 영재아들을 대상으로 한 연구는 학급환경에서 오는 스트레스가 학생의 무기력에 많은 영향을 끼치고, 학습시간에서 더 많은 스트레스 행동을 보여 주고 있으며, 흥미영역에서 개별 활동 시간이 매우 짧게 나타나는 결과를 보여 주었다. 또한 제한된 공간에서의 학급크기가 크거나 과밀한 학급환경은 유아와 교사에게 부정적인 영향을 주는 것으로, Pezdek와 Nalbard(1979)는 어린 유아는 성인보다 과밀 환경에서 더 심하게 영향을 받으며, 또래와의 원만한 관계 유지가 어려우며 공격적인 행동이 증가하여 집단구성원들의 사회적인 기피현상과 경쟁적 행위 등이 증가함으로 지나친 과밀은 유아들을 긴장시키고 학습의 질에 영향을 미치는 부정적인 감정과 태도를 유발시킨다는 연구결과를 보여 주었다. 영국의 5~7세 유아들을 대상으로 한 학급크기 차이가 유아에게 미치는 영향에 대한 연구에서도 학급크기는 유아들의 학습적인 면에 분명한 영향을 미치며, 문학수업의 경우 입학할 때 가장 낮은 점수를 보인 유아가 작은 학급에서 가장 큰 효과를 보았으며, 큰 학급의 교사는 유아들을 집중시키는 데 큰 어려움을 겪는 것으로 나타났다. 작은 학급의 교사는 유아들에게 개인적인 관심과 소통을 가질 수 있어, 작은 학급크기에서 교사가 어떤 교수방법을 가지고 지도하느냐가 더 중요하다(Blatchford et al., 2003)는 연구결과도 있다.

학급규모에 관한 국내 연구는 학급규모가 유아발달과 교사행동에 미치는 영향에 관한 연구들로 이루어지고 있다. 학급크기에 따라 소집단 영유아가 상호작용이 많은 활동을 하고, 상호작용이 활발해지며, 소외된 유아가 감소하고, 집단 구성 놀이가 증가함을 보여 주고 있다(권혜진, 이순형, 2002; 김영주, 1999; 서유현, 2002). 또한 학급규모와 교사의 직무만족도를 살펴본 연구에서는 원아수가 적을수록 직무만족도가 높고, 학급규모가 작을수록 직무만족도 가운데 인간관계, 보상체계, 행정체계에 미치는 영향이 크다고 나타났다(권연희, 2001; 김현미, 2010). 학급규모에 따른 교사-유아 상호작용의 차이를 살펴본 연구에서는 학급규모가 커질수록 부정적인 상호작용은 증가하는 것으로 나타났고, 학급크기가 작을수록 공감적인 상호작용이 증가하고, 교사-유아 간 상호작용이 많이 이루어지는 것으로 나타났다. 과밀학급에서 교사는 유아들에게 지시적인 말을 많이 하고 기다리게 하며, 대집단 활동을 더 많이 하고 소집단 경험과 개별적인 경험이 적어지는 것으로 나타났다(김향자, 1993; 서유현, 2002; 정계영, 2008). 학급의 크기가 유아의 스트레스 행동에 미치는 영향을 알아본 연구에서는 학급집단의 크기는 유아의 소극적, 적극적 스트레스 행동에 영향을 미치며, 학급의 활동 형태와도 관련이 있는 것으로 나타났다. 즉, 학급크기가 작을수록 개별 활동, 소집단 활동, 대집단 활동 등 여러 활동이 균형적으로 이루어지고, 학급크기가 클수록 활동 간의 균형이 이루어지지 않는 것으로 나타났다(이윤경, 1994). 이와 같이 볼 때 유아교육기관의 질은 교사 대 유아의 비율이나 학급의 크기와 같은 구조적인 지표로도 측정될 수 있음을 알 수 있다.

2) 교사의 학력과 경력 및 연령

영유아를 위한 질 높은 교육을 제공하는 데 있어 교사의 역할은 핵심적인 요인이며, 교사의 역할과 관련된 내적 변인은 교사의 학력, 경력, 연령, 능력 및 동기, 자아개념, 성격특성, 효능감 등이 있다. 교사의 근무환경은 직업에 대한 만족도, 이직에 영향을 주게 되는 요인이고, 외적 근무환경은 보수, 승진, 복지후생, 직무조건 및 행정제도 등 교사의 교육활동을 뒷받침하는 제반 조건을 의미한다. 이러한 교사의 내적 변인과 근무환경은 교사의 직무 수행에 직·간접적인 영향을 미치게 되고, 이것은 과정적 질과 관련되어 결국 교육기관의 질에 영향을 미친다.

Sinder와 Fu(1990)의 연구에서는 교사의 유아교육관련 교육정도와 경력이 발달에 적합한 실제에 대한 지식과 적절한 교육과정 운영에 영향을 미치는 것으로 밝혀졌으며, 교사의 태도와 신념에도 영향을 미치는 것으로 나타났다. 또한 유아교육기관의 원장의 경력의 질을 예측하는 변인을 밝힌 연구들 가운데 Phillips와 Howes(1987)의 연구에서는 원장의 경험이 유아의 발달을 가장 많이 설명하는 변인으로 나타났다.

우리나라에서 이루어진 교사의 학력, 경력, 연령 변인에 관한 연구는 교사의 효능감, 직무만족도, 교수의 실제, 교사의 역할수행 등에 있어 차이가 있는지를 제시하고 있다. 공립유치원 교사의 역할수행에 영향을 미치는 교사 내·외적 요인을 알아본 조부경과 남옥자(2006)의 연구에서는 학력, 경력, 연령이 높은 교사가 역할수행을 더 잘하며, 경력, 연령이 높은 교사는 특히 행정업무자로서의 역할을 잘하는 것으로 나타났다. 또한 학력에 있어서의 차이는 대학과 대학원 학력 간의 차이보다는 주로 전문대와 4년제 간의 차이로 나타났다. 유사한 결과를 보인 이순영(2009)의 연구에서는 보육교사의 전문성 인식에 있어 경력이 많을수록, 연령이 높아질수록 직업윤리에 대해 높게 인식하며, 전문대졸 이상의 학력을 가진 보육교사가 학력이 고졸인 보육교사보다 직업윤리에 대하여 높게 인식한다고 제시하여 경력과 학력에 따른 차이를 나타냈다. 학력에 대해 차이를 보이지만 경력에 대한 차이는 보이지 않는 연구도 있는데, 교사의 창의성과 교수효능감에 대한 김희태와 백영숙의 연구(2009)에서는 2년제 및 3년제를 나온 유아교사보다 4년제를 나온 교사가 유아들과의 교육활동을 더 창의적으로 수행한다고 하였고, 학력이 높을수록 교육활동에 임하는 실제가 보다 유아 중심적이고 유아와의 상호작용과 자극 및 동기 부여에 있어 적극적으로 노력하고 있다고 하여 '학력'요인에 대한 차이를 제시하였다. 반면 유아교사의 연령이나 경력이 많을수록 교육활동 운영이 더 창의적일 것으로 여겨지지만 경력과 창의적인 교육활동 운영은 무관하다고 밝힌 연구도 있다. 이성희와 박영신(2007)의 연구에서는 보육교사의 연령, 경력, 학력에 따른 교사효능감의 차이가 없는 것으로 나타났다. 영아반 보육교사의 전문성 발달에 있어 김현진(2008)은 연령을 제외한 학력 및 전공, 자격 유형, 과거 직업 유형에 따라 차이가 있다고 하였다. 즉, 학력이 높은 집단과, 영유아 교육 및 사회복지관련 전공자와, 유치원 교사자격증 소지자와, 과거 관련 직업 종사자가 전문성 발달수준이 높게 나타났다. 또한 이영석과 손지영의 연구(2002)에 의하면 유치원 교사의 DAP신념과 교육실제를 알아본 결과 학력에 따라 4년제 이상 교사가 보다 DAP신념을 지각하고 실제 적용하지만, 교사 경력에 따라서는 유의한 차이를 보이지 않았다.

이와 같이 교사의 학력에 따라 교사의 효능감, 역할수행, 전문성 발달, 교수실제 등에서 주요한 차이를 보여 주고 있어 학력 요인이 유아교육 및 보육의 질을 측정하는 '교사' 관련 구조적 질로 중요하다 할 수 있다. 경력, 연령, 학력이 높을수록 교사가 비판적 사고와 역할을 잘 수행하고 높은 인식을 보인다는 결과가 있는 반면, 학력은 관계가 있으나 경력과 연령은 무관하게 나타난 연구결과도 있다. 이는 경력 및 연령과 관련된 결과는 일관적이지 않지만 학력 요인은 공통적으로 관련이 있음을 보여주는 결과이다. 유아교육현장에서 교사가 유아환경과 경험의 중핵적인 존재임을 인정한다면, 유아의 기본적인 요구를 충족시키기 위해 적절한 교육과정을 이수하고 경험을 쌓은 교사의 확보는 중요하다. 이와 같이 교사의 교육정도와 경력은 교사의 교수 기술 등 역할수행에 영향을 미치기 때문에 유아교육프로그램 질을 평가하는 변인으로 사용될 수 있다.

3) 교사의 이직률

교사의 이직과 관련된 연구는 이직과 근무시간, 임금, 영유아 비율, 기관유형, 인간관계 등의 근무환경, 직무만족도, 스트레스와의 관계를 알아보는 연구와 이직원인에 따른 개선방안을 모색하는 연구가 진행되어 왔다. 또한 원내 의사결정에의 참여, 개인적 성취감과 이직과의 관계를 알아보는 연구도 진행되고 있다. Cotton과 Tuttle(1986)이 제시한 교사의 자발적인 이직 요인으로는 직무관련 요인, 개인특성 요인, 외부 환경 요인이 있으며, 이 가운데 직무관련 요인에는 교사 '임금'이, 개인특성 요인에는 교사 '학력 및 경력'이 포함되어 있다.

이직률에 따른 교사행동과 유아행동 변화에 있어 Whitebook 등(1989)의 연구에서는 교사의 이직률이 41%로 보고되었는데 교사직을 그만둔 교사들이 더 부적합한 교수행위를 하는 것으로 나타났고, 교사의 이직률이 더 높은 기관에 다니는 유아들이 무목적 행동을 더 하고 또래와의 상호작용에 덜 참여하는 것으로 보고하고 있다. 교사의 이직률과 유아의 인지적·언어적 발달과의 관계를 살펴본 연구(Clarke-Stewart, 1987)에서는 교사진이 더 안정적으로 근무하고 있는 기관의 유아들이 더 긍정적인 인지발달의 증거를 보인 것으로 나타난 것에 반해, 연간 이직률이 27%로 나타난 펜실베니아 연구(Kontos & Fiene, 1987)에서는 유아의 사회성 또는 사회적 적응성과 이직률이 관련이 없는 것으로 나타났다.

우리나라에서 이루어진 이직 관련 연구 가운데 손아랑(2009)은 근무환경과 보육교사의 이직의도에 관한 연구에서 건물환경, 교재·교구 준비, 설비 등 근무환경이 쾌적할수록 근무소진이 낮고 이직의도가 낮다고 보고하고 있어 물리적 환경 요인 또한 이직에 영향을 미치고 있는 것으로 나타났다. 반면 이진화와 이승연(2006)의 연구에서는 의사결정 참여 정도가 직무만족도와 이직에 영향을 미친다고 나타났고, 유치원 교사의 직장이동 경로를 분석한 박윤경(2008)의 연구에서는 학력, 경력에 따라 다양한 방법으로 탐색하고, 3년 이상은 근무조건을 중시하고 5년 이상 교사는 근무조건과 보수를 중시하는 것으로 나타났다.

유아교사의 이직원인에 관한 연구 가운데 서현(2007)은 이직원인을 과다업무, 낮은 사회적 인식, 열악한 처우, 불안한 미래, 발령, 결혼, 출산 등으로 설명하고 있고, 그 밖에 최근 평가인증으로 인한 과중한 업무로 이직을 고려하는 경우도 있었다. 황성온(2006)은 유아교사의 이직결정 원인을 직무부담, 인간관계, 급여 및 혜택, 교육신념 및 방침, 근무환경, 지위와 가사 등의 순으로 제시했다. 유치원 초임교사의 이직동기를 연구한 임승렬과 권혜진(2005)은 인간관계의 어려움, 부적절한 조직 풍토, 열악한 복리후생, 업무횡포의 조직분위기, 교수방법의 좌절, 낮은 보수, 사회적 인식이 이직동기로 나타났다고 하였다. 반면 고미경 등(2006)의 연구에서는 유치원 교사로서의 근속이유가 공립과 사립유치원 모두에서 원장 및 동료교사와의 유대감이 큰 이유로 나타났다. 이와 같이 볼 때 교사의 이직원인은 업무에 대한 부담감, 사회적 인식의 부족, 인간관계의 어려움, 근무환경, 직무스트레스 등으로 나누어 볼 수 있고 이러한 이유들로 인한 영유아 교사의 높아진 이직률과 잦은 교사의 교체는 프로그램의 질과 유아의 발달에 중요한 영향을 미칠 수 있음을 알 수 있다.

4) 교사의 임금

OECD(2001)는 유아교육과 보육정책 성공요인의 하나로 교사의 근무조건 확립을 들고 있으며, 우리나라 사립유치원 교사들의 급여 수준 개선을 정부에 권고한 바 있다. 교사 임금(급여, 봉급, 보수, 월급)과 관련된 최근 연구를 살펴보면 근무환경 실태 조사와 직무소진이나 회복탄력성을 주제로 한 연구에서 근무환경의 한 요소로서 다루어지거나, 교사효능감, 직무스트레스나 만족도에 관한 연구에서 배경 변인(기관 변인, 개인 변인 등)으로 다루어진 경우가 많았다.

2006년부터 시행된 유아교육법에도 공적 재정으로 사립유치원 교사의 봉급을 지원해야 한다는 조항이 포함되어 있고(나정, 2006), 영유아 보육법에는 근무시간은 평일 8시간 원칙, 이외 연장시간은 원장, 보육교사가 교대 근무하고 8시간을 초과하는 경우 초과근무수당 지급이 원칙이지만, 현실적으로 법 적용은 거의 이루어지지 못하는 실정이다. 특히 민간 어린이집의 경우 국공립에 비해 직무시간이나 업무량이 더욱 많으나 생활을 유지하기 위한 적절한 보수조차 받지 못하고 있는 것으로 나타났다(윤혜미, 권혜영, 2003; 이귀애, 2004).

임금은 기관유형에 따라 차이가 있어, 대부분 국공립이 사립유치원, 어린이집에 비해 임금수준을 비롯한 근무환경 질이 높은 편이다(고미경 외, 2006; 김낙홍, 2009). 유아교육기관의 설립 유형에 따른 영유아 교사의 근무환경 실태를 조사한 김낙홍(2009)의 연구에서는 수업시간에 있어 어린이집이 유치원보다 많고, 근무시간은 국공립유치원(공무원복무규정) 외에 대부분(근로기준법) 초과 근무를 하고 있으며, 평균연봉은 국공립(평균 2,000~3,000만 원)을 제외하고, 매우 낮은 수준으로 1,000~1,500만 원이 39.4%, 1,500~2,000만 원이 29.9%로 나타났다. 고미경 등의 연구(2006)에서는 공·사립 간 연봉이 50~55% 차이가 나서 공립은 경력 11~15년차에 3,090만 원을, 사립은 1,608만 원을 받는 것으로 나타났으며, 전반적으로 업무시간, 연수시간, 급여, 수당지급 등의 근무여건에서 사립이 공립에 비해 열악한 것으로 나타났다. 유치원 교사의 회복탄력성을 분석한 권수현(2010)의 연구에서는 근무시간이 길고, 보수가 적을수록 소진은 증가하고, 임금이 높을수록 회복탄력성이 높게 나타났고, 보육교사의 소진에 대해 안선희 등(2007)은 임금이 적을수록 소진이 증가한다고 하였다. 또한 급여와 급여 만족도, 직무만족도와 밀접한 관계(높은 급여가 높은 직무만족도와 항상 상관있지는 않음)가 있으며, 보육교사 직무만족도 중 보수 만족도가 가장 낮게 나타났다(양승희, 염순교, 2007).

이와 같이, 어린이집과 유치원, 공립과 사립 등에 따른 임금 차이는 교사의 직무 만족이나 회복 탄력감, 직무소진, 교사 이직에 영향을 주는 주요한 요인으로 유아교육기관 질 평가 시 구조적 질 평가의 지표로 교사관련 지표가 필요함을 알 수 있다.

5) 물리적 환경

유아교육기관의 물리적 공간은 교사-유아, 유아-유아가 상호작용하는 만남의 공간이며 함께 생활하는 공간이자 학습이 이루어지는 배움의 공간이다. 따라서 물리적 공간이 가지는 교육환경은 교사인 성인보다 유아에게 더 큰 영향을 미치는데 그 이유는 유아들이 대상을 이해하기 위해 보고, 듣고, 만지고, 냄새 맡는 등의 감각을 통해 주변 환경에 대한 지식을 습득하며 끊임없이 호기심을 가지고 환경과 상호작용을 하며 배워가기 때문이다(Kostelnik, 1997). 이와 같이 물리적 환경은 제3의 교사로서, 적절한 실내·외 교육환경, 기관·설비, 교재·교구가 갖추어진 유아교육기관의 교육환경은 인적 요인과 더불어 유아교육의 질을 결정짓는 중요한 요소라고 할 수 있다. 최적의 물리적 환경은 기본적 기관·설비뿐만 아니라 교실의 환경구성, 영역구성, 교재·교구의 제공, 가구의 배치 등 제반 여건을 포함하고 더 나아가 유아의 요구에 반응할 수 있도록 적응된 환경을 의미한다. 구조적 변인 가운데 물리적 환경에 대한 국내 연구는 물리적 환경 자체에 대한 연구, 물리적 환경이 영유아발달과 교사의 행동에 미치는 영향에 관한 연구로 나뉘어 이루어지고 있다.

▌물리적 환경 실태 연구

유아교육기관의 설립 유형별 물리적 환경에 대한 비교 연구를 살펴보면 유치원의 경우에는 공립유치원보다 사립유치원의 물리적 환경의 질이 높은 것으로 나타났다(백미열, 이옥주, 황혜경, 2003). 사립유치원의 환경이 공립유치원의 환경보다 생활습관 지도 영역, 비품 및 작품의 진열과 배치 영역, 대·소근육운동 활동영역, 창의성 활동영역, 사회성 활동영역에서 좋은 것으로 나타났다. 실외환경의 질적 수준 또한 사립유치원이 국공립유치원보다 높은 것으로 나타났다. 신동주(2004)의 유치원 실외놀이 환경 구비실태 및 실외놀이기관 안전점검실태에 관한 연구에서는 전체 유치원의 85.8%가 실외놀이터를 구비하고 있었으며 복합놀이시설, 모래놀이시설, 미끄럼틀, 그네, 시소 등을 높은 비율로 구비하고 있는 것으로 나타났다. 87.7%의 유치원이 안전점검을 실시하는 것으로 나타났으나 점검자는 교사인 경우가 가장 많은 것으로 나타났다. 어린이집의 물리적 환경에서는 국공립어린이집이 민간이나 가정어린이집에 비해 우수한 것으로 나타났다. 기관유형별 물리적 환경의 차이를 분석한 원영미(2000)의 연구에서는 실내·외면적, 실외놀이터, 실외놀잇감 종류 등에 있어서 국공립어린이집이 민간이나 가정어린이집에 비해 우수한 것으로 나타났다. 국공립어린이집에 비해 민간이나 가정어린이집은 실외놀이터를 설치하지 않은 비율이 높게 나타났으며 가정어린이집에서는 실외놀잇감의 수가 평균 3종 미만으로 집계되어 실외놀이 환경이 열악한 수준으로 나타났다.

연령별, 생활주제별, 흥미영역별 교구의 실태 및 질적 수준을 조사한 박란규(2005)의 연구에서는 교사에 의해 만들어진 교구가 전체의 83.9%를 차지하고, 연령에 따라 만 4~5세는 교구가 많은 반면 3세는 현저하게 적었으며, 영역에 따라 수조작 영역 교구가 가장 많고 언어영역, 과학영역, 역할영역 순으로 나타났고 수조작에 비해 과학영역 교구는 매우 부족한 것으로 나타났다. 유치원에서 활용되는 교구의 질적 수준은 100점 만점에 평균 78점으로 발달 적합성 등에 대한 제고가 필요하다고 제시하였다. 이 결과는 단지 유치원이 갖추고 있는 교구 수를 중심으로 물리적 환경을 평가하기 보다는 각 교구의 질적 수준에 대한 반영이 기관의 질 평가에서 함께 다루어야 함을 의미하고 있다.

위의 연구결과를 통해 국공립·민간 어린이집과 공·사립유치원 간에 실내·외면적, 실외 놀이터, 실외놀잇감 종류와 같이 양적인 면에 차이가 나타났지만 기관의 유형에 상관없이 영유아의 연령에 적합한 실내·외 놀이 환경과 교구와 시설이 마련되어야 할 것이다. 이에 물리적 환경의 질을 높이기 위해 교구와 시설에 대한 세분화된 평가기준이 필요하며 흥미영역의 유무뿐 아니라 각 영역에 마련된 교구가 일정한 비율로 분포되어 있는지 등 물리적 환경 요인이 구조적인 질을 평가하는 구체적인 내용으로 제시되어야 할 것이다.

▍물리적 환경이 영유아 발달에 미치는 영향

물리적 환경이 유아의 발달과 놀이에 미치는 영향 중 먼저 유아의 인지발달에 대해 다룬 연구를 살펴보면, 김영선(2000)은 교실의 물리적 환경구성이 유아의 분류능력에 미치는 영향을 연구하였는데, 통제집단과 실험집단에 제시한 수학활동자료를 달리함으로써 환경을 의도적으로 다르게 구성하며 물리적 환경의 영향을 알아보고자 하였다. 연구결과 교실의 물리적 환경을 수학적으로 구성한 집단이 그렇지 않은 집단과 비교하여 단순분류능력, 2중·3중의 복합분류능력 모두 높은 수준을 나타내 자료의 제시를 다르게 하는 것으로도 유아의 발달에 영향을 미칠 수 있음을 보였다. Maxwell(2007) 역시 물리적 환경이 인지발달에 미치는 영향을 살펴보았는데, 연령별로 3세와 4세를 비교한 결과 물리적 환경이 적합하거나 그 이상의 평가를 받은 3세 학급의 유아가 그렇지 않은 학급의 유아보다 인지능력 검사에서 더 높은 점수를 받았고, 4세의 경우에는 유의미한 차이를 보이지 않았다. 이는 3세가 물리적 환경에 더 큰 영향을 받기 때문에 보다 높은 질의 물리적 환경이 필요함을 시사하고 있다.

또한, 인지영역 중 창의성에 관해 물리적 환경과 교사가 미치는 영향을 연구한 김수진과 조복희(2005)는 물리적 환경의 질적인 수준에서 높은 평가를 받은 기관의 유아가 그렇지 않은 기관의 유아보다 창의성에서 유의미한 높은 평가를 받았다고 밝혀, 직접적으로 창의적인 역할을 수행하는 교사뿐 아니라 물리적 환경의 질적 수준이 유아의 창의성에 기여함을 알 수 있다.

이러한 물리적 환경의 영향은 영유아의 인지발달뿐 아니라 사회성 및 정서발달과도 관계가 있다. 어린이집의 교수-학습 환경이 유아의 정서발달에 미치는 영향을 연구한 장현주(2004)는 정서에 영향을 미치는 기질, 인지 등의 요인 등과 달리 외적 변인임에도 불구하고 물리적 환경 변인이 정서에 영향을 미치는 중요한 요인이기 때문에 기관의 질과 정서는 높은 상관관계가 있음을 밝히고 있다. 높은 질의 물리적 환경은 유아의 정서지능, 자기조절 능력, 인지능력에도 긍정적 영향을 미치는 것으로 나타났는데, 이는 바람직한 물리적 환경과 놀이자료를 제공하는 것이 정서발달에 영향을 주고, 협동적 놀이를 가능하게 함으로써 사회성에도 영향을 미친다는 이기현과 강옥환(2000)의 연구결과와도 일치한다.

이러한 물리적 환경의 중요성은 유아의 언어발달과의 관계를 다룬 Mashburn(2008)의 연구에서도 알 수 있는데, 유치원의 질을 사회적 환경과 물리적 환경으로 나누었을 때, 높은 질의 물리적 환경은 문해발달과 유색 인종과의 부정적 관련성을 완화한다고 밝혀, 물리적 환경이 유아의 언어발달에 대한 위험 요인을 감소시킬 수 있음을 알 수 있다. 이상에서 살펴본 바와 같이 물리적 환경은 유아의 언어, 인지, 사회, 정서 발달 등 유아발달의 전 영역에서 중요한 영향을 미치고 있음이 연구를 통해 일관되게 밝혀지고 있다.

물리적 환경과 유아의 놀이행동을 알아본 연구는 제공되는 물리적 환경에 따라 유아가 다양한 놀이 특성과 신체활동 특성을 나타내며, 유아교육기관의 물리적 환경의 질적 수준에 따라 영유아의 놀이 행동 유형이 달라짐을 보고하고 있다(권세경, 이순영, 2005; 김수영, 2003; 신동주, 류진순, 2006; Davison & Lawson, 2006). 물리적 환경의 질이 높은 어린이집에 다니는 영아는 탐색활동을 더 많이 하고 기능적 조작을 더 높은 수준으로 한다. 또한 혼자놀이와 병행놀이의 빈도가 물리적 환경의 수준이 낮은 어린이집 영아보다 높은 것으로 나타났다. 다양한 가상놀이에 타인지향적 성격을 띠고 한 가지 이상의 다른 가상 쉐마를 이용하여 놀이를 하는 '연결한 가상 놀이 행동'을 더 많이 보이는 것으로 제시되었다. 또한 높은 질의 물리적 환경은 또래와의 긍정적 상호작용에도 역할을 하는 것으로 나타났다(권세경, 이순영, 2005). 실외놀이 시설의 질적 수준에 따른 만 4세 유아의 놀이 행동을 비교한 이경일(2000)의 연구에 따르면 실외놀이의 질적 수준이 높을수록 유아의 극놀이와 규칙 있는 게임, 연합놀이와 협동놀이의 빈도가 높게 나타난 반면, 질적 수준이 낮은 기관의 유아는 쳐다보기, 혼자놀이, 병행놀이의 빈도가 더 높게 나타났다. 이는 만 3세 유아는 혼자놀이, 병행놀이를 많이 하고, 만 5세 유아는 협동놀이를 많이 한다고 밝힌 이숙재(1994)의 연구에 비추어 볼 때, 실외놀이 환경의 수준이 높은 기관의 유아 놀이 행동이 고연령 놀이에 가깝고 질적 수준이 낮은 기관 유아의 놀이행동은 저 연령 놀이에 가까움을 알 수 있다. 신동주와 류진순(2006)도 유치원의 물리적 환경의 질이 높아지면 실내에서는 상상-병행놀이, 실외놀이에서는 구성-병행놀이가 많이 나타난다고 제시하였다. 반면에 물리적 환경의 질이 낮아지면 실내에서는 기능-병행놀이를, 실외에서는 기능-혼자놀이와 기능-병행놀이를 많이 하는 것으로 나타나 물리적 환경이 가지는 질에 따라 놀이행동의 차이가 나타남을 밝혔다.

이와 같은 결과는 물리적 환경의 질이 낮을수록 단순한 형태의 기능놀이에 참여하는 경향이 높고, 질이 높은 경우에는 다양한 사회적 유형의 상상놀이에 참여할 수 있는 기회를 많이 갖게 됨을 보여주는 것이다. 이는 유아들이 또래와 함께 어울리며 좀 더 높은 수준의 놀이에 참여할 수 있도록 하기 위해서는 물리적 환경의 질적 수준을 향상시키는 것이 필요함을 의미하는 것이다.

▌물리적 환경이 교사에게 미치는 영향

물리적 환경의 구성은 유아교육기관의 교육에 참여하는 유아, 교사 모두에게 영향을 미치기 때문에, 유아의 발달과 놀이뿐만 아니라 교사와 유아의 상호작용, 교사의 행동에도 상당한 영향을 미친다. 질 높은 물리적 환경은 교사에게도 영향을 미쳐 질 높은 교육환경에서 교사는 더 정교한 지도를 하고 무관심한 행동을 적게 하며, 긍정적인 교사의 행동을 더 많이 하는 것으로 관찰되었다(김수영, 2003). 물리적 환경이 좋을수록 교사-유아와의 상호작용도 좋아짐을 밝히고 있다. 유치원 교육환경의 질적 수준에 따른 교사-유아 상호작용에 관한 김복희(2004)의 연구에서도 교육환경을 인적환경과 외적환경으로 구분하여 보았을 때, 높은 수준의 물리적 환경은 교사-유아의 상호작용에도 영향을 미친다는 결과를 밝히고 있다.

유치원 교사를 대상으로 유아교육기관의 질에 따른 교사행동을 알아 본 이진화와 유준호(2000)의 연구에서는 유치원의 물리적 환경 수준에서 상집단과 하집단의 교육환경은 매우 큰 차이를 보이고 있고, 물리적 환경 수준의 차이에 따라 교사의 행동 양상도 차이를 보이고 있음을 밝혔다. 특히 물리적 환경의 질이 높으면 교사는 사회적, 정서적 행동을 증진하는 행동을 많이 보이는 반면 물리적 환경의 질이 낮으면 교사는 학급운영을 위한 행동을 가장 많이 보이는 것으로 나타났다.

이를 통해 물리적 환경의 수준은 영유아의 놀이행동, 인지, 정서 발달뿐 아니라 교사의 교수행동에 직접적 영향을 주는 요인으로 작용한다는 것을 알 수 있다. 질 높은 물리적 환경은 긍정적인 교사-유아의 상호작용을 이끌며, 조직적이고 확장적인 놀이가 이루어질 수 있도록 돕는다. 영유아와 교사의 질 높은 상호작용을 이끌어 주고, 영유아의 구조적인 놀이가 가능하도록 하기 위해서는 유아교육기관과 보육기관에서 영유아에게 질 높은 물리적 환경을 제공해야 할 것이다. 이상의 연구결과들은 물리적 환경에 대한 평가지표가 단지 유아를 위한 공간이나 자료뿐 아니라 성인인 교사를 위한 공간의 확보, 접근 용이성을 함께 다루어야 함을 시사하고 있다.

이상의 구조적 질과 관련된 연구결과를 살펴볼 때 전반적으로 구조적 질이 높은 기관일수록, 즉 교사 대 유아 비율과 집단크기, 교사의 교육정도와 경력, 이직률 또는 안정성, 물리적 환경 등의 변인이 바람직할수록 교사가 좀 더 정교한 지도를 하고 긍정적으로 행동하고 정서적인 분위기가 좀 더 따뜻하며 유아가 긍정적인 경험을 많이 한다고 말할 수 있다.

2. 과정적 질

과정적 질은 교사의 행동, 유아의 경험, 발달적으로 적합한 활동의 준비, 애정적이고 민감한 보육 등 전문가의 해석과 판단이 필요하며 규제하기 어려운 변인으로 직업 만족도, 교사-유아 간 상호작용의 질과 형태, 교사의 복지 측면의 질을 포함한다. 교육자와 유아 간의 교육적 관계에서 나타나는 친밀함과 관계의 질, 유아들 간의 상호작용의 질, 교육자 팀 내의 관계의 질은 가장 자주 인용되는 과정 목표들이다. 지난 수십 년

간의 연구들은 유아의 성취를 결정짓는 핵심변수로 관계의 질을 다루어왔다. 유아와 교육자 간의 교육적 관계는 유아의 학습에 대한 전문적 지원뿐 아니라 개별 유아의 일반적인 복리를 위해 보호, 양육, 관심 등을 포함할 때 가장 효과적일 수 있다. 이런 통합적 접근과 관계는 북유럽과 유럽대륙의 사회교육 전통에서 주로 나타난다(OECD, 2006).

과정적인 질은 교실에서 일어나는 교사의 양육적인 행동과 유아발달에 적합한 지도 태도로서 교사의 언어·사회·정서적 행동, 그리고 활동에 참여하는 행동을 통해 측정한다. 교사가 유아와의 상호작용에서 반응적 언어를 사용하고, 긍정적인 사회정서적 태도로 대하며 유아들의 요구에 민감하게 대처하고 활동에 참여적일 때 과정적 측면의 질적 수준이 높다고 할 수 있다.

유아교육기관의 과정적인 질을 측정하기 위한 도구로는 상당히 여러 가지 도구들이 그동안 사용되어 왔다. 그 대표적인 것으로 널리 사용되고 있는 도구로는 2.5세에서 5세의 유아교육기관의 질을 측정하기 위해 7개 영역을 평가하는 ECERS(Early Care Environment Rating Scale; Harms, Clifford, & Cryer, 2005)가 있다. 이들 각 항목은 부적당①, 보통③, 좋음⑤, 우수⑦로 평가되며 평가는 최소 2시간 관찰에 기초하게 된다.

2.5세 이하의 어린 유아들을 위한 기관의 보육과정의 질을 평가하기 위한 도구로 많이 사용되고 있는 것은 ITERS(Infant/Toddler Environment Rating Scale; Harms, Cryer, and Clifford, 2003)가 있으며 가정보육에서의 보육과정의 질을 평가하기 위한 관찰도구로 FDCRS(Family Day Care Rating Scale; Harms & Clifford, 1989)를 들 수 있다. 이상에 소개된 도구들은 비록 제한점은 있지만 좋은 측정도구라고 평가되고 있으며 비교적 믿고 사용하기에 용이하여 널리 활용되고 있다. 그러나 이러한 도구들은 첫째, 특정한 유아교육기관(setting-specific)을 중심으로 평가하기 위한 도구로써 일반적이지 못하다는 점과 둘째, 평가지표들의 총점을 중심으로 프로그램의 질을 평가함에 따라서 평가지표의 가중치나 중요도를 반영하지 못하기 때문에 각 유아교육기관의 특성에 따른 질적인 효과를 분석하는 것에는 제한점이 있다고 평가하고 있다. 유아교육의 전반적인 질을 평가하는 이러한 지표는 평균 이상의 질을 가진 기관에서는 다양한 차이를 나타내지 못하기 때문에 유아교육의 질이 미치는 효과를 탐구

하는 데 유용하지 않다는 문제점이 지적되고 있다(Lamb, 1998). 예를 들어, 스웨덴에서는 정부의 보조를 받게 되면 양질의 유아교육과 보육을 보장하기 위해 엄격하게 규제를 받음으로써 질적으로 우수한 기관들이 대부분이라고 할 수 있다(Broberg & Hwang, 1990). 따라서 연구대상이었던 모든 기관들이 ECERS 척도를 사용해서 평가해 본 결과 거의 만점에 가까운 점수를 얻었기 때문에 ECERS 척도로는 기관별 차이가 나타나지 않았다(Lamb, Hwang, & Broberg, 1988). 이에 대해 유아교육의 구체적인 질적 평가를 위해서는 보다 체계적이고 복합적인 하위 척도 개발에 대한 필요성이 인식되고 있다고 지적하고 있다(Lamb, 1998). 위의 도구들에 대한 제한점을 일부 보강한 관찰도구로서 ORCE(Observational Record of the Caregiving Environment: NICHD Early Child Care Research Network, 1999)가 있으며 이는 ECERS, ITERS 또는 FDCRS와는 달리 1세에서 5세까지의 유아에게 해당되는 모든 보육과 교육기관에서 사용할 수 있다. 그 외에는 Caregiver Interaction Scale(Arnett, 1989), Assessment Profile(Abbott-Shim & Sibley, 1992), Belsky-Walker Checklist(Broberg et al., 1990) 등이 있다. 이러한 척도들은 미국에서 가장 널리 사용되지만, 호주, 벨기에, 독일, 영국 등을 비롯한 20여 개 국가에서도 이들 도구를 채택하고 있다. 그럼에도 불구하고 평가척도와 중앙 정부의 상세한 교육과정 안내는 때때로 각 지역사회에 맞도록 질에 대한 기준을 만드는 데 있어 제한이 될 수도 있다는 점에서, 표준화되고 각기 상황을 반영한 도구라기보다는 탈 맥락화된 도구라고 비판받기도 한다(Dahlberg & Moss, 2005). 또한 교사들이 이들 척도의 이면에 깔린 이론과 문화적 가정들을 이해하고 자신들의 욕구와 상황에 맞게 채택할 수 있도록 하기 위한 충분한 훈련이 중요하다는 점을 강조한다. 도구의 사용에 반대하는 사람들은 이러한 도구들이 다른 국가에 적용될 경우, 특정 국가의 양육방식이나 교육이념, 문화집단을 고려하지 못할 가능성이 있음을 지적하고 있다(OECD, 2006). 따라서 어떤 표준화된 도구의 사용보다는 각 나라의 특성과 문화적 배경을 고려한 맥락화된 도구를 개발할 필요성이 있다. 과정적 질에서 가장 고려되어야 하는 교육과정과 교사-유아의 상호작용, 교사의 민감성과 반응성을 중심으로 과정적 질의 특징을 살펴보면 다음과 같다.

1) 교육과정

유아교육기관의 질 측정 방법 중 구조적인 기준에 의해 측정되는 교사 변인 등과 과정적인 기준에 의해 측정되는 유아교육기관의 교육과정 구성은 모든 유아의 건강한 발달에 영향을 미친다고 알려져 있다. 그중에서도 유아발달에 더욱 중요한 것은 과정적 기준에 의해 측정되는 유아교육기관의 교육과정이 특히 유아의 발달과 더 밀접하게 연관되어 있다고 보고하고 있다(Goelman & Pence, 1987; Phillips & Howes, 1987; Phillips & Whitebook, 1992).

유아교육기관에 관한 평가영역이나 준거를 설정하려는 노력은 1980년대부터 전개되어 왔는데 그간 유아교육기관에 관한 평가영역과 관련된 학자들의 주장을 살펴보면 교수·학습과정을 포함한 교육과정과 관련된 영역은 거의 모든 학자들이 중시하고 있는 것을 알 수 있다(국립교육평가원, 1996; 이은해, 이기숙, 1994; 한국교육개발원, 1986; Day, 1975; Fiene & Nixon, 1980; Harm & Clifford, 1980; NAEYC, 1984; Spodek, 1978).

교육의 3요소가 바로 교사, 학생, 교육과정이라는 점에서 볼 때 교육과정은 교육활동을 가능하게 하는 핵심적인 요소가 되며, 유아의 직접적인 교육경험과 직결되는 부분이므로 교육의 질 향상에 중요한 변인이 된다. 다시 말해 교육기관의 행·재정상 구분을 떠나 교육과정은 프로그램의 핵심적 부분으로 교육기관의 질을 개선하고 변화시키는 데 가장 큰 영향을 미치는 영역이다(양옥승, 1998, 재인용).

Day(1983)도 교육과정은 어린이집의 외형적인 구분을 떠나 프로그램의 핵심적인 부분이라고 강조하였는데, 유치원과 어린이집의 교육과정은 둘 다 유아의 신체적, 정서적, 사회적, 인지적 요구에 관계된 것이므로 이를 구별할 필요가 없다고 말하고 있다. 왜냐하면 교육프로그램을 진행할 때에는 교육과 보호는 분리되어 일어나는 것이 아니기 때문이다.

2) 교사와 유아의 상호작용

교사와 유아의 관계는 유아가 사회에서 성인과 맺는 첫 관계로서의 의미를 가지며, 최근 유아교육기관의 질에 영향을 미치는 '과정적 변인'으로서 그 중요성이 더해가고 있다. 많은 선행연구들이 유아교육기관 교실 내에서의 상호작용의 의미와 중요성, 유형에 대해 밝히고 있다. 교사와 유아의 상호작용은 효율적인 교육과정 운영의 중요한 요소가 되므로 교사와 유아의 상호작용의 양과 유형에 의해서 유아교육기관의 질을 판단할 수 있다고 본다.

교사와 유아의 상호작용과 관련된 연구는 교사와 유아의 상호작용 유형을 밝히고, 상호작용의 질이 유아의 발달(사회성, 인지, 정서)에 미치는 영향에 대해 밝히고 있다.

교사-유아 상호작용 유형

Bermuda의 연구는 과정적 질의 변인으로서 교사-유아 상호작용을 포함시켰는데 각 기관에서 무선으로 표집된 6명의 유아와 교사와의 상호작용의 내용과 양이 조사되었다. 상호작용 내용 범주로 행동의 조절, 표현적 행동, 정보제공, 사회적 행동을 포함하여 대상 유아의 95%가 상호작용을 시도하였으며, 조절과 표현적 행동이 전체의 43%, 표현적, 사회적 행동이 전체의 14%로 나타났다(Phillips & Howes, 1987). 상호작용의 유형에 관한 연구 가운데 McWilliam 등(1998)은 구체적인 상호작용 행동은 상호작용의 사용빈도와 정도에 따라 구분이 되어야 한다고 주장하면서, 구체적인 상호작용 행동 7가지를 제시하였다. 방향 바꾸기(redirects), 소개하기(introduces), 정교화해주기(elaborates), 따라 주기(follows), 정보 주기(informs), 인정하기(acknowledges), 칭찬하기(praises)로 구분하였다. de Kruif 등(2000)은 상호작용 유형을 정교화형, 통제형, 비정교화형, 중간형으로 구분하였는데 정교화형은 유아의 활동 방향을 바꾸는 행동이 가장 적고, 유아들의 활동을 확장시키거나 활동을 정교하게 하여 활동의 질을 높이며, 유아의 흥미를 따르고, 칭찬하고 유아의 욕구를 충족시키기 위한 노력을 가장 많이 하는 유형이다. 우리나라의 연구로 상호작용 유형을 밝힌 이윤경과 김여경(2004)은 같은 연구도구를 이용하여 어린이집 교사와 유아의 상호작용 유형을 알아보고 상호작용 유형이 프로그램의 질과 어떤 관계가 있는지 알아보았다. 연구결과, 교사와 유아의 상호작용 유형은 정교화형, 통제형, 방임형의 세 가지 유형으로 구분되었고, 이 가운데 정교화형 교사의 프로그램 질이 통제형 교사와 방임형 교사의 질보다 높은 것으로 나타났다.

Liu와 James(2005)는 유아들과 교사들의 상호작용 형태를 알아보고자 중국 유치원 현장에서 유아들의 하루 생활을 관찰하였다. 교사와 유아의 언어, 행동, 정서적 표현 등을 포함한 상호작용 패턴이 관찰·수행되었고, 교사, 학부모, 유아들과의 인터뷰를 통해 추가적인 정보를 얻었다. 연구결과, 교사에 의해 시작되는 9가지 행동은 질서 유지, 지시하기, 보살피기, 격려하기, 질문하기, 도움 요청하기, 놀이, 감정표현, 정보 요청이고, 유아에 의해 시작되는 상호작용 행동은 지시사항 묻기, 요청하기, 고자질하기, 관심 구하기, 자신들의 생각 표현하기, 궁금한 사항 질문하기, 도움 요청하기, 교사와 놀기, 자신의 경험 말하기로 나타났다. 또한 이 연구는 상호작용의 시작에 따른 행동을 알아냄과 동시에 상호작용 시의 정서표현을 살펴보았는데 교사는 부정적, 보통의 정서표현을 많이 보였고, 유아는 자신감 있는 표현과 중립적 표현을 많이 하는 것으로 나타났다. 보육활동과 관련된 외국 연구 가운데 Robert와 Kavita(2003)는 어린이집과 유치원에 다니는 3~5세 유아 135명을 대상으로 유아의 사회 정서적 기질과 교사의 상호작용 특징 간의 관계를 알아보았다. 연구결과 다른 또래에 비해 좀 더 공격적이라고 평가된 유아의 경우, 유아에 의해 시작되는 상호작용 패턴을 많이 보인 반면, 불안함이나 비사교적이라고 평가된 유아의 경우 교사와 상호작용하는 시간이 다른 또래에 비해 상대적으로 적은 것으로 나타나 기질에 따른 교사 상호작용 유형의 차이를 보이고 있다.

▌교사-유아 상호작용에 영향을 미치는 요인

교사와 유아의 상호작용은 교사의 역할과 교사가 유아에게 보이는 상호작용의 행동 유형의 영향뿐만 아니라, 그 밖의 구조적 질의 요소(교사 : 유아 비율, 학급크기, 집단크기, 교사의 학력, 교육수준)의 영향을 받는다. NICHD(1996)에 따르면 집단의 크기가 작고, 교사와 유아의 비율이 낮을수록 교사는 긍정적인 행동을 보인다고 하며, 김영주(2000)는 학급크기와 교사-유아 간 상호작용의 연구를 통해 학급크기가 줄어들었을 때 교사의 긍정적인 행동이 증가하였으며, 유아에게 개별적으로 반응해 주는 기회가 많아졌다고 밝힌다.

교사의 학력 및 경력에 의한 연구에서는 높은 수준의 교육을 받은 교사가 더 아동중심적이고 유아들에게 더 많은 사회적, 인지적 자극을 준다고 하였다. 그러나 학위의 유무보다 교사가 유아의 교육, 발달에 적합한 실제에 대한 교육을 받았는지의 여부가 더 중요하다고 하였다(Whitebook, Phillips & Howes, 1993). 교사의 학력에 비해 교사의 경력은 교사-유아 상호작용에 영향을 미치지 않는다고 여러 연구에서 보고하고 있는데(오지은, 1998; 최미애, 2000; 홍명인, 1998), 이러한 결과는 교사-유아의 상호작용이 교육수준, 연수 경험이 높을수록 긍정적으로 나타난다는 점에 비추어 교사의 지속적인 노력의 중요성을 제시한다고 하겠다.

Scarr 등(1994)의 연구에서는 교사와 유아의 비율, 집단의 크기, 교사의 훈련수준, 교사의 교육수준, 교사의 봉급수준, 교사의 이직률 등과 같은 물리적·구조적 기준과 ITERS, ECERS, APECP 등과 같은 표준화된 평가 척도를 사용한 과정적 기준 중 어느 것이 실제 유아발달을 잘 설명해 주는지 밝혀보고자 하였다. 이를 위해 미국 전역의 120개 어린이집의 영아, 걸음마기 유아, 유아의 교실 363개에서 가장 널리 사용되는 세가지 표준화된 평가 척도, 즉 ITERS, ECERS, APECP를 사용하여 면접과 관찰을 통해 유아교육기관의 질을 측정하고, 또한 제반 물리적 기준도 조사하였다. 연구결과, 물리적 기준 중에서는 교사의 봉급수준만이 유아교육기관의 질을 예측해 주었고, 이에 비해 표준화된 척도를 사용하여 살펴본 과정적 기준의 모든 하위 영역은 유아교육기관의 질을 잘 예측해 주었다. 이 연구결과를 토대로 Scarr 등은 유아교육기관의 질을 측정하기 위해 물리적 기준을 보지 말고 오히려 과정적 기준을 제시한 표준화된 척도의 축약본을 만들어 유아교육기관의 질을 평가하는 데 사용할 것을 제안하고 있다. 우리나라의 경우, 집단의 크기나 교사 대 유아의 비율 등 전국적으로 거의 일률화된 변인으로는 유아교육기관의 전반적 질을 평가하기 어렵다는 현실에 시사점이 크다고 볼 수 있다.

이상을 살펴볼 때 Clarke-Stewart(1992)가 선행연구를 종합하여 내린 결론에 의하면, 교육수준이 높고, 경험이 많으며, 이직률이 낮은 교사는 유아와 상호작용을 할 때 자극적이고, 교육적이고, 존중적인 태도를 지니고 있다. 이러한 교사는 유아를 단순히 돌봐 주기만 하거나 경시하는 교사에 비해 유아의 사회적·지적 발달에 긍정적인 영향을 미친다.

교사-유아 상호작용과 유아의 발달

유아교육기관의 질에 영향을 미치는 과정적 변인으로 교육과정의 하위 영역 중 하나인 '교사와 유아의 상호작용'은 특히 유아의 발달과 더 밀접하게 관련되어 있다. 교사의 상호작용이 유아의 사회성 발달 및 정서, 인지발달에 어떤 영향을 주는지 살펴보면 다음과 같다.

교사-유아 상호작용과 사회성 발달에 관련된 연구를 살펴보면, 교사-유아의 긍정적 상호작용은 유아기 애착, 유아교육기관 적응, 사회적 기술과 문제행동, 또래 놀이 등의 사회성 발달에 영향을 미친다. 따라서 교사-유아 상호작용의 질이 높은 경우 유아의 사회 정서발달이 더 잘 이루어진다고 볼 수 있다. 김숙령(2010)의 연구는 영아가 교사와 질적인 상호작용을 할 때에 영아가 부모에 대한 회피적 반응을 덜 보이고 안정된 애착을 보인다고 하였다. 높은 질의 교사와 유아 관계는 유아가 엄마와의 애착관계에서 받는 부정적인 영향을 완충시켜 준다(Connor & Macartney, 2007). 반면, 교사와 유아 사이에 비판적인 상호작용을 할수록 또는 분리적인 상호작용을 할수록 유아는 어머니에게 낮게 수용됨을 지각하는 경향이 있다(안지송, 2004). Clarke Stewart(1992)가 참여한 프로젝트(Chicago 연구)에서는 유아에게 지시하고, 통제하거나 제한, 처벌하는 교사 또는 유아를 단순히 껴안아 주고, 직접 도와주려는 교사보다는 반응적이고 긍정적이며, 수용적이고 부드럽게 제안하는 교사가 유아의 발달에 도움이 된다는 결과를 보였다. Howes 등의 연구(1994)는 교육·보육의 질을 교사와 유아와의 상호작용으로 측정하기 위해 준비된 Q-sort 척도에 따라 교사와 유아의 상호작용을 8시간 동안 관찰하여 관찰자가 교사와 유아 간의 애착정도를 평가하였다. 이렇게 측정된 교사와 유아의 애착의 질은 유아의 유능성과 유의한 정적 상관을 나타냈다. 최근에는 ITERS, ECERS, APECP 등과 같은 표준화된 척도의 하위 영역 중 '교사와 유아와의 상호작용' 영역의 내용을 알아보는 방법으로 교사의 자기보고, 교사와의 면접, 혹은 전문가의 방문·관찰이 많이 사용된다.

또한 교사-유아 관계의 갈등 수준이 높을수록 유아의 불안, 공포감의 수준이 높아지며, 반대로 교사-유아 간 상호작용의 질이 높을수록 불안과 위축, 의존, 산만, 공격, 충동 등이 낮게 나타났다(김선희, 2009; 최선희, 2008). 신유림과 윤수정(2009)의 연구에서도 교사와 유아 관계가 유아교육기관 적응에 미치는 영향을 알아보았는데, 그 결과 교사가 지각하는 친밀감은 유아가 유치원 내에서 정서적인 적응을 하는 데 영향을 미치는 것으로 나타났다. 친밀감이 높고, 갈등이 낮을수록 유아는 또래 간의 적응을 잘 하는 것으로 보여졌으며, 유치원에서의 일과 적응력이 높아지는 것으로 나타났고, 유아의 자아상태도 교사와의 친밀한 관계에 영향을 받는 것으로 나타났다.

교사-유아의 상호작용과 인지발달에 관련된 연구를 살펴보면, 유아와 교사와의 상호작용은 유아의 문제해결력을 도울 수 있으며, 숙련된 인지적 기술이나 숙달된 모델로서의 역할을 강조하고 있다. 친밀한 교사-유아의 상호작용은 유아의 학업 수행이나 성취, 학습 능력을 기른다. 교사-유아의 긍정적 상호작용은 유아기의 학습준비도, 어휘습득과 학업 성취, 언어표현능력, 수학능력 및 수학적 태도, 학문적 기술 향상 등의 인지발달에 긍정적인 영향을 미친다. Palermo 등(2007)은 교사-유아의 관계가 유아의 학습준비도에 미치는 영향에 대한 연구에서 친밀, 의존, 갈등의 교사-유아 관계가 친사회적 행동, 공격적 행동, 또래 집단 따돌림을 매개 변인으로 하여 유아의 학습준비도에 영향을 미친다는 모형을 제시하였다. 즉, 교사-유아의 친밀한 관계는 학습준비도를 높이고, 갈등이나 의존 관계는 학습준비도를 감소시킨다고 볼 수 있다. 따라서 교사-유아의 친밀한 관계를 위한 교사훈련이나 교육, 지원이 제공되어야 함을 시사하고 있다. Curby 등(2009)은 교사-유아의 상호작용의 질을 정서적 지원(긍정적 분위기, 부정적 분위기, 교사의 민감성, 과잉통제), 조직적 지원(행동 관리, 생산성, 학습 지원), 교육적 지원(개념 확장, 피드백의 질)의 세 가지 차원의 아홉 가지 요인 분포를 기준 삼아 5개 유형으로 분류하였다. 연구결과, 과잉통제가 낮으며 개념 확장이 높은 유형 2의 교사-유아 상호작용이 가장 높은 어휘 습득력과 학업성취도를 보였다. 상호작용의 질이 유아의 학업 성과에 영향을 미치며, 유아교육프로그램의 질을 결정하는 중요한 요소라고 볼 수 있다. 송인숙과 송진숙(2004)의 교사-유아 간의 상호작용의 질에 따른 유아의 적응에 대한 연구에서는 교사-유아의 상호작용의 질이 높을수록 교구 이용 능력, 언어 표현 능력, 교사 지시 이해 등 유아의 적응이 높게 나타났으며, 김정은과 홍혜경(2005)은 상호작용적 교사의 개입이 유아의 수학 능력과 수학적 태도 향상에 긍정적인 영향을 미친다고 하였다. 뿐만 아니라 유아를 대상으로 한 교사-유아 관계에 대한 장기 연구는 교사-유아의 친밀한 관계가 초등학교 진학이나 유치원 진학 이후의 학업 수행 적응(정대현, 지성애, 2006), 학업성취도(Connor & McCartney, 2007) 등에 영향을 미친다고 밝히고 있다.

위의 연구들에서 나타나듯이 바람직한 교사-유아 상호작용은 유아와 함께 활동하며, 반응적이고 따뜻한 상호작용을 의미한다. 이러한 교사-유아 상호작용은 교사와의 긍정적인 관계를 형성하기 위한 기초이며, 유아의 발달에 긍정적인 영향을 미친다. 즉, 교사와의 상호작용으로 형성된 관계는 또래와의 관계에도 영향을 미칠 뿐 아니라 사회, 정서 발달에 영향을 미치게 되며, 언어발달, 인지발달에도 영향을 주기 때문에 프로그램의 중요한 질적인 요인이다.

3) 교사의 민감성과 반응성

(1) 교사의 민감성

교사의 민감성에 대해서는 다양한 정의가 내려지고 있는데, 교사와 영아의 구성요소 중 하나로서 교사와 영아 간 상호작용의 빈도를 증진시키는 교사의 특성이라고 정의할 수 있다(Howes & Hamilton, 1992; Melhuish & Moss, 1995). 민감성이란 양육자가 영아에게 관심을 보이고 영아의 신호를 민감하고 정확하게 해석하여 상황을 통찰함에 있어 따뜻함, 반응성, 일관성을 가지는 것으로서 이러한 양육자의 민감성을 통해 질 높은 양육관계를 이룰 수 있다. 하지만 교사의 민감성은 가정에서 한두 명의 자녀를 양육하는 어머니의 본능적인 민감성과는 달리 교사와 영아 간의 긍정적 관계 내에서 영아에 대한 조기 개입과 예방을 위한 중요한 자원이라고 정의할 수 있다. 따라서 가장 기본적인 것에서부터 가장 복잡한 것에 이르기까지 영유아의 개인적 요구를 인식하는 능력과 긍정적으로 접근하면서 영유아의 발달과 학습을 비계 설정하는 능력이라고 정의하고 있다(Gerber, Whitebook & Weinstein, 2007). 이와 같이 볼 때 교사의 민감성은 영유아발달을 촉진하고 상호작용의 특성으로서 중요한 요인이라고 볼 수 있다.

교사의 민감성에 영향을 주는 요인

교사의 민감성에 영향을 주는 요인을 교사의 개인적, 맥락적 요소와 담당하고 있는 학급의 특징, 소속된 기관 특징의 3가지 범주로 나누어 살펴보면, 학력은 4년제 대졸 이상, 경력은 3년 이상의 교사가 민감성이 더 높은 것으로 연구되었으며, 학급의 질이 높을수록, 집단의 크기가 10명 미만, 자유놀이 시간이 3시간 이상인 학급에서 교사의 민감성이 더 높았다(이선희, 2010; Gerber et al., 2007). 이선희의 연구(2010)에서는 교사의 학력과 경력은 교사의 민감성과 관련이 있으며, 교사가 민감하게 반응하기 위해서는 영아 집단크기가 10명 미만의 소집단이여야 하고, 상호작용하는 영아 수가 적어야 하고, 자유놀이 시간의 양이 충분히 확보되어야 한다고 보고하였다. 기관의 특징으로는 NAEYC 평가인증을 받고, 교사훈련이 계획적으로 이루어지며, 기관의 크기가 작을수록(전체 학급의 수) 교사의 민감성이 높은 것으로 연구되었다. 특히, Gerber와 동료들의 연구(2007)에서 북캘리포니아에 위치한 43개 아동보육센터의 41명 주임 교사를 대상으로 교사의 민감성을 예견하는 교사의 특징과 환경의 범위를 밝히는 연구를 실시한 결과, 인증상태, 센터의 크기, 프로그램의 질이 교사의 민감성과 관련이 있다고 보고하였다. 또한 교사 경력이 많을수록, 기관의 크기가 작을수록, 인식할 수 있는 조직의 상태가 건강할수록 교사의 민감성이 높고, 기관의 크기가 클수록 교사의 민감성은 낮고 이는 교사훈련으로는 완화되지 않는다고 보고하였다. 교사의 민감성은 부모의 민감성 연구와 달리, 교사에 대한 사회적 지원과 정신적 건강이 교사의 민감성에 직접적인 영향을 미치지 않았다. 또한, 기관의 크기는 교사의 민감성에 영향을 주는 요소로 교사교육에 의해서도 영향을 받지 않는 특징이 있는 것으로 나타났다.

이러한 교사의 민감성은 영아의 사회적 행동 전반에 걸쳐 유의미한 영향을 미쳐 영아의 사회적 기술 중 협력성에 긍정적인 영향을 미치고 외재적 문제행동인 자기중심성, 산만·과잉 행동, 공격성뿐 아니라 내재적 문제 행동인 사회적 위축과 불안에도 영향을 준다. 즉, 교사가 영아에게 민감하게 상호작용할 때 영아의 협동성과 같은 사회적 기술 증진에 바람직한 영향을 가져오는 반면, 문제 행동은 감소시키는 결과(김숙령, 2010)를 보여준다. 영아의 이후 사회성 발달에 영아와의 상호작용에서 나타나는 교사의 민감한 행동이 결정적으로 중요하다는 것이 밝혀지고 있다.

(2) 교사의 반응성

Mahoney(1988)는 유아와의 상호작용에서 반응성 수준이 높은 양육자가 유아 활동에 적극적으로 개입하고, 유아 요구와 상태에 맞춰 활동을 적절히 격려하며, 유아에 대해 수용적인 태도를 취하고, 유아 요구나 행동에 즉각적이고 빈번하게 반응하며, 유아들과 즐겁고 재미있게 상호작용함으로써 유아의 상황적 성취 동기를 촉진시킨다고 보고하였다. 강인숙(2003)은 교사의 반응성에 대해 관여적이고, 민감하며, 온정적이고, 수용적인 교사의 행동 특성으로서 상호작용에서의 유아 관여와 참여를 촉진시키는 요인이라고 언급하였다. 교사의 반응성은 일관성(교사가 유아의 말과 행동에 대해 일관성 있게 즉각적으로 반응하는 행동), 온정성(교사가 유아에게 친밀감과 애정의 표시로서 긍정적인 정서를 표현하는 행동), 민감성(교사가 유아의 흥미나 발달의 표시로서 긍정적인 정서를 표현하는 행동), 수용성(교사가 유아의 행동 지도를 위해 통제적인 지시나 요구는 지양하되 보다 관대한 행동들을 표현함)의 4가지 행동을 포함하고 있다. 교사 반응성 증진 프로그램의 실시를 통해, 교사들이 유아들과의 상호작용에서 보다 일관적이고 온정적이며, 민감하고 수용적으로 반응하게 되고, 유아들은 이러한 상호작용의 경험을 통해 교사뿐만 아니라 또래들과도 보다 적극적이고 긍정적인 상호작용을 하게 되었다고 언급하였다. 이는 교사 반응성이 교사-유아 간 상호작용의 질과 빈도를 향상시키고, 그러한 상호작용의 경험을 통해 유아들은 교사 행동을 보다 긍정적으로 지각하게 되고 나아가 교사-유아 간 안정된 관계를 발전시킬 수 있는 가능성을 보인 것이라고 본다.

이상에서 살펴본 바와 같이 유아교육기관평가에서 질에 대한 개념은 중요하며 어떻게 정의할 것인지에 따라 그 구성 요인과 지표에 다양하게 접근할 수 있다. 유아교육의 구조적 질과 과정적 질에 대해 살펴본 결과, 유아교육의 질적 향상을 위해서는 모든 관련 요인들을 밝히기 위한 다차원적이고 총체적인 접근이 필요하다.

우리나라의 유아교육기관평가

P·A·R·T 02

CHAPTER 03 유치원 평가

CHAPTER 04 어린이집 평가

CHAPTER 05 우리나라 유치원·어린이집 평가관련 연구

CHAPTER 03

유치원 평가

유치원 평가는 2006년 시범평가를 거쳐 2008~2010년 제1주기 평가를 끝내고 2011년부터 제2주기 평가가 시행되고 있다. 유치원 평가의 목적, 평가과정 및 절차, 평가영역 및 지표에 대해 정리해 보면 다음과 같다.

1. 평가의 배경 및 목적

1) 평가의 배경

우리나라는 유아교육의 질을 향상시키기 위해 그동안 여러 가지 연구를 해 왔다. 유아교육기관의 질관리를 위한 체제 개발의 필요성을 강조한 연구들이 누적되면서 2005년부터 어린이집 평가인증제를 시범적으로 실시하였으며 2006년부터는 전국으로 확대 실시하였다. 유치원 평가에 대한 연구 및 논의도 계속되어(장명림 외, 1999; 장명림, 이기숙, 최수경, 2001) 2007년 유치원 시범평가를 시작으로 2008년부터는 공립유치원을 대상으로 평가를 실시하기 시작하였다.

우리나라 유아교육법 제19조에 유치원은 학교로서 질 높은 교육을 제공하도록 하고, 국가 정책에 부합하는 유치원 운영관리에 대해 평가하도록 하는 근거가 명시되어 있다. 또한 유아교육법 시행령에는 유치원 평가영역의 근거가 제시되어 있다.

유아교육법 제19조(일부개정 2011.7.25 법률 제10913호)

제19조(평가)

① 교육과학기술부장관은 유아교육을 효율적으로 하기 위하여 필요하면 유치원 운영실태 등에 대한 평가를 할 수 있다.〈개정 2008.2.29, 2010.3.24〉

② 제1항에 따른 평가의 대상·기준 및 절차와 평가결과의 공개 등에 필요한 사항은 대통령령으로 정한다.〈개정 2010.3.24〉

최근 정부는 유아교육의 수요자인 학부모를 재정적으로 지원·보조하고 있으므로 학부모의 유아교육기관 선택권이 중요해지고 있다. 이에 유치원에 대한 국가 차원에서 평가내용을 학부모에게 공개하여 유아교육기관 선택의 기본사항으로 할 시점에 이르렀다. 이미 초·중등학교 체제에서 평가가 이루어져 오고 있었으며 학교교육의 기초라고 할 수 있는 유치원 평가는 국가 정책적으로도 더 이상 늦출 수 없는 상황이다. 교육과학기술부는 2006년부터 준비단계를 거쳐 2007년에 100개의 시범 유치원을 대상으로 유치원 시범평가를 실시하였다.

유치원 시범평가가 끝나고 2008년부터 교육과학기술부는 각 시·도교육청을 통하여 유치원 평가 사업을 지원하게 되었다. 따라서 그동안의 시범평가를 통하여 국가수준의 공통지표를 확정하고 각 시·도에는 지역실정에 맞는 자체지표를 개발·적용하도록 하였다.

2) 평가의 목적

유치원은 유치원의 설립 인가제와 시·도교육청별 장학지도를 통해 일정 수준의 질관리 및 유지를 하고 있으며, 유아교육법, 사립학교법, 학교보건법, 재무회계규칙 등의 법적 규정이 적용되어지므로 기본적인 운영원칙을 가지고 있다. 그러므로 이는 어린이집에서 이루어지고 있는 평가인증제도와는 그 차원이 다르다고 할 수 있다. 유치원은 이미 인증 절차를 거쳐 설립되었다고 할 수 있지만 더 나아가 국가 수준에서 유치원에 대한 체계적인 평가시스템을 구축하여 유치원 운영을 종합적으로 점검하고 유아교육의 질적 수준을 재고(再考)할 필요가 있기 때문에 실시되는 것이다.

유치원 평가의 목적을 정리해 보면 다음과 같다.

- 유치원의 운영실태 진단과 개선방안 제안을 통한 책무성을 제고한다. 즉, 평가결과 환류를 통하여 유치원 운영의 효율성과 유아교육의 질적 수준을 제고하는 것이다.
- 유아교육 특성을 반영한 체계적 정보제공을 통하여 학부모의 학교 선택권을 보장하고자 한다. 이는 평가결과 공개 및 우수 유치원에 대한 표창 등을 통해 유치원 간 선의의 경쟁을 촉진하고 학부모 만족도를 제고하는 것이다(서울특별시 교육청, 2008).

2. 제1주기(2008~2010) 유치원 평가

1) 평가과정 및 절차

유치원 시범평가는 유치원 평가에 앞서 유치원에 대한 전면적인 평가 모형과 평가지표를 개발하고, 평가체제를 구축하기 위한 기초 단계라고 볼 수 있으며, 2006년부터 준비 단계를 거쳐 2007년에 100개의 시범 유치원을 대상으로 실시되었다.

이러한 유치원 평가의 절차는 「유아교육법」 시행령 제22조에 다음과 같이 명시되어 있다.

유아교육법 시행령 제22조(평가의 절차 등)(일부개정 2010.5.31.대통령령 제 22174호)

① 교육과학기술부장관은 매 학년도가 시작되기 전까지 유치원 평가에 관한 기본계획을 수립하여 평가대상 유치원에 통보하여야 한다.

② 교육과학기술부장관은 유치원 평가를 하는 경우에는 서면평가·현장평가 및 종합평가의 방법으로 하되, 설문조사, 관계자 면담 등 다양한 방법을 사용하여 평가대상 유치원에 대한 교직원, 해당 유치원의 유아 및 학부모 등의 반응을 조사하고 그 결과를 평가에 반영하여야 한다.

③ 교육과학기술부장관은 평가의 결과를 공개하여야 한다.

④ 교육과학기술부장관은 평가를 효율적으로 하기 위하여 평가위원회를 구성·운영할 수 있다.

⑤ 제1항부터 제4항까지에서 규정한 사항 외에 유치원 평가에 필요한 사항은 교육과학기술부장관이 정한다.

[전문개정 2010.5.31]

제1주기 평가과정은 시범평가에서 이루어진 것과 거의 유사하며 시·도에 따라 일부 조정하도록 하였다. 세부계획을 살펴보면 다음과 같다.

(1) 평가 주체 : 시·도교육청

- 시·도교육청별로 「유치원평가위원회」를 구성·운영하며 시·도교육청에서 실시하고 있는 현행 '학교평가'와 함께 연계 실시가 가능하도록 한다.
- 교육인적자원부와 시·도교육청의 역할분담을 통해 효율적 평가시스템을 구축한다.
- 평가참여 유치원에 대해서는 인센티브 제공을 통한 제도 수용률을 제고한다.
- 국가 수준의 공통지표, 시·도교육청의 자체지표, 학부모 만족도 조사를 병행 실시하여 평가의 타당성을 확보한다. 이는 국가 수준의 공통지표를 통하여 최소한의 질적 수준을 유지하려고 하는 것이다. 또한 지역실정에 맞는 자체지표 개발·적용 및 학부모 만족도를 반영하도록 한다.
- 서면평가와 현장방문평가를 병행하여 객관성과 공정성을 확보한다.
  - 서면평가는 유치원교육계획서, 유치원자체평가보고서를 활용한다.

- 현장방문평가는 유아교육 전문가, 현장 교원 등으로 평가위원회를 구성하여 실시한다.
- 평가대상 유치원의 운영실태를 진단하고 개선점을 제공하고자 하는 컨설팅 형태의 평가이다.
- 시·도교육청의 장학지도, 종합평가 등과 상호 조화롭게 추진하여 현장부담을 완화하도록 한다.
- 인력과 시스템을 활용하는 방안을 적극 모색한다.
- 장학지도 및 종합평가와 중복되지 않도록 평가 주기를 조정한다.

(2) 평가 대상 및 주기

• 평가 대상 : 공·사립유치원
「유아교육법」 시행령 제20, 21조(일부개정 2010.5.31. 대통령령 제22174호)

제20조(평가의 대상)
법 제19조제1항에 따른 유치원에 대한 평가는 국립·공립·사립유치원을 각각 그 대상으로 한다.
[전문개정 2010.5.31]

• 평가 주기 : 3년으로 하고 교육청은 유치원의 의견을 수렴하여 탄력적으로 시기를 결정하게 한다. 매년 국·공·사립 전체 유치원의 1/3씩 실시하는 것을 원칙으로 한다.
• 사례 : 1주기 유치원 평가 대상 기관 수

〈표 3-1〉 서울특별시교육청 (단위 : 개원, '09년 기준)

구 분	전체	'07(시범)	'08	'09	'10
계	862	10	76	51	730
공립	137	5	76	51	5
사립	725	5			725

(3) 평가의 과정

유치원 평가는 참여 신청, 유치원 자체평가, 서면평가, 현장평가, 종합·심의평가의 순서로 진행된다. 구체적인 평가의 과정은 다음 [그림 3-1]과 같다.

시범평가 유치원 신청 및 모집
시·도교육청을 통해 시범평가 유치원 신청 및 접수

⇩

자체평가
평가지표를 이용하여 평가 유치원자체평가보고서 작성

⇩

평가위원의 시범평가 연수
• 유치원 평가의 기본 계획 및 시범평가에 대한 안내 • 유치원 평가지표 및 편람 설명 • 서면평가 및 현장평가 실시 방법 설명 • 팀별 평정 워크숍 실시 • 평가결과서 및 보고서 작성 방법 • 팀별 유치원 현장평가 일정을 확인

⇩

서면평가
• 평가위원 4인이 각자 자체평가보고서를 이용하여 서면평가 실시

⇩

현장평가
평가팀(평가위원3인)이 유치원을 방문하여 현장평가 실시

⇩

종합, 심의평가
• 평가위원 각자의 개별 유치원 평가 보고서 작성·제출 • 평가팀의 유치원 종합 평가 보고서 작성·제출

[그림 3-1] 유치원 평가의 과정

① 자체평가

자체평가는 유치원 편람에 제시된 평가지표, 요소 및 기준에 따라 유치원에서 자체적으로 유치원의 운영과 교육활동 전반을 점검하고 평가하는 것이다. 유치원 스스로 기관의 운영을 진단하고 현재의 수준과 문제점을 파악하고, 이에 근거하여 개선방안을 모색하고 실천해 감으로써 유치원의 발전을 도모하고, 평가단의 유치원에 대한 이해를 돕고 객관적인 평가를 받기 위한 기초자료로 이용된다. 자체평가는 유치원 평가지표에서 제시하는 내용으로 동일하게 구성되어 있다.

② 서면평가와 현장평가

서면평가는 평가위원들이 유치원의 자체평가보고서를 기초로 해당 유치원의 이해를 충분히 하고, 1차적으로 평가를 해 보는 것이다. 또 현장평가 시 확인하거나 추가로 수집해야 할 자료를 점검하기 위해 이루어진다. 보통 유치원에서 제출한 자체평가보고서, 유치원의 연간 운영계획서 등 유치원에서 제출한 내용을 근거로 실시한다. 평가위원들은 〈유치원 평가결과서〉 양식에 따라 점수 평정을 하고, 현장평가 시 확인사항을 기록한다.

현장평가는 평가에서 가장 중요한 활동이다. 평가위원들이 팀별로 평가 대상 유치원을 직접 방문하여 서면평가를 통해 평정한 자료에 기초하여 최종적으로 공정하게 평가하는 데 목적이 있다. 현장평가는 보통 한 유치원당 1일을 할애한다. 평가팀은 유치원과 사전에 약속한 시간에 맞추어 유치원에 도착한다. 유치원에 도착 후에 평가팀장은 평가위원을 소개하고, 평가의 목적을 간략히 설명한다.

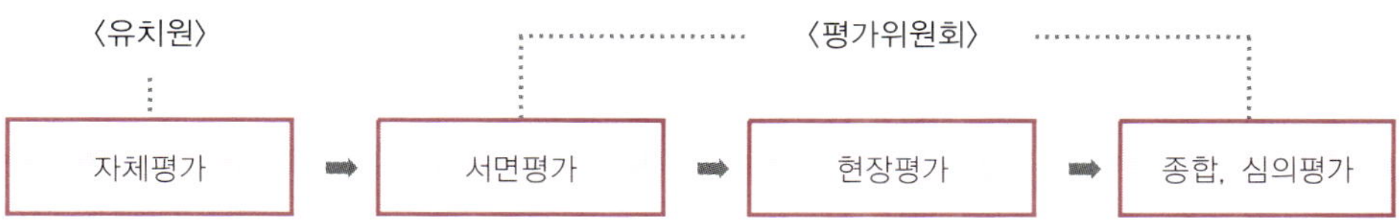

[그림 3-2] 유치원 평가의 과정

이어 유치원에 대한 간략한 소개를 유치원장(관계자)으로부터 듣는다. 다음 표는 현장평가 당일 평가팀의 일정표이다.

〈표 3-2〉 현장평가 당일 일정표

시간	평가단 활동	비고
10 : 00 ~	유치원 도착	
10 : 00 ~10 : 20	인사 및 평가 준비	
10 : 20 ~ 11 : 30	학급 수업 및 자유선택활동 관찰	
11 : 30 ~ 12 : 00	휴식	
12 : 00 ~ 13 : 00	점심식사 및 급식 장면 관찰	
13 : 00 ~ 15 : 00	영역별 평가 실시 및 환경 관찰	원장 면담, 교사 면담
15 : 00 ~ 15 : 30	종일반 운영 평가	종일반 교사 면담
15 : 30 ~ 16 : 00	평가팀 자체 협의 모임	
16 : 00 ~	종료인사 및 유치원 출발	

수업 및 자유선택활동 관찰은 총 70분의 시간을 할애하였다. 되도록 평가위원이 모든 학급을 돌아보도록 시간을 안배하지만, 주어진 시간 내에 모든 학급을 다 관찰하지 못하는 경우는 평가위원 간 상의하여 연령과 학급을 고려하여 골고루 관찰할 수 있도록 한다. 모든 관찰과 면담을 끝내고, 평가팀 자체적으로 모여 평가를 합의하는 모임을 갖는다. 각 평가위원별로 점수 평정 내용을 듣고, 서로 합의된 점수로 최종적으로 평정한다. 이때 유치원의 우수사례와 특색사업, 평가영역별 장점과 개선점 등을 의논한다. 최종 점수 평정은 평가위원들 간의 점수의 평균이 아니라 토의를 통한 평가위원 간의 합의된 점수를 최종 결과서에 기록한 것이다.

③ 평가위원별 평가결과서 작성

평가위원은 방문 평가한 모든 유치원에 대한 평가결과서를 1부씩 작성한다. 현장평가 의견을 기술하고, 최종 평정 점수를 해당 칸에 표시한다. 앞서 기록한 서면평가 점수와 차이가 있을 때에는 점수가 달라진 이유에 대해 간략하게 기술한다.

④ 평가결과보고서(종합본) 작성

평가팀장 주관 하에 3명의 평가위원이 합의하여 유치원 평정 결과 최종 점수표를 작성한다. 평가팀 내 의견을 조정하고, 전체 소견을 수합한다. 평가 유치원에 대한 의견을 종합하여 한 유치원당 팀 종합평가서를 1부 작성한다. 최종결과보고서는 평가위원이 검토하여 누락이나 오류가 없는지 확인한다.

⑤ 평가결과서 제출

평가위원들은 각자 평가 유치원에 대해 평정한 〈유치원 평가결과서〉를 우편 또는 메일로 해당 교육청에 발송한다. 평가 팀별 의견을 종합한 〈유치원 최종 평가결과서〉는 팀장이 제출한다. 팀 내에서 논의된 유치원 평가에 대한 특성과 장점, 개선점을 기록하여 제출하고, 평가영역별 우수사례를 선정하여 제출한다. 제1주기 평가에서는 평가결과를 온라인으로 평가위원장이 입력하도록 하였다.

2) 평가영역 및 지표

유치원 평가지표는 현장의 평가부담을 줄이면서도 가장 핵심적인 지표 선정에 중점을 두도록 하였다. 특히 1주기 유치원 평가영역 및 주요 지표 선정에 있어서는 다음을 고려하였다.

- 초·중등학교 종합평가의 국가 공통지표 평가영역
- 유아교육법과 시행령에서 명시하고 있는 유치원 평가영역
- 국가 유아교육 주요 정책 방향 및 유치원 운영계획
- 그 외에 유아교육의 질 제고에 결정적인 핵심 영역 및 요소들

2010 학교종합평가 공통지표

＊ 평가영역 4개, 평가항목 7개, 평가지표 14개, 평가요소 38개

– 학교 교육목표(2개 지표)
– 교육과정 및 방법(4개 지표)
– 교육성과 관리(4개 지표)
– 교육경영(4개 지표)

유치원 평가영역 선정의 법적 근거 : 유아교육법시행령 제21조(일부개정 2010.5.31. 대통령령 제22174호)

제21조(평가의 기준) 법 제19조제1항에 따른 유치원 평가는 다음 각 호의 사항을 기준으로 하여 실시한다.

1. 예산의 편성 및 운용
2. 유치원의 시설·설비
3. 교육과정의 편성·운영 및 교수·학습방법
4. 교직원의 인사관리 및 복지후생
5. 그 밖에 교육과학기술부장관이 필요하다고 인정하는 사항

[전문개정 2010.5.31]

- 단, 종일반 운영은 국가 정책적으로 매우 중요하기는 하나, 현장 시행률이 아직 100%가 되지 않은 관계로, 1주기 평가에서는 평가영역과 지표로는 제시하되 지역청에 따라 평가 총점에 반영 여부를 결정하게 함.

▌설립인가 사항 및 국가 관리·감독 사항 관련 지표는 제외

- 유치원 설립 인가 시의 기본적인 점검사항, 교육청의 관리·감독 차원에서 점검되고 있는 지표는 가능한 한 제외함.
- 기관의 전 분야 종합평가를 지양하고, 장학지도와 중복되지 않도록 하여 현장의 평가부담을 완화하고자 하였음.
  - 유치원 평가와 장학지도의 기본 취지와 목적을 살리되 평가와 장학의 내용이 중복되지 않도록 연계하여, 현장의 부담은 줄이고 각각의 효과를 높이는 데 초점을 두고자 함.

▌필수 및 권장 사항 관련 지표는 포함

- 대부분의 유치원에서 실행하고 있거나 성취하는 지표는 평가의 변별력이 없다는 이유로 제외하기도 하나, 유치원의 핵심적인 사항으로 지속적으로 꼭 실행해야 할 지표나 요소는 포함하였음(예 : 교육계획안 작성 및 활용).

- 또한 아직 많은 유치원에서 실행하지 못하고 있기는 하나, 향후에 꼭 성취하거나 수행해야 할 지표의 경우에는 현장에서의 활성화 및 보급을 위하여 포함하였음(예 : 교사 사학연금 가입 지원).

▌공·사립유치원별, 지역별, 규모별 지표를 차별화하지 않음

- 유치원 평가지표는 어느 지역에서 어떠한 형태로 유치원을 운영하든지, 유치원의 질적 수준 유지를 위하여 기본적으로 포함해야 할 지표를 선정하고자 하였음.
- 이에 유치원의 유형별, 규모별, 지역별로 지표 구분을 하지 않는 것을 원칙으로 하였음.

▌유치원 운영의 다양성 및 자율성을 제한하지 않는 평가기준 제시

- 유치원 운영의 특징이라고 할 수 있는 다양성과 자율성을 저해하지 않는 평가기준을 제시하고자 하였음.
- 유치원이 학교로서의 질적 수준 유지에 필요한 최소한의 공통적인 지표와 요소를 포함하였으며, 특히 평가기준 적용상의 융통성을 제시함으로써 유치원의 운영이 획일화되지 않도록 하였음.

▌학부모 만족도 조사 실시 및 점수 반영

- 유치원 교육은 다른 학교급에 비해 수혜자인 학부모와의 교류 및 가정과의 연계가 매우 중요함.
- 이에 학부모 만족도 지표를 포함하고 학부모 만족도 조사 결과를 점수로 반영함.

(1) 평가영역 및 내용

유치원 평가지표 및 편람 개발은 교육인적자원부에서 육아정책개발센터에 용역을 의뢰하여 육아정책개발센터 연구팀에 의해 수행되었다. 육아정책개발센터 연구팀은 국내외 선행 연구 및 관련 자료 수합·분석, 개발진(학회장 및 단체장, 교육부 담당자 포함) 운영, 전문가 자문회의, 적합성 조사, 교육부와의 집중 협의 과정을 거쳐 만들었다.

❙ 평가영역 및 내용은 공통지표와 자체지표로 이원화하여 실시한다.

- 공통지표의 경우 평가 주기별로 달리 적용하는 방향으로 설정한다.
  ※ 1주기 평가영역 및 지표 : 4개 영역, 14개 항목, 28개 지표
- 자체지표는 시·도교육청의 역점 또는 특색사업 중 4개 이내를 활용한다.
  ※ 평가항목 및 평가지표 개발 시 장학지도 및 종합평가와 중복되지 않도록 유의한다.
  - 자체지표는 평가 총점 중 20% 이내로 한다.

❙ 유치원 평가영역

① 교육과정
② 교육환경
③ 건강·안전
④ 운영관리
⑤ 종일제 운영
※ 종일제 운영의 경우 평가 총점 또는 자체평가지표에 포함 여부는 시·도교육청에서 자체 판단

(2) 유치원 평가 편람(공통지표)

유치원 제1주기 평가지표는 공통지표(표 3-3), 자체평가지표(부록 1-2)로 구성되었다. 공통지표는 각 시·도에서 동일하게 적용되며 여기에 자체지표로 평가 총점의 20% 이내에서 각 시·도에서 자체적으로 지역의 특성을 감안하여 지표를 덧붙이게 되어 있다.

〈표 3-3〉 제1주기 유치원 평가지표(공통지표)

<table>
<tr><th>평가영역(배점)</th><th>평가 항목(배점)</th><th>평가지표(배점)</th></tr>
<tr><td rowspan="8">1. 교육과정(65)</td><td rowspan="2">1-1. 교육계획 수립의 적절성(15)</td><td>1. 교육계획안 작성 및 활용(5)</td></tr>
<tr><td>2. 유아교육에 적합한 교육내용·활동 선정(10)</td></tr>
<tr><td rowspan="2">1-2. 일과 운영의 적절성(15)</td><td>3. 통합적 일과 운영(10)</td></tr>
<tr><td>4. 교육활동 유형 간의 균형적 안배(5)</td></tr>
<tr><td rowspan="2">1-3. 교수-학습방법의 적합성(20)</td><td>5. 유아교육에 적합한 교수-학습방법의 사용(10)</td></tr>
<tr><td>6. 교사-유아 간의 질적인 상호작용(10)</td></tr>
<tr><td rowspan="2">1-4. 평가의 적절성(15)</td><td>7. 유아의 발달 상황 기록 및 활용(10)</td></tr>
<tr><td>8. 교육과정 평가 실시 및 결과 활용(5)</td></tr>
<tr><td rowspan="5">2. 교육환경(45)</td><td rowspan="3">2-1. 교육환경의 적합성(25)</td><td>9. 실내 교육환경의 적합성(10)</td></tr>
<tr><td>10. 실외 교육환경의 적합성(10)</td></tr>
<tr><td>11. 유아발달수준에 적합한 시설·설비(5)</td></tr>
<tr><td rowspan="2">2-2. 교재·교구의 적합성(20)</td><td>12. 유아발달수준과 주제에 적합한 교재·교구의 구비 및 활용(10)</td></tr>
<tr><td>13. 교재·교구의 체계적인 관리 및 보관(10)</td></tr>
<tr><td rowspan="6">3. 건강·안전(40)</td><td rowspan="2">3-1. 건강관리의 적절성(15)</td><td>14. 유아 건강 지도 및 관리(5)</td></tr>
<tr><td>15. 시설·설비의 청결한 관리(10)</td></tr>
<tr><td rowspan="2">3-2. 영양관리의 적절성(10)</td><td>16. 균형 있는 급·간식 시행 및 식습관 지도(5)</td></tr>
<tr><td>17. 식재료의 위생적 관리 및 사용(5)</td></tr>
<tr><td rowspan="2">3-3. 안전관리의 적절성(15)</td><td>18. 안전교육 실시 및 안전사고 대비책(10)</td></tr>
<tr><td>19. 시설·설비의 안전한 관리(5)</td></tr>
<tr><td rowspan="8">4. 운영관리(40)</td><td rowspan="2">4-1. 교직원 인사 및 복지의 적절성(10)</td><td>20. 교직원 인사 규정 보유 및 준수(5)</td></tr>
<tr><td>21. 교직원 복지 규정 보유 및 지원(5)</td></tr>
<tr><td rowspan="2">4-2. 예산 편성 및 운용의 합리성(10)</td><td>22. 예·결산서 작성 및 공개(5)</td></tr>
<tr><td>23. 정부지원금 예산 편성 및 사용의 타당성(5)</td></tr>
<tr><td rowspan="2">4-3. 가정 및 지역사회와의 연계(10)</td><td>24. 다양한 부모 교육 및 가정과의 교류(5)</td></tr>
<tr><td>25. 지역사회 인사·자원의 활용 및 기관 홍보(5)</td></tr>
<tr><td rowspan="2">4-4. 기관장의 원 운영의 전문성(10)</td><td>26. 교육과정의 질 제고를 위한 노력(5)</td></tr>
<tr><td>27. 기관장의 리더십(5)</td></tr>
<tr><td colspan="2">학부모 만족도(10)</td><td>28. 학부모의 기관 운영에 대한 만족도 조사 결과(10)</td></tr>
<tr><td rowspan="3">5. 종일반 운영</td><td colspan="2">5-1. 종일반 운영을 위한 기본 시설·설비 구비</td></tr>
<tr><td colspan="2">5-2. 종일반 프로그램의 적절성</td></tr>
<tr><td colspan="2">5-3. 종일반 교사 확보</td></tr>
<tr><td colspan="2">계</td><td>200점</td></tr>
</table>

※ 종일반 운영의 포함 여부는 시·도교육청에서 자체 판단

※ 국가 공통지표 편람 외에 시·도교육청별 자체평가지표 편람 및 평가계획을 함께 안내

이와 같은 교육과학기술부의 유치원 평가 계획에 따른 서울특별시 교육청의 유치원 평가를 예로 들면 다음 〈표 3-4〉와 같다.

〈표 3-4〉 서울특별시 교육청 1주기 유치원 평가 추진 계획(2009) 사례

1. 평가위원

- 「유치원평가위원회」를 구성하여 평가업무 협의체제 운영
- – 평가위원회 안에 「평가추진위원회」와 「평가단」을 구성
- – 평가추진위원회는 7명 이상 10명 이내로 구성
- – 평가단은 1팀당 3명으로 구성하되 대상 기관 수에 따라 탄력적으로 운영
- 평가단 구성
- – 평가단은 지역교육청 및 기관으로부터 추천을 받아 선정한다.
- – 평가단 구성은 교수, 교원, 전문직으로 구성한다.
- – 교수는 현장 경험이 있는 유아교육과 교수 중에 선정한다.
- – 교육경력 10년 이상인 자로 한다.

2. 평가대상 및 주기

- 평가 주기 : 3년('08 ~ '10년) 단위로 실시
  ※3년 이내에 모든 유치원 평가
- 1주기 유치원 평가 대상 :

공 립		사 립	
2008년	2009년	2010	2010년에 실시
3학급 이상 유치원 및 기 신청 유치원	2학급 이하 유치원	2009년 신설유치원 5개원	
76개원	51개원 실시예정	5개원	725개원

※ '07년 시범평가 유치원(10개원)은 1주기('08~'10년) 평가 대상에서 제외

3. 평가영역 및 내용

- 평가영역 및 내용은 공통지표와 자체지표로 이원화하여 실시
- – 공통지표의 경우 평가 주기별로 달리 적용 예정
  ※1주기 평가영역 및 지표 : 4개 영역, 14개 항목, 28개 지표
- – 자체지표는 서울시 교육청의 역점 또는 특색사업 중 4개 이내 활용
  ※평가항목 및 평가지표가 장학지도 및 종합평가와 중복되지 않도록 개발
- – 자체지표는 평가 총점 중 20% 이내로 함
- 유치원 평가영역
- – 공통지표 : ① 교육과정 ② 교육환경 ③ 건강·안전 ④ 운영관리 ※학부모 만족도 동시 조사
- – 자체지표 : ⑤ 에듀케어(종일제) 운영 ⑥ 학급 편성·운영

4. 평가 방법

- 서면평가와 현장방문평가를 병행하여 시행

자체평가(유치원) → 서면평가 → 현장평가 → 평가결과서 송부

- 서류에 의한 확인 평가는 지양하고, 유치원 교육의 투입, 과정, 결과를 반영한 운영 상태를 총체적으로 평가
- 평가자료
- – 서면평가 : 유치원교육계획서와 유치원자체평가보고서
- – 현장평가 : 지역별로 시행하되, 가급적 단기간 내 완료 추진
- 학부모에 대한 유아교육 만족도 조사를 병행하여 동시 실시
- 평가대상 유치원의 운영실태 진단과 개선점 모색에 목적이 있으므로 상대평가 지양
- 평가대상 유치원에 준비금 사전 지원

(3) 평가 결과 처리 및 활용

- 결과공개 범위 및 방법은 교육청 자체 결정하되 서열화를 지양하고, 1주기는 컨설팅에 역점을 두고 평가결과를 비공개 처리하여 참여 유치원의 운영진단과 개선에 주력하도록 한다. 향후 2주기 평가는 의견수렴 및 1주기 실시 결과를 고려하여 추진 방향을 결정한다.
- 유치원 평가 결과는 등급화하지 않고 평가참여에 따른 행·재정적 지원방안을 수립·추진한다.
- 유아교육의 질 제고와 경영 개선의 피드백 자료로 적극 활용한다.
  - 유치원별 교육계획 수립에 반영 및 장학지도 자료 등으로 활용한다.
- 우수 사례 발굴 및 보급 : 우수 사례 보고회 및 자체 보고회 등을 개최한다.

3. 제2주기(2011~2013) 유치원 평가

교육과학기술부는 제1주기 유치원 평가를 끝내고 2011년부터 2013년에 이루어지는 제2주기 평가를 계획하였다.

제2주기의 유치원 평가의 기본방침은 다음과 같다.

- 교과부와 시·도교육청의 역할분담
- 동일 목적의 유사 지도·감독시스템과의 중복 평가 지양
- 서면평가와 현장방문평가를 병행하여 객관성과 공정성 확보
- 평가 결과는 반드시 환류하여 유치원 운영개선에 활용
- 유치원 평가의 목적이 유치원의 운영진단과 개선이 목적이므로 상대평가를 지양한다. 따라서 유치원 평가결과 공개 범위 및 방법은 시·도 교육감이 자체 결정하는 것으로 하며 평가시스템의 정착까지는 서열화를 지양하고 우수 유치원을 홍보하는 데 주력하는 것을 원칙으로 하였다. 특히 기관용과 평가위원용으로 구분하여 평가편람 및 매뉴얼을 개발 제공하도록 하며 평가위원 연수를 강화하여

평가인력의 전문성을 제고하고자 하였다.

평가대상은 매년 국·공·사립 전체 유치원의 1/3씩 실시하여 3년 이내에 모든 유치원이 평가를 받을 수 있도록 계획을 수립 하였다. 제2주기 유치원 평가 대상 기관 수는 다음과 같다.

〈표 3-5〉 제2주기 유치원 평가 대상 기관 수 (단위 : 개원)

구 분	전체	'11	'12	'13
계	8,388	2,796	2,796	2,796
국공립	4,501	1,501	1,500	1,500
사 립	3,887	1,295	1,296	1,296

※ 시·도교육청의 사정에 따라 연도별 평가 유치원 수는 변동 가능

제2주기 유치원 평가의 지표는 4개 영역, 9개 항목, 15개 지표(46개 요소 포함)로서 다음 〈표 3-6〉과 같다.

〈표 3-6〉 제2주기 유치원 평가 공통지표 및 평가 요소

<table>
<tr><th>평가
영역</th><th>평가
항목</th><th>평가지표</th><th>평가요소</th></tr>
<tr><td rowspan="8">Ⅰ. 교육과정</td><td rowspan="5">교육목표 및 교육계획 수립</td><td rowspan="2">1. 교육목표가 적합하고 타당하게 설정되었는가?</td><td>1) 교육목표가 유아의 지적, 정의적, 신체적 발달을 조화롭게 포괄하고 있다.</td></tr>
<tr><td>2) 교육목표는 유아, 학부모, 지역사회의 특성 및 요구를 반영하고 있다.</td></tr>
<tr><td rowspan="3">2. 교육계획은 생활 주제 및 유아발달에 적합하게 수립되었는가?</td><td>1) 연간, 월간, 주간, 일일 계획의 목표, 활동, 내용 간에 연계성이 있다.</td></tr>
<tr><td>2) 교육 내용 및 활동은 교육과정에 근거하여 유아의 연령별 발달 수준에 적합하게 선정하고 있다.</td></tr>
<tr><td>3) 일일교육계획안에는 당일 소주제, 목표, 내용, 준비물 및 방법, 평가 등이 포함되어 있다.</td></tr>
<tr><td rowspan="3">교육활동 및 평가의 실시·활용</td><td rowspan="3">3. 일과는 통합적이며 균형 있게 운영되고 있는가?</td><td>1) 생활주제 및 일일주제에 따라 이야기나누기, 자유선택활동, 환경구성 및 교재·교구 등이 연계성 있게 통합·운영되고 있다.</td></tr>
<tr><td>2) 일과 중 자유선택활동과 바깥 놀이 활동이 충분히 지속적으로 포함되어 있다.</td></tr>
<tr><td>3) 다양한 교육활동 유형들 간에 균형을 이루고, 활동량이 적절하다.</td></tr>
</table>

Ⅰ. 교육과정	교육활동 및 평가의 실시·활용	4. 교수·학습방법은 교육 내용·활동에 적합하며, 교사는 질적인 상호작용을 유도하는가?	1) 교육 내용 및 활동에 적합한 교수·학습방법과 자료 및 매체를 다양하게 사용하고 있다. 2) 교사는 유아의 호기심과 동기/참여를 유발하는 발문을 하고 있다. 3) 교사–유아, 유아–유아, 유아–교구 간의 질적인 상호작용이 활발하다.
		5. 교육 평가가 타당하고 신뢰롭게 이루어지고 적절하게 활용되는가?	1) 교육과정 운영개선을 위한 평가를 실시하고 활용한다. 2) 평가에 사용하는 방법과 도구는 유아의 발달수준 및 유아교육 특성에 적합하다. 3) 유아발달 상황을 지속적으로 점검·기록하고, 그 내용을 교육과정 운영과 학부모 면담에 활용한다.
Ⅱ. 교육환경	실내·외 교육환경의 구성 및 관리	6. 실내·외 공간 구성 및 시설·설비가 유아 및 유아교육 특성에 적합한가?	1) 실내 공간에는 흥미영역의 구성이 적합하며 전시 및 게시가 교육적이다. 2) 실외 공간에는 각종 놀이기구를 비롯하여 다양한 활동영역이 있다. 3) 실내·외 시설 및 설비가 유아의 발달수준 및 유아교육 특성에 적합하다.
	교재·교구의 구비 및 제공	7. 유아의 발달수준과 주제에 적합한 교재·교구를 충분히 제공·관리하고 있는가?	1) 교재·교구가 발달수준과 주제에 적합하다. 2) 다양한 교재·교구를 충분하게 구비하여 제공하고 있다. 3) 교재·교구의 사용이 용이하도록 정리·관리하고 있다.
Ⅲ. 건강 및 안전	유아의 건강관리 및 지도	8. 유아의 건강관리와 교육을 실시하고, 시설·설비를 청결하게 관리하고 있는가?	1) 유아를 대상으로 청결·위생지도 등 건강교육을 실시하고 있다. 2) 건강관리에 관한 정보를 가정과 공유하고 있다. 3) 시설·설비를 청결하게 관리하고 있다.
		9. 유아의 영양관리와 교육을 실시하고, 식재료를 위생적으로 관리하고 있는가?	1) 균형 있는 영양을 고려한 다양한 급·간식을 제공하고 있다. 2) 유아를 대상으로 식습관 지도를 하고 있다. 3) 신선한 식재료를 위생적으로 관리·사용하고 있다.
	유아의 안전관리 및 지도	10. 유아와 교사를 대상으로 안전교육을 실시하고, 시설·설비를 안전하게 관리하고 있는가?	1) 유아와 교사를 대상으로 안전교육을 실시하고 있다. 2) 유아, 교사 및 시설에 대한 보험에 가입하고 있다. 3) 사고 발생에 대비한 적절한 대비책을 마련하고 있다. 4) 실내·외 시설 및 설비를 안전하게 설치·관리하고 있다.
Ⅳ. 운영관리	교직원의 인사·복지 및 전문성	11. 교직원 인사·보수·복지에 대한 규정이 있고, 전문성 제고를 위한 지원을 하고 있는가?	1) 교직원 인사 규정이 있고, 이를 준수하고 있다. 2) 교직원 보수 및 복지에 대한 규정이 있고, 이를 준수하고 있다. 3) 교직원의 전문성 제고를 위한 연수기회를 부여하고, 비용과 시간을 지원하고 있다.

<table>
<tr><td rowspan="14">Ⅳ. 운영 관리</td><td rowspan="3">교직원의 인사·복지 및 전문성</td><td rowspan="3">12. 원장은 리더십을 발휘하고 운영개선을 위하여 노력하는가?</td><td>1) 장기근속 및 경력 교사의 비율이 적절하다.</td></tr>
<tr><td>2) 원장은 기관 운영과 관련한 교직원의 의견을 민주적으로 반영하고, 공유한다.</td></tr>
<tr><td>3) 원장은 자체평가 내실화 및 운영개선을 위해 노력하고 있다.</td></tr>
<tr><td rowspan="3">예산의 편성 및 운영</td><td rowspan="3">13. 예산을 합리적으로 편성하고 타당하게 집행하고 있는가?</td><td>1) 예·결산서를 구체적으로 작성하고, 홈페이지 등에 탑재하여 공개하고 있다.</td></tr>
<tr><td>2) 정부에서 지원하는 비용의 예산 편성 및 사용 내역이 타당하다.</td></tr>
<tr><td>3) 입학금과 수업료 외의 기타경비 관련 규정을 마련하여 준수하고 있다.</td></tr>
<tr><td rowspan="8">가정·지역사회 연계 및 방과후 과정 운영</td><td rowspan="4">14. 다양한 부모교육·참여활동을 실시하고 가정 및 지역사회와의 연계를 위하여 노력하는가?</td><td>1) 부모교육 및 참여활동을 체계적으로 수립·운영하고 있다.</td></tr>
<tr><td>2) 유치원의 교육활동 및 유아의 발달 상황을 학부모에게 안내하고 있다.</td></tr>
<tr><td>3) 유치원의 활동을 지역사회에 홍보하고, 지역사회의 인적·물적 자원을 활용하고 있다.</td></tr>
<tr><td>4) 학부모가 유치원 교육에 만족하고 있다.</td></tr>
<tr><td rowspan="4">15. 방과후 과정 운영을 위한 자구노력을 하고 있으며, 프로그램과 시설이 적절한가?</td><td>1) 국가 및 시·도교육청의 방과후 과정 운영지침을 잘 따르고 있다.</td></tr>
<tr><td>2) 방과후 과정 활동 및 프로그램을 적절하게 계획하여 운영하고 있다.</td></tr>
<tr><td>3) 방과후 과정 운영을 위한 기본 시설·설비가 구비되어 있다.</td></tr>
<tr><td>4) 방과후반 전담교사가 배치되어 있다.</td></tr>
</table>

CHAPTER 04

어린이집 평가

한국보육진흥원에서 시행하고 있는 어린이집 평가인증제도를 중심으로 평가인증의 배경 및 목적, 어린이집 평가인증 과정, 평가인증 지표로 나누어 소개하면 다음과 같다.

1. 평가의 배경 및 목적

1) 평가인증의 배경*

여성가족부는 2005년도 시범운영을 실시한 후 현재 보건복지부가 추진하고 있는 어린이집 평가인증제를 실시하였다. 2002년 3월 보육사업 활성화 방안이 수립·발표되었고, 어린이집 평가인증제는 영유아 보육에 대한 요구 급증과 기관 증가에 따른 문제점이 제기되면서 실시되었다. 우리나라는 경제발전과 더불어 1980년대 이후 여

* 2011년 '영유아보육법'이 개정되면서 '보육시설 평가인증'은 '어린이집 평가인증'이라는 용어로 변경되었음.

성의 경제활동 참여가 확대되면서 영유아 보육에 대한 요구가 급속하게 증가하게 되었고, 정부는 이러한 사회적 요구에 부응하여 1991년 영유아보육법 제정 및 1995년 이후에는 어린이집 확충계획을 추진하였다. 이러한 보육정책은 양적으로는 괄목할 만한 성과를 거두었다. 그 결과 어린이집들이 영유아에게 적절하고 바람직한 보육서비스를 제공하는가의 여부와 부모의 요구를 적절하게 수렴하고 있는가 하는 측면에서 심각한 우려와 함께 의문이 제기되기 시작하였다. 또한 보육의 양적 성장과 더불어 영유아들에게 제공되는 보육서비스의 수준이 질적으로 높은 보육서비스 제공과 직결됨을 인식하게 되었다. 즉, 보육서비스 수준의 중요성이 부각되면서 과거 양적 확충 위주의 국가 보육정책에서, 보육서비스 질적 수준 제고와 유지 방안으로 관심이 증가된 것이다(보건복지가족부, 2010). 보육의 질적 수준 향상은 보육 현장의 의지와 보육교사들의 전문적 노력이 절대적으로 필요시되고, 이러한 관점에서 평가인증제도는 보육의 질을 높일 수 있는 가장 효과적인 대안으로서의 필요성이 고조되고 있다고 볼 수 있다. 이에 정부에서는 2003년 '보육시설 평가인증제 모형'을 개발하였고, 여성가족부는 2005년 보육시설 평가인증제를 시범 운영한 후 2006년 본격적으로 인증제도를 실시하게 되었다. 2009년 보육진흥원은 어린이집 평가인증, 보육인력지원, 보육 및 육아지원 사업 등 모든 보육관련 사업을 통합하게 되었다.

제2차 어린이집 평가인증제도의 시행은 평가인증을 받은 어린이집이 일정 수준 이상의 우수한 보육서비스를 제공하고 있다고 확신할 수 있도록 제도의 내실화를 기하는 데 목표가 있다. 이에 따라 2010년부터 실시되는 제2차 평가인증에서는 참여 조건 완화로 보다 많은 어린이집의 참여를 도모하고, 평가인증 지표의 적절성을 보완하며, 법적 기준 강화 및 합리적인 평가인증 과정을 운영하고자 제도 개편을 추진하였다(김온기, 2010).

2) 평가인증의 목적

어린이집 평가인증제는 영유아에게 안전한 보호와 질 높은 보육서비스를 제공하기 위하여 평가인증 지표를 기준으로 어린이집의 현재 수준을 점검하고 개선하도록 한 후 객관적인 평가를 통해 일정 수준 이상의 기관에 대하여 국가가 인증을 부여하는 제도이다. 즉, 보육의 질을 개선하고 관리하기 위해 실행되어 온 체계적인 질적 관리 체계로 평가인증 지표 및 지침에 근거하여 보육현장을 객관적이고 전문적으로 평가하는 과정이다.

평가인증제의 목적을 어린이집, 영유아, 정부, 보육교직원, 부모의 측면에서 살펴보면 다음과 같다. 첫째, 영유아에게 쾌적하고 안전한 보육환경을 조성하여 건강한 성장과 발달을 촉진한다. 둘째, 평가인증 과정의 효과적인 어린이집 질관리 시스템을 통해 보육서비스의 질적 수준을 향상한다. 셋째, 평가인증 과정을 통해 어린이집 교직원의 전문성을 증진한다. 넷째, 교육의 수혜자라고 할 수 있는 부모에게 어린이집 선택의 합리적인 기준과 정보를 제공하며, 양질의 보육서비스를 통한 자녀양육을 지원할 수 있다. 다섯째, 보육정책 수립 주체인 정부가 영유아를 위한 정부예산을 합리적으로 집행하고, 어린이집을 효율적으로 지원하고 관리하는 체계를 확립할 수 있게 된다.

2. 평가과정 및 절차**

어린이집 평가인증 과정은 신청(1개월), 자체점검(3개월), 평가(1개월), 심의(1개월) 4단계의 과정을 거쳐 인증 여부가 결정되며 어린이집이 평가인증을 받기 위해서는 6개월(재인증 4개월)의 기간이 소요된다.*** 2009년까지의 제1차 주기 평가인증 만료 이후, 2010년부터 새로운 운영 체계와 지표로 제2차 주기 평가인증을 시행하게 되었다. 2010년 실시되는 평가인증 과정은 참여대상을 확대하여 신규인가 1년 미만의 기관도 포함하여 모든 어린이집으로 대상을 확대하였고, 법적 기준을 강화하여 어린이집에서 최소한 지켜야 하는 법적 기준 사항을 지방자치단체에서 확인하도록 하고, 이를 평가인증 결과에 반영하도록 하였다. 또한 합리적인 평가인증 과정 운영을

** 어린이집 평가인증 과정과 지표에 대한 내용은 보육진흥원 사이트(http://www.kcpi.or.kr), 보건복지가족부(2010). 보육시설 평가인증시행의 평가와 추진방안 연구, 보건복지부(2011). 2011 어린이집 평가인증 지침서. 보건복지부(2012). 2012 어린이집 평가인증 안내. 내용을 참고로 서술하였음.

*** 평가인증 과정은 2005년 시범평가 운영 초기에는 9~10개월이 소요되었으나 절차 등을 합리적으로 개선함으로써 2010년 현재 6~7개월의 소요기간으로 축소되었음.

위하여 전체 소요시간을 6개월로 단축하고 인증 결정을 위한 내부 기준을 변경하였다. 평가인증 절차는 다음 [그림 4-1]과 같고, 각 단계별 구체적 내용은 다음과 같다.

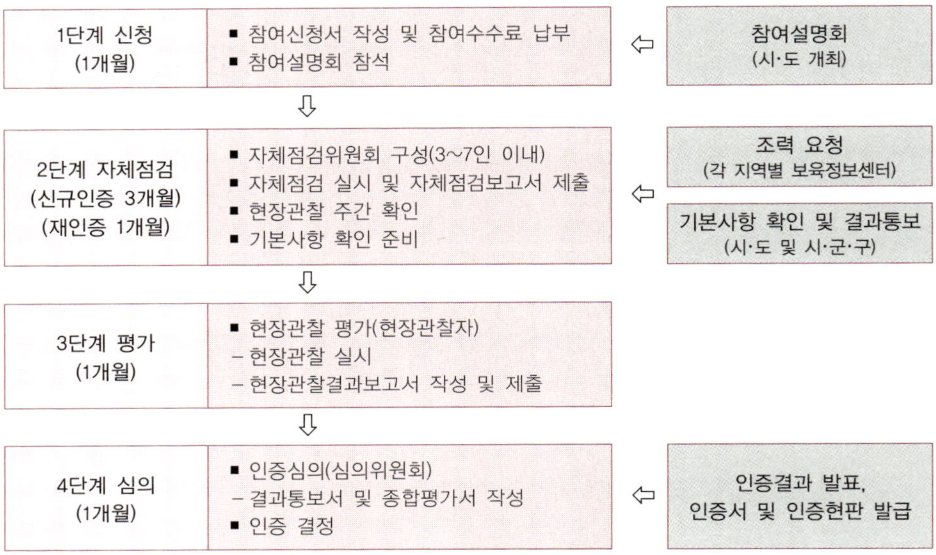

[그림 4-1] 어린이집 평가인증 과정

1) 1단계 : 신청(1개월)

- 평가인증은 어린이집의 자발적인 참여로 이루어지며, 어린이집에서 참여신청서 작성 및 참여수수료 납부 후 신청이 완료된다. 각 시·도는 참여설명회를 개최하여야 하며 어린이집은 참여설명회에 참석하여야 한다.
- 참여신청 방법 : 평가인증은 어린이집의 자발적인 의지로 참여하는 것이며, 2010년도 평가인증은 8,000여 개소를 대상으로 하여, 9기로 구분하여 선착순으로 모집 및 진행하였다.
  - 평가인증 과정은 연간 4기로 나누어 운영되며, 참여를 희망하는 어린이집은 어린이집 지원시스템 내 평가인증 메뉴에서 참여신청서를 작성하고 참여수수료를 납부하여야 한다. 참여신청서 및 참여서약서를 작성하여 인터넷으로 접

수하고, 참여수수료를 납부하여야 신청이 최종 완료된다.

- 평가인증에 참여하는 어린이집은 영유아보육법 제30조 및 동법 시행규칙 제32조 규정에 따라 보건복지부장관이 매년 결정하여 고시한 참여수수료를 납부하여야 한다. 참여수수료는 40인 이상은 30만원, 39인 이하는 25만원, 장애아 전담은 정원에 따라 40인 이상, 39인 이하의 금액을 적용한다.

• 참여설명회 : 어린이집은 시·도의 안내에 따라 1일 동안 참여설명회에 반드시 참석하여야 하며, 참석대상자는 어린이집의 원장 또는 교사 등 1인 이상 참석해야 한다. 어린이집 평가인증 신청기관을 대상으로 어린이집 평가인증이 원활히 진행될 수 있도록 평가인증 운영체계와 평가인증 지표 등에 관한 설명회를 개최하여야 하며, 보육정보센터는 이를 지원해 줄 수 있다. 시·도는 참여설명회 계획을 수립한 후 시·군·구를 통하여 신청기관에 참여설명회 일정을 안내하고, 어린이집은 시·도의 안내에 따라 참여설명회에 참석하여야 한다. 2011년 어린이집 평가인증 신규인증 진행일정은 8기로 모집, 진행하였으나, 하반기 추가예약신청으로 9기로 진행되었고, 재인증은 9기로 구분하여 모집·진행한다.

〈표 4-1〉 어린이집 평가인증 진행일정(2012년 신규인증)

기수	참여수수료 납부	자체점검	평가	심의	결과발표
1기	1.9(월) ~ 1.13(금)	2월 ~ 4월	5월	6월	7월
2기	2.6(월) ~ 2.10(금)	3월 ~ 5월	6월	7월	8월
3기	3.12(월) ~ 3.16(금)	4월 ~ 6월	7월	8월	9월
4기	4.9(월) ~ 4.13(금)	5월 ~ 7월	8월	9월	10월
5기	5.14(월) ~ 5.18(금)	6월 ~ 8월	9월	10월	11월
6기	6.11(월) ~ 6.15(금)	7월 ~ 9월	10월	11월	12월
7기	7.9(월) ~ 7.13(금)	8월 ~ 10월	11월	12월	'13. 1월
8기	8.13(월) ~ 8.17(금)	9월 ~ 11월	12월	'13. 1월	'13. 2월
9기	9.10(월) ~ 9.14(금)	10월 ~ 12월	'13. 1월	'13. 2월	'13. 3월

출처: 한국보육진흥원(http://kca.childcare.go.kr)

• 평가인증의 대상이 되는 어린이집은 영유아보육법 제12조 및 제13조 규정에 의

하여 설치된 국공립 어린이집, 법인 어린이집, 직장 어린이집, 가정 어린이집, 부모협동 어린이집, 민간 어린이집(방과 후 전담 어린이집 제외)이다.

- 평가인증 참여 취소사항 안내 : 평가인증 과정을 진행하는 동안 다음과 같은 사항이 발생하는 경우 평가인증 참여가 취소된다.

참여 취소가 되는 경우	① 평가인증 참여과정 중 다음의 어느 하나에 해당하는 경우 - 평가인증 진행 일정에 따라 참여하지 않는 경우 - 허위 사실이 발견된 경우 - 휴지신고 또는 폐지된 경우 ② 신청마감일 후 행정처분사항이 발생한 경우 - 영유아보육법 제40조의 제2호, 제3호 - 영유아보육법 제45조 - 영유아보육법 제46조 - 영유아보육법 제47조 - 영유아보육법 제48조 ※ 영유아보육법 제47조, 제48조에 해당하는 행정처분의 경우, 해당 교직원 개인의 귀책사유로 그치는 경우에는 참여 취소와 무관함 ③ 자체점검 시작일 이후 다음의 어느 하나에 해당하는 경우 - 소재지가 변경된 경우 - 양도, 증여, 상속, 압류, 매매 등으로 인한 대표자의 명의가 변경된 경우 - 운영형태(지표유형 변경에 한함)가 변경된 경우 ④ 기본사항 확인 시 필수항목이 미준수된 경우 ⑤ 신규인증의 경우, 평가인증 참여 전후에 어린이집에서 발생한 성폭력, 아동학대, 운영부조리 등으로 인하여 대표자 및 보육교직원이 고발 또는 고소의 대상이 되거나, 수사, 재판 계류 중에 있는 경우 ⑥ 행정청이 아동학대 사실을 발견하였을 경우 ※ 학대행위자가 학대사실에 대해 인정(확인서 징구)한 경우 또는 「아동복지법」 제24조에 의한 아동보호전문기관에서 아동학대 사례로 판정한 경우 또는 사법기관에서 수사 결과 '혐의 없음 불기소처분' 외에 학대 사실을 인정한 경우 ⑦ 재인증 참여과정 중 인증이 취소되는 경우 ⑧ 기타 보건복지부장관이 더 이상 평가인증 진행이 불가능하다고 판단하는 경우

2) 2단계 : 자체점검(3개월)

- 2단계는 자체점검 단계로 신청을 마친 어린이집에서는 3개월 동안 자체점검을

실시하게 된다.

• 자체점검: 이 단계는 참여설명회 참석을 마친 어린이집에서 본격적으로 평가인증 지표를 토대로 기관의 우수한 영역과 미흡한 영역을 파악하고, 자체적으로 운영 전반을 점검하고 보완해야 할 사항에 대한 개선방안을 마련하여 실천하는 과정으로 이러한 과정을 통해 보육서비스의 질적 수준을 향상시키는 데 목적이 있다. 신규인증을 신청한 어린이집에서는 3개월간 자체점검을 실시하고, 재인증을 신청한 어린이집에서는 1개월간 자체점검을 실시한다. 자체점검 과정의 진행 절차는 다음과 같다.

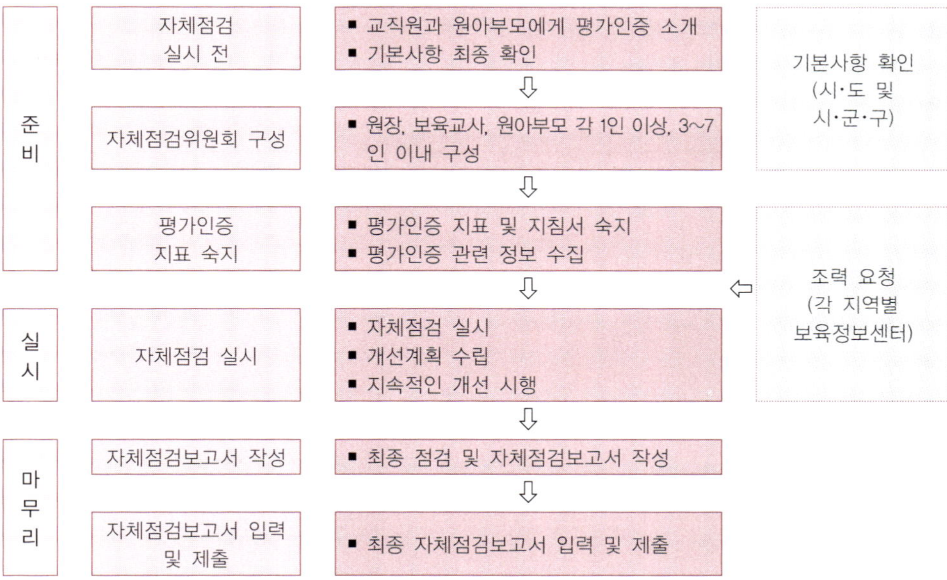

[그림 4-2] **자체점검 진행 절차**

(1) 자체점검 실시 전

• 평가인증 안내하기 : 어린이집의 자체점검은 교직원 및 원아 부모의 참여와 협조에 따라 효과가 달라지므로 기관에서는 자체점검을 실시하기 전 어린이집의 교직원과 원아부모에게 평가인증 참여의 필요성 및 참여 취지에 대하여 안내한다.

• 기본사항 확인 : 자체점검 대상이 되는 어린이집에 대해서는 해당지자체를 통하여 자체점검기간 동안 법적으로 준수하여야 하는 기본사항(필수항목 4항목 및 기본항목 7항목)에 대해 확인이 이루어진다. 기본사항 확인 중 필수항목이 미준수된 기관의 경우 참여가 취소될 수 있고 기본사항 완료기관은 정기 지도 점검을 1회 면제할 수 있다. 필수항목은 다음과 같다.

- 총 정원 준수 : 어린이집의 현원이 총 정원 이내의 경우
- 예·결산서 및 회계 서류 구비 : 예산서와 결산서 및 회계 서류가 구비되어 있는 경우
- 안전사고에 대한 보험 : 모든 영유아에 대한 상해보험과 어린이집에 대한 화재 및 배상보험에 가입되어 있는 경우
- 영유아보육법 관련 행정처분 등 : 다음과 같은 행정처분사항이 신청마감일 후 발생하지 않은 경우

기본항목 (7항목)	– 어린이집 설치기준(화장실, 목욕실, 조리실 설치) – 보육실 설치기준(정원대비 보육실 면적) – 보육교직원 배치 기준 – 보육교직원의 정기 건강검진(연1회) – 예·결산서 및 재무회계 관련(결산서, 영수증, 금융기관 통한 수입금 수납, 납부고지서 발급, 5만원 이상 카드결제, 1계좌 사용) – 행정처분 및 위반사항, 민원사항 – 비상대피시설 설치
필수항목 (4항목)	– 총 정원 준수 – 예·결산서 및 회계 서류 구비 – 안전사고에 대한 보험(상해, 화재, 배상보험) 가입 – 영유아보육법 관련 행정처분 등

(2) 자체점검위원회 구성

• 자체점검위원회 구성 : 객관적인 자체점검을 위하여 자체점검위원회는 원장, 보육교사, 원아부모 각 1인 이상을 포함하여 3~7인 이내로 구성한다(원아부모는 자녀를 해당 어린이집에 6개월 이상 보내고 있는 자에 한함). 단 39인 이하 어린이집의 원장이 보육교사를 겸하면서 별도의 보육교사가 없는 경우 원장과 원아

부모 3인으로 구성한다.

(3) 평가인증 지표 숙지

- 자체점검위원회가 구성되면 제일 먼저 평가인증 지표의 내용을 숙지해야 한다. 평가인증 지표는 보육의 질을 나타내는 항목들이며, 평가인증에서 어린이집의 질을 평가하는 기준이 되므로 어린이집에서는 자체점검을 진행할 때 반드시 평가인증 지표를 자세히 알고 그에 따라 준비한다.
- 평가인증 지표와 관련된 정보를 얻을 수 있도록 온라인 교육 콘텐츠를 실시할 예정이다. 평가인증과 관련된 정보를 수집하여 필요할 경우 참고하며 평가인증 지표 내용을 숙지하도록 한다.

(4) 조력 요청

- 조력 요청 : 어린이집은 평가인증과 관련(지침 및 지표에 관한 이해 등)하여 각 지역 보육정보센터에 조력(상담, 현장방문, 교육 등)을 요청할 수 있다. 시·도(시·군·구)는 어린이집에서 자체점검 시 지역 보육정보센터의 조력이 원활하게 이루어질 수 있도록 적극적으로 지원한다.
- 조력 실시 : 보육정보센터
  - 조력 프로그램 개발
    : 6개 영역별 구체적, 실제적 조력 프로그램 제공
    : 이론적 이해, 사례 제시(사진), 실제 점검하여 강점과 약점 파악, 개선방안 제안
    : '중심용어', '점검해 보세요', 'Q & A', '참고해 보세요', 'work book' 등으로 구성
  - 교육 : 지표 심화 교육
  - 워크숍 : 보육과정 계획 및 보육일지 작성법
  - 기관 개방 조력 : 조력위원이 인증받은 기관을 개방하여 조력
  - 기관 방문 조력 : 조력위원이 평가인증 준비기관을 방문하여 조력 일지 및 인증관련 문서 조력

(5) 자체점검 실시 - 영역별 점검 실시

- 자체점검 실시 : 자체점검위원회와 함께 평가인증 지표를 숙지할 수 있도록 어린이집에 대한 운영 전반을 점검할 일정을 계획한다.
- 현장관찰자가 된 것처럼 평가인증 지표를 토대로 객관적으로 영역별 점검을 실시한다.
- 평가인증 지표에 따라 자체점검을 실시한 결과를 바탕으로 개선사항에 대한 계획을 세워 수정·보완하는 과정이 필요하고, 개선사항의 수정·보완을 통해 어린이집의 질적 수준을 향상시켜 나가며, 개선사항의 수정 및 보완은 어린이집의 상황에 따라 반복 가능하다.

(6) 자체점검보고서 입력 및 제출

- 자체점검보고서 작성 및 입력 : 자체점검을 실시한 후 자체점검 완료와 동시에 자체점검보고서를 어린이집지원시스템의 평가인증 메뉴 중 자체점검보고서에 입력하여 제출한다.
  - 자체점검보고서를 작성할 때는 자체점검 결과에 따라 기본정보와 항목별 점수를 정확하게 기입하고 영역별로 해당 항목의 개선된 점 또는 어려웠던 점, 그리고 어린이집의 특징 및 장점에 대하여 정리하여 기재한다.
  - 이때 자체점검보고서 점수의 객관성과 제반 기재사항은 심의점수에 반영되므로 지표에 근거하여 가급적 명확하게 평가하고 구체적으로 기재해야 한다. 어린이집이 자체점검을 완료한 후에는 반드시 자체점검기간 내에 어린이집지원시스템에 자체점검 결과를 입력, 제출하여야 한다.

3) 3단계 : 평가(1개월)

- 자체점검을 마친 후 어린이집에서 자체점검보고서를 입력하여 제출을 완료하면 현장관찰자가 파견된다. 평가는 현장관찰자가 해당 어린이집을 방문하여 평가인증 지표에 따라 어린이집의 질적 수준을 객관적으로 관찰하고 보고하는 과정이다. 현장평가과정의 진행 절차는 다음과 같다.

현장관찰 주간공지

- 평가기간(1개월) 중 현장관찰 주간(1주) 지정하여 자체점검 완료 3주 전 어린이집지원시스템, 이메일 및 SMS 공지
- 주의사항
  ① 특별한 행사가 없고, 일상적 일과가 진행되도록 함
  ② 영유아 현원은 정원의 1/3이상 재원하고, 현원의 2/3이상 출석하여야 함
  ※ *관찰일에 현원(정원의 1/3 이상)이 충족되지 않아 평가인증 진행 일정에 따라 관찰이 불가능한 경우 참여 취소됨*
  ③ 현장관찰 주간 변경은 불가능하니, 반드시 일정을 확인함

⇩

현장관찰일 안내

- 지정된 현장관찰 주간 중 관찰일 하루 전날 현장관찰자가 유선으로 통보
  ※ *발신번호표시 제한으로 연락함*

⇩

평가 실시 전

- 평가 실시 전 최종 점검
  평가 실시 전 보안이 잘 되었는지 최종적으로 점검
  ※2011 어린이집 평가인증 지표 점검표
- 평가 시 준비해야 할 서류
  ① 원아명단
  ② 어린이집 실내외 배치도
  ③ 건축물 대장(건축물 현황도, 각 층별 평면도 포함)
  ④ 하루일과표 혹은 일일보육계획안(활동에 따른 시간 명시)
  ⑤ 우수사례가 있는 경우 관련 증빙서류(자체점검보고서에 입력된 우수사례 실시여부 및 그와 관련된 문서〈어린이통학버스신고필증, 놀이시설설치검사필증 등〉)
  ⑥ 보육교직원(원장, 보육교사)자격증 사본
  ⑦ 임면사항 관련 서류(보육통합 정보 시스템 관련 내용 출력물, 임면대장 등)
  ⑧ 교직원 경력 관련 서류(보육통합 정보 시스템 관련 내용 출력물, 임면대장 등)
  ⑨ 평가인증 지표 각 영역 개요에서 제시하고 있는 관련 문서

* 항목 평정에 필요한 경우 관련 증빙서류(예: 재정 관련 서류 등)에 대한 확인을 요청할 수 있음

⇩

평가 실시

- 현장관찰자 방문
  관찰자 2인은 현장관찰자증 부착(*현장관찰자는 개인정보 비공개 원칙)
- 평가 진행방법
  영유아 등원부터 하원까지 이루어지되 관찰 문서검토 및 면담을 통하여 진행됨
  ※ *현장관찰자 식사는 원아들과 동일한 메뉴로 준비합니다.*

⇩

평가 종료

- 평가 종료 후 확인사항 체크
  – 평가가 종료된 후 기관에서는 현장관찰의 진행과 관련하여 현장관찰보고서(어린이집 확인용)에 아래 사항 확인
  – 평가일시 : 현장관찰자의 도착시간과 종료시간
  – 확인사항 : 현장관찰 진행과 관련된 질문에 O, X로 체크하여 확인 후 서명

[그림 4-3] 현장평가 절차

(1) 현장관찰 실시 전 : 현장관찰 주간 공지

현장관찰 주간은 한국보육진흥원에서 현장관찰자 파견기간(1주일)을 정하여 해당 어린이집에 공지한다. 어린이집은 자체점검기간 완료 3주전 어린이집지원시스템에서 현장관찰 주간을 확인할 수 있다. 현장관찰은 해당 어린이집에 지정된 현장관찰 주간 중 하루 동안 실시되며, 현장관찰일은 현장관찰을 실시하기 1주일 전에 한국보육진흥원에서 업무연락을 통해 통보한다. 단 현장관찰자는 어린이집의 약도 확인 등을 위하여 어린이집에 유선(발신번호표시 제한)으로 연락할 수 있다. 어린이집은 특별한 행사가 없고 일상적 일과가 진행되어야 하며, 영유아 현원은 정원의 1/3 이상이어야 하며, 현원의 2/3 이상이 출석하여야 한다.

• 현장관찰자

- 어린이집을 방문하여 보육서비스의 질적 수준에 대해 객관적인 관찰과 평가를 하는 전문가로 연 1회 모집하고 해당연도 활동을 원칙으로 한다. 현장관찰자 선발 과정은 총 2차 전형(서류심사, 필기시험 및 면접)으로 선발되며, 합격자는 한국보육진흥원 평가인증국에서 실시하는 현장관찰자 교육을 이수하여야 한다.
- 현장관찰자 자격
  ① 영유아 관련학과 석사학위 소지자로서 교사 경력 3년 이상인 자
  ② 영유아 관련학과 학사학위 소지자로서 교사 경력 3년을 포함하여 총 경력이 5년 이상인 자
- 교사 경력은 유치원 교사 경력을 포함하되 반드시 1년 이상 어린이집 근무경력(보육교사 또는 원장)이 있어야 함.
  * 현장관찰자는 해당연도 참여기관에 근무하거나 조력자, 평가인증 심의위원으로 참여하는 경우에는 활동할 수 없다.
- 현장관찰자 교육
  ① 현장관찰의 원리 및 방법, 평가인증 지표의 이해, 현장관찰자의 태도와 업무, 교육기간 중 과제 및 시험 등으로 이루어지며 현장관찰자 교육과정을 이수한 자에게 수료증 및 현장관찰자증을 발급한다.
  ② 현장관찰자 활동은 상시와 비상시로 구분하여 활동하며, 활동 종료 후 1년

간 은 조력자로 활동할 수 없고, 급여 또는 수당과 여비를 지급한다.

(2) 현장관찰 실시

- 현장관찰 실시 : 평가인증사무국에서 자격을 부여받은 현장관찰자가 어린이집 1개소에 2인이 파견되어 1일간 실시하고, 이때 현장관찰자와 어린이집은 지역별로 교차하여 배치·파견한다. 어린이집에 오전 8 : 30 ~ 9 : 30에 도착한 후 영유아들의 등원부터 하원까지 관찰한다. 이때 무작위로 선정된 보육실(영아반2, 유아반2)을 포함하여 어린이집 실내·외의 환경 및 보육활동, 상호작용 등을 관찰하고 평가인증에 관련된 문서를 현장관찰자 2인이 검토한다. 원장, 보육교사와 평가인증 관련 내용 면담을 진행한 후 어린이집 확인사항을 작성하고 오후 4 : 30 ~ 5 : 30에 현장관찰이 종료된다. 현장관찰 평가는 하루 일과 전반에 걸쳐 관찰, 문서검토, 면담 등의 방법을 통해 진행되며, 어린이집은 원아면담, 실내배치도, 하루일과표, 부모정보공개동의서, 우수사례 관련 문서와 평가인증 지표 관련 관찰 대상이 될 수 있는 서류 등을 준비하여야 한다.

(3) 현장관찰보고서 작성 및 제출

- 현장관찰자는 현장관찰 후 개별 현장관찰보고서 각 1부 및 종합 현장관찰보고서 1부를 작성하여 평가인증 시스템에 입력하고, 현장관찰 관련 자료를 밀봉하여 한국보육진흥원으로 우편 발송한다.

4) 4단계 : 심의

- 현장관찰이 완료되면 자체점검보고서, 기본사항확인서, 현장관찰보고서 및 심의위원회의견서를 토대로 한 인증심의를 진행한다. 심의과정에 대한 진행절차는 다음과 같다.

심의 위원회

- 인증심의 및 결정을 위하여 학계 전문가, 보육정보센터장 및 어린이집 교직원, 보육 담당 공무원의 3인 1조로 심의위원회 구성

⇩

심의

- 자체점검보고서, 기본사항확인서, 현장관찰보고서를 검토한 후 심의기준에 맞추어 심의위원회의견서(개별 및 종합) 작성
- 인증심의 기준
  - 심의위원회의견서는 인증 결정 시 총 25% 반영

심의 자료	심의기준
자체점검보고서 기본사항확인서 현장관찰보고서	• 어린이집의 특징 및 장점 • 평가인증 지표에 따른 영역별 개선 노력 • 보고서에 나타난 어린이집의 질적 수준 • 우수사례 및 부적절 사례 • 보고서 간 대비오차

1) 우수사례
• 실내 공기질 측정
• 1급 교사가 전체 교사의 30% 이상
• 1년 이상근무교사가전체교사의70%이상
• 어린이 통학버스 신고 운행
• 놀이시설 설치 검사(40인 이상)
• 취사부 임용(39인 이하)

2) 부적절사례
• 인가공간의 용도 무단 전용
• 교직원의 근무상황 부적절
• 반별 초과보육 허용 범위 초과
• 유통기한 경과 식자재
•영유아 재원상황 부적절
• 혼합반 구성 원칙 무시

3) 보고서 간 대비오차 : 자체점검보고서 총점과 현장관찰보고서 총점 간 차이점수

⇩

인증 결정

- 반영비율

구분	반영비율
자체점검보고서	10%
기본사항확인서	10%
현장관찰보고서	55%
심의위원회의견서	25%
총계	10%

- 인증 결정
  - 총점 및 영역별 기준 점수에 의해 결정
- 기준 점수
  - 75점(100점 만점) / 2.25점(3.00점 만점)
- 인증결과는 인증과 인증유보로 구분

인증결과	총점	영역별 점수
인증	기준 점수 이상	기준 점수 이상
인증유보	기준 점수 이상	기준 점수 미달
	기준 점수 미달	기준 점수 이상
	기준 점수 미달	기준 점수 미달

※ 인증유효기간 : 인증이 결정된 이후 익월 1일부터 3년간 유효

⇩

(계속)

결과 통보	■ 한국보육진흥원 어린이집 평가인증사업 홈페이지 공지사항 안내, 메일 및 SMS 개별 통보
⇩	
인증서 및 현판발급	■ 보건복지부 장관 명의의 인증서 및 인증현판 발급 ■ 인증 기관 명단은 보건복지부, 평가인증국, 시·도 및 시·군·구, 보육정보센터 홈페이지에 게재

[그림 4-4] 심의 진행 절차

(1) 심의위원회 구성

• 평가인증 심의위원회의 구성과 자격은 다음과 같다.

- 구성 : 보육관련 전문가 등으로 평가인증 심의위원회를 구성한다. 심의위원의 위촉기간은 1년을 원칙을 하되 재위촉이 가능하고, 한국보육진흥원에서는 위촉된 심의위원을 대상으로 인증심의의 기준과 진행방법 등에 대한 교육을 실시하여 심의를 진행한다.

평가인증 심의위원 자격

① 학계 전문가
- 영유아 관련학과 교수
- 기타 보육관련 전문가(관련연구기관 전문가) 등

② 보육정보센터장 및 어린이집 교직원
- 평가인증 어린이집에 근무하는 원장, 보육교사로서
  영유아 관련학과 석사 이상 : 어린이집 경력 총 경력 4년 이상인 자
  영유아 관련학과 학사 이상 : 어린이집 경력 총 경력 6년 이상인 자
- 보육정보센터장

③ 보육 담당 공무원

* 단, 해당연도에 참여기관으로 선정되었거나 현장관찰자로 참여하는 경우 평가인증 심의위원으로 활동할 수 없음

(2) 심의 진행

- 인증심의 진행 : 인증심의는 학계전문가, 보육센터장 및 어린이집 교직원, 보육담당 공무원 3인 1조로 심의위원회가 구성되고 심의자료를 검토한 후 조구성원 전체가 각 기관의 수준에 대해 논의하여 심의위원회의견서를 작성한다. 심의위원 간 협의 및 토의, 검토한 결과를 토대로 종합평가서를 작성하여 인증 여부가 결정된다.

(3) 인증 결정

- 인증 결정 : 인증 결정은 자체점검보고서 10%, 기본사항확인서 10%, 현장관찰결과보고서 55%, 평가인증 심의위원회 의견서 25%를 반영하여 이루어진다. 인증결과는 총점 및 영역별 기준 점수에 의해 결정되며, 총점 및 영역별 기준 점수는 2.25점(3.00점 만점)/75점(100점 만점)으로, 총점 및 영역별 점수가 기준 점수를 통과한 경우 '인증', 총점 또는 영역별 점수가 기준 점수를 통과하지 못한 경우는 '인증 유보'로 결정된다. 심의기준은 〈그림 4-4〉에서 제시된 바와 같이 어린이집의 특징 및 장점, 평가인증 지표에 나타난 영역별 개선 노력, 보고서에 나타난 질적 수준, 우수사례 및 부적절 사례, 보고서 간 대비오차(자체점검 점수와 현장관찰 점수의 차이)를 기준으로 판정을 하게 된다.
- 인증서 및 현판 발급 : 보건복지부(한국보육진흥원)는 평가인증 어린이집에 대하여 보건복지부장관 명의의 인증서 및 인증현판을 발급(3년간 유효)하고, 보건복지부, 시·도·군·구는 인증 기관 명단을 언론매체 등을 통하여 적극적으로 홍보한다. 인증유효기간은 3년으로 질관리를 위해 인증 기관은 인증유효기간 동안 어린이집의 질적 수준을 유지 및 향상시킨다. 인증 기관은 인증유효기간 동안 자체점검위원회를 구성하고 연차별 자체점검보고서를 작성하여 매년 1회 정해진 기간 내에 사무국 홈페이지에 제출한다.
- 재참여 관리 : 인증심의 결과가 인증유보인 기관은 재참여할 수 있다. 인증유보 기관은 통보 받은 후 지정된 날로부터 15일 이내에 어린이집지원시스템 내 평가인증 메뉴를 통해 평가인증 재참여신청서를 작성, 제출한다. 재점검, 재관찰, 재

심의 과정은 일반참여 방법과 동일하나, 영역별 점수가 기준 점수에 미달된 유보기관은 미달된 영역에 대하여, 총점의 기준 점수가 미달된 경우는 전체영역에 대하여 이루어진다. 단 재참여 시 지자체 기본사항 확인은 필수항목에 한하여 이루어진다. 재참여 인증결과는 인증과 불인증으로 구분하여 불인증일 경우 해당참여과정은 모두 종료된다.

인증유보기관의 재참여 단계별 절차는 다음과 같다.

재참여신청 ⇒ 재점검(2개월) ⇒ 재관찰/재심의(1개월 내외) ⇒ 결과통보

5) 사후관리

(1) 연차별 자체점검보고서

- 연차별 자체점검보고서 작성

- 평가인증 어린이집은 인증기간 동안 자체점검위원회를 구성하고 연차별 자체점검보고서를 작성하여 매년 1회 정해진 기간 내에 어린이집지원시스템 내 평가인증 메뉴에 입력한다. 연차별 자체점검보고서 작성 및 제출은 반기별로 나누어 관리한다.

- 연차별 자체점검 지원

- 평가인증 어린이집이 연차별 자체점검을 통해 질적 수준을 보다 객관적으로 점검할 수 있도록 하며, 점검 후 개선 및 보완내용을 실질적으로 반영하여 평가인증 어린이집으로서 질적 수준을 유지·향상할 수 있도록 한다. 이를 위해 지역정보센터와 연계하여 연차별 자체점검 과정을 지원할 수 있다.

(2) 평가인증 어린이집 지원

- 평가인증 어린이집 방문지원

- 인증 기관 방문지원으로 평가인증사무국은 인증 기관의 서비스 점검 및 유지관리를 위하여 인증 기관을 방문하고 지도할 수 있으며, 지자체와 어린이집은 이에 적극 협조하여야 한다.
- 인증관련 각종 정보를 제공 : 보건복지부는 보육교직원의 잦은 이동 등 보육현장의 특성을 고려하여 평가인증 지표 관련 지식과 정보를 교육(온라인 포함) 등을 통해 제공한다. 인증 기관 사후교육으로 원장이 교체된 경우, 신임 원장은 교체된 시점부터 연속하여 개최된 3회의 교육 중 1회 교육을 반드시 이수해야 한다.

• 인증이 취소되는 경우

① 어린이집 정보 내용이 변경된 경우
- 대표자 명의 변경(양도, 증여, 상속, 압류, 매매 등), 소재지 변경, 운영형태 변경(지표유형 변경에 한함)
- 소재지 변경 또는 운영형태 변경의 경우, 확인방문과정을 통해 인증유지 및 인증취소 여부를 결정할 수 있음

② 사후관리를 하지 않았을 경우
- 연차별 자체점검보고서를 기한 내에 제출하지 않았을 경우
- 원장이 변경된 후 보건복지부(한국보육진흥원)에서 실시하는 평가인증 관련 교육을 지정된 기간 내에 이수하지 않았을 경우

③ 인증 후 행정처분을 받은 경우

④ 인증 후 6개월 이상 휴지 또는 폐지된 경우

⑤ 인증 후 대표자 및 원장이 금고 이상의 형을 선고받고 그 형이 확정된 경우

⑥ 기타
- 어린이집과 현장관찰자의 이해관계가 드러난 경우
- 인증 후 참여과정과 인증유효기간 중에 허위사실이 발견되었을 경우
- 기타 보건복지부장관이 어린이집 인증을 유지하기에 부적합하다고 판단하는 경우

3. 평가영역 및 지표

1) 평가인증 지표의 구성

어린이집 평가인증 지표는 보육의 질을 결정하는 구체적인 기준이며, 2차 평가인증에서는 1차 평가인증을 통하여 확보된 어린이집의 보편적 질적 수준을 점진적으로 향상시키는 것을 목표로 한다. 보육관련 전문가, 현장교직원을 대상으로 한 자문회의 및 공청회를 거쳐 확정되어 2005년 시범운영에 사용된 인증지표를 수정·보완하고(2008년 4기부터 적용) 2010년 현재 기관규모 및 유형별 4종에서 3종으로 조정되었다. 평가인증 지표는 다음 표들과 같다.

- 평가지표 : - 40인 이상 어린이집용 (6개 영역 70항목)
  - 39인 이하 어린이집용 (5개 영역 55항목)
  - 장애아전담 어린이집용 (6개 영역 75항목)

〈표 4-2〉 40인 이상 어린이집 평가인증 지표 : 6개 영역 70항목

영역	항목
영역 1. 보육환경 (11항목)	가. 어린이집 환경 (3항목) 나. 보육활동 자료 (5항목) 다. 보육지원 환경 (3항목)
영역 2. 운영관리 (12항목)	가. 어린이집 운영관리 (3항목) 나. 보육인력 (3항목) 다. 가족과의 협력 (4항목) 라. 지역사회와의 협조 (2항목)
영역 3. 보육과정 (14항목)	가. 보육활동 계획과 구성 (7항목) 나. 보육활동 (7항목)
영역 4. 상호작용 (11항목)	가. 일상적 양육 (3항목) 나. 교사의 상호작용 (6항목) 다. 교수법 (2항목)
영역 5. 건강과 영양 (12항목)	가. 청결과 위생 (8항목) 나. 질병관리 (2항목) 다. 급식과 간식 (2항목)
영역 6. 안전 (10항목)	가. 실내외 시설의 안전 (5항목) 나. 영유아의 안전보호 (5항목)

〈표 4-3〉 39인 이하 어린이집 평가인증 지표 : 5개 영역 55항목

영역	항목
영역 1. 보육환경 및 운영관리 (11항목)	가. 어린이집 환경 (3항목) 나. 어린이집 운영관리 (3항목) 다. 보육인력 (3항목) 라. 가족과의 협력 (2항목)
영역 2. 보육과정 (11항목)	가. 보육활동 계획과 구성 (4항목) 나. 보육활동과 자료 (7항목)
영역 3. 상호작용 (11항목)	가. 일상적 양육 (3항목) 나. 교사의 상호작용 (6항목) 다. 교수법 (2항목)
영역 4. 건강과 영양 (12항목)	가. 청결과 위생 (8항목) 나. 질병관리 (2항목) 다. 급식과 간식 (2항목)
영역 5. 안전 (10항목)	가. 실내외 시설의 안전 (5항목) 나. 영유아의 안전보호 (5항목)

〈표 4-4〉장애아전담 어린이집 평가인증 지표 : 6개 영역 75항목

영역	항목
영역 1. 보육환경 (14항목)	가. 어린이집 환경 (4항목) 나. 보육활동 자료 (7항목) 다. 보육지원 환경 (3항목)
영역 2. 운영관리 (13항목)	가. 어린이집 운영관리 (4항목) 나. 보육인력 (3항목) 다. 가족과의 협력 (4항목) 라. 지역사회와의 협조 (2항목)
영역 3. 보육과정 (15항목)	가. 보육활동 계획과 구성 (7항목) 나. 보육활동 (8항목)
영역 4. 상호작용 (10항목)	가. 일상적 양육 (3항목) 나. 교사의 상호작용 (6항목) 다. 교수법 (1항목)
영역 5. 건강과 영양 (13항목)	가. 청결과 위생 (8항목) 나. 질병관리 (3항목) 다. 급식과 간식 (2항목)
영역 6. 안전 (10항목)	가. 실내외 시설의 안전 (5항목) 나. 장애 영유아의 안전보호 (5항목)

2) 평가인증 항목별 평가기준

평가인증 지표의 항목별 평가기준은 '3단계 기술평정 척도'에 의해 이루어지고 있는데 3점은 바람직한 수준의 실제를 기술하며, 2점은 최소한 기준에 부합되는 부분적으로 우수한 수준의 실제를 기술하고 있다. 1점은 미흡한 수준으로 바람직하지 못한 실제를 기술하고 있다. 각 항목별 수준에 대한 예시는 다음과 같다.

〈표 4-5〉 평가인증 지표 항목의 세부 평가기준 예시(40인 이상)

항목	항목별 수준	
대 1-1. 보육실의 공간 배치	우수 (3점)	보육실의 공간이 영유아의 연령, 발달특성을 고려하여 흥미영역으로 구성되어 있으며, 배치가 적절하다.
	부분적 우수 (2점)	보육실의 공간이 영유아의 연령, 발달특성을 고려하여 흥미영역으로 구성되어 있으며, 한두 영역의 조정이 필요하다.
	미흡 (1점)	보육실의 공간이 흥미영역으로 구성되어 있지 않거나, 한두 영역만으로 구성되어 있다.
평가기준	보육환경구성 방법 영유아를 위한 어린이집의 실내·외 환경은 가정과 같이 편안하고 쾌적해야 하며, 영유아의 일상생활이나 놀이를 적극 격려하도록 계획하고 구성되어야 함. 영유아의 흥미나 연령에 적합한 교재·교구를 다양하게 마련해 주고, 영유아 수에 맞추어 적절하게 제공하여 주는 것이 필요함. 평가초점 • 쾌적한 어린이집 환경의 유지 및 영유아발달에 적합한 교재·교구의 구비 여부 – 영유아의 연령 및 발달특성을 고려함. 공간 크기에 적합한 수의 흥미영역구성 – 움직임과 소음, 동선을 고려한 배치, 흥미영역 간 공간의 적절성 고려 • 영아 – 영아를 위한 흥미영역은 대·소근육 활동과 감각놀이 중심으로 단순하게 구성 – 일상적 양육(예 : 기저귀 갈기, 수유, 손씻기 등)을 위한 공간이나 설비가 보육실 내에 마련 – 물품과 놀이자료가 적절하게 구분되어 제공되어야 함.	

CHAPTER 05

우리나라 유치원·어린이집 평가관련 연구

1. 유치원 평가관련 연구

교육과학기술부에서 2008년부터 2010년에 걸쳐 시행한 유치원 제1주기 평가가 완료되었다. 이에 현재 시점에서는 제1주기 유치원 평가 시행 과정에서 지적된 개선점과 현장의 요구를 반영하여 향후 유치원 평가가 보다 바람직한 방향으로 정착될 수 있도록 제2주기 평가지표 개선, 추진 체계 및 운영 방법 등을 포함하는 유치원 평가 체계화 방안이 모색되어야 할 것이다. 우리나라 유치원 평가와 관련된 연구는 유아교육기관평가의 체제 및 준거와 관련된 연구들이 이루어짐과 동시에 2000년 이후에는 국가 수준의 평가가 실시되는 것에 대한 교사와 원장의 인식을 조사한 연구들을 기초로 유치원 평가에 대한 논의가 진행되었다. 이후 2007년 시범평가 실시 이후에는 실질적으로 평가를 받아 본 교사와 원장을 대상으로 인식을 조사하는 연구들이 서서히 이루어지고 있는 실정이다. 그동안 이루어진 유치원 평가관련 연구를 유치원 평가체제와 준거에 대한 연구, 유치원 평가에 대한 교사와 평가위원, 학부모의 인식 연구 등으로 살펴보면 다음과 같다.

1) 유치원 평가체제와 준거에 대한 연구

유아교육기관평가를 하는 과정과 지표에 대한 국내의 연구들을 살펴보면 대부분의 연구에서 평가의 목적, 평가절차, 평가영역 선정, 평가자 자격, 평가결과 활용 등으로 나누어 체제를 연구하였다.

유아교육기관평가 체제에 관한 연구 가운데 「사립유치원 기관평가 준거 개발 연구」에서는 유치원 공교육화에 대비한 사립유치원 교육활동 전반을 평가할 수 있는 기관평가 모형을 제시하였다. 유치원 평가는 유치원 교육에 대한 책무성을 다하고 있는가를 진단하는 데 초점을 두어야 하며 평가영역의 근거는 체계적 접근 모형을 활용하였다. 유치원 평가의 절차는 5단계로 여건 조성 및 준비 단계, 유치원 자체평가 단계, 유치원 현장방문 단계, 평가 종합 및 결과에 따른 조치 단계, 후속 단계로 나누어 제시하였다(유현숙, 박영숙, 1997).

「유치원 공교육화를 위한 유치원 평가체제 구축 연구」(장명림 외, 1999)와 「국가수준 유치원 평가에 관한 연구」(장명림 외, 2001)에서는 국가 수준에서 실시하는 유아교육 평가모형을 개발하였다. 모든 유치원을 국가차원에서 질적으로 관리하는 체제를 위해 그리고 학부모에게 공신력 있는 정보를 제공하기 위해 평가를 실시하며 평가의 절차를 유치원 방문 평가전 활동, 방문 평가 시 활동, 방문 평가 후 활동의 3단계로 진행한다. 평가영역은 총 6개 영역으로 물리적 환경, 교육과정, 운영관리, 유아의 영양·건강·안전, 교직원, 가정 및 지역사회와의 연계의 37개 항목, 82개 세부 지표로 구성되어 있고, 5단계 평정 방법을 사용하고 있다.

이기숙 등의 BK 21 핵심사업팀의 「유아교육기관 인정제 연구」*(이기숙 외, 2002)에서는 희망하는 유아교육기관을 대상으로, 국가 또는 민간단체에서 평가를 실시한다. 평가의 절차는 인정신청, 자체평가, 조력자 파견 및 지원, 최종보고서의 확인, 인정위원회 결정, 평가결과 통보의 과정으로 평가결과 인정 혹은 인정지연으로 결정된다. 이러한 과정은 인정을 받은 후에도 지속적인 질 향상을 위해 순환적으로 이루

* 그동안 이루어진 평가관련 연구에서는 '인정'과 인증'의 용어가 혼용되어 사용되었으나 어린이집 평가인증 이후에는 '인증'이라는 용어를 통일하여 사용하게 되었다. 본 장에서는 선행연구들에서 이전에 사용된 '인정'이라는 용어는 수정하지 않고 원문을 살려 그대로 사용하였다.

어진다. 인정제의 평가영역은 9개 영역, 27개 항목, 68개 문항, 204개의 기준으로 구성되어 있으며, 9개 영역은 교육과정, 상호작용, 교직원, 물리적 환경, 행·재정, 건강·안전, 영양·급식, 가정 및 지역사회, 평가영역이다. 이 연구에서는 실제 평가할 때 필요한 자료인 유아교육기관의 인정제 안내서, 인정기준, 인정기준 설명서, 조력자 훈련 과정, 기관관찰지(조력자용), 자체연구지(기관장 및 교사용), 최종보고서, 부모 의견 조사지의 자료를 개발하여 제시하고 있다.

양옥승(2002)은 「유아교육종합평가인정제」 모형을 개발하였는데 모든 유아교육기관을 평가의 대상으로 하고 유아교육의 질적 향상과 사회적 책무성 확인을 평가의 목적으로 하였다. 평가의 절차는 자체평가, 방문평가, 평가인정결정의 단계로 진행되며 평가결과는 최우수, 우수, 인정, 조건부 인정, 불인정의 5단계로 세분화되어 있는데 인정지연이라는 구분이 없는 특징을 보이고 있다. 평가자는 유아교육전문가로서 해당 분야 경력 2~3년 이상이며 평가자의 역할은 자체평가보고서를 검토하고 질적 개선 및 실행에 대한 실현 가능성을 검토한다. 평가영역은 시설·설비, 교육과정, 영양·건강, 안전관리, 운영관리체계, 지원체계 6가지 영역, 총 90개 문항으로 구성하였다.

열린유아교육학회의 「우수 유치원 인증 체제」(2003)는 열린유아교육학회의 지원을 받아 희망하는 유치원을 평가의 대상으로 하였고 사립유치원의 효율적인 운영과 질적인 개선을 목적으로 하였다. 평가체제는 인증신청, 자체평가 실시, 현장평가, 현장평가 보고서 작성, 인증 결정, 평가결과 통보의 단계로 진행되며 평가결과 우수 유치원 인증과 인증지연으로 결정된다. 평가자와 조력자의 역할을 따로 구분하며 평가자의 자격으로는 유치원 교원 10년 이상, 유아교육과나 아동학과 교수, 연구기관 연구원, 교육행정 공무원으로 평가자는 평가기준 및 역할분담 협의와 자체평가보고서 작성, 현장방문, 현장관찰 및 자료 분석, 평가보고서 작성의 역할을 하고 있다. 평가결과의 공개에 있어 우수 유치원을 학회 홈페이지에 등재한다. 평가영역으로는 물리적 환경, 교육과정, 운영관리, 유아의 영양·건강·안전, 교직원, 가정 및 지역사회와의 연계의 6가지 평가영역 총 86문항으로 구성되었다.

앞에서 살펴본 바와 같이 우리나라 기관평가 체제와 준거관련 연구들은 공통적인 영역으로 교육과정, 물리적 환경, 교직원, 건강과 영양, 안전의 영역, 가정과 지역사회협력이나 학부모 관련 영역을 포함하고 있으며 교육과정이나 상호작용을 중시하고 있다. 2008년 유치원 평가영역은 교육과정, 교육환경, 건강·안전영역, 운영관리 영역으로 구성되었고 교육과정 영역에 가중치를 주어 강조하였는데 이는 다른 평가 연구에서 제시한 영역과 유사하였다. 하지만 그동안 연구에서 강조되었던 교직원 영역의 문항이 축소되어 있어 더 첨가되어야 할 필요가 있으며 가정과 지역사회 연계 부분이 운영관리 영역 안에서 축소되어 포함된 것을 볼 수 있다. 앞의 절차 연구에서 공통적으로 제시한 평가절차로는 평가의 준비나 신청 단계, 평가 단계로 자체평가 단계, 방문평가 단계, 평가 후의 보고서 제출이나, 인증 결정의 단계로 제시하고 있었으며, 이와 같이 볼 때 유치원 평가과정인 자체평가, 서면평가, 현장평가과정의 절차는 적절한 평가 절차로 볼 수 있다.

2) 유치원 평가에 대한 교사, 원장, 평가위원의 인식

유치원 평가와 관련하여 교원, 평가위원, 학부모를 중심으로 유치원 평가에 대한 인식 연구가 나왔으며, 특히 교원에 대한 연구는 교사와 원장 및 원감으로 나누어 살펴볼 수 있다. 유치원 평가에 대한 교원, 평가위원, 학부모의 인식에 대한 연구들을 시기적으로 조사한 결과는 다음과 같다.

이대균과 김선구(2008)에 따르면, 어린이집 및 유아교육기관평가에 대한 논의가 활발해지면서 이와 관련된 연구도 증가되어 1994년부터 2006년까지 55편의 석·박사 학위 논문과 40편의 학술지 논문이 발표되는 등 효율적인 평가인증제도의 모색을 위한 노력이 계속되었으나, 이들 논문은 대부분 기관평가에 관한 인식(30.5%), 운영실태 평가(26.3%), 평가준거 개발(17.9%)에 대한 것이라고 하였다. 시기적으로 보면 영유아교육기관평가에 대한 논의 주제는 다음과 같이 변화되었다고 볼 수 있다. 1980년대부터 1990년대까지는 영유아교육기관평가 준거 자체에 대한 논의가 중심이었고, 2000년에서부터 2004년까지는 영유아교육기관평가 체제에 관한 연구가 주를 이루었으며, 2005년 이후에는 국가차원에서 시행되고 있는 영유아교육기관평가 제도의 문제와 개선방안에 대한 논의가 활발해지고 있다. 유치원 평가에 대한 연구는 평가가 시행되기 전부터 평가지표, 평가도구 개발 등 다양한 영역에서 선행연구가 이루어졌으며 시범평가가 시작된 2007년을 기점으로 평가에 대한 교원의 인식에 관한 논문이 많이 발표되었고, 점차 교원뿐 아니라 학부모, 평가위원 등을 주 대상으로 하는 연구로 확대되고 있다.

우리나라 유치원의 평가 인식에 관한 연구에서 시범평가 실시 이전에 나온 연구들(공미자, 2003; 김성섭, 2003; 신설주, 2005; 여민진, 2007; 우정숙, 2007)은 유치원 평가의 필요성에 대해 긍정적으로 인식하고 있었으며, 기관평가를 통해 유아교육의 질적 수준 향상과 공교육체제로의 정착을 위해 평가가 필요하다고 인식하고, 국가수준 평가를 통해 공교육체제의 확립을 앞당길 것 이라는 기대를 하고 있었다. 평가가 필요하지 않은 이유로는 업무량의 과중과 유치원 평가에 대한 정보 부족 등이 나타나 유치원 평가로 인해 행정적 업무가 과중하게 됨을 우려하고 있었다. 또한 평가영역 및 지표에 있어 교육과정 영역을 제일 중요하게 인식하는 반면, 부모교육 및 부모참여 활동과 가정과 지역사회 연계는 덜 중요하게 인식하고 있는 것으로 나타났다(신설주, 2005; 여민진, 2007). 교사의 근무기관, 학급수와 지역소재지에 따라서는 교직원 인사관리 및 복지후생은 공립보다 사립에서 중요한 지표로 나타났고, 3학급 이상인 경우 운영관리 측면을, 2학급 이하의 경우 교육과정 운영을 더 중요시하는 것으로 나타났다(우정숙, 2007). 평가자로서 유치원 교사 대표, 대학교수 등 유아교육전문가가 평가에 참여하기를 바라고 있었고 대다수의 원장들이 결과에 대한 일정 점수를 받을 경우 합격을 인정하는 방법이나 평가결과에 대해 유치원의 판단에 따라 공개하기를 바라는 것으로 나타났다. 평가의 주관은 교육청과 별도의 기관에서 국가수준의 평가기관이 적절하며 평가의 긍정적인 측면과 더불어 평가를 위한 업무 증가로 비용이 발생하고 평가에 대한 외부 단체나 학부모, 행정 당국의 간섭을 우려하는 것으로 나타났다.

위에서 살펴본 선행연구들은 일반적으로 교사의 관련변인, 즉 경력, 학력, 직위 등이 유치원 평가에 대한 인식에 영향을 미칠 것으로 기대하고 있으나 이들 연구들은 관련 변인에 따라 상이한 결과들을 보고하고 있다. 경력과 학력이 높을수록 그리고 관리급인 원장의 경우 유치원 평가에 대해 더 많이 알고 있음을 보여주는 연구들도 있었으나, 인식의 차이가 없다는 연구들도 보고되고 있다. 더욱이 이들 연구들은 교육인적자원부의 평가편람개발 이전의 평가지표를 중심으로 대부분 공사립 전체 유치원 교원을 대상으로 하거나 기관장만을 대상으로 하고 있으며, 이 또한 대부분 기관평가에 대한 전반적인 인식, 평가인증 항목에 대한 이해, 평가 조직 및 운영에 대한 인식을 살펴보고 있다.

반면 시범평가 이후 나온 연구인 교육부 주관 유치원 평가에 대한 분석적 고찰 연구(이대균, 최희숙, 김선구, 2007)에서는 유치원 평가계획을 수행하는 과정에서의 문제점으로 상대평가에 근거하여 하기보다는 절대평가를 기준으로 구분하여야 하며, 유치원 평가의 목적을, 학부모의 요구에 의해 파행적 운영에 치우치고 있는 유치원들이 국가가 제시하는 유아교육의 본질에 맞는 평가지표에 따라 충실한 운영을 할 수 있도록 유도하는 데 초점을 맞추어야한다고 강조하고 있었다.

유치원 시범평가를 실시한 후 평가에 참여한 원장과 교사를 대상으로 연구한 임정호(2009)의 연구에서는 유치원 시범평가에 대해 긍정적으로 인식하고 있었으나 시범평가로 인한 과중한 업무, 관계 서류준비가 힘들었고 앞으로 평가지표에 대한 구체적인 안내가 필요하다고 하였다. 가장 중요하다고 생각하는 영역은 교육과정 영역이며 개선하기 힘들었던 영역으로는 교육환경이라는 의견이 많았고, 평가지표는 적절히 구성되었다고 인식하고 있었다. 1주기 평가 후 실시된 유치원 원장과 교사의 인식 연구에서는 유치원 원장 및 교사는 평가를 통해 담당하게 되는 역할 및 책임 정도에 따라 인식의 차이를 보이고 있었다. 학기 시작 전에 유치원 평가에 대한 기본계획을 수립하고 대상 유치원에 미리 통보하기를 원하고 있었으며, 평가결과 공개에 대한 인식은 원장이 교사보다 낮게 나타나 평가결과 공개에 대해 우려하고 있는 것으로 나타났다. 원장과 교사 모두 과중한 업무 부담을 어렵다고 답하였으나, 이유 면에서 원장은 교사의 지식 및 이해 부족을, 교사는 준비과정의 혼란을 더 어려운 문제로 인식하였다. 평가영역에 있어 원장과 교사 모두 어렵게 인식한 내용은 '평가의 적절성'이었고, '예산 편성 및 운용의 합리성'은 관리직인 원장이 상대적으로 어렵다고 인식하고 있었다(황해익, 최혜진, 오경녀, 2009). 평가시행 후 교사들의 인식을 조사한 김경현(2009)의 연구에서는 유치원 평가의 반대 이유로 전시 행정이나 업무가 과중하게 됨을 우려하였고, 문제점으로는 평가준비로 인하여 유아교육에 지장을 주는 것을 지적하였다. 평가 후 개선해야 할 점으로 현실 여건을 반영(원아수, 교육과정, 지표의 수준 내리기)해야 한다는 내용이 나타났는데, 이와 같은 결과는 평가가 처음 시행됨으로 인한 과중한 업무와 서류준비로 인해 유아들에게 영향을 미치는 것이 개선되어야 할 부분으로 나타난 것이다.

유치원 교사를 대상으로 한 평가 연구들은 기관유형, 학급규모, 지역, 학급수 등 변인에 따른 인식의 차이를 살펴보고 있다. 국가 수준 유치원 평가에 대해 황해익 등(2009)은 공사립유치원 교사의 인식 비교 연구를 하였는데, 공립유치원 교사들이 유치원 평가에 대한 관심이 더 높은 것으로 나타났고, 평가지표의 인식에서는 교육과정 영역과 종일반 운영 영역에 대한 인식이 더 높게 나타났다. 그러나 조력활동에 대한 필요성이나 평가결과의 활용 면에서는 공립유치원 교사들과 사립유치원 교사들의 인식의 차이가 없는 것으로 나타났다. 반면 공사립유치원 교사의 평가과정에서 나타나는 어려움과 현직교육에 대한 연구에서, 김순환과 손수연(2011)은 교사의 경력에 따른 인식 차이를 밝히고 있다. 평가를 준비하는 과정에서 업무 과중, 평가영역 중 교육과정, 교육환경 영역에 대하여 어려움을 인식하고 있었고, 저경력 교사와 고경력 교사 간의 평가지표 어려움, 현직교육에 대한 인식의 차이를 보여 주었다. 현직교육에 대한 요구는 교육과정, 교육환경, 건강·안전, 서울특별시교육청 종합지표, 운영관리 영역의 순서로 현직교육을 원하였으며, 대부분 전년도 평가유치원 교원이 평가관련 자료를 제공하여 주기를 바라고 있었다. 공립유치원 교사를 대상으로 평가에 대한 인식을 조사한 강명희(2010)의 연구에서는 자체평가 및 현장평가 준비과정에서 소재지별, 학급규모별 유의한 차이를 보였고, 읍면 지역과 1학급을 담당하는 교사가 평가준비 과정에서 어려움을 느껴 유의한 차이를 보였다. 유치원의 규모에 따라 평가기준을 차별화해야 한다고 하였고, 교육과정 지표 중 교사-유아 간의 질적인 상호작용을 가장 중요하게 인식하였고, 운영관리의 기관장 리더십은 적용하기 어려웠던 것으로 나타났다.

최근에는 유치원 평가과정뿐 아니라 1주기 유치원 평가지표에 대한 적절성을 파악하기 위해 평가지표에 대한 연구도 서서히 이루어지고 있다. 심은주와 이경화(2010)의 연구에서는 유치원의 설립 주체나 규모에 상관없이 평가내용을 동일하게 적용하는 것에 대해 부적절하다고 인식하는 경향이 더 많았으며, 개선방안으로는 공통적으로 적용할 것과 소속기관의 특성에 따라 별도로 추가하여 적용할 평가지표 및 기준을 구분하여 만들어야 한다는 의견이 우세하였다. 평가지표에 대한 중요도와 개선의지에 대한 사립유치원 원장의 인식을 살펴본 김규수 등(2010)의 연구에서는 5개 영역 가운데 교육과정을 가장 중요하다고 인식하였고, 평가지표의 이해도도 높았다. 평가지표에 따른 개선의지는 교육환경 영역에서 가장 높게 나타났다. 원장 변인에 따라서는 대졸, 학급규모가 2개 이하인 경우 평가지표에 대한 이해 정도가 낮았으며, 전문대졸, 2개 학급 이하인 경우 원장들의 개선의지가 낮게 나타났다. 유치원 평가지침에 대한 전지형(2009)의 연구에서는 공립과 사립유치원 교원의 서로에 대한 시각 및 평가지침과 관련된 내용을 조사하였는데 각자의 배경에 따라 다른 인식의 차이를 보였다. 평가지표를 사용하여 평가한 결과, 자신의 현재 상황에 대해 공립유치원 교원이 사립유치원 교원보다 높은 점수를 부여하였고, 사립유치원 교원은 기관 간 평가점수의 차이를 보이지 않았으나 공립유치원 교원의 경우는 공립과 사립 간의 질적인 차이가 나타난다고 인식하고 있었다. 현재 1주기 평가지표의 항목 수가 많다고 인식하였고, 평가지표의 중복적 내용이나 불필요한 내용이 항목 수가 늘어나는 데 큰 역할을 한 것으로 인식하고 있었다. 위의 연구결과를 살펴보면 교사와 원장은 교육과정 영역을 가장 중요하게 생각하고, 원장과 교사 간 어려움을 느끼는 지표가 다르게 나타났으며, 향후 설립주체(공·사립), 학급규모, 지역에 따른 차이를 감안한 평가지표를 원하고 있었다.

유치원 평가는 평가과정안에 조력과정이 포함되어 있지 않지만 교사들은 평가과정 중 지원을 바라고 있었다. 평가과정 중 지원에 대한 연구로는 조력에 대한 인식 연구와 자체평가 과정을 도와주는 웹기반 프로그램 연구가 이루어졌다. 송연숙과 유수경(2008)의 조력활동에 대한 연구에서는 교사를 대상으로 각 영역별 필요한 조력의 유형과 조력의 내용을 알아보았다. 교사들은 교육과정과 교육환경에서 가장 조력을 필요로 하고 있었고, 각 평가영역별 전문성이 확보된 조력 전문가가 유치원을 방문하여 평가지표별로 점검하고 점검 결과 취약한 영역에 대하여 개선해 주는 것을 선호하는 것으로 나타났다. 또한 송연숙(2009)의 연구에 따르면 유치원 평가영역 중 지원이 필요한 영역으로 원장은 교육과정, 운영관리 순으로, 교사는 교육과정과 교육환경 순으로 선택하였는데, 이는 교육과정의 조력이 가장 필요하며 평가영역별 조력자가 달라질 수 있음을 제시하는 결과이다. 즉, 유치원 평가의 목적인 유치원의 질적 향상이라는 측면에서 볼 때 교육과정의 중요성을 원장과 교사 모두 인식하고 있으며, 이에 대한 조력이 가장 필요함을 나타낸다고 할 수 있다. 김순환(2010)의 연구에서도 조력이 필요한 영역으로 교육과정, 운영관리, 교육환경 영역 순으로 나타났고, 조력 지원 중 가장 중요하게 다루어야 하는 내용으로 개별평가 항목에 대한 서류준비의 실제 사례를 가장 원하는 것으로 나타났다. 조력 담당자로는 전년도 평가 유치원 교원을 선호하였으며, 현장을 파악하는 능력이 가장 중요하다고 인식하였다. 조력 담당자의 정서적 지원 역할로 교사와 친밀하고 신뢰적인 관계를 형성하는 것을 가장 많이 요구하였으며, 전문적 지원 역할로 지속적인 정보와 피드백 제공을 가장 원하는 것으로 나타났다. 황해익(2009)의 연구에서는 유치원의 장학과 평가의 관계에서 현재 유치원의 장학 역시 유치원 교육의 질적 향상을 도모하는 만큼 장학과 평가를 위한 조력이 서로 중복되지 않고 기능 분담을 통한 특성화와 상호 조화를 위한 조정이 필요하다고 지적하고 있다. 실질적으로 자체평가 과정 중 조력 프로그램을 개발한 윤정혜(2009)의 연구에서는 조력을 위해 경력 교사, 장학사, 교수, 원장으로 구성된 협의회를 구성하는 것이 바람직하다고 응답하였으며, 협력위원회와 협의 방식으로 온라인으로 묻고 대답하는 형식이 효과적일 것으로 기대하여 온라인과 오프라인이 적절하게 혼합된 조력을 선호하는 것으로 나타났다. 이러한 연구들은 유치원 평가가 어린이집과는 다른 평가인증 시스템은 아니지만 자체평가 과정에서의 지원은 반드시 필요하다는 것을 보여주는 연구라고 볼 수 있다.

앞에서 살펴본 연구들은 대부분 설문을 통하여 교사와 원장의 인식을 살펴보고 있는데 평가과정에 대한 어려움을 알아내기 위해서는 설문지 연구로 밝혀내기 어려운 부분이 있기 때문에 면담방법 또한 연구에 활용되고 있다. 1주기 평가가 실시된 이후 국가 수준 유치원 평가에 대한 심층면담을 한 연구로는 김경철과 김안나(2008, 2010), 손영빈과 윤기영(2011), 유수경과 송연숙(2009), 이선희(2010), 최희숙(2010) 등의 연구가 있다. 교사와 원장은 유치원 평가를 통해 혜택 받았던 점으로, 평가를 통해 교육이 질적으로 향상되었으며, 교수-학습방법에 대한 평가와 반성이 이루어졌으며 교육과정이 내실화되었음을 밝히고 있다. 또한 자신을 반성하는 계기가 되었고, 동료 교사와 힘들었던 과정을 함께 함으로 친밀감이 형성되었으며, 동료장학이 활성화되었다고 인식하고 있었다(김경철, 김안나, 2008; 유수경, 송연숙, 2009). 김경철과 김안나(2010)의 연구에서는 국공립유치원의 특성과 관련하여 평가위원이 바라보는 평가에 대한 인식을 알아보았다. 전체 유치원 수의 52.4%를 차지하는 초등학교 병설 유치원의 원장직을 초등학교 교장이 겸임하고 있는 실정에서 국공립의 여러 문제점을 밝히고 있다. 교사들이 실시하고 있는 내용과 방법은 대동소이하며 천편일률적이고, 전문성 발달을 위한 노력이 부족하다고 인식하였으며, 자체평가보고서에 대한 의문을 제기하였다. 또한 많은 비율을 차지하고 있는 비전공 겸임 원장과 겸임 원감의 비전문성에 대해 우려하고 있었다. 평가참여과정에서 교사의 어려움과 조력을 통한 교사 및 유치원의 변화를 알아본 연구에서는 평가의 어려움으로 평가지표를 이해하기, 평가관련 문서 작성, 평가준비를 위한 분담 업무 추진, 수업공개에 따른 부담, 평가결과에 대한 불안감 등의 어려움을 경험한 것으로 나타났다. 한편 유치원 평가 준비과정에서의 조력을 통해 교사에게서 수업능력 향상으로 인한 자신감, 운영관리 시스템의 이해, 상부상조의 조직문화 형성, 유치원에 대한 애착 형성, 전문성 신장에 대한 의욕 고취 등과 같은 긍정적 변화와 교사-유아 상호작용의 질적인 향상, 생활주제와 연계된 수준별 교재·교구 제시와 관리 등 각 평가영역에 따라 변화가 이루어졌음을 보여 주었다(최희숙, 2010). 손영빈과 윤기영(2011)은 공립과 사립유치원 교사를 대상으로 평가준비 과정, 평가수행 과정, 평가이후 과정에서의 경험을 알아보았다. 평가준비 과정에서 교사들은 막연함, 두려움, 부담감을 느끼는 한편 변화에 대한 긍정적 기대감을 가졌던 것으로 나타났다. 평가수행 과정에서 교사들은 긴장감과 동시에 스스로에 대한 자신감을 보이는 긍정적인 측면과 평가위원들에 대한 불만감과 같은 부정적 측면의 양면성을 경험하였다. 평가이후 과정에서 교사들은 좌절, 허탈함, 그리고 속상함을 겪으며 맞춤형 형태의 조력자를 지원하는 방식의 유치원 평가가 이루어져야 한다고 인식하고 있는 것으로 나타났다. 이선희(2010)는 평가를 받은 사립유치원들을 대상으로 유치원 평가의 긍정적인 측면과 개선점을 알아보았다. 국가 수준 유치원 교육과정에 맞추어 운영하기, 유아교육의 질을 높이는 계기, 연계되는 관리, 역할에 대해 돌아보는 기회, 유아를 이해하는 시간, 평가결과에 대한 만족, 자기 발전의 기회를 평가의 긍정적 측면으로 생각하였다. 평가의 개선점으로 경비 지원, 필요한 서류를 작성하는 시스템 마련, 공사립유치원의 특성을 살린 평가의 기준 필요, 현장을 바르게 보는 평가위원들의 구성, 유치원 질을 높이기 위한 방법 모색, 충분한 연수 필요 등을 제시하였다. 이와 같이 볼 때 교사와 유아교육기관에서는 평가에 대한 부담감을 많이 안고 평가지표에 대한 정확한 이해 없이 평가준비를 하는 과정에서 어려움을 느꼈으나, 평가를 통해 교사 자신의 전문성 향상이나 기관 자체의 환경 변화, 교사들 간의 신뢰 형성 등 긍정적 변화를 가져왔다고 인식하였다.

평가의 긍정적인 측면을 나타낸 또 다른 연구에서는 평가참여 여부에 따른 교사의 전문성 발달*을 알아보았다. 평가참여 교사는 비참여 교사보다 교사의 전문성 발달의 하위 3개 영역인 교사의 지식과 기술 발달, 자기이해 발달, 생태적 발달 영역에서 높은 점수를 얻음으로 평가가 교사의 전문성 발달에 영향을 미치는 것으로 나타났다(김경철, 김안나, 2009). 또한 유치원 평가참여에 따른 교직 전문성에 대한 인식에서 교사들은 전문성 인식 영역 중 지식과 기술 발달 측면에서 가장 긍정적인 변화를 인식하고 있었다. 지식과 기술 발달 측면에서 유아들을 위해 위생적인 환경에서 생활주제에 적절한 교재 및 교구를 배치한다고 나타났고, 자기이해 발달 측면에서는 유아의 질문을 반기고 격려한다고 나타났으며 환경 및 생태적 발달 측면에서는 수업 및 유아들에 대하여 동료 교사들과 정보를 주고받는다고 나타났다(이지은, 오경녀, 황해익, 2009). 이는 다른 나라 연구에서 평가를 통해 교사의 전문성이 향상되고 가르치는 방법과 교육과정 조직이 달라진다고 하는 점과 같이 평가가 처음 시도되었지만 매우 긍정적 측면을 보여 주는 것이다(Chapman, 2001; Loane, 1997).

최근에는 교사뿐 아니라 평가위원 및 장학사 등을 포함하여 평가에 대한 인식 연구가 이루어지고 있다. 전지형(2009)은 유치원 평가위원이 평가과정 중 경험한 평가

* 교사의 전문성 발달수준이란 교사로서의 지식과 기술 측면(바람직한 교수기술과 지식요구 및 적용), 자기이해 발달 측면(교사 신념), 생태적 발달 측면(교사 자신이 지원적인 환경이 됨과 동시에 그 환경을 조성해 가고자 하는 의지와 시도의 변화)이 포함된 포괄적인 개념으로 사용되어지고 있음.

위원 간, 현장교직원 간의 경험과 어려움, 개선방안을 알아보았다. 평가위원은 평가를 통해 서로 다름을 볼 수 있는 눈을 가지게 되었고, 넓어지는 인간관계, 닫힌 시각으로 인한 평가위원 간 갈등으로 요약되는 평가위원 간 교류를 경험하였다. 또한 함께 울고 웃는 감동적인 이야기, 나를 슬프게 하는 현장의 시각으로 요약할 수 있는 현장교직원과의 경험을 하게 되었고, 현장의 서로 다른 기대, 어렵기만 한 점수 부여, 사라져 버린 나의 생활로 요약할 수 있는 평가수행의 어려움을 경험하였음을 알 수 있다. 그리고 향후 평가의 효율적인 개선방안으로 서로 찾아가서 마음 열기, 친절하게 안내하기, 대화하며 연구하기 등을 제시하였다. 강수경과 이기숙(2009)은 평가위원이 인식하는 평가의 의미와 개선방안을 밝히면서 평가위원의 평가관점의 차이에 따른 어려움, 지역별, 학급규모별 다양성에 따른 병설유치원 평가의 어려움, 현장평가와 서면평가의 차이에 따른 평가의 정확성 부족, 현장평가 시행 시기와 시간 조정의 어려움, 평가 보고서 작성의 어려움을 느꼈다고 밝히고 있다. 향후 성공적인 평가를 위한 개선방안으로 유아교육의 질 향상을 위한 지원 체제 구축, 지역별, 학급규모별 상황을 감안한 융통성 있는 평가 시행, 서류중심 평가가 아닌 현장중심 평가체제로 전환, 국가적 차원에서 지속적인 평가연구 필요, 체계적이고 실제적인 연수프로그램 개발을 제안하였다.

유치원 평가의 객관성과 신뢰성을 위해서 평가위원의 자질과 전문성 확보는 매우 중요한 요소이다. 김안나(2011)는 국가 수준 유치원 평가위원의 책무성과 한계를 밝히고 있다. 평가위원이 가져야 할 책무성은 전문적, 행정적, 도덕적인 책무이며, 비전공자이면서 평가위원의 역할에 대한 명확하지 않은 인식으로 한계를 느낀다고 하였다. 평가위원의 책무성 보장을 위해서는 먼저 평가위원의 전문성 확보가 이루어져야 하며, 유치원 현장의 평가위원에 대한 인식 변화, 시·도교육청의 행·재정적인 지원과 평가 후 지속적인 평가위원 관리가 이루어져야 한다고 인식하고 있었다.

반면 유치원 교사와 평가위원을 대상으로 평가과정 및 평가지표에 대한 인식을 조사한 강수경(2009)의 연구에서는 유치원 교사, 평가위원 모두 평가연수방법과 시간에 있어 개선이 필요하다고 하였다. 평가과정 중 가장 큰 문제점으로는 교사와 평가위원 모두 평가로 인한 유아들의 수업준비 소홀을 문제점으로 인식하였다. 현장평가 과정 중 가장 개선이 필요한 부분에 대해 교사는 중복되는 서류를 축소하는 것이, 평가위원은 평가항목과 기준에 대한 설명이 구체화되어야 한다고 응답하였다. 교사와 평가위원 모두 교육과정 운영의 내실화에 가장 도움이 되었다고 응답하였고, 평가결과 공개에 대해서는 모두 해당 유치원에게만 공개하기를 바라는 것으로 나타났다. 국공립유치원의 특성에 따라 학급수와 지역에 따른 인식 차이가 나타났으며, 향후 서류중심의 평가보다는 현장중심의 평가를 원하고 있는 것으로 나타났다. 이는 유치원 평가를 시행한 후 조사한 다른 연구들에서도 공통적으로 나타난 부분으로, 특히 병설의 한 학급에서 근무하는 교사 한 명이 평가편람만을 가지고 평가준비를 하기 어렵고 향후 평가지표와 관련된 구체적인 서류 제시가 필요함을 알 수 있다.

육아정책연구소에서는 2009년도 「육아지원기관의 질적 수준 관리 방안 연구」를 수행하였으며 이 연구에서는 유치원 평가와 관련하여 유치원 원장, 교사, 교육청 유아 담당 전문직을 대상으로 평가에 대한 인식, 평가에 대한 이해, 평가참여 및 기대 효과, 평가의 개선점에 대한 실태 조사 결과를 제시하였다. 원장과 교사 모두 평가의 필요성에 대해 높게 인식하고 있고, 장학사의 경우 원장과 교사에 비해 유치원 평가에 대한 필요성을 더 강조하고 있음을 알 수 있다. 유치원 평가에 대한 이해 정도를 조사한 결과, 원장의 경우 목적에 대한 이해에 비해 체계 및 절차나 지표에 대한 이해 정도가 다소 낮은 것을 알 수 있었고, 공립유치원 원장이 사립유치원 원장보다 더 잘 이해하고 있었다. 교사의 경우에도 원장과 마찬가지로 목적에 대한 이해에 비해 체계 및 절차나 지표에 대한 이해 정도가 다소 낮음을 알 수 있었다. 장학사는 원장이나 교사에 비해 목적, 체계, 절차, 지표에 대한 이해 점수가 모두 높았으며, 장학사의 경우에도 목적에 대한 이해 점수가 다른 점수에 비해 높게 나타났다. 원장, 교사, 장학사 모두 평가위원의 전문성과 자질 확보의 중요성을 강조하였으며, 지역별, 규모별, 유형별 평가지표의 차별화, 평가지표의 가중치 조정, 평가척도 및 매뉴얼의 구체화 등에 대한 요구가 나타났고, 평가결과 활용 방안으로는 유치원 개선 자료로 활용, 결과의 정책적 활용, 결과 공개를 통한 우수사례 공유라는 응답이 높게 나타났다(장명림 외, 2009).

유치원 평가연구는 위에서 살펴본 바와 같이 1990년대 이후 유치원의 평가체제와 준거에 관한 연구, 외국 평가인증제를 분석한 연구에서 유치원 평가를 실시한 후 최근에는 평가에 대한 교사의 인식을 조사하는 연구들이 많이 나오고 있는 점을 볼 때 향후 학교평가에서와 같이 평가의 효과에 관한 연구들이 활성화되리라 생각된다. 유치원 평가 실시 이전에 이루어진 연구들에서는 평가가 실시되기 이전의 자체평가의 실시 여부, 평가의 필요성, 평가 담당기관, 평가위원의 구성 등에 대한 유치원 교사와 원장의 요구를 알아보는 연구들이 이루어졌다. 유치원 평가 실시 이후 유치원 교사와 원장은 유치원 평가 실시로 인해 질적 수준 향상은 가져왔으나 평가과정 중의 개선점, 평가지표의 조정이 필요함을 제시하고 있다.

3) 유치원 평가에 대한 학부모의 인식

이러한 유치원 평가에 대한 인식 연구가 주로 평가 해당자인 교원을 중심으로 이루어졌다면, 점차 기관평가에 대한 학부모의 인식을 주 연구대상으로 한 논문들이 발표되기 시작했다(김순환, 손수연, 2011; 김일주, 2010; 남한정, 2009; 장설혜, 2009; 황미혜, 2010). 남한정(2009)의 연구결과에 따르면 유치원 평가에 대해 학부모는 부모 설명회를 통해서 인지한 것으로 나타났으며 평가의 필요성에 대해 긍정적으로 인식하고 있었다. 또한, 평가 이후 유아가 유치원 활동에 흥미를 더 많이 가지며, 유치원의 전반적인 질이 향상된다고 평가하고 있었고, 가장 향상된 영역은 '교육환경'인 반면 가장 미흡한 영역은 '건강과 안전'으로 나타났다. 학부모는 대체적으로 교육환경, 교육계획안, 시설·설비 등 겉으로 보여지는 변화에 따라 유치원 평가에 대해 긍정적으로 인식하고 있었으며, 그에 따라 유치원 평가를 받은 기관에 자녀를 보내는 것에 대한 자긍심을 가지고 있었다.

김일주(2010)는 2008년 유치원 평가를 받은 유치원의 학부모들을 대상으로 유치원 평가에 대한 전반적인 인식과 유치원 평가영역 및 지표에 대한 인식을 살펴보았다. 유치원 평가를 받은 기관의 학부모들이었음에도 불구하고 과반수 이상이 유치원 평가 제도에 대해 잘 알지 못하고 있다고 하였다. 또한 유치원 평가에 대한 학부모의 인식 개선을 위해 다양한 방법으로 홍보가 이루어질 필요가 있다고 인식하며, 유치원 평가결과가 학부모를 위한 정보 자료로 활용되는 것이 가장 적절하고, 평가결과의 공개 범위에 대해서는 과반수 이상의 학부모가 평가를 받은 유치원뿐만 아니라 유치원 학부모 및 지역 사회에도 공개하는 것이 바람직하다고 하였다. 평가로 인해 학부모의 기관 선택에 영향을 미칠 것이라고 인식하면서도 평가준비로 인한 교사의 업무과중이 유아에 대한 소홀로 연결될 것을 우려하는 것으로 나타났다.

황미혜(2010)는 평가에 대한 공립유치원 교사와 학부모의 인식 차이를 바탕으로 각각의 요구와 역할이 무엇인지 파악하고자 하였다. 대다수의 교사와 학부모가 평가는 필요하다고 생각하지만, 평가가 필요하지 않다고 응답한 교사와 학부모는 모두 평가준비 과정에 교사 업무량의 증대를 그 이유로 제시한 의견이 가장 많았다. 하지만 유치원 평가 내용에 대한 교사와 학부모의 인식은, 교사는 평가의 경험 유무와 관계없이 교육과정에 높은 응답을 보인 반면, 평가를 받은 유치원 학부모의 경우 교육과정과 교육환경에, 평가를 받지 않은 유치원의 학부모인 경우 교육과정 외에 교육환경, 유아의 건강·안전관리에 높은 응답을 보였다. 또한, 유치원 평가결과의 공개에 대해 교사의 경우 유치원 평가 경험 유무와 상관없이 해당 유치원 기관만 알고 공개하지 않거나 일정 수준 이상의 유치원 기관만 공개하기를 원했고, 유치원 평가를 받은 교사의 경우 공개를 반대하는 응답에 다수의 반응을 보였다. 반면 학부모의 경우 유치원 평가 경험 유무와 상관없이 대부분이 결과를 모두 공개하기를 원하였는데, 이러한 점으로 볼 때, 교사는 평가를 직접 경험하는 입장에서 평가에 대한 부담감으로 어려움을 겪는 반면 학부모는 기관의 수요자 입장으로서 유치원 평가를 통한 교육의 질적 수준 향상으로 유아가 보다 나은 환경에서 교육받는 것에 대한 바람이 있음을 알 수 있다.

김순환과 손수연(2011)은 국공립유치원과 사립유치원 학부모의 유치원 평가에 대한 인식을 조사하였는데, 대부분 유치원 평가가 필요하다고 인식하고 있었다. 유치원 평가결과에 대하여 학부모들이 참고할 수 있도록 정보를 공개하기를 원하였으며, 평가과정에서 학부모의 참여가 이루어지기를 바라고 있었다. 평가영역에 있어 교육환경 영역과 건강·안전 영역을 중요하게 인식하고, 평가지표의 내용에 있어 급·간식 재료의 위생적 관리·사용을 질적으로 가장 중요하게 생각하고 있었으며, 사립유치원의 학부모가 국공립유치원 학부모에 비해 모든 지표의 중요성을 더 인식하고 있었다. 학부모 만족도 조사와 관련하여 다양한 요소를 고려한 만족도 조사가 필요하며, 문항이 더 추가되어야 하고, 조사방법에 대해서는 전화조사와 설문조사를 병행하는 것이 효과적이라고 인식하고 있었다.

이상의 연구들을 통해 교사 및 원감, 원장, 평가위원, 학부모 등 각 주체는 모두 평가의 필요성에 대해서는 긍정적으로 인식하고 있지만, 평가에서 느끼는 어려움이나 지원요구, 중요하다고 인식하는 평가영역, 평가결과 공개 등 다양한 측면에서 입장 차이를 확인할 수 있다. 이는 유치원 평가가 현장에서 잘 정착되기 위해서는 각 주체에 대한 지속적 연구가 이루어져야 함과 동시에 각 어려움에 대한 체계적 지원방안이 논의되어야 함을 의미한다.

2. 어린이집 평가관련 연구**

우리나라에서는 보육시설의 질적 향상을 위해 보육시설 평가인증제에 대한 연구가 꾸준히 이루어졌다. 평가인증제 선행연구는 보육시설 평가체제 및 모형 개발에 대한 연구, 평가기준 타당화에 관한 연구, 평가인증 도입을 위한 기초 조사연구, 평가인증제에 대한 인식 조사연구 등으로 구분할 수 있다. 이 가운데 평가체제와 준거 관련 연구와 평가인증제에 대한 인식 연구를 중점으로 살펴보면 다음과 같다.

1) 보육시설 평가체제와 준거에 대한 연구

황해익과 이경화(1995)는 「보육시설 평가척도의 개발을 위한 기초연구」를 하였으며 평가항목으로는 물리적 영역, 교직원, 운영관리, 교육과정, 영양·건강·안전, 가정 및 지역사회와의 연계 등으로 나누고 있다. 물리적 영역은 다시 '실외환경', '실내환경', '시설·설비 및 관리', 교직원 영역은 '근무여건', '교직원 관리', '교직원 관계', '교직원 발전', 운영관리는 '원아관리', '재정관리', '사무관리', '보육시설 발전관리', 교육과

** '어린이집' 평가관련 연구는 2012년 이전까지 '보육시설'이라는 명칭으로 연구가 이루어졌기 때문에 연구에서 사용된 용어를 그대로 사용하였음.

정은 '교육계획', '교육과정 운영', '교육자료', '교육과정 평가'로 영양·건강·안전은 '영양 및 급식', '건강 및 위생, 안전'으로 가정 및 지역사회와의 연계는 '가정과의 연계', '지역사회와의 연계'로 나누고 있다.

정기원, 오미애, 안현애(1995)가 개발한 「보육시설 평가기준」은 NAEYC(질 높은 유아교육프로그램의 준거), NCAC(평가기준), 한국교육개발원(유아교육기관 평가준거), 국립교육평가원(유치원 교육 평가척도) 등에서 개발한 평가 항목을 수정·검토하고 평가기준을 물리적 환경, 운영 및 교직원 관리, 보육프로그램, 상호작용 등 4개 영역, 총 93개 문항으로 구성하였다. 전문가들을 대상으로 각각의 평가항목의 적합성과 필요성을 5점 척도로 평가하게 한 결과 모든 항목이 4점(적합하고 필요)으로 평정되었다. 이순형 등(1998)은 보육시설의 질을 파악할 수 있는 다양한 요인들을 분석하여 「보육시설의 환경운영관리 및 프로그램 평가」 척도를 개발하였는데 평가척도는 연령범주별로 운영관리적 측면을 비롯하여 전반적인 교과과정의 운영과 교사와 유아 간의 상호작용 등 프로그램 요소별로 세부적인 평가기준을 제시하고 있으며, 각 하위영역과 제시된 평가준거 및 기준들의 내용은 매우 포괄적이다. 운영관리 평가, 영아기 프로그램 평가, 유아기 프로그램 평가, 방과 후 프로그램 평가 등 4개 영역, 총 248~292개 문항으로 구성되어 있다. 이 연구는 아동의 발달단계에 맞는 교육프로그램과 환경을 구체적이고도 포괄적으로 평가할 수 있게 구성되어 있다.

서문희, 임상헌, 임유경(2000)은 보육시설 평가인증 척도를 개발하였는데, 「보육시설 평가인증제도 도입방안 연구」에서는 미국과 호주의 인증제도 실시에 대한 긍정적인 성과에 따라 국내 보육시설의 질적 관리를 위해 NAEYC, NCAC의 평가준거를 참고한 평가지표를 개발하였다. 평가 하위 영역으로 운영관리, 보육인력, 교육과정, 보육환경, 영양·건강·안전, 부모참여 및 지역사회의 6개 영역 118개 평가지표로 구성하였고, 보육시설과 놀이방 척도를 별도로 표준화하여 기관유형에 따라 보육의 질을 평가할 수 있도록 하였다.

이은해(2002)는 「보육시설 프로그램 평가도구의 개발과 타당화 연구」에서 보육시설 평가도구 1차 시안으로 운영관리 평가척도 6개 영역 102문항, 영아반 평가척도, 유아반 평가척도로 각각 5개 영역의 64문항과 99문항을 개발하였다. 평가영역과 문항의 중요 측면에 대해 심의와 검토 작업이 진행되었으며 2차 전문가 심의는 문항별 3단계 기준의 적합성을 검토하여 예비 실시용 도구를 완성하였다. 보육시설 평가도구로 자체평가용 도구, 현장평가용 도구, 부모평가척도를 개발하였으며 표준화를 위해 삼성보육시설 30기관, 국공립보육시설 58기관에 우송하여 자체평가를 실시하도록 하였다. 평가영역은 물리적 환경(11문항), 영양·건강·안전(15문항), 학습환경(20문항), 교육경험 및 활동(19문항), 교사-영유아 상호작용(15문항)으로 구성되었으며, 관찰척도의 활용지침서는 전문가 또는 외부관점에서 보육시설 프로그램 평가에 활용될 수 있도록 관찰척도의 문항 평가기준을 상세히 서술하고 그 결과를 해석할 수 있도록 지침을 제공하기 위해 개발하였다. 이 연구는 보육의 질에 대한 다양한 관점을 반영하기 위해 자체평가용, 관찰자용, 부모 평가자용 척도 세트로 개발하여 보육시설 평가에 다차원적 관점의 평가가 포함되도록 구성하였다는 점과 운영관리적 측면과 함께 영아기, 유아기 프로그램을 각각 평가할 수 있는 지표로 개발하였다는 점에 의의가 있다.

2) 보육시설 평가인증제에 대한 교사와 원장의 인식

2006년 본격적인 평가인증제 실시 후 보육시설 평가인증제 연구는 평가지표의 보완, 평가인증에 대한 보육시설의 인식 연구, 보육시설 평가인증제에 대한 교사와 원장의 인식 비교 연구 등 평가의 긍정적 측면과 개선방안에 대한 연구들이 활발히 진행되고 있다. 보육시설 평가인증제에 대한 초기의 교사와 원장의 인식에 관한 연구는 보육시설 평가인증제 도입에 영향을 미치는 요인과 도입의 필요성에 대해 이루어졌다. 이 시기의 연구결과에서는 보육시설의 질 향상을 위해 평가인증의 도입에는 찬성하지만 신뢰성에 대해 염려하였고, 전시행정으로 흐를 것을 우려하였다. 원장을 대상으로 기관유형 간 차이를 살펴본 문지희(2003)의 연구에서는 평가인증제도 도입에 대해서는 유형에 관계없이 긍정적인 반응을 보였지만, 국공립 기관의 경우 행·재정적 지원을 받고 있는 경우, 정기적인 지도 감독을 받고 있기 때문에 실제 참여에 대해서는 의문을 제기하는 등 기관유형에 따라서 차이를 보였다. 이경채(2003)

의 연구는 원장과 교사를 대상으로 인식 차이를 살펴보았는데 평가인증제 도입에 대해 긍정적이지만, 앞으로 추이를 살펴보면서 신청한다가 48.1%로 나타났고 대부분의 항목에서 인식 차이는 없었다.

2005년 보육시설 평가인증 시범평가 실시 이후에는 평가인증에 참여한 원장과 교사를 대상으로 한 많은 연구들이 이루어지고 있고 긍정적인 효과가 있음을 밝히고 있다. 강달금과 이영석(2006)은 평가인증제의 도입단계에서 여성가족부가 제시하고 있는 평가인증제에 관한 일반적 사항 및 평가인증 지표 7개 영역을 중심으로 각 영역별 평가지표의 문제점, 내용구성의 적합성, 지표에 대한 만족도 및 이해도를 알아보았다. 직책별, 기관유형별 지표의 대다수 영역에서 차이를 보인 것은 보육시설의 연령분포와 보육환경을 고려한 프로그램의 한계, 원장과 교사의 역할, 국공립과 민간보육시설의 입장, 평가지표의 기준을 보편성에 둘 것인지 전문성에 둘 것인지의 차이, 보육시설의 입장과 보육시설 이용자의 입장 고려, 보육지표의 이상적 기준과 현실적 가치 기준의 선택 여부 등에 대한 고려를 요구하는 것으로 보여진다. 즉, 직책이나 유형·설치별에 따른 차이를 보여 보편성과 전문성, 이상적 가치 기준과 현실적 가치 기준을 고려한 평가지표의 검토가 필요하다고 하였다. 김경혜와 김진숙(2006)은 평가지표 영역 중 보육시설 환경구성, 교재·교구의 확보, 일상적 양육, 교사의 상호작용, 교사의 근무태도와 자질이 긍정적으로 변화, 향상되었다고 하면서 앞으로도 평가인증이 체계적, 지속적으로 이루어져야 함을 강조하였다. 평가인증제 도입의 계기로 보육시설의 전문화, 체계화가 이루어졌으며 보육과정의 전문성이 향상되었다고 인식하였다. 이은해 등(2006)은 2005년 보육시설 평가인증제를 통과한 614개 보육시설을 대상으로 시범사업의 효과를 분석하였다. 2005년 시범사업은 전반적으로 보통 이상의 높은 질적 수준 효과를 가져왔고, 교사와 원장의 전문성이 향상되며, 자긍심이 고취되면서 참여에 대한 만족도가 높았다. 반면 교사의 과중한 업무와 평가인증에 참여하였던 교사의 이직, 예산 및 재정의 부족으로 오히려 질적 수준이 하락하는 약간의 부정적인 효과도 있었다고 보고하였다.

보육시설 평가인증에 대한 원장과 교사의 인식을 조사한 금미숙의 연구(2007)에서 대부분의 원장은 평가인증제에 대해 사전에 알고 있었으나 교사는 사전에 충분히 알지 못하였다고 하였으며 하루 평균 12시간 이상 근무하며 가장 힘들었던 점에 대하여 과중한 업무, 재정의 부족, 시간초과 근무로 인식하고 있었다. 보육의 질과 관련된 영역은 두 집단 모두 보육환경을 1순위로 보았고, 모든 영역에 대해 보통 이상의 질이 향상되었으며 체계가 생겨서 긍정적으로 인식하고 있는 반면, 가장 필요한 개선점은 인센티브 지원이며, 원장은 다음으로 시설개보수비를, 교사는 문서의 간소화를 원해 차이를 보였다. 평가인증기관 가운데 서울과 경기지역의 원장을 대상으로 평가인증에 대한 인식과 만족도를 조사한 오민수(2007)의 연구에서는 대부분의 원장은 질적 수준을 점검하기 위해 필요한 제도이지만, 참여설명회에서 충분한 이해와 동기부여를 받지 못한 것으로 나타났다. 원장은 자체점검기간은 적절하나 점검과정이 어려우며 평가준비 과정 중 어려움으로 과다한 업무와 조력의 부족, 재정적 어려움, 교사들의 인식, 협조 부족 등을 제시하고 있고 이러한 어려움의 정도는 기관유형에 따라 차이가 있었다. 평가인증을 받은 기관에 대한 홍보와 인센티브 및 인력 보조와 재정 지원, 서류의 간소화를 요구하는 것으로 나타났다. 보육시설의 요구와 평가인증 지표에 대한 기관의 인식을 조사한 라소영 등(2007)은 보육시설 평가과정 중 참여 신청 과정에 대한 요구사항으로 각 지표에 대한 구체적인 양식, 인증받은 기관 개방을 통한 조력, 자체점검 위원 구성 등을 요구하였고, 현장관찰에 대한 요구사항으로는 평가인증기관과 평가인증에 대한 홍보와 재정적 지원, 평가인증에 대한 발전적인 요구 등을 하였다. 평가인증 과정의 전 과정에 대한 요구사항으로는 장시간의 보육시간에서 오는 업무의 어려움, 평가인증에 대한 총체적인 연수와 지표의 구체적인 기준, 교사의 처우, 다양한 현장학습 등에 대한 요구가 있는 것으로 나타났다. 평가인증에 대한 보육교사의 인식을 조사한 김월남(2007)의 연구에서는 보육교직원들이 가장 집중적으로 조력이 필요한 영역으로 보육환경, 다음으로 상호작용, 보육과정 순으로 답하였다. 자체점검과 현장관찰평가에서 가장 일치한 영역으로는 보육환경, 보육과정이었다. 가장 부담이 된 단계가 현장관찰이었으며 가장 취약한 영역은 가족 및 지역사회와의 협력, 안전의 순이었다. 가장 개선하기 힘들었던 영역은 보육환경, 다음은 상호작용이며 질적으로 가장 개선된 영역은 보육환경, 상호작용, 보육과정 순으로 나타났다. 정원주(2007)는 평가인증 관련연구를 검토함으로 평가인증 제도의 성공적인 정착을 위해 평가인증 지표와 평가인증 단계별 문제점을 제시하고 있다. 평가인증제도의 개선방안으로 평가인증제가 초기의 도입 목적에 부응하기 위해서는 평가인증 지표 문항의 보완·수정, 현장관찰자의 전문성과 신뢰성의 확보, 조력활동의 다양화를 제시하였다. 또한 이외에도 인증심의에 의해 결정된 결과를 단순히 인증, 인증유보, 불인증으로 결과를 통보하는 것이 아니라 실제 활용할 수 있도록 자세한 피드백 보고서를 송부하여 질 향상을 도모하도록 한다. 더불어 인증 기관에 대한 지원뿐만 아니라 불인증이나 인증유보인 보육시설이 인증 기관이 될 수 있는 별도의 지원을 제공하며 장기적으로는 인증 기관의 지속적인 질관리를 위해 연차보고서 외에도 확인방문 실시가 필요하다고 제시하고 있다.

평가인증제의 운영과정과 사후관리에 관해 설문과 심층면접을 실시한 김동례(2007)의 연구에서는 자체점검기간 동안 어려웠던 점에 대하여 원장은 재정적인 문제를, 교사는 평가인증 지표와 관련된 많은 문서 준비를 들었다. 좀 더 객관적이고 신뢰성을 높일 수 있는 방문평가의 방법이 요구되며 현장평가자의 평가방법에 대한 신뢰성을 높이기 위해 기관의 유형과 특성, 규모를 고려한 객관성 있는 평가방법의 모색이 필요한 것으로 나타났다. 보육시설의 질적 수준과 보육과정 운영 방법 개선에 도움이 되었지만, 일부 항목에서 사후 유지가 제대로 이루어지지 않는 것에 대하여 사후 관리와 유지가 잘 되도록 재정적 지원과 교사의 업무에 대한 인적 지원, 보육교직원의 평가인증제도에 대한 정확한 인식과 이해를 위한 사전교육 등이 필요한 방안으로 제시되고 있다. 이정숙(2010)은 설문지와 면담을 통해 보육시설 평가인증 과정에 대한 원장과 교사의 인식을 알아보았다. 원장과 교사는 평가인증 과정 4단계에 대해 대체로 긍정적이며, 인증과정에서 어려운 점은 재정문제, 과다업무로 인한 초과 근무로 나타났는데, 이는 원장과 교사 간의 차이를 보였다. 영역별 질적 수준은 많이 향상되었다고 인식하였지만, 상호작용 영역은 상대적으로 향상도가 낮은 것으로 나타났다. 평가인증의 동기로 보육시설의 질 향상에 대한 기대, 평가인증의 효과로는 전문성 향상이, 개선방안으로는 재정 지원을 공통적으로 제안하였다.

탁옥경과 배지희(2007, 2009)는 평가인증 과정에 참여한 원장과 교사를 대상으로 평가를 통한 혜택과 어려움, 요구에 대한 심층면접을 실시하였다. 원장과 교사는 평가인증 과정에서 얻은 혜택으로 교육 방법과 환경의 개선, 보육계획 수립 및 평가에 대한 반성, 동료장학 활동의 활성화를 제시하였다. 반면 평가에 대한 부담, 보육시설의 제한된 조건 및 평가지표의 이해와 해석, 과중한 업무로 인한 어려움을 겪는 것으로 나타났다. 이러한 어려움을 해결하기 위해 원장과 교사들은 구체적이고 실제적인 평가지표 교육 및 외부 전문가(조력자) 파견 지원, 보조인력 지원에 관한 요구를 가지고 있는 것으로 나타났다. 이와 유사하게 원장과 교사를 대상으로 한 질적 연구 가운데 조경서와 유준호(2009)의 연구에서 원장과 교사는 과중한 업무와 늦은 퇴근으로 인한 스트레스, 경제적 부담, 학부모의 반대와 우려, 인증제에 대한 정보부족과 오류, 인력관리의 어려움, 조력의 혼란 등의 어려움을 겪는 것으로 나타났다. 요구 및 개선사항으로는 보육시설에 대한 인적·물적 지원과 평가 및 조력 방법의 개선, 평가인증제에 대한 적극적 홍보 등을 들었다. 평가 후 경험한 긍정적인 변화로는 보육환경의 개선, 발달에 적합한 일과 운영, 교수능력의 향상, 평가의 생활화와 동료장학의 필요성 인식 등이고 반면 직업에 대한 회의, 이직의 증가, 가시적인 것에 대한 추구 등이 부정적인 변화인 것으로 나타났다.

보육시설은 평가인증을 준비하는 과정에서 '조력'을 받을 수 있는데 평가과정에 대한 인식 연구와 더불어 조력과 관련된 요구사항에 대한 연구가 이루어졌다. 손순복(2009)은 개별조력이 각 기관의 개별적인 실정은 물론 그 기관의 문화까지 고려하여 실제를 구성해야 하는 아주 세심한 작업임을 알 수 있다고 언급하였다. 따라서 개별 조력이 보육시설의 질 향상에 기여하기 위해서는 단계적이고 장기적인 체계를 갖추는 작업이 요구된다. 또한 조력자는 실제 현장으로 들어가 교사가 처한 문제점을 지원하고 정보제공의 역할을 해야 한다. 따라서 조력자의 자격에는 실천적 지식을 발휘할 수 있도록 보육시설 현장 경험을 포함한 교사로서의 경험이 반드시 요구되고, 조력 시스템에는 바람직한 조력자를 양성할 수 있는 훈련 프로그램 개발이 필요하다. 마미정(2006)은 조력 전문가 10인의 관점으로 원장과 보육교사의 평가인증 준비과정에 필요한 자세에 대해 연구하였는데, 원장과 교사의 평가인증에 대한 준비과정에서 생각과 참여의식이 다르게 나타났다. 원장의 준비사항으로는 성취에 대한 자신감 키우기, 외부에 대한 개방적 태도 키우기, 지표에 대한 맥락적 시각 키우기가 필요한 것으로 나타났다. 보육교사의 준비사항으로는 기관에 대한 소속감 키우기, 예의바른 표현력 키우기, 지표에 대한 전문적 시각 키우기가 필요한 것으로 나타났다. 평가인증 준비를 위한 올바른 접근 방향으로는 공감의 통로 형성하기, 생각의 부딪힘 즐기기, 각자의 가치를 인정하기가 필요한 것으로 나타났다. 마지막으로 평가인증 준비를 위한 원장과 보육교사의 자세로는 상호 개방적 마인드 형성, 성장욕구를 통한 동기 부여 형성이 필요한 것으로 나타났다. 이와 같이 볼 때 원장과 교사는 평가를 준비하기 위해 조력이 필요하며 조력을 받기 위해서는 개방적인 마인드로 지표를 이해하고 평가를 준비하는 자세가 필요함을 제시하고 있다.

평가인증 지표와 관련된 연구에서 이송이와 손여경(2009)은 2000년도에서 2009년까지의 평가인증 지표 관련 연구들을 메타분석하였는데, 평가인증 지표 중 가장 중요하다고 인식하는 영역은 보육환경, 상호작용, 안전, 건강과 영양, 보육과정, 운영관리, 가족 및 지역사회 영역 순이었으며, 보육의 질과 가장 밀접한 관련이 있다고 인식하는 영역은 보육환경, 상호작용, 건강과 영양, 안전, 보육과정, 운영관리, 가족 및 지역사회 순으로 나타나 유사한 것으로 나타났다. 가장 어렵다고 인식하는 영역은 보육환경, 상호작용, 운영관리, 가족 및 지역사회, 보육과정, 안전, 건강과 영양 순이었고 평가인증 이후 평가인증 지표 영역에서 질적 개선이 이루어졌음을 확인하였다. 보육시설 평가인증 지표의 중요성과 실현성에 대한 연구(박은주, 서영숙, 2008)에서는 중요성이 기관유형에 따라 차이를 보여 가족 및 지역사회와의 협력을 제외하고는 민간보육시설에서 중요성이 높게 나타났다. 실현성의 차이는 민간보육시설이 가장 낮게 나타났고, 학력이 낮을수록 실현성이 낮은 것으로 나타났다. 중요성과 실현성과의 관계에서는 건강과 영양, 가족 및 지역사회와의 협력에서 모두 정적인 상관을 보였다.

평가인증 후 점검 받은 기관이 증가하면서 인증받은 기관과 인증받지 않은 기관의 원장과 교사를 대상으로 인식의 차이를 조사한 연구가 이루어졌다. 심성경 등(2006)은 평가인증제에 대한 인식, 평가인증 지표 개선의 용이성 및 조력의 필요성에 대한 인식을 조사하였다. 평가인증 시범운영에 참여한 교사가 참여하지 않은 교사보다 평가인증제의 필요성을 높이 인식하며 높은 참여 의지를 보였다. 또한 시범운영에 참여한 교사가 평가인증제 지표별 개선을 전체적으로 더 용이하게 인식하며 특히

'건강과 영양'의 영역에서 개선이 가장 용이하다고 보았으나, 참여하지 않았던 교사는 '상호작용' 영역의 개선을 제일 용이하게 인식하여 차이를 보였다. 참여한 교사의 경우 '건강과 안전' 영역에서의 개선을 가장 용이하게 본 것은, 영유아와의 일상생활에서 빈번히 변화되는 상황에 따른 대처가 필요하기보다는, 학기 초에 기초적 체제를 갖추어 놓으면 규칙적인 점검을 통해 위생적인 환경유지 및 질병유지가 가능하며 영양사 등의 인력을 통해 교사들이 크게 부담을 갖지 않아도 됨을 알게 되었기 때문으로 보인다. 평가인증 시행 확대 방안으로는 인센티브 보장, 평가인증기관에 대한 재정적 지원 순으로 응답하였다. 주경진(2007)은 인증 기관과 미인증 기관의 원장과 교사를 대상으로 기관유형, 경력, 기관 규모, 인증 여부 변인에 따른 평가인증제에 대한 인식을 연구하였다. 평가인증제도에 대한 인식은 인증 기관 교직원이 미인증 기관 교직원보다 높았고, 원장이 교사보다 높은 것으로 나타났다. 인증 기관과 미인증 기관은 대부분의 인식에 차이를 보였고, 경력에 따라 인증제도에 대한 인식, 인증체계와 지표에 대한 인식, 인증과정 중 가장 어려운 단계와 보완점 등에서 차이를 보였다.

최근에는 평가인증을 받은 후 나타난 효과에 대한 연구들도 이루어지고 있는데 이러한 효과가 교사와 유아 측면에서 이루어지고, 평가인증을 통해 자유놀이 운영이나 직무만족도, 교사의 교수효능감 및 전문성 발달에 영향을 미치고 있음을 밝히고 있다. 김덕건과 송행랑(2008)은 평가인증 후 자유선택활동에 대한 교사의 인식에 차이가 있었음을 언급하였다. 교사들의 인식은 학급수가 적을수록 자유선택활동에서 활동내용, 교구활용, 운영방법을 높게 인식하는 것으로 나타났으며, 원아수가 적을수록 활동내용을 높게 인식하는 것으로 나타났다. 이는 학급수와 원아수가 적은 보육시설이 평가인증 전에는 자유선택활동에 대해 크게 관심을 갖지 않다가 평가인증 과정을 거치면서 자유선택활동에서 활동내용, 교구활용, 운영방법의 중요성을 상대적으로 높게 인식한 결과로 보여 질 수 있음을 보여주는 것이다. 김영희 등(2008)은 평가인증이 보육교사의 보육활동 자료활용 및 유아와의 상호작용에 미치는 영향을 조사하였는데 인증 기관 교사와 미인증 기관 교사 간 유의한 차이가 나타났다. 보육교사가 제공하는 보육활동자료와 유아와의 정서적, 언어적, 행동적 상호작용 정도에 평가인증 유무의 차이가 분명히 나타났다. 이는 평가인증을 준비한 교사가 보육환경 및 상호작용에 보다 많은 관심을 가지고 기관을 관리하였음을 의미한다.

김동례와 이현경(2008)은 평가인증제 참여 여부, 교사의 개인적 특성(연령별, 최종학력별, 자격증별, 직책별, 총 근무경력별), 보육시설의 특성에 따라서 보육교사의 직무만족도에 차이가 나타날 수 있음을 시사하였다. 평가인증제 참여 교사의 직무만족도는 비참여 교사의 직무만족도보다 유의미하게 높았으며 하위변인 중 원장과의 관계, 근무환경, 보수와 승진기회에서 특히 높았다. 이는 평가인증제 참여과정에서 교사들이 많은 토론과 의사결정의 상황에 참여하면서 원장과의 관계가 보다 자연스럽게 되었음을 알려준다. 또한 서로의 의견을 충분히 표현할 수 있는 기회가 증가되면서 평가인증 지표 영역에 따른 보육환경의 개선 및 활동 계획과 진행이 수월해지고 그 과정에서 자율성과 자신감이 증대되면서 근무환경에 대한 만족도도 높아졌다고 언급하였다. 보육시설의 특성에 따른 평가인증제 참여, 비참여 교사의 직무만족도 차이를 살펴본 결과, 국공립과 법인 보육시설로 교사들의 직무만족도가 비참여 교사들에 비해 유의미하게 높게 나타났다. 최미숙 등(2007)의 연구는 평가인증제 실시가 보육교사의 교수효능감 및 역할수행 인식에 미치는 영향을 조사하였는데, 보육교사의 교수효능감에 대해서는 민간보육시설 교사의 전체 교수효능감이 유의미하게 향상된 것을 알 수 있었다. 이러한 결과는 민간에 근무하는 교사가 평가인증제에 더 민감하게 영향을 받는다는 것을 알 수 있으며 평가인증제가 상대적으로 영세한 환경에서 근무하는 교사의 제한된 의사결정권, 경제적 보상 및 사회적 인식부족으로부터 비롯될 수 있는 낮은 효능감을 극복하는 데 많은 기여를 할 것으로 보았다. 또한 평가인증제 실시 후 학력에 따른 차이를 알아본 결과, 보육교사 교육원과 전문대졸 교사 집단에서는 통계적으로 의미 있는 차이를 보이지 않았고, 4년제 대졸 집단이 평가인증제 실시 후 전체 교수효능감이 향상된 것으로 나타났다. 보육교사의 경력에 따라서는 교수효능감 자체에 유의한 차이는 나타나지 않았으나 평가인증제 실시 후 모든 교사들의 교수효능감 점수가 향상된 것을 확인할 수 있었다.

채혜선과 현정희(2008)는 보육교사의 개인적 변인과 환경적 변인 그리고 보육교사의 평가인증 참여 여부가 보육교사의 전문성 발달수준에 미치는 영향에 대해 살펴보고자 하였다. 교사의 개인적 변인 중 학력과 전공 그리고 경력이 보육교사의 전문성 발달수준에 영향을 미치는 것을 알 수 있다. 학력이 낮은 교사보다 학력이 높은 교사가 전문성 발달 중 지식과 기술 발달 측면, 생태적 발달 측면이 향상됨을 알 수 있다. 또한 아동복지를 전공한 보육교사가 타전공의 교사들보다 지식과 기술 발달 측면에서 높은 수준을 보이며, 교육경력이 3년 미만인 교사들보다 3년 이상의 교사들의 지식과 기술 발달 측면이 향상됨을 알 수 있다. 보육시설의 환경적 변인에 따른 보육교사의 전문성 발달수준을 알아보면, 기관유형 및 규모가 보육교사의 전문성 발달수준 중 지식과 기술 발달 측면에 영향을 미치는 것을 알 수 있으며 직장보육시설에 근무하는 교사들과 규모가 큰 보육시설에 근무하는 교사가 타 기관에 근무하는 교사들보다 전문성 발달 하위요인 중 지식과 기술 발달 측면에서 높은 수준을 보였다. 보육시설 평가인증 참여유무에 따른 보육교사의 전문성 발달수준의 차이를 살펴보면, 평가인증에 참여했거나 참여 중인 교사들이 참여하지 않은 교사들보다 전문성 발달수준 및 하위요인 중 지식과 기술 발달, 자기이해 발달 측면에서 더 높은 수준을 보임을 알 수 있다. 보육시설 평가인증제의 효과를 각 지표별, 설립 유형별로 알아본 정찬우 등(2008)의 연구에서는 보육시설 평가인증제가 학부모 만족도에 통계적으로 유의한 차이를 가져왔다. 또한 인증효과가 설립 유형별에 있어서도 차이를 보여 많은 효과를 보인 곳은 법인, 민간이고, 효과가 가장 적게 나타난 곳은 국공립의 순으로 나타났다. 영역별에 있어서 보육환경, 운영관리, 가족 및 지역사회와의 협력이 3점 '보통'에서 4점 '만족'으로 높아졌고, 보육과정, 상호작용, 건강과 영양, 안전은 4점 단계인 '만족'내에서 점수가 높아진 것을 볼 수 있다.

위에서 살펴본 바와 같이 평가인증 인식 관련 연구는 평가인증제에 대해 원장과 교사 대부분이 평가인증이 필요하다고 인식하고 있음을 보여 주었다. 평가인증을 통해 환경 개선, 교사의 전문성 발달, 운영관리의 체계화, 보육과정의 계획 및 운영 등 전반적인 부분의 질이 높아졌고 교사의 직무만족도와 효능감을 높이는 긍정적인 효과를 보여 주고 있다. 반면 평가에 대한 준비와 평가지표에 대한 이해가 부족하며 평가준비로 인한 과중한 업무나 재정적인 문제, 평가를 위한 많은 문서준비 등을 어려움으로 느끼고 있었다.

3) 보육시설 평가인증제에 대한 학부모의 인식

보육시설 평가인증제에 대한 학부모 인식에 대해서는 평가인증을 받은 기관의 학부모 인식, 학부모와 교사의 인식 비교, 평가인증 후 변화된 인식 수준을 알아본 연구들이 있다. 박자연과 김희진(2008)은 보육시설 평가인증에서 부모참여에 대해 알아보았는데, 부모들은 보육시설 평가인증제에 대한 사전 인식은 부족하였지만 평가인증 여부에 관계없이 대부분의 부모가 평가인증제가 필요하다고 답하였다. 평가인증에 부모가 참여하는 것이 필요하고, 부모참여방법으로 자체점검위원회가 적절하며, 현재 실시되는 전화응답보다는 설문지 방법을 더 선호하는 것으로 나타났다. 사전에 보육시설은 평가인증제를 적극적으로 홍보하고, 보육시설을 자주 방문하고 관찰할 기회를 제공하여 평가인증에 부모의 의견을 적극 반영할 필요가 있음을 시사하였다.

강해지(2008)는 평가인증 보육시설에 대한 학부모 만족도와 보육서비스 수준을 파악하였는데, 평가인증 보육시설의 보육서비스 요인과 학부모 만족도 수준에서 매우 높은 만족도를 보였다. 즉, 운영관리, 안전, 상호작용, 건강과 안전은 매우 높은 만족도 요인으로 나타났고, 보육과정, 가정과 지역사회와의 협력, 보육환경은 낮은 만족도 요인으로 나타났다. 학부모의 만족도 요인에 영향을 미치는 요인 중 '안전'이 가장 영향력을 보이며, 가족 및 지역사회와의 협력, 보육환경, 상호작용, 운영관리 순으로 영향을 미치는 것으로 나타났다. 정찬우(2008)는 인증 기관과 미인증 기관의 학부모들을 대상으로 평가인증제에 대한 인식을 알아보았는데, 연구결과 인증 기관과 미인증 기관 학부모들의 보육시설 평가인증제에 대한 인식은 차이가 나타나 평가인증에 참여할 때 학부모들의 관심과 인지도가 높음을 알 수 있다. 학부모들은 평가인증제에 참여하고 있을 때 실시 여부나 목적, 내용, 과정 등에 대해 더 잘 알고 있었고, 결과에 대한 공정성은 믿지만 홍보는 부족하다고 생각하고 있었다. 인증과정에서 미인증 기관의 학부모들이 '학부모 관찰'이 더 필요하다고 생각하였고, 보육시설 평가인증제의 결과에 대한 공정성은 인증 기관의 학부모의 경우 더 높게 신뢰하는 경향을 보였다. 이정숙(2007)은 보육시설 평가에 참여한 기관과 참여하지 않은 기관의 어머니를 대상으로 보육시설 평가인증제에 대한 인식을 알아보았다. 평가인증제에 대한 인지도와 7개 영역의 평가에 대해, 인증제에 참여한 기관 어머니가 참여하지 않은 기관의 어머니보다 높게 나타났다. 특히 인증제에 참여한 기관 어머니에게는 '안전' 영역이 높게 평가되었고, 참여하지 않은 기관 어머니는 '상호작용' 영역이 높게 나타났다. '가족 및 지역사회와의 협력'은 참여한 기관과 참여하지 않은 기관의 어머니 모두 낮게 평가하였는데, 바람직한 보육프로그램 운영을 위하여 어머니의 요구, 가족과 지역사회를 프로그램에 참여시키는 방안을 모색하여야 한다. 보육시설에서 제공하는 정보가 다양하고, 가정과 긴밀하고 다양한 의사소통이 이루어질수록, 부모의 평가가 긍정적이라는 점을 고려하여 운영하는 것이 바람직할 것이다. 이미숙(2008)의 연구에서는 평가인증제에 대한 학부모의 인식은 매우 높았으며, 필요성에 대해 긍정적으로 인식하였고, 평가 전후를 비교하여 평가 후 참여 전보다 만족도가 많이 향상된 것으로 나타났다. 평가인증 통과 사실이 보육시설을 선택하는 데 점점 더 많은 비중을 차지하고 있고, 학부모의 평가인증제에 대한 만족도도 높은 것으로 나타났다. 보육시설 평가인증 결과 및 활용에 대한 인식을 조사한 이옥례(2011)의 연구에서는 보육시설이 평가인증을 받는다는 것과 그에 따른 결과에 대한 정보를 제공받는 것으로 나타났고, 자녀가 다니고 있는 보육시설이 평가인증에 통과한 사실도 이용 중인 보육시설을 통하여 알게 됐으며, 대부분의 학부모가 기관을 선택할 때에도 평가인증을 받은 기관을 선택하는 것으로 나타났다. 위의 연구결과들은 보육시설 평가인증제가 우리나라 보육시설의 질적 수준 향상에 기여하였으며, 평가인증이 학부모의 기관 선택에 영향을 미침을 보여주는 것이다.

이러한 긍정적 효과와 더불어 김용인(2008)의 연구에서는 보육시설에 자녀를 보내는 학부모들은 평가인증제의 개념은 알고 있지만, 평가인증의 구체적인 절차와 방법, 지표의 내용에 대해서는 거의 알지 못하고 있으며, 이것은 평가인증 여부와 상관이 없는 것으로 나타났다. 평가인증제도에 대한 평가인증기관의 학부모와 미인증 기관의 학부모 인식 차이는 없었지만, 평가인증의 필요성에 대해서는 평가인증기관의 학부모들이 더 깊이 인식하고 있었다. 평가인증 여부는 아직 학부모들의 보육시설 선택 요인으로 작용하지 않았으며, 보육시설에서 가장 중요하게 생각하는 요인으로는 급식 및 간식, 기관의 안전성을 선택하였고, 보육시설 만족도는 기관 규모가 큰 국공립보다는 교사 대 유아의 비율이 작은 민간 혹은 가정보육시설이 더 높게 나타났다.

한편 평가인증제에 대한 보육교사와 학부모 인식을 조사한 연구 가운데 손세영(2009)은 평가인증제도의 필요성은 학부모가 교사보다 다소 높게 인식하는 것으로 나타났고, 평가영역의 질적 향상 정도에 대한 인식, 평가인증제가 보육시설에 미치는 영향 또한 학부모가 높게 나타나 평가인증 여부가 학부모의 기관 선택에 영향을 주지 않는다는 교사의 인식과는 달리 학부모들은 보육시설 선택 시 평가인증제가 미치는 영향이 크다고 하였다. 평가인증제에 대한 긍정적 인식과 더불어 교사의 업무과중으로 인한 보육의 질 저하, 획일화된 평가기준과 다양한 프로그램 규제를 평가인증의 문제로 인식하였으며, 인센티브 지원에 대한 개선방안이 요구되고 있음을 알 수 있다. 문정애(2008)는 보육교사와 학부모의 평가인증 후의 변화를 알아보았는데, 평가인증 후 각 영역별 인식변화 수준에서 원장과 교사는 통계적으로 유의하지 않는데 비해 원장, 학부모와 보육교사, 학부모 간에는 유의한 차이가 나타났다. 평가인증 후 원장과 교사는 다소 비슷한 인식 수준을 보이고 있는 반면 학부모는 평가인증 후의 변화에 그다지 만족하지 못하다고 인식의 차이를 보였다. 평가인증 후 변화인식에 있어 가족 및 지역사회와의 협력 영역에 대해서는 보육시설 유형별로 차이가 없는 반면 보육환경, 운영관리, 보육과정, 상호작용, 건강과 영양, 안전 영역은 기관유형별로 변화에 대한 인식 차이가 있었다. 하은경 등(2008)의 연구에서는 평가인증에 대하여 원장과 보육교사는 어느 정도 필요하다고, 학부모의 경우는 매우 필요하다고 나타났다. 평가인증 결과 활용에 있어 원장, 보육교사 모두 보육시설의 자율적인 질관리에 평가결과를 활용하는 것이 적절하다고 했고, 학부모의 경우 학부모를 위한 보육시설 정보 자료로 활용하는 것이 적절하다고 하여 인식의 차이를 보였으며, 평가인증 통과가 학부모의 보육시설 선택에 많은 영향을 미치는 것으로 나타났다. 윤보영(2008)은 국공립보육시설을 중심으로 평가인증을 받은 교사와 학부모, 평가인증을 받지 않은 교사와 학부모를 대상으로 연구하였는데, 평가인증제도가 인증기관과 미인증 기관 모두 평가인증 통과 여부에 영향을 미치지 않는 것으로 나타났다. 평가인증제의 필요성에 대해 평가인증기관 교사가 더 높게 인식하였고, 마찬가지로 학부모 또한 평가인증기관 학부모가 더 필요하다고 인식하였다. 평가인증 이후 만족도를 살펴본 결과 교사는 전반적으로 평가인증 제도에 대해 만족하지 않는 것으로 나타났고, 보육시설 홍보에도 큰 영향을 주지 않는다고 하였다. 평가인증기관 학부모와 미인증 기관 학부모 모두 평가인증 통과 여부가 아직까지 보육시설 선택을 좌우하는 이유로 나타나지는 않았다.

위에서 살펴본 바와 같이 평가인증 인식 관련 연구는 대상자는 다르지만 평가인증제에 대해 원장과 교사, 부모 대부분이 평가인증이 필요하다고 인식하고 있었다. 평가인증 연구들에서 공통적으로 밝혀진 바에 따라 효율적인 평가를 위해서는 평가에 대한 이해와 홍보, 평가과정을 통한 교육의 질적인 향상, 평가인증 지표의 수정·보완, 평가인증 후의 지속적인 질관리, 학부모의 관찰이나 설문을 통한 인증제 참여가 이루어져야 할 것이다.

외국의 유아교육기관평가

P·A·R·T 03

CHAPTER 06 미국(NAEYC)의 유아교육기관평가

CHAPTER 07 호주의 유아교육기관평가

CHAPTER 08 외국의 평가관련 연구

CHAPTER 06

미국(NAEYC)의 유아교육기관평가*

미국의 민간전문단체인 NAEYC(National Association for the Education of Young Children)는 1926년 설립됐으며 출생부터 8세까지의 유아들을 위해 봉사하는 가장 큰 민간전문단체이다. NAEYC 인증제는 1985년 유아 프로그램의 수준을 올리기 위한 인증 시스템을 제공할 목적으로 시작되었고, 2010년 현재 총 인증 프로그램은 6,866개이며, 서비스를 받는 총 유아 수는 595,702명에 달하고 있고, 2006년 재개정 이후 2008년까지 인증을 받은 프로그램이 2,700개 이상으로 나타났다. NAEYC는 1984년 유치원 설립허가와 조기교육프로그램을 개선, 촉진할 목적으로 '인허가 준거와 절차'를 제정하였고, 이때부터 미국에서는 유아교육기관에 대한 평가가 실시되었다. 1985년 첫 인증 평가자가 기관을 방문하여 평가를 실시한 후, 세 차례의 과정을 거쳐 인증지표를 수정·보완하게 됐고 현재 2006년 개정된 인증지표로 평가를 진행하고 있다. 본 장에서는 NAEYC의 인증제 평가의 배경 및 목적, 평가과정 및 절차, 평가영역 및 지표로 나누어 분석하려고 한다.

* 미국의 기관평가에 대한 내용은 인터넷 사이트 www.naeyc.org의 2011년 내용을 참고로 구성하였음.

1. 평가의 배경 및 목적

1) 인증제의 배경

미국은 유아 대상 프로그램에 참여하는 유아가 급증하고 있고, 질 높은 조기교육 프로그램에 대한 요구와 초기교육의 중요성을 강조하는 연구들의 증가로 유아들을 위한 프로그램의 질에 대한 관심이 고조됐다. 다양한 유형의 유아교육기관과 보호기관이 있으며, 프로그램마다 유아를 위한 학습 환경 및 교사의 전문성에 대한 질의 편차가 생겨났고, 특히 영아를 위한 환경이 열악한 프로그램이 많았다. 이에 유아교육기관의 질에 대해 지역 간에 공통적으로 적용될 수 있는 합의된 기준을 마련하는 것에 대한 필요성이 제기되어 가장 먼저 평가에 관심을 가졌다. 인증제는 유아 프로그램이 국가적으로 인정되는 높은 질의 기준을 충족시키는지 여부를 결정하기 위해 기관 교직원과 부모, 협회가 함께 참여하는 과정이다. NAEYC는 유아와 가족들에게 이익을 주기 때문에 유아교육에 투자한다. 또한 출생에서 8세까지의 유아기 경험은 유아의 평생 동안의 학습과 그들의 건강과 발달에 긍정적으로 공헌하는 데 거대한 영향을 미친다. 인증 프로그램은 부모들이 유아교육프로그램을 선택하는 데 그들의 아이들을 위해 양질의 프로그램을 찾기 위해 노력하게 만들었고, NAEYC 인증은 가족들이 추구하는 질(quality)의 표시라고 할 수 있다.

2) 인증제의 목적

인증제의 목적은 ① 유아에게 제공되는 보육과 교육프로그램의 질을 지속적으로 개선시키고자 하는 유아교육프로그램 관계자들을 돕기 위함이고, ② 우수한 질의 프로그램에 대한 인증을 결정함으로써 프로그램의 질적 수준을 평가하고 전문성을 인증해 주는 것이다. 즉, 유아와 가족에게는 프로그램의 질을 개선시켜 주고, 교직원에게는 가치 있는 전문성 개발 경험을 제공하며, 부모에게는 높은 질의 유아교육프로그램 선택에 도움을 주며, 대중들에게는 높은 질의 프로그램에 대한 전문가적이고 대중적 인식을 제공하는 데 그 목적을 두고 있다. 따라서 국가 수준의 평가와는 목적이 다르며 교사, 관리자, 가족이 강력하게 한 팀을 이루어 유아를 위한 프로그램의 질을 개선하기 위해 노력함을 알 수 있다.

3) 인증제의 특성

NAEYC 인증제는 두 가지의 특성, 즉 자발성과 포괄성의 특성을 가지고 있다. 자발성은 유아교육기관의 자발적인 선택에 의해 평가과정에 참여하는 것을 의미하는 것으로 유아교육기관이 전문적 인증 기준을 시행하면서 프로그램을 개선시키는 자발적 과정이며, 재원은 연방정부와 관련되거나 재정 지원이 아닌, 주로 신청기관이 지불한 비용으로 충당하고 기타 일부 주와 사립단체가 보조금을 제공하게 된다. 포괄성은 미국 내에 존재하는 다양한 유형의 유아교육기관(예 : 반일제, 종일제, 공·사립, 종교단체, 학교 단체 내에서의 운영, 지역사회 지부에서 운영) 등을 모두 포함하는 것을 의미한다(Goffin, 2002).

① 자발성

- 선택 : NAEYC 인증과정 참여는 강요가 아닌 유아교육기관이 선택
- 개선 : 유아교육기관이 전문적 인증 기준을 시행하면서 프로그램을 개선시키는 자발적 과정
- 재원 : 연방정부와 관련되거나 재정 지원이 아닌, 주로 신청기관이 지불한 비용으로 충당하고 기타 일부 주와 사립단체가 보조금 제공

② 포괄성

- 미국 내에 존재하는 다양한 유형의 기관을 포함
- 인증을 요구하는 유아교육기관의 유형 : 반일제와 종일제 기관, 학교 내 기관, 지역사회 지부에 의해 운영되는 기관, 종교단체 내 기관, 사립·공립기관 등을 모두 포괄

2. 평가과정 및 절차

2006년 개정된 미국 NAEYC 인증제의 평가 절차는 4단계, 즉 자체점검 신청, 인증 지원, 인증 후보, 현장관찰 및 인증 결정의 단계로 이루어진다. 개정 이후 자체점검과 실제 인증과정을 분리하여 자체점검의 중요성을 강조하였으며, 새로운 표준과 기준은 NAEYC 인증체계를 강화시킬 것과 책임성에 대해 강조하고 있다. 인증제의 개정 내용은 다음과 같다. 첫째, 개정 이후 인증절차의 단계와 내용이 변화되어 3단계가 4단계로 구성되었으며, 인증 유효기간은 3년에서 5년으로 연장되었고, 인증과 인증지연의 2단계에서 인증, 인증지연, 인증거부의 3단계로 세분화하였다. 둘째, 자체점검기간 및 내용의 질적인 변화가 이루어져, 모든 프로그램이 인증에 참여하지 않더라도 자체점검 과정에만 참여할 수 있도록 허용하고 있으며, 자체점검과 실제 인증과정을 분리해 자체점검의 중요성을 강조하고 있다. 셋째, 지속적으로 질 개선을 위한 지원 체제를 강화하여 확인방문을 실시할 뿐만 아니라 불시방문 제도를 도입하였다. 방문 방법은 모든 NAEYC 인증 기관에 대한 무작위 불시방문과 인증 기준을 충족시키지 못한다는 제보에 따른 불시방문을 실시하며, 확인방문을 통해 기관이 10개의 기준(각 기준에서 인증지표 중 80% 이상을 충족시켜야 하며, 70% 이하로 떨어지는 학급이 있어서는 안 됨)을 충족시키지 못하면 인증이 무효처리된다. 인증절차와 인증과정에서 이루어지는 내용은 〈표 6-1〉과 같다.

〈표 6-1〉 NAEYC 인증 단계 개요

단계	프로그램 임무
[1단계] 자체점검 신청 (Enrollment/Self-Study)	▶ 10가지 기준에 프로그램을 맞춰라. • 등록지원서 작성 및 등록비 납부(신청 형식과 비용 제출) • TORCH에 등록 • 신청 형식 제출 후 4~6주 내에 자체점검 도구(Self-Study Kit) 받기 • 프로그램 질 평가와 질 개선을 위한 노력을 알리기 위해 TORCH(The Online Resource Center Headquarters)에 있는 자체점검 도구 사용 • 인증 일정 계획 – 적용 가능하다면 재인증 제출 기한을 고려하여 계획
[2단계] 인증 지원	▶ 프로그램이 10가지 기준을 충족시킨다는 증거자료를 수집하라. • 지원서와 비용 제출, 3단계의 후보 기한일 선택

(Application/Self-Assessment)	• 프로그램이 10가지 기준을 충족시킨다는 기록을 위해 TORCH에 있는 자체평가 도구 사용 • 프로그램이 후보 요건을 충족시킨다는 문서 수집 • 선택한 후보 기한일 8주 전에 후보 자료 다운로드 • 후보 자료 완성하기
[3단계] 인증 후보되기 : 현장관찰 준비 (Candidacy)	► 현장 방문을 위해 질 높은 프로그램과 준비에 대한 주요 요소를 증명하라. • 후보 기한일 내에 후보 자료와 비용(fee-후보지원비) 제출 • 현장 방문을 위한 준비로 프로그램 개선 노력 조정 • NAEYC 아카데미로부터의 후보 결정 접수
[4단계] 현장관찰 및 인증 결정 (Meeting the Program Standards/Accreditation Decision)	► 기준 충족 : 자체평가의 자료를 재검토하고 현장을 관찰하는 NAEYC 평가자에 의해 프로그램이 기준을 충족시키는지 증명하라. • NAEYC 평가자의 연락 접수 • NAEYC 평가자에게 프로그램 일정과 불가능한 날짜 제공 • 직원 변동 사항이 있을 경우 NAEYC Academy에 보고 • 15일 이내의 현장방문 예정기간 통지 받음 • 방문 하루 전 통지 받음 • 후보 기한일 6개월 내에 현장 방문 받음 • 현장 방문 3개월 내에 인증 결정 받음 • 인증 프로그램 : 인증 결정을 공표함 ► 기준 유지 10가지의 기준을 지속적으로 준수하고 있다는 것을 증명하라. • 인증 결정 후 매년 4회에 걸쳐 인증 기념일에 연차보고서 제출 • 정해진 기한에 따라 주요한 변화를 자기보고 • 프로그램 기준을 준수하지 않을 경우 부가 확인이나 불시방문

출처 : http://www.naeyc.org/academy/interested/fourstepoverview(2010년 8월 3일 검색).

1) 1단계: 자체점검 신청(Enrollment/ Self-Study)

> • 자체점검을 준비할 것인지 결심하라.
> • 다른 사람과 연대할 방법을 생각하라.
> • 자체점검 과정을 이해하고, 자체점검 도구 내용에 대해 면밀히 검토하라.

1단계는 자체점검 신청 단계로 자체점검 신청, 자체점검 실시 단계로 이루어진다. 자체점검은 프로그램의 개별성을 고려하도록 돕고, 프로그램의 질을 측정하는 데 NAEYC 유아기 프로그램의 기준과 인증지표를 사용함으로써 프로그램이 향상되도록 하는 것이다. 이는 현재 유아교육프로그램을 개선하도록 도와주는 중요한 과정으로 인증제에 참여하는 것과는 무관하며 질적 개선에 관심을 둔 프로그램이라면 NAEYC 인증을 받으려는 준비를 하지 않아도 자체점검 도구를 이용하여 프로그램의 질을 체크해 볼 수 있다.

▎자체점검 신청

자체점검 신청은 어떠한 형태의 프로그램도 등록할 수 있지만, 2단계 인증 지원을 위해서는 자격 요건이 필요하다. 신청서를 작성하고 신청비를 내는데, 자체점검 서식을 다운받아 서식을 작성하고 비용과 함께 자체점검 주소지로 발송한다. 우편으로만 신청할 수 있고, 인증 스케줄을 고려하여 기관에 맞는 인증 날짜 계획을 세운다.

▎자체점검 도구(Self-Study Kit)

신청서를 내고 4~6주 이내에 자체점검 도구를 받을 수 있으며, 자체점검 과정에서 사용하는 도구는 NAEYC 인증제에서 추구하는 2단계 자체평가 프로그램에서 사용되며, 현장 방문할 평가자가 쓰는 도구와 같다.

[자체점검을 돕는 다양한 도구]

- Classroom portfolios (CP-교실 포트폴리오)
- Program portfolios (PP-프로그램 포트폴리오)
- Observable criteria (O-관찰 기준)
- Teaching staff surveys (TS-교사 설문지)
- Family surveys (FS-가족 설문지)

▎자체점검 실시

자체점검 과정은 자체점검 증거자료 수집, 이해를 공유하기, 강점과 약점을 결정하기, 프로그램 개선 계획 개발하기, 개선사항과 노력을 기록하기, 결과 평가 및 다음 단계 진행으로 결정하기를 거치게 된다.

자체점검 실시를 위해 자체점검 증거자료를 수집하는 데 프로그램과 기관의 실제를 알 수 있는 관찰 가능한 증거자료와 함께 프로그램 교직원의 의견을 반영한 설문지 증거자료, 개별교실에 대한 정책, 절차, 실제를 기록하기 위해 수집된 포트폴리오 자료를 포함한다. 증거자료를 수집한 후에는 프로그램 직원과 교사, 관리자, 교직원 등은 인증제 단계와 요구조건을 이해하도록 하며, 프로그램의 강점과 약점을 확인해 본다. NAEYC 인증제, 기준, 지표, 프로그램과의 관련성의 핵심개념에 대해 서로 이해를 공유하는 과정은 자체점검 과정의 중요한 요소이다. 강점과 약점 영역을 확인하고, 효과적인 자체점검을 위해서는 각 지표의 기준을 점검하는 단계에서 프로그램의 최근 실제를 주의 깊게 관찰하고 개선점을 확인해야 한다. 자체점검 결과를 통해 프로그램 향상을 위한 계획, 개선 계획을 개발하고, 그 계획을 실천에 옮기기 위해 영역별 향상과 계획을 기초로 변화를 만들고 기록한다. 이후 평가 및 다음 단계 진행을 위해 결과를 결정한다. 이때 평가의 노력과 몇 가지 수정한 기록은 모두 문서로 기록한다. 자체점검을 돕는 다양한 도구에는 관찰도구, 교사 설문지, 가족 설문지, 교실 포트폴리오, 프로그램 안내, 기록체크리스트 등이 있으며 이 도구는 2단계 자체평가 프로그램에서도 동일하게 사용된다.

2) 2단계: 인증 지원(Application/Self-Assessment)

- 프로그램이 10가지 기준을 충족시킨다는 증거자료를 수집하라.

인증 지원자가 되기 위한 단계는 자체평가 실시, 자체평가보고서 완성, 지원 요건 충족의 3가지 과제를 포함해야 한다. 2단계는 인증 지원 단계로 자체점검 실시 후 1년 이내에 자체평가를 완성하겠다는 의미의 지원서를 제출함으로써 NAEYC 인증과정이 공식적으로 시작되며, 1년 이내에 후보자 지원 자격 자료를 완성하여야 한다.

자체평가 과정 개관

자체평가란 유아, 가족, 프로그램 직원에게 영향을 미치는 다양한 교육적 결정을 내리기 위한 기초로서 무엇을, 어떻게 해야 하는가에 대해 관찰, 기록, 조사, 문서화를 진행해 가는 과정이다. 프로그램 자격 요건은 센터 또는 학교 프로그램으로, 최소 10명의 출생~유치원 연령의 유아를 돌보고 있고, 지원 자료 제출 전 적어도 1년 동안 프로그램이 운영되고 있어야 하고, NAEYC의 10가지 유아 프로그램 기준을 충족해야 한다. 자체평가 실시를 위해 자체점검 과정에서 사용한 것과 같은 도구를 사용하여 그동안의 노력의 결과를 구성해야 한다.

NAEYC 인증을 위한 프로그램 자격요건

- 센터 또는 학교 부속 프로그램이어야 한다.
- 최소 10명의 출생~유치원 연령의 유아를 돌보고 있다.
- 미 국방성 학교와 유아발달 센터/프로그램의 부속이 아닌 한, 미국 내 또는 연방 내에 위치하고 있어야 한다.
- 지원 자료 제출 전, 적어도 1년 동안 프로그램이 운영되고 있어야 한다.
- 적절한 인가 또는 관리부서로부터 규제를 받아야 한다.
- NAEYC의 10가지 유아 프로그램 기준을 충족해야 한다.

자체평가 실시

지원을 끝내고, 프로그램이 현재 인증을 받을 것인지, 아직 인증받지 않을 것인지에 따라 적절한 일정을 선택함으로써 후보자 지원 자격 자료를 제출할 기한이 선택되면 지원비용을 지불한다. 프로그램의 자체평가결과는 후보자 지원 자격 자료에 기록되고, 프로그램이 자체점검에 등록하자마자 자체평가 도구가 3주 내에 프로그램 기록(http://program.naeyc.org)에 들어가고, 자체점검 도구와 함께 CD-ROM이 발송된다. 가족, 교사진, 프로그램 관리자를 포함한 공식적 자체평가가 실시된 후 자체평가보고서를 작성하는 데 유아, 가족, 교사진에게 영향을 미치는 다양한 관찰, 기록, 조사, 문서화 자료를 교육적 결론을 내리는 기초로서 사용한다.

3) 3단계: 인증 후보 되기(Candidacy) – 현장관찰 준비

- 현장방문을 위해 준비한 것과 질 높은 프로그래밍의 주요 요소들을 보여 줘라.

3단계는 인증 후보의 단계로 프로그램이 후보자 자격을 완성하여 후보 마감 기한 전 8주 내에 제출하면 인증제 후보 자격을 가질 수 있다. 인증 후보 단계의 목적은 프로그램의 질적 수준 유지 능력 여부, 성공적인 현장방문 가능성을 확인하는 것으로 후보 자격을 통해서 NAEYC는 기본 요구사항을 수립하였고, 이는 협회가 현장 방문 일정을 잡기 전에 충족시켜야 한다. 이러한 기본적인 요구 사항은 NAEYC 인증에 필수적인 프로그램의 기본적인 질 향상을 유지하기 위함이다.

인증 후보를 위한 요구(Candidate Requirements)

인증 후보를 위한 자격요건은, ① 좋은 기준의 규정과 자격증, ② 협조적 과정에 대한 증거자료, ③ 후보 요구의 충족(관리자의 질, 교사의 질, 보조교사의 질), ④ 후보 자료 완료와 제출 과정이다.

인증 후보를 위한 요건

- 좋은 기준의 규정과 자격증
- 후보 요구의 충족
  - 관리자의 질관리
  - 교사의 질
  - 보조교사의 질
- 협조적 과정에 대한 증거자료
- 후보 자료 완료와 제출

모든 프로그램은 적합한 인가와 주 관리 부서에 의해 규정을 준수하고 있다는 증거를 제시해야 하며, 협력적 과정을 증명하여야 한다. 즉, 프로그램은 가족과 직원 조사 결과를 설명하고, 프로그램 개선 계획이 포함되었음을 증명함으로써 프로그램 자체평가보고서를 완성해야 하며, 실제적으로 가족구성원, 모든 교직원, 프로그램 관리자가 참여하는 협력적인 과정에 의해 이루어졌다는 것을 증명해야 한다.

인증 후보 요구의 충족

교직원과 관리자의 유아관리와 리더십에 대한 전문성을 반드시 설명해야 하며, 프로그램은 교직원과 관리자의 자격이 후보자 요구 조건 부합 혹은 그 이상의 수준으로 충족되고 있음을 설명해야 한다.

관리자의 자격은 최소 학사학위를 소지하고 최소 9학점에 준하는 운영, 리더십, 관리에 대한 대학수준의 전문화된 과정, 최소 24학점에 준하는 출생부터 유치원 시기의 유아발달과 학습을 이수하고, 유아교육, 유아발달, 초등교육 또는 유아특수교육에서 대학 수준의 전문화된 과정, 혹은 교육과 현장 경력, 적절한 훈련 등 적절한 조합이 충족함을 증명하거나 혹은 5년 이내 자격 충족을 위한 적절한 계획 수립을 증명해야 한다. 교사의 질을 평가할 때 교직원(교사, 교사보조자/보조교사) 자격과 관련한 지표를 충족하지 못한다면 유아에게 전문적 교육과정과 학습을 안내할 수 있는 전문기술을 가지고 있음을 서술해야 한다.

❙ 프로그램 자체평가보고서 제출 수행과 개선에 대한 증거자료의 지속적 수집

NAEYC 아카데미 현장방문을 위한 준비를 위해 수행과 개선을 위한 증거자료를 지속적으로 수집하고 프로그램 자체평가보고서를 제출하면 협회 직원에 의해 검토되고 명백한 근거를 제시한 프로그램은 NAEYC 인증제의 후보로서 인정된다.

후보자 자격조건 충족 외에도 프로그램은 정해진 기한까지 NAEYC 협회에 의해 요구된 특별한 증거자료와 함께 프로그램 자체평가보고서를 제출해야 하며, 기준을 충족시키고 있다는 명백한 증거자료를 제시한 프로그램은 NAEYC 인증제의 후보로서 인정된다. 일단 프로그램이 후보 자료를 제출하면 NAEYC 협회는 후보자를 가려내어 현장방문에 대한 준비를 확정하고, 이 단계를 성공적으로 수행한 프로그램은 NAEYC 인증을 위한 후보로 인증되며 6개월 이내에 현장방문을 기대할 수 있다.

4) 4단계: 현장관찰 및 인증 결정 (Meeting the Program Standards/Accreditation Decision)

> • 프로그램이 어떻게 인증 기준에 충족되는지 관찰, 조사, 포트폴리오 자료들을 평가자에게 보여줘라.

4단계는 NAEYC 인증을 받기 위한 마지막 단계로 프로그램 기준 충족 및 인증 결정 단계로 특별히 훈련받은 평가자에 의해 실시되는 현장 프로그램 평가이다.

NAEYC 유아 프로그램 기준과 인증지표에 대한 일관된 해석을 통해 신뢰할 수 있는 평가를 실시하도록 특별히 훈련 받은 사람, 즉 평가자에 의해 실시되는 현장 프로그램 평가를 받는다.

기준을 충족시키기 위한 조건

프로그램은 NAEYC 평가자의 현장방문 평가 후 인증 혹은 지연/불인증(deferred/denied)이 결정된다. 현장방문 동안 몇 개의 지표는 인증을 받기 위해 반드시 충족되어야 하는 필수 지표에 의해 확인·검증된다. 프로그램은 10가지 NAEYC 유아 프로그램 기준을 충족해야 한다.

평가자

평가자는 지역평가자와 지방평가자로 이원화하여 운영하며 지역평가자는 5일간의 평가자 훈련에 참여하고 매년 추가 훈련, 현장방문 스케줄을 짜고 한 달에 6~8회 현장방문 평가를 수행한다.

현장방문

현장방문 준비를 위해 NAEYC 아카데미는 현장방문 프로토콜을 제시하고 프로그램의 관리자는 이를 준비한다. NAEYC 평가자는 인증 후보자 자료 제출 6개월 이내에 모든 자격이 되는 연령의 학급을 관찰하고, 프로그램 서류를 검토하고, 프로그램 관리자를 인터뷰하기 위해 프로그램을 방문한다. 프로그램 평가자는 기관의 규모에 따라 1명에서 2~3명, 혹은 2~3일로 연장하여 프로그램을 융통성 있게 평가하고, 프로그램은 방문하지 않은 날짜를 정할 기회를 제공받고, 협회로부터 15일 이내에 방문할 것이라는 통보를 받지만 방문 전까지 정확한 날짜는 알려주지 않는다. 60명 이하의 유아가 등록되어 있는 경우 평가는 한 명의 평가자에 의해 하루에 끝나지만, 더 많은 유아를 돌보는 프로그램은 두 명의 평가자가 2~3일 평가할 수 있다.

인증 결정

인증 결정 후 NAEYC 인증 프로그램은 인증 증명서를 받고, 인증은 5년 동안 유효하다. 각 기준의 지표에 80%를 충족시키지 못한 경우 인증이 지연되며, 지연된 프로그램은 개선이 필요한 실행과 분야에 대한 피드백을 받는다.

5) 질 유지와 NAEYC 인증 유지 (Sustaining Quality and Maintaining NAEYC Accreditation)

NAEYC 인증 유지와 질관리를 위해 연차보고서와 자기보고서를 제출하고 예고 없는 불시방문이 이루어진다. 인증된 프로그램은 인증제 5년 기간 동안 매년 연차보고서를 제출해야 하며 연차보고서를 기한 내에 제출하지 못할 시 인증이 취소된다. 연차보고서의 내용에는 프로그램 정보, 연차보고서 수수료, 면허와 규정 업데이트, NAEYC 기준과 인증지표 유지, 프로그램의 변화와 업데이트, 프로그램의 권리와 책임 등이 포함된다. 새 연령집단이 추가되거나 장소의 변화, 소유권 또는 관리자가 변화된 경우 자기보고서를 내야 하고, NAEYC 협회는 인증 프로그램이 책임을 유지하고 실천을 계속하고 있다는 것을 확인하기 위해 확인방문을 실시한다.

확인방문은 세 가지 방법으로서, 모든 NAEYC 인증 프로그램에 대한 무작위 불시방문, 항의 결과로서 프로그램의 불시방문, 프로그램에서 일어나는 변화에 의해 유발된 방문이 있고 확인방문에서 프로그램이 필수지표를 만족시키지 못하고 10개의 유아 프로그램 기준을 충족시키지 않는다고 증명된다면 그 프로그램의 인증은 무효 처리된다.

3. 평가영역 및 지표

1) NAEYC 인증평가 기준 및 영역

NAEYC의 평가준거는 1981년부터 1984년까지 3년 동안에 걸쳐 유아교육프로그램 평가에 대한 다양한 연구결과에 기초하여 초안을 마련하였고, 평가시행과 현장의 피드백 과정을 통해 1991년, 1998년, 2006년 재개정되었다. 2006년 개정 시 기준과 지표의 내용이 상당히 변화되었다. 2006년 평가개정 시 프로그램 인증 기준 및 지표는 4개의 중점 영역의 개념적인 틀에 근거하고 있다. 첫 번째 중점 영역은 5개 영유아 프로그램 기준(관계, 교육과정, 교수, 건강, 유아 발달 평가)과 학습과 발달의 영역에서 향상된 영유아들의 성장을 통합한 ① 유아 영역이다. 영유아 프로그램이 질적 우수성을 가지기 위해서는 효과적이고 튼튼한 지원 구조가 요구되는데, 이러한 지원 구조는 프로그램에 대한 책임감을 증가시키고, 각각의 유아들에게 일관성 있게 교육되는 학급 생활과 충분한 학습의 기회를 제공하며, 이러한 높은 질이 계속해서 유지되도록 한다. 또한 이러한 프로그램 질의 우수성은 ② 교직원(교사), ③ 가족과 공동체의 파트너십(가족, 지역사회 관계), ④ 행정(물리적 환경, 리더십과 운영)의 5개 추가적인 프로그램 기준을 포함하는 3개의 추가적인 중점 영역에 달려 있다(이기숙, 2009).

〈표 6-2〉 NAEYC 인증제의 기준과 영역

중점영역	영역
유아	1. 관계(relationships)
	2. 교육과정(curriculum)
	3. 교수(teaching)
	4. 유아 발달 평가(assessment of child progress)
	5. 건강(health)
교직원	6. 교사(teachers)
가족과 공동체 파트너십	7. 가족(families)
	8. 지역사회 관계(community relationships)
행정	9. 물리적 환경(physical environment)
	10. 리더십과 운영(leadership and management)

2006년 개정된 지표는 10개 기준, 50개 주제, 417개 지표로 구성되어 있고, 관계, 교육과정, 교수, 유아 발달 평가, 건강, 교사, 가족, 지역사회 관계, 물리적 환경, 리더십과 운영의 10개 영역으로 구성되어 있다(NAEYC, 2006). 각각의 10개의 NAEYC 유아교육프로그램 기준(standards)에는 기준의 의미와 가치를 더욱 구체적으로 표현한 주제 영역(topic areas)이 있고, 각각의 주제 영역에는 그 분야에서의 질의 의미를 더 자세히 정의한 지표(criteria)가 있다. 평가영역 및 지표는 다음 〈표 6-3〉에 제시하였고 주제 영역에 따른 평가지표의 일부분은 부록에 수록되어 있다.

〈표 6-3〉 NAEYC의 인증평가기준 및 주제 영역

기준(Standard)	주제 영역(Topic Area)
1. 관계	A. 교사와 가족 간의 긍정적인 관계 형성하기 B. 교사와 유아 간의 긍정적인 관계 형성하기 C. 친구관계 형성 돕기 D. 예측가능하고, 일관성 있고 조화로운 교실 만들기 E. 도전적인 행동 다루기 F. 자기조절능력 증진하기
2. 교육과정	A. 교육과정 : 필수적인 특성 B. 발달 영역 : 사회-정서 발달 C. 발달 영역 : 신체 발달 D. 발달 영역 : 언어 발달 E. 인지발달을 위한 교육내용 : 초기 문해 F. 인지발달을 위한 교육내용 : 초기 수학 G. 인지발달을 위한 교육내용 : 과학 H. 인지발달을 위한 교육내용 : 과학기술(technology) I. 숫자와의 혼동을 피하기 위해 지표(criteria) 없음 J. 인지발달을 위한 교육내용 : 창의적인 표현과 예술 감상 K. 인지발달을 위한 교육내용 : 건강과 안전 L. 인지발달을 위한 교육내용 : 사회 탐구
3. 교수	A. 풍부한 학습 환경을 설계하기 B. 학습을 위한 보육 공동체 만들기 C. 유아 관찰하기 D. 학습 목표를 달성하기 위하여 시간, 집단, 일과 운영하기 E. 유아의 흥미와 요구에 대해 반응하기 F. 모든 유아를 위한 의미 있는 학습 만들기 G. 유아의 이해력을 심화시키고 유아의 기술과 지식을 쌓기 위한 교수 사용하기
4. 유아 발달 평가	A. 평가 계획 개발하기 B. 적절한 평가도구 사용하기 C. 유아의 흥미와 요구를 인식하고, 유아의 발달단계 서술하기 D. 교육과정의 적용, 교수의 개별화, 프로그램 개발하기 E. 가족과 의사소통하기, 평가과정에 가족 참여하기
5. 건강	A. 유아의 건강을 보호하고 증진하며 전염병을 관리하기 B. 유아의 영양학적 건강 증진하기 C. 건강한 환경 유지하기
6. 교사	A. 교직원의 준비, 지식, 기술 B. 교사의 자질과 전문가적인 책임
7. 가족	A. 프로그램의 가족을 알고 이해하기 B. 직원과 가족 사이에 정보 공유하기 C. 유아를 위한 대변인으로서 가족을 지원하기
8. 지역사회 관계	A. 지역사회와의 연계 B. 지역사회 자원에의 접근 C. 이웃과 유아교육 공동체의 시민으로서 행동하기

9. 물리적 환경	A. 실내·외 시설, 설비, 교재·교구 B. 실외환경 설계 C. 건축 기준 및 물리적 환경 설계 D. 환경 보건
10. 리더십과 운영	A. 리더십 B. 경영 지침과 절차 C. 재무 책임 지침과 절차 D. 건강, 영양, 안전에 대한 지침과 절차 E. 개인적인 지침 F. 프로그램 평가, 책임, 그리고 지속적인 개선

2) 인증평가지표의 구체적 내용*

NAEYC 인증평가기준과 지표는 독립적인 요소가 아니라 지표 내와 지표 간에 상호 연관성을 가지고 있다. 즉 기준과 지표들 간에는 단순한 나열을 통해서 전달될 수 없는 중요한 관계가 형성되어 있으며, 한 기준과 지표는 다른 기준과 지표들과 연관하여 고려되어야 한다. 각 기준의 지침서에는 각 기준에 대한 이해를 위해 기준의 원리, 각 영역을 평가하기 위한 기준으로 프로그램 기준과 이론적 근거, 평가기준을 제시하고 있다. NAEYC의 관계, 교육과정, 교수, 유아 발달 평가, 건강, 교사, 가족, 지역사회 관계, 물리적 환경, 리더십과 운영 10가지 기준과 지표를 설명하고 각 기준의 지표를 소개하면 다음과 같다.

가. 관계

관계 기준에서는 프로그램에서 '관계'의 중요성을 언급하고 있다. 긍정적 관계의 발달은 보육기관, 유아학교, 유치원 프로그램의 질에 있어서 기본적인 사항이며, 최상의 교수, 학습은 유아가 영양적이고 온화하고 긍정적인 환경과 교사와 가족, 교사와 유아, 또래와의 긍정적 관계가 기본을 이루고 다른 모든 기준들이 충족되었을 때 이루어진다. 궁극적으로 긍정적인 관계가 조화로운 교실 만들기, 문제행동에 대한 대처, 감정과 행동의 조절 등 이러한 유아의 능력 개발에 어떻게 공헌할 수 있는가가

* 인증평가지표의 전문은 http://www.naeyc.org/files/academy/file/AllCriteriaDocument.pdf에 제시되어 있음.

초점이 되고 있다. 관계 기준의 원리에는 교사-가족 간 관계, 교사-유아 간 관계, 또래 간 관계가 포함된다. 교사-가족 간 관계에서 관리자와 교직원은 가족과 지속적인 긍정적인 관계 형성이 필요하고, 교사-유아 간 관계에서 관계는 일방적인 것이 아니고 상호 교환적이며 유아는 서로 주고받는 상호작용 속에서 관계를 형성하게 된다. 또래 간 관계는 유아와 교사의 친밀도가 높을수록 또래와의 우정을 보다 수월하게 형성하고 또래와의 협동놀이를 통해 또래 관계를 더 활발하고 적극적으로 형성하게 된다. 「조화로운 교실 만들기」에서 유아와의 긍정적 관계는 존중받고 발전하고 정서적으로 안전한 교실 환경을 만드는 데 기여한다. 조화로운 교실의 교사 특성은 잠재된 차별과 편견을 지양하고 다양한 감정을 인정하고 수용하며, 사회적 행동을 지원하고 촉진한다. 「도전적 행동 대처와 자기조절능력 증진하기」에서 유아의 도전적 행동에 대한 대처는 교사의 노력과 시간을 요구하고, 긍정적 관계를 맺고 조화로운 교실을 만든다면 많은 문제 행동이 예방된다. 도전적 행동에 대처하기 위한 지도방안으로 다른 교사와 행정직원, 가족, 지역사회 서비스 직원들과 협력팀을 구성하여 대안책을 마련하고, 계획, 실행, 평가하고, 유아를 주의 깊게 관찰하여 문제행동의 원인을 파악하며, 모든 유아의 안전을 유지하고 문제 유아들을 안내하고 지원한다.

관계를 평가하기 위한 기준으로 프로그램 기준과 이론적 근거는 다음과 같다. 프로그램 기준은 지역사회의 구성원으로서 기여할 수 있는 능력을 육성하기 위해 유아와 성인 간의 긍정적 관계를 형성하여 유아가 책임 있는 지역사회 구성원으로서의 소속감과 자존감을 증진시키는 데 있다. 이론적인 근거를 보면 긍정적 관계는 개인의 책임감, 자기조절능력, 타인과의 건설적인 상호작용, 학업 성취를 위해 필수적이다. 따뜻하고 민감하며 반응적인 상호작용은 유아들의 안정감, 긍정적 자의식을 형성하도록 돕고, 타인을 존경하며 협력할 수 있도록 한다. 또한 긍정적 관계는 교육적인 경험과 자원의 혜택을 얻는 데 도움이 된다. 즉, 자아존중감이 높은 유아는 안정감을 느끼고 신체적으로 건강하며 타인과 잘 어울리고 공동체 의식을 가질 수 있다. 관계 영역의 지표는 다음과 같다.

① **교사와 가족 간의 긍정적인 관계 형성하기**

- □ 교사는 정기적이고 지속적인 양방향적인 의사소통을 유지하여 가족과 협력적인 관계를 형성한다.
- □ 교사는 가족의 민족, 종교, 모국어, 문화 그리고 가족구조에 대한 정보를 얻는다.
- □ 교사는 ⓐ 유아의 개인적 요구에 대해 알고 ⓑ 기관과 가정의 순조로운 교류를 위해 가족 구성원과 지속적으로 대화한다.
- □ 교사는 가족 문제에 주의를 기울이고, 자녀를 기관에 보내야 하는 것에 대해 걱정하는 가족을 안심시킨다.
- □ 교사는 입학 초뿐만 아니라 일 년 중 필요한 때에 교실규칙, 기대, 일과 운영에 대한 정보를 가족과 공유한다.

② **교사와 유아 간 긍정적인 관계 형성하기**

- □ 교직원은 유아를 존중하고 활발한 대화, 웃음, 애정표현을 통해 긍정적인 정서적 분위기를 형성하여 유아가 정서적으로 안정될 수 있도록 돕는다.
- □ 교직원은 신체적인 애정표현, 눈 맞추기, 억양과 미소를 통해 따뜻함을 표현한다.
- □ 교직원은 모든 유아를 일관되고 바람직한 방법으로 ⓐ 신체적 ⓑ 정서적으로 유아들을 돌본다.
- □ 교직원은 유아의 활동과 성취한 작업을 인정하고 격려해 준다.
- □ 교직원은 유아에게 안전기지와 같은 역할을 한다. 교직원은 유아의 ⓐ 긍정적인 시도 ⓑ 부정적 감정 ⓒ 고통과 공포 ⓓ 편안함, 지원, 도움을 제공함으로써 발달에 적합한 방법으로 신속하게 반응한다.
- □ 교직원은 긍정적인 감정(기쁨, 즐거움, 흥분)과 부정적인 감정(화남, 좌절, 슬픔)을 적절하게 표현하도록 격려한다.
- □ 교직원은 유아의 개인적인 요구에 따라 그들의 반응을 판단하고 조절한다. 교직원은 ⓐ 유아의 능력 차이 ⓑ 기질 ⓒ 행동 단계 ⓓ 인지적 ⓔ 사회적 발달에 따라 민감하고 반응적인 다양한 상호작용을 한다.
- □ 교직원은 유아의 유능하고 자기 주도적 탐색과 교재·교구를 활용하도록 지원한다.
- □ 교직원은 신체적 체벌(흔들기, 때리기)을 하지 않고 정신적인 학대, 위협을 하지 않는다.
- □ 교직원은 협박, 경멸적인 말을 하지 않으며 훈계의 방법으로 음식을 제한하거나 제한한다고 위협하지 않는다.
- □ 교직원은 영아와 매일 빈번한 면대면 사회적 상호작용을 한다. ⓐ 언어적 행동(말하기, 소곤거리기, 영아가 말하는 것을 반복하기, 노래 부르기) ⓑ 비언어적 행동(웃음, 접촉, 안아주기)을 포함한다.
- □ 교직원은 양육과 관련된 일과 운영 시 영아에게 일대일로 관심을 기울인다.
- □ 교직원은 영아기, 걸음마기의 단계에 따라 상호작용과 격려의 수준을 조절한다.
- □ 교직원은 ⓐ 신체적 안전과 ⓑ 요구되는 보호로 영아와 걸음마기 유아의 울음 및 고통에 신속하게 반응한다. ⓒ 교직원은 영아와 걸음마기 유아의 다양한 신호에 주의를 기울이고 각 영아들의 울음의 의미를 안다.
- □ 교직원은 유아와 자주 대화하며 관심을 갖고 주의 깊게 경청한다.
  - ⓐ 유아의 질문과 요구에 반응한다.
  - ⓑ 효과적인 의사소통 전략을 사용하고 모든 유아와 관계를 형성한다.
  - ⓒ 정기적으로 개별 유아와 의미 있고 확장된 대화를 한다.

③ **친구 관계 형성 돕기**

- □ 교직원은 영아들이 타인을 바라보고, 만지고, 소리를 낼 때 사회적 상호작용을 할 수 있도록 촉진한다.
- □ 교직원은 유아의 또래 관계 형성을 돕고, 또래와 놀이를 하며 또래로부터 배울 수 있는 기회를 제공한다.
- □ 교직원은 유아가 ⓐ 놀이에 참여하고 ⓑ 지속하고 ⓒ 확장할 수 있도록 도와줌으로써 사회적 기술을 수행하고 친구 관계를 형성할 수 있도록 돕는다.
- □ 교직원은 유아가 갈등 상황을 해결할 수 있도록 ⓐ 감정을 인지하고 ⓑ 문제 상황을 설명하고 ⓒ 대안을 모색하도록 돕는다.
- □ 교직원은 다른 유아를 공격하고 소외시키며 다른 사람에게 상처를 입히는 유아에게 학급 규칙을 배우고 지키도록 지도한다.
- □ 교직원은 ⓐ 사회적으로 고립되고 거부된 유아 ⓑ 따돌림을 당하거나 소외당하는 유아가 긍정적인 또래 상호작용을 할 수 있도록 돕는다.

④ **예측가능하고 일관성 있고 조화로운 교실 만들기**

ㅁ 교직원은 다음과 같이 대함으로써 잠재된 편견과 차별을 없앤다.
ⓐ 모든 유아를 공평하게 존중하고 배려적으로 대한다.
ⓑ 긍정적인 자아정체성을 형성하고 '차이'의 가치를 가르칠 수 있는 활동과 토론을 시작한다.
ⓒ 유아가 타인을 괴롭히고 거부할 때 중재한다.
ⓓ 전형적인 한계에 맞서는 성인의 역할, 능력, 민족적, 문화적 배경이 다른 모델과 시각적 이미지를 제공한다.
ⓔ 상투적인 언어사용을 피한다.

ㅁ 교직원은 유아가 교실의 ⓐ 규칙 ⓑ 계획 ⓒ 활동에 관한 의사결정에 참여하는 과정을 통해 학급 공동체를 발전시킬 기회를 제공한다.

ㅁ 교직원은 발생 가능한 문제행동을 예방하기 위한 방법을 미리 고려하여 마련해 둔다.

ㅁ 교직원은 유아가 ⓐ 자신과 ⓑ 타인의 감정에 대해 이야기하도록 돕는다. 교사는 유아를 위한 ⓒ 다양한 감정을 경험하고 감정을 다양한 방법으로 표현할 수 있는 기회를 제공한다.

ㅁ 교직원은 모든 직원과 유아를 존중하는 태도로 상호작용하여 유아의 친사회적 행동을 장려한다.
ⓐ 행동에 관심을 갖는 것뿐 아니라 모델을 보여주고 함께 공유한다.
ⓑ 유아가 타인 및 제시된 교구와 상호작용을 하도록 돕는다.
ⓒ 학급운영에 유아를 참여시킨다.
ⓓ 모든 유아가 집단에 기여할 수 있는 기회를 제공한다.
ⓔ 유아가 타인의 말을 경청하도록 격려한다.
ⓕ 유아가 타인의 슬픔과 좌절을 이해하고 위로할 수 있도록 돕는다.
ⓖ 친사회적 행동을 확인하기 위해 계속적인 상호작용을 통해 이야기하고 설명해준다.

⑤ **도전적인 행동 다루기**

ㅁ 지속적으로 심각하게 문제행동을 일으키는 유아를 위해 교사, 가족 그리고 다른 전문가들은 팀을 구성하여 유아의 통합과 성공을 지원하기 위한 개별화된 계획을 개발하고 실행을 위해 일한다.

ㅁ 교사는 문제 행동을 하는 유아를 관찰한다. 교사는 문제 행동을 예측하고 유아의 문제 행동을 일으킬 수 있는 사건, 활동, 상호작용 그리고 다른 맥락적 요인들을 확인한다.

ㅁ 단지 문제행동 감소에만 중점을 두지 않고 다음과 같은 사항을 고려한다.
ⓐ 유아에게 사회성, 의사소통, 감정조절 기술을 가르친다.
ⓑ 환경변화, 활동 수정, 성인과 또래의 도움을 활용하고 유아의 적절한 행동을 지원하기 위해 다른 교수전략을 사용한다.

ㅁ 교직원은 신체적 공격을 포함한 유아의 문제 행동에 대하여 다음의 방법을 활용한다.
ⓐ 그 유아를 안전하게 보호한다. ⓑ 교실의 다른 유아들도 안전하게 보호한다. ⓒ 진정시킨다. ⓓ 유아를 존중한다. ⓔ 수용될 수 있는 행동에 대하여 알려 준다.

⑥ **자기조절능력 증진하기**

ㅁ 교직원은 적극적으로 유아에게 ⓐ 사회성 ⓑ 의사소통 ⓒ 감정조절 기술을 가르친다.

ㅁ 교직원은 유아가 자신의 행동을 스스로 조절할 수 있도록 다음과 같이 안내하고 지도한다.
ⓐ 화가 날 때 참는다. ⓑ 다른 유아들과 협동하여 놀이한다. ⓒ 의사를 전달하기 위해 언어를 사용한다. ⓓ 차례 지키기를 배운다. ⓔ 신체적 충동을 조절한다. ⓕ 타인이나 자신에게 해가 되지 않는 방법으로 부정적인 감정을 표현한다. ⓖ 문제 해결 기술을 사용한다. ⓗ 자신과 타인에 대하여 배운다.

나. 교육과정

'교육과정'은 영유아에게 적용될 수 있는 지식과 기술에 대한 목표를 설정하고, 지식과 기술을 습득할 수 있는 학습 경험을 계획하는 것을 포함한다. 교육과정 기준은 영유아의 발달적 특성과 개별 영유아의 배경에 대해 민감하고, 영유아의 다양한 발달 영역을 포함하며, 영유아들이 학습과정에서 긍정적으로 촉진되어 적극적으로 참여하고 장기적으로 성취할 수 있도록 지원하는 것이다. 따라서 특정한 교육과정보다 교사가 지속적으로 스스로에게 질문하는 것이 더 중요할 수 있다. 유아들이 요구하는 학습내용, 유아들에게 최선의 학습방법, 유아들이 아는 것과 할 수 있는 것에 대한 학습계획을 수립하고 지원하는 것이다.

교육과정의 포함 요소는 유아들이 학습할 지식과 기술에 대한 교육목표, 교육목표와 연계된 학습경험의 계획, 활동과 교육 기회가 통합된 하루 일과, 유아를 위한 교재·교구의 구성과 접근 가능성이다. 질적으로 우수한 교육과정은 명확하게 문서화된 교육과정, 유용하고 잘 조직된 교육과정, 완벽하게 갖춘 교육과정, 포괄적인 교육과정, 교사가 잘 이해하고 있는 교육과정이다.

교육과정을 평가하기 위한 기준으로 프로그램 기준과 이론적 근거는 다음과 같다. 프로그램 기준은 프로그램은 사회, 정서, 신체, 언어, 인지 등 모든 영역에서의 발달과 학습을 장려하고 유아를 위한 목표로 구성된 교육과정을 실행한다. 이론적 근거로 교육과정은 교사가 영유아의 학습, 발달을 증진시키기 위한 개념, 기술, 효과적인 방법을 인식하도록 도와주고, 잘 계획된 교육과정은 교사가 다양한 개념 형성과 발달을 촉진하는 지식을 아동에게 제공하도록 도와준다. 교육과정은 교사가 일일계획을 구성할 때 확신을 갖게 하여 영유아들이 효과적인 시간 사용, 놀잇감의 사용, 자발적인 학습, 창의적인 표현 등을 배울 수 있게 해 주며, 개별 혹은 집단 내에서 영유아의 발달과 흥미에 따라 학습할 수 있는 기회를 제공해 준다. 교육과정 기준의 지표는 다음과 같다.

① 교육과정: 필수적인 특성

- 프로그램은 문서화된 교육철학을 가지고 있고, 유아발달의 중요한 특성에 기초한 철학으로 구성된 문서화된 교육과정과 교육체계를 사용한다.
- 명확하게 기술된 교육과정 또는 교육체계는 계획적인 영유아의 경험에 대한 분명한 관점을 제공한다. 교육과정 또는 교육체계는 모든 유아를 교육과정에 포함하기 위하여 적절히 적용되고 변화된다.
- 교육과정은 프로그램이 목적과 목표에 기초하여 교사의 발달과 학습의 기회를 계획적으로 수행하도록 돕는다.
- 교육과정은 가족의 고유한 가치, 신념, 경험, 언어를 반영하여 실행될 수 있다.
- 교육과정 목적과 목표는 유아발달에 대한 교사의 지속적인 평가를 안내한다.
- 교육과정은 개별화된 학습을 지원하는 교육과정 목표 설정에 평가 자료를 반영하도록 교사에게 지침을 준다.
- 교육과정은 예측가능하며 융통성 있고 즉각 반응적인 유아의 개인적 요구가 하루 일과에서 전개되도록 지침을 준다. 하루 일과는 ⓐ 전이활동 시간과 지원을 제공한다. ⓑ 실내외 놀이 경험을 함께 포함한다. ⓒ 유아의 휴식과 활동에 대한 요구에 즉각 반응한다.
- 교재·교구는 사회에 기초한 다양성, 유아와 가족의 생활을 반영하여 교육과정 수행에 사용된다. ⓐ 성 ⓑ 나이 ⓒ 언어 ⓓ 능력을 포함한다. 교재·교구는 ⓔ 적절한 도전이 이루어지도록 유아의 안전을 보장한다. ⓕ 탐구, 실험, 발견을 격려한다. ⓖ 활동과 상호작용을 촉진시킨다. ⓗ 개별적인 사용이 가능하도록 조직한다. ⓘ 변화된 교육과정을 반영하고 새로운 관심과 능력을 수용하도록 바꾸어 준다. ⓙ 매우 다양하고 풍부하다. ⓚ 유아의 특별한 요구를 수용한다.
- 영아와 걸음마기를 위해 교육과정 실행에 사용된 교재·교구는 ⓐ 탐색, 실험, 발견을 격려한다. ⓑ 감각 운동적 학습을 격려한다. ⓒ 자발적인 움직임을 통해 신체기술을 발달시킨다.
- 교육과정은 내용, 개념, 양육을 통합하여 교사에게 지침을 제공한다.
  ⓐ 사회적 ⓑ 정서적 ⓒ 신체적 ⓓ 언어적 ⓔ 인지적 발달을 기르고 ⓕ 문해, 수학, 과학, 과학기술, 창의적 표현과 예술, 건강과 안전, 사회적 탐구를 통합하는 핵심영역을 제공한다.
- 하루일과는 ⓐ 유아에게 학습의 기회와 경험, 여러 날 지속되는 협동 프로젝트, 통합된 시간 ⓑ 놀이 ⓒ 창의적인 표현 ⓓ 대집단 활동 ⓔ 소집단 활동 ⓕ 유아주도 활동을 위한 시간을 제공한다.
- 교육과정은 교사가 학습주제에 통합된 유아의 놀이(상상놀이와 블록놀이를 포함) 참여를 위한 계획을 세우도록 지침을 제공한다.

② 발달 영역: 사회-정서 발달

- 유아는 하루 일과를 통해 다음과 같은 교직원들과 함께 지내며 다양한 기회를 갖는다.
  ⓐ 유아에게 관심 가지고 반응적으로 상호작용하는 교직원
  ⓑ 사회적 능력을 촉진하는 교직원
  ⓒ 타인과의 상호작용을 통해 학습 능력을 촉진하는 교직원
- 유아는 ⓐ 자신과 ⓑ 타인의 감정을 인식하고 명명해 보는 다양한 기회를 갖는다.
- 유아는 자신의 감정, 행동, 관심을 조절하기 위해 필요한 다양한 기술을 배우는 기회를 갖는다.
- 유아는 지속, 참여, 호기심, 숙달과 같은 학습에 대한 유능감과 긍정적인 태도를 발달시키는 다양한 기회를 갖는다.
- 유아는 사회집단에 소속되기, 우정 발달시키기, 협동심 배우기, 그 밖의 친사회적 행동과 같은 사회적 기술을 학습하기 위한 다양한 기회를 갖는다.
- 유아는 다음과 같은 다양한 기회를 갖는다.
  ⓐ 타인과 긍정적이며 공손하고 협동적으로 상호작용한다. ⓑ 타인과 함께, 그리고 타인으로부터 학습한다.
  ⓒ 긍정적인 방법으로 갈등을 해결한다.
- 유아는 타인의 관점을 이해하고, 감정이입하며, 고려할 것을 학습하는 다양한 기회를 가진다.

③ 발달 영역: 신체 발달

- 영아와 걸음마기에게 ⓐ 자유롭게 이동하고 자발적인 움직임을 통해 운동 기술을 습득할 수 있는 환경이 제공

된다. 영아와 걸음마기에 최근에 나타난 기술 ⓑ 협응, 움직임, 균형 ⓒ 지각-운동 능력 통합을 통해 연습할 기회를 갖는다.

- 영아와 걸음마기는 연령에 적합한 다양한 방법으로 손과 손가락을 사용하여 소근육 운동 기술을 발달시킬 수 있는 다양한 기회를 가진다.
- 유아는 소근육 발달을 지원하는 다양한 기회와 교재·교구를 제공받는다.
- 유아는 다음과 같이 대근육 활동을 위한 다양한 기회와 교구를 제공받는다.
  - ⓐ 다양한 기술 자극하기
  - ⓑ 감각-운동능력 통합 촉진하기
  - ⓒ 조절 운동능력 발달시키기(균형, 힘, 협응)
  - ⓓ 또래 유아들과 유사한 대근육 운동 경험을 가지도록 다양한 능력들을 경험하기
  - ⓔ 친숙한 것에서 새롭고 도전적인 것으로 확장하기
  - ⓕ 규칙과 구조를 가진 신체 게임을 학습하도록 돕기

④ 발달 영역: 언어 발달

- 유아는 ⓐ 프로그램 철학에 따라 ⓑ 가족의 관점을 고려하여 ⓒ 사회의 관점을 고려하여 언어 습득을 위한 기회를 갖는다.
- 유아는 그들의 가족이 사용하고 이해하는 언어로 구어적 문어적 의사소통을 경험할 기회를 갖는다.
- 유아는 다음을 통해 언어적/비언어적 의사소통 능력을 발달시킬 수 있는 다양한 기회를 갖는다.
  - ⓐ 질문에 대한 대답하기 ⓑ 의사소통적인 요구하기, 사고하기, 경험하기 ⓒ 사물과 사건에 대해 묘사하기
- 유아는 ⓐ 대화 ⓑ 경험 ⓒ 현장학습 ⓓ 책을 통해 어휘를 발달시킬 수 있는 다양한 기회를 갖는다.
- 말을 사용하지 않는 유아는 대안적인 의사소통 전략을 제공받는다.
- 유아는 ⓐ 사람들 간에 발생하는 문제 ⓑ 물리적 세계와 관련된 문제를 해결하기 위하여 토론하도록 격려하는 다양한 기회와 교재·교구를 가진다.
- 유아는 다른 사람과의 토론에 참여하도록 격려하는 다양한 기회와 교재·교구를 제공받는다.

⑤ 인지발달 영역: 초기 문해

- 영아는 다음을 통해 노래, 리듬, 일과 게임과 책을 경험할 수 있는 다양한 기회를 가진다.
  - ⓐ 간단한 리듬, 노래, 상호작용적인 게임을 포함한 개별적 놀이(예: peek-a-boo)
  - ⓑ 각 영아가 그림책, 글 없는 책, 운율이 있는 책 등 다양한 형태의 책을 듣고 반응 할 수 있는 매일의 기회
  - ⓒ 영아가 개별적으로 탐색을 할 수 있는 내구력 있는 책의 제공
- 걸음마기는 노래, 리듬, 일반적인 게임과 책을 경험할 수 있는 다양한 기회를 갖는다.
  - ⓐ 간단한 리듬, 노래, 연속적인 동작을 포함한 개별적 놀이(예: 손가락놀이, peek-a-boo, patty-cake, This Little Piggy)
  - ⓑ 그림책, 글 없는 책, 운율이 있는 책 등 다양한 형태의 책을 듣고 반응할 수 있는 매일의 기회
  - ⓒ 영아가 개별적으로 탐색을 할 수 있는 내구력 있는 책의 제공
  - ⓓ 주변에서 볼 수 있는 실물 그림들을 보고 이해하도록 하는 경험
- 유아는 문자와 친숙해지는 기회를 갖는다. 적극적으로 문자에 대한 감각을 형성하는 데 참여하고 다음과 같은 교실 환경을 통해 문자와 친숙해지고 인식하며 사용하는 기회를 가진다.
  - ⓐ 유아의 소지품에 이름 적기 ⓑ 교재·교구들에 이름 적기 ⓒ 규칙과 일과를 나타내는 데 문자 사용하기
  - ⓓ 교직원들이 유아의 글씨를 인식하고, 말과 문자를 연결시키도록 돕기
- 유아는 다음과 같이 다양한 기회를 가진다.
  - ⓐ 집단 혹은 개인적인 상황에서 종일반의 경우 최소한 하루에 두 번, 반일반의 경우 최소한 한 번은 약속된 방법으로 책 읽기
  - ⓑ 1:1 혹은 2~6명의 소그룹에서 개별적인 방법으로 규칙적인 책 읽기

ⓒ 유아 자신이 책을 탐구하고 책에 대한 즐거움을 갖게 하는 장소를 갖기
ⓓ 이야기 책, 사실적인 책, 운율이 있는 책, 알파벳 책, 글 없는 책을 포함한 다양한 종류의 책에 접근하기
ⓔ 반복적인 상황에서 같은 책을 읽기
ⓕ 이야기책에 있는 사건들을 다시 말하고 재연하기
ⓖ 책 내용에 대한 이해를 돕는 대화에 참여하기
ⓗ 교육과정의 다른 요소와 관련된 책 제공하기
ⓘ 책의 부분들을 확인하고 그림과 글씨 구별하기

□ 유아는 쓰기를 위한 복합적이고 다양한 기회를 가진다.
ⓐ 쓰기 교재·교구와 활동들은 미술, 극 놀이, 다른 학습센터에서 손쉽게 이용할 수 있다.
ⓑ 긁적거리기, 글자처럼 표시하기, 발달상 보이는 철자 등 다양한 형태의 쓰기를 지원한다.
ⓒ 유아는 자신의 생각을 기록하거나 글로 받아 쓸 기회가 매일 있다.
ⓓ 유아는 의사소통을 위해 시도하는 단어와 메시지를 기록하는 데 필요한 도움을 제공받는다. 최근 흥미주제와 관련하여 눈높이에 맞추어 붙이거나 코팅하여 만든 알파벳과 인쇄된 단어들을 사용함으로써 유아의 쓰기 욕구를 지원한다.
ⓔ 유아는 쓰기를 기능적으로 사용하는 교직원 모델을 보고 다양한 방법의 쓰기가 일상생활에서 사용되는 것을 이야기하는 데 도움을 받는다.

□ 유아는 음운론적인 인식을 발달시킬 수 있는 정기적이고 다양한 기회를 제공받는다.
ⓐ 유아는 운율, 시, 노래, 손가락 놀이를 사용하여 음절, 관련 단어군, 음운을 포함한 언어의 소리를 가지고 놀이할 수 있도록 격려된다.
ⓑ 유아는 그들이 표현한 철자와 그 소리를 동일 시 하도록 도움을 받는다.
ⓒ 유아는 시작 또는 끝소리가 같은 단어를 인식하고 만들어 내도록 도움을 받는다.
ⓓ 단어의 소리가 나타내는 철자를 쓰려고 하는 유아의 자발적인 노력이 지원된다.

□ 유아가 글자를 ⓐ 인식하고 ⓑ 쓸 수 있는 기회가 제공된다.
□ 유아는 교실에서 ⓐ 책 ⓑ 쓰기 교재·교구에 접근하기가 용이하다.
□ 유치원 시기의 유아는 친숙한 ⓐ 단어 ⓑ 문장 ⓒ 간단한 책을 읽기 위해 학습할 수 있는 다양한 기회를 갖는다.
□ 유치원 시기의 유아는 ⓐ 쓰기 ⓑ 게임과 같은 다양한 활동을 통해 단어 속에서 음소를 인식하도록 격려 받는다.
□ 모든 유치원 시기의 유아는 매일 자유롭게 쓰기를 하도록 격려 받는다.

⑥ 인지발달 영역: 초기 수학

□ 영아와 걸음마기는 다양한 기회와 교재·교구를 제공받는다.
ⓐ 많다/적다, 크다/작다와 같은 수학적인 개념을 전달하는 언어, 몸짓, 교구 사용하기
ⓑ 다른 모양, 크기, 색상, 패턴을 보고 만지기
ⓒ 환경에서 물체를 사용함으로써 숫자 인식하기
ⓓ 연산과 도형에 관한 책 읽기

□ 유아는 수, 수 이름, 물체의 양과 상징 간의 관계에 대한 이해를 형성할 수 있는 다양한 기회와 교재·교구를 제공받는다.
□ 유아는 모양, 크기, 색상과 같이 하나 또는 두 개의 특성에 의해 분류할 수 있는 다양한 기회와 교재·교구를 제공받는다.
□ 유아는 매일의 대화에 수학적 용어를 활용하도록 격려하는 다양한 기회와 교재·교구를 제공받는다.
□ 유아는 ⓐ 표준화 되거나 ⓑ 표준화 되지 않은 측정단위를 사용함으로써 측정 개념을 이해하도록 돕는 다양한 기회와 교재·교구를 제공받는다.
□ 유아는 2, 3차원의 도형을 인식하고 명명하며 어떤 형태가 다른 모양을 구성하는지를 인식하는 것과 같은 기하학의 기본 개념을 이해할 수 있는 다양한 기회와 교재·교구를 제공받는다.

□ 유아는 생활, 일과, 일상의 맥락에서 시간에 대한 이해를 형성할 수 있는 다양한 기회를 제공받는다.
□ 유아는 반복적인 패턴을 인식하고 명명할 수 있도록 돕는 다양한 기회와 교재·교구를 제공받는다.
□ 유치원 시기의 유아는 ⓐ 표준화 되거나 ⓑ 표준화 되지 않은 측정단위를 사용하고 ⓒ 측정에 숫자적인 가치를 부여하는 다양한 기회와 교재·교구를 제공받는다.
□ 유치원 시기의 유아는 반복적이고 증가하는 패턴을 ⓐ 고안하고 ⓑ 표현하며 ⓒ 토의하고 ⓓ 확장하는 다양한 기회와 교재·교구를 제공받는다.
□ 유치원 시기의 유아는 매일의 경험 속에서 기록된 수학적 표현을 사용하도록 격려하는 다양한 기회와 교재·교구를 제공받는다.
□ 유치원 시기의 유아는 숫자 기호를 사용하여 더하기, 빼기, 나누기와 같은 양적인 연산을 하는 다양한 기회와 교재·교구를 제공받는다.
□ 유치원 시기의 유아는 달력이나 시계와 같은 전통적인 도구로 시간에 대한 이해를 소개하는 다양한 기회와 교재·교구를 제공받는다.

⑦ 인지발달 영역: 과학

□ 영아와 걸음마기는 다음 활동을 위한 다양한 기회와 교재·교구를 제공받는다.
ⓐ 주변 사물을 학습하는 데 감각 사용하기 ⓑ 간단한 문제를 발견하고 해결하게 하는 사물 발견
□ 유아는 다음과 같은 과학의 핵심적 내용과 원리를 학습할 수 있는 다양한 기회와 교재·교구를 제공받는다.
ⓐ 생물과 무생물(예: 식물과 돌)의 차이, 다양한 유기체들의 생명주기(예: 식물, 나비, 인간)
ⓑ 지구와 하늘(예: 계절, 날씨, 지리적 특성, 빛과 그림자, 해, 달, 별)
ⓒ 물질의 구조와 특성(예: 딱딱하고 부드럽다, 물에 뜨고 가라앉는 것과 같은 개념을 포함한 특성)과 물질의 성질(예: 얼고 녹는 것에 의한 액체와 고체로의 변화)
□ 유아는 오감각을 사용하여 과학적 현상을 관찰, 탐구, 실험하도록 격려하는 다양한 기회와 교재·교구를 제공받는다.
□ 유아는 물체와 과학적 현상을 관찰하기 위해 간단한 도구를 사용할 수 있는 다양한 기회를 제공받는다.
□ 유아는 ⓐ 자료를 수집하고 ⓑ 조사 결과를 문서로 표현하는(예: 그림이나 그래프를 통해) 다양한 기회와 교재·교구를 제공받는다.
□ 유아는 관찰되고 추론된 현상에 대해 사고하고 질문하며 판단하는 것을 격려하는 다양한 기회와 교재·교구를 제공받는다.
□ 유아는 매일의 대화에서 과학적 개념을 토론하도록 격려하는 다양한 기회와 교재·교구를 제공받는다.
□ 유아는 과학적 전문용어와 과학적 내용과 연관된 단어를 학습하고 사용하도록 돕는 다양한 기회와 교재·교구를 제공받는다.

⑧ 인지발달 영역: 과학기술

□ 발달적으로 적절한 프로그램을 위해 텔레비전, 영화, 비디오테이프, 오디오테이프와 같은 수동적인 매체의 사용을 제한한다.
□ 유아는 ⓐ 스스로 ⓑ 또래와 협력적으로 ⓒ 교직원 또는 부모와 함께 사용할 수 있는 기술(예: 테이프레코더, 현미경, 컴퓨터)에 접근할 수 있는 기회를 가진다.
□ 기술은 다음을 통해 사용된다.
ⓐ 교실 내 학습을 확장시키기 ⓑ 교육과정을 통합하며 풍부하게 하기

⑨ 인지발달 영역: 창의적인 표현과 예술 감상

□ 유아는 ⓐ 미술 ⓑ 음악 ⓒ 극 ⓓ 춤을 감상할 수 있는 다양한 기회를 제공받는다.
□ 영아와 걸음마기는 연령에 적합한 예술 매체를 탐구하고 조작할 수 있는 다양한 기회를 제공받는다.
□ 영아와 걸음마기는 음악에 맞추어 자유롭게 움직여 봄으로써 창의적으로 스스로를 표현할 수 있는 다양한 기회를 제공받는다.
□ 걸음마기는 가상놀이 또는 상상놀이에 참여할 수 있는 다양한 기회를 제공받는다.

□ 유아는 ⓐ 미술 ⓑ 음악 ⓒ 극 ⓓ 춤과 관련된 새로운 개념과 어휘를 학습할 수 있는 다양한 기회를 제공받는다.
□ 유아는 미술적인 표현을 돕는 기술(예: 자르기, 붙이기, 도구 사용하기)들을 발달시키고 확장시킬 다양한 기회를 제공받는다.
□ 유아는 ⓐ 음악 ⓑ 극 ⓒ 동작 ⓓ 2, 3차원의 미술을 통해 창의적으로 표현할 수 있는 다양하고 개방된 기회와 교재·교구를 제공받는다.
□ 유아는 ⓐ 다른 유아와 ⓑ 성인의 예술에 반응할 기회를 갖는다.

⑩ 인지발달 영역: 건강과 안전

□ 유아는 스스로 간식이나 점심을 준비하고 먹기, 휴식, 영양, 운동, 손 씻기, 양치하기와 같은 바람직한 건강습관을 갖도록 격려하는 다양한 기회와 교재·교구를 제공받는다.
□ 유아는 ⓐ 식품의 재료를 확인하고 ⓑ 건강에 이로운 식품을 인식하기 ⓒ 준비하기 ⓓ 먹기 ⓔ 영양에 대한 학습을 돕는 다양한 기회와 교재·교구를 제공받는다.
□ 유아는 ⓐ 교실 ⓑ 가정, 지역사회에서 안전 규칙에 대한 인식을 증가시키는 다양한 기회와 교재·교구를 제공받는다.
□ 유아는 안전에 대한 절차를 연습할 기회를 가진다.
□ 유아는 의사나 클리닉, 병원, 치과의사를 방문했을 때 주사를 맞고 약을 먹는 것에 대해 두려움을 표현하고 질문하며, 토론할 수 있는 기회를 제공받는다.

⑪ 인지발달 영역: 사회 탐구

□ 유아는 ⓐ 자신과 ⓑ 타인에 대해 새로 만들어진 감정과 긍정적 정체성을 조성할 수 있는 다양한 학습 기회를 제공받는다.
□ 유아는 교실 공동체의 한 부분이 됨으로서 각 유아가 소속감을 느낄 수 있는 다양한 기회가 주어진다.
□ 유아는 틀에 박히지 않은 방법으로 ⓐ 문화 ⓑ 가족 구조 ⓒ 능력 ⓓ 언어 ⓔ 연령 ⓕ 성의 다양성을 이해할 수 있는 여러 가지 기회와 교재·교구를 제공받는다.
□ 유아는 놀이를 통해 가족과 직업에서 사회적 역할을 탐구할 수 있는 기회와 교재·교구를 제공받는다.
□ 유아는 그들이 살고 있는 지역사회에 대해 학습할 수 있는 다양한 기회와 교재·교구를 제공받는다.
□ 유아는 ⓐ 공평성 ⓑ 우정 ⓒ 책임감 ⓓ 존중감 ⓔ 차이에 대한 토론에 참여하는 다양한 기회를 제공받는다.
□ 유아는 지리적인 학습의 기초로써 지역 환경의 물리적 특성에 대해 학습할 다양한 기회와 교재·교구를 제공받는다.
□ 유아는 인간이 어떻게 환경에 ⓐ 긍정적(예: 재활용) ⓑ 부정적(예: 오염) 방법으로 영향을 미치는 지에 대해 학습할 다양한 기회와 교재·교구를 제공받는다.
□ 유아는 그들이 살고 있는 사회적, 물리적 환경 보호하기와 같이 ⓐ 교실 ⓑ 지역사회의 복지에 기여하도록 허용하는 다양한 기회와 교재·교구를 제공받는다.
□ 유아는 경제 개념의 기초적인 이해를 형성할 수 있는 기회와 교재·교구를 제공받는다(예: 음식점 놀이, 가게 운영, 돈에 대한 인식과 교환).
□ 유치원 시기의 유아는 지리, 역사, 사회 학습의 기초로써 고향, 주, 미국에 대한 학습과 이전에 학습했던 모국을 연결 지을 수 있는 기회와 교재·교구를 제공받는다.

다. 교수

질 개선을 위한 교수의 중요성을 보면 교수의 질은 상호작용을 잘하는 기술, 유아의 창의적 놀이를 통한 학습 돕기, 유아들의 행동, 흥미, 요구에 민감하기, 교실에서 아이들에게 높은 질을 경험하도록 하는 것이다. 교사의 역할은 유아의 흥미와 요구에 반응하고, 개인차를 고려하며 반응하며, 집단 활동에서도 다양한 전략을 활용하는 지식을 보유하는 것이다. 인증지표와 자체 연구 자료에서 말하는 교직원(teaching staff)이란 모든 교사, 교사 보조자, 그리고 부교사를 포함한 교수팀의 모든 구성원들을 언급하는 것이다. 교사(teacher)는 우선적으로 교수에 대한 책임을 맡고 있는 사람이다.

교수를 평가하기 위한 기준으로 프로그램 기준과 이론적 근거는 다음과 같다. 프로그램은 교육과정 목표와 관련해서 개별유아의 학습과 발달을 향상시킬 수 있도록 발달적, 문화적, 언어적으로 적합하고 효율적인 교수 접근을 사용한다. 이론적 근거로 다양한 교육적 접근을 의도적으로 사용하는 교직원은 학습에 있어서 유아의 기회를 최대한으로 활용한다. 이러한 접근은 구조적인 것에서 비구조적인 것으로, 성인주도적인 것에서 유아주도적으로 변화되는 전략을 가지고 있다. 프로그램에 참여하는 유아는 각기 다른 배경, 흥미, 경험, 학습형태, 요구를 가지고 있다. 교육적인 접근을 선택하고 실행할 때, 유아 개인차에 대해 고려함으로써 모든 유아가 성공적으로 나아가도록 돕는다. 교수 전략은 교육과정과 학습의 영역에 따라 그 접근이 다르다. 교수-학습 상황에서 유아가 가진 복잡한 문제를 해결하기 위해 프로그램에서는 효율적이고 다양한 교육적 접근을 사용해야만 한다. 보조교사나 교사 보조자, 그리고 전문적인 교수 직원이 교실이나 집단에 함께 있다면 그들은 한 팀이 되어서 일해야 한다. 한 명의 교사가 혼자서 일하든지 또는 한 팀으로 함께 일하든지 간에, 교육적인 접근은 모든 영역에 걸쳐서 유아의 긍정적인 학습과 발달을 지지하는 교수환경을 만들어 낸다. 교수 영역의 지표는 다음과 같다.

① 풍부한 학습 환경을 설계하기

- □ 교직원과 프로그램 직원 또는 두 그룹 모두 매일 교수와 학습을 이행하기 위해 한 팀으로 일한다.
- □ 교사는 모든 시간 유아의 건강과 안전을 보호하는 환경을 설계한다.
- □ 교직원은 ⓐ 신체운동 ⓑ 감각자극 ⓒ 맑은 공기 ⓓ 휴식 ⓔ 영양에 대한 유아의 요구를 지원한다.
- □ 교사는 ⓐ 탐색, 실험, 발견 ⓑ 개념 학습을 자극하기 위하여 발달 영역과 내용에 대한 공간을 조직하고 교구를 선택한다.
- □ 교사는 관심 활동을 통하여 파괴적인 문제행동을 예방한다. ⓐ 환경 설계 ⓑ 유아의 요구와 능력을 충족하는 계획 ⓒ 효과적 전이 ⓓ 관심 활동

□ ⓐ 교사는 유아가 학습을 반영하고 학습을 확장할 수 있도록 교실 배치를 창조한다. ⓑ 교사는 유아의 최근 작품(미술, 발현적 쓰기, 그래픽 표상, 3차원 구성물 등)들이 눈에 띄게 배치되도록 한다. ⓒ 유아의 작품은 유아의 눈높이에 맞추어 교실에 전시한다.
□ 교직원과 유아들은 교실의 교재·교구를 정해진 방식대로 배치함으로써 유아가 교재·교구가 어디에서 찾을 수 있고 어디에 정리해야 하는지 잘 알도록 한다.

② 학습을 위한 보육 공동체 만들기

□ 교직원의 일상적 상호작용은 다음의 지식을 포함한다.
ⓐ 학급 유아 ⓑ 유아 가족 ⓒ 유아들이 살고 있는 사회적, 언어적, 문화적 맥락
□ 교직원은 ⓐ 유아의 자율성 ⓑ 책임감 ⓒ 감정이입이 발달할 수 있도록 다른 능력의 유아들이 발전할 수 있는 환경을 유지하고 창조한다.
□ 교직원은 다음 사항을 통해 유아와 개인적인 관계를 증진 시키도록 한다.
ⓐ 반응적 ⓑ 주의 깊음 ⓒ 일과성 ⓓ 편안함 ⓔ 격려 ⓕ 문화적인 민감성
□ 교직원은 양성평등, 성역할, 연령, 언어, 능력, 인종, 종교, 가족 구조, 배경 또는 문화를 존중하지 않는 어떠한 교수방법, 교육과정 또는 교재·교구를 인지하고 이를 반대한다.
□ 교사는 개별 유아의 발달에 적합한 지도를 함으로써 사회적으로 적합한 행동을 배우도록 한다.
□ 교사는 일관성 있고 예측가능한 방법으로 ⓐ 행동하고 ⓑ 학급의 규칙을 만든다.
□ 교사는 유아가 ⓐ 가정과 ⓑ 학급생활에서 나타내는 문제행동, 불예측적이거나 돌발적인 행동에 기반을 두고 반응한다.
□ 교사는 사려 깊고 일관적이고 개별화된 반응을 위하여 유아의 문제 행동 유형을 알고 있어야 한다.
□ 교직원은 영아의 ⓐ 언어적 ⓑ 비언적인 신호를 듣고 반응하는 것뿐 아니라 관찰을 통해 영아를 고려한 환경을 구성한다.
□ 교직원은 가족들의 실생활을 가능하면 언제든지 통합하고 가족의 언어와 문화를 존중함으로써 보육 일과(화장실 사용하는 법, 스스로 먹기 등)를 개별화한다.
□ 교직원은 유아의 ⓐ 생각 ⓑ 경험 ⓒ 표현에 관심을 갖고 상호존중적인 환경을 구성한다.
□ 교사는 다음과 같이 문제행동을 다룬다.
ⓐ 유아 행동의 의미 평가하기 ⓑ 행동지도를 위한 개별적 계획 발달을 위해 가족과 전문가 소집하기
ⓒ 긍정적인 행동을 지원하는 전략 사용하기
□ 교사는 유아가 교실에서의 ⓐ 행동 ⓑ 계획 그리고 ⓒ 활동과 관련된 문제의 의사 결정에 참여 하도록 함으로써 교실에서 일어나는 일에 영향을 끼칠 수 있는 기회를 제공한다.

③ 유아 관찰하기

□ 교직원은 가능한 많은 유아들이 보이는 적합한 장소에서 지켜보도록 한다.
□ 교직원은 영아기/ 걸음마기 유아를 항상 눈으로 보고 소리를 들으면서 감독한다.
□ ⓐ 영아와 걸음마기 아이들이 잠을 잘 때, 잠자는 영역에서 거울, 비디오, 소리 탐지기가 아이들을 지켜보는 데 사용되지만 이러한 장치들이 직접적인 시각적 청각적 관찰의 대체물이 될 수는 없다. ⓑ 잠자는 침대의 양쪽 가리개가 올려져 있고 잠겨져 있는지 확실히 확인한다. ⓒ 교사와 보조교사, 보조원도 잘 보고 들을 수 있는 장소에 있어야 한다. 특히, 잠에서 깨어난 유아와 함께 있을 때에도 자고 있는 유아를 관찰하고 소리를 들을 수 있는 적당한 장소에 있도록 한다.
□ 교직원은 기본적으로 관찰을 통해 유아들을 지켜봐야 한다. 교직원 시야 밖에 있는 유아(스스로 화장실 사용이 가능한 유아, 도서 영역에 있거나 낮잠을 자는 유아 등)는 짧은 간격의 소리로 자주 점검하면서 지켜볼 수 있다.
□ 교직원은 유아가 교사의 시야를 벗어나 안전한 환경에서 일을 수행할 때 짧은 시간 동안에도 안전하게 감독해야 한다(예: 교무실에서 출석부를 가지고 올 때). 유아가 즉각적으로 돌아오지 않는다면 성인이 유아의 도착을 확인하도록 해야 한다.

④ **학습 목표를 달성하기 위하여 시간, 집단, 일과 운영하기**

□ 교사는 ⓐ 실내 활동과 ⓑ 실외활동 시간을 매일 제공한다(지역 건강 사무국에서 규정한 건강비상 사태 시는 제외).
□ 교직원은 유아의 ⓐ 자아인식 ⓑ 언어 ⓒ 사회적 상호작용을 원활하게 하기 위한 보육 일과를 세운다.
□ 교사는 유아에게 그들 자신의 활동을 선택할 수 있도록 교재·교구와 시간을 매일 제공한다.
□ 교직원은 다양한 연령의 유아와 상호작용 할 수 있는 기회를 제공한다.
□ 교사는 유아가 ⓐ 매일 ⓑ 매주 ⓒ 매달의 기간에 걸쳐 경험과 교구를 반복 활용할 수 있도록 계획을 세운다.
□ 교사는 영아가 ⓐ 혼자서 ⓑ 짝지어 ⓒ 소집단으로 놀이할 기회를 제공하기 위한 시간과 공간을 구성한다.
□ 교직원은 간식 시간에 아이들과 함께 ⓐ 앉아서 먹고 ⓑ 대화를 나누며 간식을 먹는다. 식사가 제공될 때, 식사는 ⓒ 가족 방식으로 제공되고, 교직원은 아이들과 함께 ⓓ 앉아서 먹고 ⓔ 대화를 나누며 간식을 먹는다.
□ 교직원은 유아가 매일 교실을 깨끗하게 청소하고 정리하는 것을 배울 수 있도록 유아를 지도하고 지원한다.
□ 교직원은 전이활동 시 ⓐ 시간과 ⓑ 도움을 주며 유아가 일관성 있지만 융통성 있는 일과 운영을 할 수 있도록 지원한다.
□ 교사는 일과 중 유아가 ⓐ 혼자서 ⓑ 짝지어 ⓒ 소집단 ⓓ 대집단 활동에 참여할 수 있도록 시간과 공간을 구성한다.
□ 교사는 유아가 그룹 프로젝트에 참여할 기회를 주어 서로가 배울 수 있는 기회를 준다.
□ 성인은 유아와 ⓐ 함께 앉아 식사를 한다. ⓑ 간식 시간과 ⓒ 식사 시간에 ⓓ 대화를 나눈다.

⑤ **유아의 흥미와 요구에 대해 반응하기**

□ 유아가 새로운 개념들 및 주제 탐구, 활동의 지속, 학습의 확장 활동에 도움이 필요할 경우 환경을 재구성한다.
□ 교사는 다음과 같은 방법을 통하여 유아의 학습에 대해 비계설정을 한다.
ⓐ 하루일과를 변경하기 ⓑ 의도적으로 시설 설비 조직하기 ⓒ 교사 자신을 유아에게 필요한 존재로 만들기
□ 교사는 새로운 개념과 발달적 기술을 익힐 수 있도록 유아의 세상에 대한 흥미와 호기심을 활용한다.
□ 교사는 유아의 학습을 증가시키는 전략과 교재·교구를 수정하기 위해 개별 유아의 지식을 활용한다.
□ 교사는 영아의 흥미와 요구를 활용하여 일정, 일과 운영, 학습경험에 영향을 준다.
□ 영아가 어떤 활동에 흥미로워하고 즐거워하면 활동의 연장으로 지지하고 북돋아 준다.
□ 교직원은 영아의 ⓐ 비언어적 신호에 반복적으로 응답하고 인식하며 ⓑ 간단한 언어를 사용함으로 영아들의 요구를 적극적으로 이해한다.
□ 교사는 유아들의 ⓐ 사회적 관계 ⓑ 흥미 ⓒ 생각 ⓓ 기술을 활용하여 개별 또는 집단 활동 기회를 제공한다.
□ 교직원은 일과 중 ⓐ 관찰 ⓑ 대화 ⓒ 경청을 통해 유아가 사물을 이해하는 방식과 유아의 생각을 적극적으로 이해한다.

⑥ **모든 유아를 위한 의미 있는 학습 만들기**

□ 교사는 교수를 위한 융통성 있는 구조로 모든 내용과 발달 영역에서 교육과정을 활용하여 매일 일과와 학습 경험의 발달을 지원한다.
□ 놀이는 매일 계획된다.
□ 전문적 이론과 실제가 가정의 이론과 실제와 차이가 날 때 교사와 가정은 유아가 유아기 환경에 완전히 참여할 수 있도록 함께 협력한다.
□ 교직원은 ⓐ 그림 ⓑ 친숙한 사물 ⓒ 신체 언어 ⓓ 신체적 신호를 활용하여 유아가 구두 언어를 이해하는 것을 돕는다(특히 유아가 새로운 언어를 배울 때).
□ 교직원은 언제나 유아의 가족이 쓰는 언어의 활용과 발달을 도와준다.
□ 교직원은 유아에게 학급에서의 경험과 가족 구성원과의 경험이 연계되는 기회를 준다.
□ 교직원은 유아의 경험에 관하여 ⓐ 다양한 어휘 활용과 ⓑ 지속적인 대화 참여를 한다.

⑦ **유아의 이해력을 심화시키고 유아의 기술과 지식을 쌓기 위한 교수 사용하기**

□ 교사는 폭넓은 접근과 반응을 포함한 다양한 교수 전략을 활용한다.
□ 교사는 다음과 같은 이유로 다양한 자료를 활용한다(유아의 기초, 질문, 흥미, 잘못된 이해뿐 아니라 형식적, 비

형식적 평가결과를 포함한다).
ⓐ 유아가 학습한 것을 알기 위하여
ⓑ 유아의 흥미와 요구에 적합한 교육과정과 교수법을 적용하기 위하여
ⓒ 유아의 호기심을 촉진하기 위하여
ⓓ 유아의 참여를 증진시키기 위하여
ⓔ 자기 발견적 학습을 도와주기 위하여

- 유아가 새로운 기술을 배우고 익힐 때 교사는 ⓐ 유아의 능력에 대한 정보를 활용하여 교수법을 미세하게 조정하고 ⓑ 유아의 유능감과 이해력 증진을 위해 유아가 할 수 있는 과제를 제공한다.
- 교직원은 유아가 놀이에 참여하여 지속적으로 할 수 있도록 돕는다.
- 교사는 ⓐ 교사와 ⓑ 유아가 처음으로 시작하는 활동 또는 상호작용을 하는 동안 유아의 학습을 지지하고 유아가 과제에 도전할 수 있도록 돕는다.
- 교사는 영아를 관찰하고 가족, 보육에 관련된 다른 전문가와 영아의 능력에 관한 정보를 교환한다(가족 동의하에). 교사는 여아에게 다양한 기회와 사회적, 언어적, 인지적 발달을 돕는 교재·교구들을 제공하기 위하여 정보를 제공한다.
- 교사는 문제를 제기하고 유아의 사고를 자극하는 질문을 하기 위하여 내적 정보를 활용한다. 교사는 유아가 생각하는 것을 표현하고 유아의 경험에서 의미를 만들 수 있도록 돕는다.
- 교사는 유아가 선행 지식을 알고 활용하도록 돕는다. 교사는 유아의 현재수준 이해력을 확장시킬 수 있도록 경험을 제공해 준다.
- 교사는 ⓐ 개별유아 ⓑ 소집단과 함께 협동적인 탐색을 한다.
- 교직원은 유아의 학습을 심화시키고 확장시키기 위하여 유아를 흥미영역에 참여하도록 하고, 교사는 유아를 ⓐ 관찰하고 ⓑ 대화하며 ⓒ 눈높이를 맞춘다.
- 교사는 다양한 과제의 요소를 결정하여 유아에게 의미 있고 유아가 성취할 수 있는 부분으로 나눌 수 있다.
- 교사는 다음과 같이 유아의 참여와 학습을 촉진한다.
  ⓐ 유아가 새로운 기술을 연습하면서 발생하는 흥미와 요구에 반응한다.
  ⓑ 유아가 반복적으로 참여하는 활동을 확장시키고 북돋아 준다.
- 교사는 유아가 특별한 기술을 획득하도록 지도하고 그러한 기술을 정확히 가르침으로써 유아의 참여와 학습을 촉진시킨다.
- 교사는 유아가 주요 교육과정과 관련된 목적 있고 의미 있는 활동에 참여하는 경험 구성을 통해 교육내용과 발달 영역에 관한 자신의 생각을 보여 준다.

라. 유아 발달 평가

평가는 유아의 행동, 유아가 한 것, 말한 것, 흥미로운 것을 기록하고, 발달과 학습 성취를 기록하는 것이다. 이를 통해 가족과 자료를 나누어 교육에 활용하고 유아 개인에 대한 서비스 개선에 활용되어지고 프로그램 전반을 개선하는 것이 된다. 평가의 역할은 프로그램이 나아가야할 중요한 정보를 제공해 주고, 유아의 학습과 성장에 대한 묘사로 유아의 능력과 요구를 확인함으로 효과적이고 좋은 프로그램을 계획하게 해 주어서 유아의 발달과 학습의 모니터를 할 수 있다. 또한 프로그램 계획과 결

정을 위한 안내를 해 주어 행동, 경험, 자료를 선택하기 위한 교수전략을 세우는 데 도움을 준다. 특별한 요구가 있는 유아들의 발견 및 교육프로그램을 계획하며, 다른 사람과의 의사소통을 돕고, 유아에 대한 정보 수집으로 교육과정을 계획적으로 수립하도록 해 준다.

이와 같이 유아 발달의 평가는 교육과정과 교수에 필수적이다. 유아 프로그램에서는 유아들의 발달에 대한 다양한 평가는 몇 가지의 목적에 의해 제공된다. 개인들과 집단에 대한 교수를 계획하기 위하여, 가족과의 의사소통을 위하여, 특별한 교육이나 개입을 필요로 하는 유아를 확인하기 위하여, 프로그램 발달을 위하여 제공된다.

프로그램 평가는 교육을 위해 기본을 행하는지를 관찰하고 기록하고 측정하고 문서화하는 과정으로 프로그램의 목표와 목적을 포함하여 복합적 단계와 프로그램 실행에 대한 정보를 수집하는 것이다. 교육에 대해 계획을 하고 실행하고 평가, 결과에 대한 정보를 수집하는데, 자체평가는 경영 기준과 리더십 범위와 관련이 있다. 유아평가는 다양한 방법으로 유아의 능력과 기술에 대한 정보를 수집하고, 유아와 그룹을 위해 필요한 계획을 세우는 데 활용하며, 평가결과로 유아가 학습해야할 배경을 파악하고, 유아가 계획, 실행, 평가를 통해 얻은 것들을 수집하고 평가하는 것이다.

유아 발달 평가 기준 중 프로그램 기준과 이론적 근거는 다음과 같다. 프로그램 기준은 유아의 학습과 발달에 관한 정보를 제공하는 체계적이고, 형식적이고, 비형식적인 평가 접근법에 의해 형성된다. 이러한 평가는 가족과 그리고 유아가 속한 문화적 맥락에 대한 민감성과 상호 의사소통하면서 이루어진다. 평가결과는 유아에 대한 교수법, 그리고 프로그램 개선에 관해 유익하게 사용된다. 이론적 근거는 개별 유아에 대한 교사의 지식은 교육과정을 올바르게 계획하도록 도와주며, 개별 유아의 능력과 욕구에 맞게 교육을 하도록 도와준다. 더 나아가, 체계적인 평가는 보다 강도 높은 교육이 필요한 어린이들이나, 추가적인 개별 평가가 필요한 아이들을 구별할 수 있도록 하는 것에 있어 필수적이다. 이 정보는 프로그램이 유아의 교육목표와 발달정도에 충족시키고, 프로그램 개선이 필요한 부분에 대해서도 알려 준다.

유아 발달 평가는 어떻게 그들이 아이들에게 영향을 줄 교육적인 결정들을 위한 기초로서 아이들이 무엇을 하는가와 그들이 어떻게 하는가를 체계적으로 기록하는 과정이다. 평가절차는 NAEYC의 2003년 공동의견서와 교육부 유아전문가들의 국가적인 조직으로 구성되었으며, '유아교육과정, 평가 그리고 프로그램 평가: 출생에서 8세 이하 유아를 위한 프로그램 안에서 설명가능하고 효율적인 시스템을 개발하기'이다. 유아 발달 평가 영역의 지표는 다음과 같다.

① 평가 계획 개발하기

□ 평가는 프로그램 진행에 있어 필수적이다. 프로그램에서는 유아의 학습을 지원하기 위해 관찰, 체크리스트, 평정척도, 개별평가와 같은 다양한 평가방법을 사용한다.

□ 프로그램은 평가 목적, 절차, 결과의 사용을 설명하는 평가 계획서를 작성한다. 계획은 다음과 같은 것들을 포함한다. ⓐ 유아가 평가되어지는 상황 ⓑ 평가관련 연중 스케줄 ⓒ 개별 유아의 기록을 안전하게 보관하는 방법 ⓓ 평가를 계획하고 실행하는 데 있어 가족들을 참여시키는 방법 ⓔ 가족과 평가 정보를 효율적으로 의사소통하기 위한 방법

□ 프로그램의 평가 계획서는 다음과 같은 사항을 포함하면서 다양한 목적으로 활용된다. ⓐ 적절한 상황에 따라 발달 평가와 진단 평가 활용하기 ⓑ 유아의 흥미와 요구 인식하기 ⓒ 유아의 발달적 단계와 학습에 대해 서술하기 ⓓ 교육과정을 개선하고 교수법 실행과 환경을 적합하게 하기 ⓔ 프로그램 개선 계획하기 ⓕ 가족과 의사소통하기

② 적절한 평가 도구 사용하기

□ 프로그램은 다양한 평가 방법을 사용한다. 이러한 평가 방법은 가족의 문화, 경험, 유아의 능력, 집에서 사용하는 언어로부터 영향을 받으며 의미 있고 적절하고 유아에게 익숙한 상황에서 사용된다.

□ 평가는 유아의 전 발달 영역(인지, 언어, 사회정서발달, 학습방법, 건강, 신체발달 등)의 내용을 포함한다.

□ 상대적이고 표준화된 검사는 특별한 교육 서비스가 적절한지를 평가할 때 또는 전반적인 프로그램 효과에 대한 정보를 수집할 때 기본적으로 사용된다. 형식적인 평가가 사용될 때는 관찰, 체크리스트, 평정 척도, 활동 표집과 같은 비형식적인 방법도 포함된다.

□ 만약 상업적인 평가 도구를 사용한다면 그 도구를 사용하여 얻은 결과가 프로그램의 목적들을 위해 타당하다는 것을 증명하기 위해 표준화된 샘플, 표준화된 절차, 점수, 신뢰도, 타당도에 관한 제작자로부터의 정보를 검증해야 한다.

□ 교직원에 의해 개발된 평가 방법은 다음과 같다.
ⓐ 교육목표와 관련 된다.
ⓑ 모든 유아의 능력과 발달에 대한 정확한 상황을 제공한다.
ⓒ 그들이 진술한 목적에 적절하고 타당하다.
ⓓ 영어를 배우거나 특별한 요구사항들을 가진 유아를 포함한 모든 학습자들을 위한 안정되고, 의미 있는 결과를 제공한다.
ⓔ 교사가 교육과정 발달과 일과 계획에 대해 분명한 아이디어를 가지고 있다.
ⓕ 그들에게 필요한 정보를 제공하는지 확신하기 위해 정규적으로 재검토 한다.

□ 교직원은 프로그램의 목적, 가치, 평가에 대한 이해를 공유하고 다른 사람들에게 이것을 설명한다.

③ 유아의 흥미와 요구를 인식하고 유아의 발달단계 서술하기

□ 모든 유아는 다음과 같은 발달적 집단검사를 받는다.
ⓐ 프로그램 도입 3달 이내에 모든 유아의 선별 검사
ⓑ 표준화되고 신뢰도와 타당도 있는 전문적인 표준에 부합되는 선별 도구
ⓒ 검사 대상 유아에 적합한 기준 점수를 주는 선별 도구
ⓓ 유아의 건강상태, 감각, 언어, 인지, 대근육, 소근육, 사회정서 발달에 대한 선별

ⓔ 선별 프로그램의 효율성을 평가하기 위한 계획
ⓕ 참조 사항은 전문성을 보충하는 데 사용하기 위하여 평가결과를 사용한다.

- 교사는 프로그램의 교육과정 영역을 설명하는 다양한 정보 자원과 다양한 도구를 사용함으로써 모든 발달 영역에 걸쳐 각 유아의 발달 과정을 평가한다. 다양한 전문가의 견해와 기술을 가진 교사는 유아의 전반적인 경험에 걸쳐 정보를 수집한다.
- 교사는 평가 자료를 분석할 때 교육과정의 목표와 발달적 기대수준을 참고한다.

④ 교육과정의 적용, 교수의 개별화, 프로그램 개발하기

- 유아에 대해 알고 있고 그들의 현재 능력, 흥미와 요구를 관찰할 수 있는 교사나 다른 사람들은 학급의 교수 활동을 알리고 개별과 그룹의 교육과정 내용, 교수방법, 개별적 상호작용에 대해 올바른 결정을 하기 위해 평가를 실시한다.
- 교수팀은 적어도 몇 주간에 걸쳐 유아들의 욕구와 흥미에 관한 교육실제와 교육과정을 조정하기 위해 평가의 결과를 설명하고 이용한다.
- 교사는 교육과정 발달과 개별화 교육에 대한 정보로써 유아의 능력과 요구를 활용하기 위해 상호작용한다.
- 프로그램에 관련된 교사와 다른 전문가들은 교육과정 계획과 발달 과정 관찰을 위해서 뿐 아니라 개별 유아를 위한 목표를 구성하기 위하여 평가 방법과 정보를 활용한다.
- 교사는 언어(웃음, 소리, 눈 맞추기, 옹알이)의 사용을 평가하고 장려하기 위해 영아와 이야기하고 상호작용 한다.
- 교사는 발달을 평가하기 위해 영아를 관찰하고 이러한 관찰 결과는 교육과정, 상호작용, 유아 보호를 수정하기 위해 사용한다.
- 교사는 개별적 유아와 이야기하고 상호작용하며 유아의 능력과 흥미, 요구를 평가하기 위하여 유아가 말을 많이 하도록 자극한다.
- 교사는 발달과정을 평가하기 위해 유아의 활동, 놀이, 행동, 상호작용을 관찰하고 기록한다. 교사는 교육과정과 교수법을 계획하고 변경하기 위해 수집된 정보를 사용한다.

⑤ 가족과 의사소통하기, 평가 과정에 가족 참여하기

- 가족이 평가의 과정에 기여할 수 있도록 집에서 이루어지는 관찰의 결과를 공유할 기회를 가진다.
- 가족 구성원은 그들 유아의 발달과 학습에 대해 적어도 1분기에 구어적으로나 문어적으로, 적어도 일 년에 두 번은 보고서를 가지고 정보를 제공한다.
- 교사, 가족, 관계된 전문가는 개별 유아의 진보, 성취, 학급과 가정에서의 어려움, 학습 활동 계획을 의논하기 위해 양방향적인 의사소통 회의에 정기적으로 참여한다.
- 직원은 가족과 유아의 요구에 가장 잘 맞는 평가방법에 합의하기 위해 노력한다.
- 유아의 평가에 대한 가족과의 의사소통은 가족의 가치, 문화, 정체성, 가족 언어를 고려한다.
- 프로그램 직원은 가족들에게 선택, 사용, 기록, 검사의 해석, 다음 사항을 포함하는 평가방법에 대한 정보를 제공한다.

ⓐ 평가가 고안된 목적과 활용, 그리고 실제 목적과 활용 ⓑ 유아의 미래 학습 기회 측면에서 결과와 의미의 해석
ⓒ 평가의 상황을 해석하기 위해 훈련되어 온 방법 ⓓ 사용되는 특정 도구에 대한 정보 또는 접근

- 프로그램 직원은 가족에게 다음과 같이 기밀성에 대해 설명해야 한다.

ⓐ 개별 유아의 검사와 평가의 결과를 사용하려는 이유뿐 아니라 그것을 사용하려는 사람들의 범주를 작성하는 것
ⓑ 가족의 권리와 파일을 통상적으로 관리하는 접근법을 공유하는 것
ⓒ 개별적인 유아 기록의 기밀성을 유지하기 위해 사용되어진 절차를 설명하는 것
ⓓ 유아의 개별적인 검사 결과와 평가 정보가 어떻게, 왜 나타나게 되어질 것이고 사용될 것이고, 이해 해석될 것인지 설명하는 것

마. 건강

유아교육기관에 의해 제공받는 학습, 성장의 기회가 도움이 되려면 유아가 건강해야 하고, 유아교육프로그램에서 건강과 안전 영역의 질을 향상시키기 위한 도구와 정보는 쉽게 얻을 수 있어야 한다. 1980년대 말, 미국소아과협회, 미국공중보건협회, 모자보건국을 대표하는 전문가 집단이 유아교육프로그램에 속한 유아, 가족, 교직원의 건강과 안전을 향상시키기 위한 정책과 자원을 개발하고 생애 초기의 돌봄과 교육에 관련된 다양한 규정을 만들기 위해 협력하였다.

프로그램의 기준은 '유아의 영양과 건강을 증진시키고 유아와 교직원을 질병이나 부상으로부터 보호한다' 이다. 이론적 근거는 다음과 같다. 교육을 받고 삶의 질을 향상시키기 위해서 유아는 가능한 한 건강해야만 한다. 건강이란 단지 질병이나 허약상태가 없는 것을 말하는 것이 아니라 신체적, 언어적, 정신적, 사회적으로 완전하게 안전한 상태를 말한다(국제 보건 기구, 1948). 성인은 유아의 건강문제에 관해 결정하고 또한 유아 스스로 결정하도록 가르친다. 비록 약간의 위험을 받아들이는 것이 학습에 있어서 바람직할지라도 프로그램은 유아, 가족, 또는 지역사회에 해로운 결과를 초래할 수 있는 위험한 상황과 환경을 금지해야 한다. 건강 영역의 평가지표는 다음과 같다.

① 유아의 건강을 보호하고 증진하며 전염병을 관리하기

□ 프로그램은 다음과 같이 개별 유아를 위한 현재의 건강 기록을 유지, 관리한다.

ⓐ 프로그램이 시작되고 난 후 6주 이내에 그리고 연령적으로 적당한 시기에 맞추어 그 이후로도, 정해진 일정에 따라 정기검진과 예방주사 접종이 이루어졌는지 알 수 있는 건강기록부가 있어야 한다. American Academy of Pediatrics의 웹사이트, Centers for Disease Control of the United States Public Health Services(CDC-USPHS), The Academy of Family Practice에 게시되어졌다.

ⓑ 정기 건강검진기간이 지난 유아라면 입학하기 전에 부모나 법적인 보호자가 건강검진을 받았다는 증거를 제시해야 한다.

유아건강기록에는 다음을 포함해야 한다.

ⓐ 응급상황에서의 처치를 위해 필요한 건강보험의 보장 범위에 관한 정보

ⓑ 건강검진의 결과, 정상 또는 비정상을 나타내는 최근 면역상태와 선별검사, 그리고 비정상적인 결과에 대한 후속 조치

ⓒ 1년 동안 특정한 방법으로 계속 기록되는 개별 유아에 대한 현재의 응급 연락처 정보

ⓓ 유아의 건강 정보에 대한 접근 권한을 가족에게 부여받은 개별 유아 이름

ⓔ 어떤 유아의 특별한 건강 요구에 대한 지시사항들(알러지, 만성병)
ⓕ 병원 기록 또는 가족의 정보제공으로 알게 된 유아의 면역상태에 대한 기록

□ 프로그램은 건강 상담에 특정한 훈련을 받은 건강 전문가 또는 소아과 건강 전문의인 건강상담가의 진단서를 가지고 실행한다.
ⓐ 건강상담가는 적어도 일 년에 2번 방문하고 필요에 따라 방문한다. 영아, 걸음마기 유아가 돌보아 지는 곳일 경우에 건강상담가는 그 프로그램에 일 년에 최소 4회는 방문하며 필요에 따라 방문한다.
ⓑ 건강상담가는 프로그램 실제를 관찰하고 검토하며, 프로그램 실제에 대한 제안서와 건강을 증진시키고, 감염을 차단할 수 있도록 문서화된 건강 지침서를 만든다. 상담은 질병이 있는 유아의 격리와 보호를 포함하여 신체적, 사회-정서적, 영양적, 그리고 구강 건강에 대해 검토한다.
ⓒ 농림부의 아동과 성인을 위한 음식 프로그램(Child and Adult care food program)에 참여하지 않으면 적어도 일 년에 2번, 등록되어진 식이요법 전문가 또는 소아기 보건 영양학자가 메뉴의 영양성분을 평가한다. → 1인분량: 주스, 설탕, 소금, 포화지방의 국가 권장량, 배식시설, 특별 식이요법, 가정에서 보내온 음식의 섭취 절차
ⓓ 프로그램은 상담가의 제안에 따라 수정되고 실행된다.

□ ⓐ 적어도 한 명의 교직원은 소아과의 응급처치 훈련을 이수한 증명서가 있어야 하고, 기도가 막혔을 때 기도를 유지할 수 있어야 하며, 유아 곁에 항상 상주해야 한다. 프로그램에 수영이나 물놀이가 있거나 심폐소생술이 필요할지 모르는 건강상태의 유아가 있을 때, 심폐소생술 훈련을 받은 교직원이 항상 상주해야 한다. 만약 질병이 발생되면 다음의 사항을 따른다. 만약 질병으로 인해 유아가 활동에 참여하지 못할 때, 다른 유아의 건강과 안전에 손해를 주며 돌봐주어야 할 때, 유아의 상태가 전염성이 있다고 의심되거나 보건당국의 지시에 따라 격리시켜야 한다고 여겨질 때는 친숙한 양육자로부터 보호를 받으면서 안정을 취하도록 해야 한다. ⓑ 유아가 프로그램으로부터 격리되어야 할 어떤 징후나 증상을 보이면 즉시 부모, 법적인 보호자 또는 부모로부터 위임된 사람에게 알려 준다. 격리되지 않은 질병상태의 유아와 교직원은 보건 전문가로부터 다음과 같은 사항을 점검받는다. ⓒ 질병의 어떤 수준과 유형이 격리를 필요로 하는지 ⓓ 병에 걸렸지만 격리되지 않은 유아들을 어떻게 보살필 것인지 ⓔ 아픈 유아들과 교직원을 위하여 보건교사가 언제 상담과 문서를 기록해야 하는지를 점검받는다.

□ ⓐ 교직원과 교사는 유아가 노출된 전염성 질병의 유형 또는 수준(질병의 증상과 징후, 전염 경로, 전염기간, 그리고 프로그램에서 실시되고 있고 가정에서도 실시되어야 할 검진)에 대해 가족에게 구두 또는 문서로 정보를 제공해야 한다. ⓑ 프로그램은 지역 보건당국과 협력 체제를 맺고 있다는 것, 전염성 질병이 발생했을 때 즉각적이고 적절한 정보를 지속적으로 제공받는다는 것에 관한 문서를 가지고 있어야 한다.

□ ⓐ 모든 연령의 유아는 매일 실외놀이를 한다(날씨, 공기, 환경의 안정성이 위험하지만 않다면). ⓑ 대근육 활동을 위한 실외활동이 불가능한 상황이라면 실내에서 유사한 경험을 제공해야 한다. ⓒ 대근육 활동을 위한 실내기구는 국가 안전 기준에 준해야 하고 실외기구와 같은 수준이어야 한다.

□ 감기, 열, 태양으로 인한 상해, 그리고 곤충매개 질병을 막기 위해서 다음과 같은 사항을 확인한다.
ⓐ 유아는 추운 날씨에는 잘 마르고 따뜻한 옷을 입는다.
ⓑ 유아는 그늘에서 놀도록 한다. 해가 있을 때는 태양열 차단옷을 입고 차단제를 바른다. 썬스크린이나 UVB와 UVA SPF15 또는 그 이상의 자외선 차단지수 썬블록을 바르고 피부를 노출한다.
ⓒ 공공 보건 당국은 곤충매개질병의 높은 위험 때문에 방충제를 사용 시, DEET(방충제 일종)가 포함되어진 방충제만 사용하고 2개월 이상의 유아에게만 발라줄 것을 명시한다. 교직원은 방충제를 하루에 한 번 이상은 발라주지 말며, 부모의 허가서가 있는 경우에 발라준다.

□ 화장실 사용이 완전하지 못한 유아를 위하여 다음의 사항을 포함해야 한다.
ⓐ 유아가 기저귀를 사용하지 못할 의학적인 이유가 없다면 상업적인 일회용 기저귀나 팬티형 기저귀를 사용한다.
ⓑ 헝겊 기저귀를 원하는 유아를 위해서 외부 커버는 방수 물체로 만들어졌고, 배설물과 대변이 다른 곳으로 빠져나가는 것을 예방할 수 있는 내부 흡수력이 있는 기저귀를 사용한다. 기저귀와 겉싸개는 함께 갈아 채운다.
ⓒ 소변과 대변으로 더러워진 헝겊 기저귀와 옷은 비닐봉지에 담아서 당일 집으로 보낸다.
교직원은 유아가 일회용 기저귀나 팬티형 기저귀에 소변 또는 대변을 보았는지 점검한다.

ⓓ 깨어있을 때에는 적어도 2시간마다 ⓔ 잠에서 깨어났을 때 점검한다. ⓕ 기저귀가 젖거나 지저분할 때는 갈아준다. ⓖ 교직원은 아무데서나 하지 않고 옷을 갈아입히는 영역에서 기저귀나 더럽혀진 속옷을 갈아입힌다. ⓗ 갈아입히는 영역은 부분벽으로 가려져 있거나, 유아가 사용하는 다른 영역으로부터 적어도 3피트는 떨어져 있고 독자적으로 사용되는 영역이어야 한다. 유치원 원아들을 위해서 같은 연령만 사용하도록 늘 지정되어 있는 옷 갈아입히는 영역이 있어야 한다. ⓘ 양육자는 기저귀를 새로 갈아 끼울 때 언제나 한 손으로는 유아를 잘 받쳐야 한다. 갈아입히는 영역에서 교직원은 ⓙ 갈아 채우는 절차를 게시하고 ⓚ 이 절차를 따라야 한다. ⓛ 이 절차는 기저귀를 가는 교직원을 평가하기 위해서 사용된다. ⓜ 기저귀나 기저귀 가는 데 쓰이는 도구들은 다른 목적을 위한 일시적인 대체물 등 다른 용도에, 특히 음식을 담거나 음식을 먹이기 위한 목적으로 사용되어서는 안 된다. ⓝ 더러운 기저귀와 기저귀 가는 도구들을 담아 두는 용기는 손대지 않고도 열려야 하고, 단단히 닫히는 뚜껑이 달려 있어야 한다(발로 여는 쓰레기통처럼). ⓞ 용기는 닫혀 있어야 하고 ⓟ 유아가 접촉할 수 없어야 한다. ⓠ 음식을 준비하는 것이 기본 업무인 직원들은 그날의 음식 준비가 완전히 끝날 때까지 기저귀를 갈아 채우면 안 된다.

□ 프로그램은 다음과 같이 손씻기에 관한 실제를 따른다.

ⓐ 직원과 발달상 개인위생을 배울 수 있는 유아에게 손씻기를 가르치고 정기적으로 지도한다.

ⓑ 손씻기는 그들 자신과 다른 사람들에게 전염성 질병의 감염에 대한 위험성을 줄일 수 있으므로 교직원, 봉사자들, 그리고 유아에게 모두 필요하다.

ⓒ 교직원은 유아가 손씻기를 성공적으로 잘 해낼 수 있도록 도움을 준다. 유아는 혼자서 또는 교직원의 도움을 받아 손을 씻는다. 유아와 성인은 다음과 같은 경우에 손을 씻는다.

ⓓ 도착 직후

ⓔ 기저귀를 갈아 주거나 화장실을 다녀온 후(영아들은 물수건을 사용할 수 있다.)

ⓕ 신체 분비물을 만진 후(예: 코를 풀거나 닦았을 때, 손을 막고 기침했을 때, 점액이나 피 또는 토를 만졌을 때)

ⓖ 식사와 간식을 먹기 전, 음식을 준비하거나 차리기 전, 음식에 필요한 날것을 만진 후(예: 고기, 달걀, 가금류)

ⓗ 두 명 또는 그 이상의 사람들과 물놀이를 한 후

ⓘ 애완동물, 다른 동물들 또는 모래, 흙과 같은 물체, 동물에 의해 오염된 지면 등과 접촉한 후

ⓙ 영아와 걸음마기 유아가 서로 접촉한 것을 포함하여 한 그룹에서 다른 그룹으로 옮겼을 때 유아와 성인은 다음의 경우에도 손을 씻는다.

ⓚ 유아에게 음식을 제공해 주기 전과 후

ⓛ 약을 복용시키기 전과 후

ⓜ 유아의 화장실 사용을 도와준 후

ⓝ 쓰레기를 치우거나 청소를 한 후 성인과 유아는 다음의 적당한 손씻기 절차를 따라야 한다.

ⓞ 액체 비누와 흐르는 물을 사용한다.

ⓟ 적어도 10초 동안 구석구석 문지르기, 손목과 손등을 포함하여 문지르기, 손가락 사이, 장신구 주위와 아랫부분, 손톱 밑 씻기; 잘 헹구기; 종이 타월로 닦기, 한 장의 타월 또는 드라이어를 사용함; 씻은 손으로 수도꼭지 만지지 않기(물 잠글 때 종이 타월을 사용한다). 피 또는 피가 섞인 분비물을 다룰 때를 제외하고, 장갑을 사용하는 것은 선택적 보완사항이지 위에서 목록화된 손씻기가 요구되는 상황을 대체할 수는 없다.

ⓠ 교직원은 피의 감염이 일어날 수 있을 때 장갑을 사용해야 한다.

ⓡ 교직원은 유아를 목욕시킬 때나 오물로 더럽혀진 도구를 닦기 위해 손 씻는 세면대를 사용해서는 안 된다.

ⓢ 교직원은 음식 준비와 다른 목적을 위해서 사용되어지는 개수대가 있다면 음식을 준비하기 전에 깨끗이 청소해야 한다.

□ 사전주의를 하면 전체 물놀이로 인해 전염병이 퍼지는 것을 막을 수 있다. 유아가 물놀이의 물을 마시지 않도록 한다. 손에 상처가 난 유아는 전체 물놀이에 참여하는 것을 허락하지 않는다. 식수용 물을 사용하고 새로운 집단의 아이들이 물놀이 활동에 참여하기 전에 새로운 물로 바꿔야 한다. 각 집단의 물놀이가 끝나면 그 물을 배수처리 한다. 깨끗한 식수용 물이 물놀이 탁자를 통해 흘러나오고 탁자에 있는 배수구를 통하여 밖으로 빠져나가도록 한다.

□ 안전규약들은 유아를 위하여 모든 약물과 함께 사용된다.

ⓐ 직원 관리자는 부모나 법적인 보호자가 허가서를 보내온 유아에 한해서 처방의 약품과 일반 의약품을 투약한다.
ⓑ 유아 기록서에는 처방과 투약진단을 내린 허가받은 지시사항이 기록되어 있다. 전화상으로 교직원에게 지시사항을 전달할 수 있다.
ⓒ 약품을 투약하는 관리자나 교직원은 특정 훈련을 받고, 약물 관리의 5가지 올바른 실행에 대해 보건 당국으로부터 매년 문서화된 평가 점검을 받는다.
- ① 알맞은 유아에게 ② 알맞은 약물을 ③ 알맞은 복용량으로 ④ 알맞은 시간에 ⑤ 알맞은 방법으로(약물을 받은 시간 기록과 함께)하였는지 점검을 받는다.
- 약물을 투약한 사람은 ①문항부터 ⑤까지의 보고에 사인한다. 의학적인 절차를 관리해야 하는 특정 교직원이 절차를 잘 수행했다는 것과 건강관리 제공자가 처방한 절차대로 따랐다는 것을 건강 전문가에게 보여주어야 한다.

ⓓ 약물에는 유아의 성과 이름, 건강관리 제공자로부터 처방전이나 권고사항을 받은 날짜, 허가받은 건강관리 제공자의 이름, 약품의 만기일 또는 사용기간, 약을 제조한 사람의 지시사항 또는 약품의 이름과 효능에 대해 상세히 적힌 원처방전, 약품을 관리하고 보관하는 방법에 대한 지시사항 등이 기록되어 있다.
ⓔ 모든 약품들은 잠겨진 용기에서 보관된다.

□ 영아 돌연사 증후군(SIDS)을 줄이기 위해 ⓐ 특별히 내과의사로부터 지침을 받지 않았다면, 영아는 전미 소비자 생산안전 위원회의 기준에 맞춰 영아용 수면 장비로 판매되는 단단한 표면의 침대 위에 등을 대고 재우도록 한다(이 지침은 영아 대상의 모든 프로그램에서 요구된다). ⓑ 베개, 이불, 침대 덮개, 양털 제품, 봉제인형 그리고 다른 부드러운 물품들은 8개월 이전의 영아 침대나 휴식 도구에 함께 두어서는 안 된다. ⓒ 만약에 담요가 사용되어 진다면 얇은 담요가 영아의 가슴부위까지 닿도록 하여 침대 매트리스를 감싸 덮여있도록 한다. ⓓ 영아의 머리는 잠자는 동안 담요를 덮지 않도록 한다. 바로 누워 잠을 재우지만 영아 스스로 몸을 뒤집을 수 있게 되었을 때에는 다른 편안한 자세로 재워도 된다.

□ 각자가 먹은 후에, 영아의 치아와 잇몸에 덮여있는 액체를 제거하기 위해 일회용 휴지(또는 아이가 쓰고 매일 세탁하는 깨끗한 헝겊)로 치아와 잇몸을 닦아준다.

□ ⓐ 앉을 수 없는 영아들은 안아서 젖병으로 먹인다. ⓑ 영아/걸음마기 유아는 침대에 있는 동안에는 우유병으로 먹을 수 없으며 항상 기대어 놓고 먹여서는 안 된다. ⓒ 걸음마기 영아들은 젖병, 빨아먹는 컵, 보통 컵 등을 들고 기어 다니거나 걸어다니면 안 된다. ⓓ 유아의 발달상 컵을 사용할 준비가 되었다는 것을 가족과 교사가 함께 가능한 한 빨리 결정을 내리면 곧바로 유아에게 유동식을 컵에 담아 제공한다.

□ 영아와 걸음마기 유아는 액체가 담겨진 큰 물통 근처에 가지 않도록 한다.

□ 1세 이상 된 유아가 2번 이상의 식사를 하는 프로그램에서는 매일 적어도 한 번, 교직원은 유아가 음식찌꺼기와 플라그를 제거하도록 양치질이나 잇몸닦기를 하게 한다.(치약사용은 반드시 필요하지는 않다)

② 유아의 영양학적 건강 증진하기

□ 만약에 프로그램이 식사와 간식을 위한 음식을 제공한다면(음식이 조달되거나 조리되든지 간에) 미국농림부(USDA)의 어린이와 성인을 위한 급식 프로그램(CACFP)에 따라 음식을 준비하고 공급하고 보관한다.

□ 교직원은 가정에서 가져온 음식들의 안전을 확인하기 위해서 다음의 단계를 밟는다.
ⓐ 교직원은 집에서 가져온 음식들이 USDA의 CACFP식품 규정이 맞도록 가족들과 협력한다.
ⓑ 가정에서 가져오는 모든 음식과 음료에 유아의 이름과 날짜를 적는다.
ⓒ 직원은 그 음식이 유아에게 공급되어질 때까지, 반드시 냉장고에 차게 보관한다.
ⓓ 필요에 따라 가정으로부터 가져온 보충음식이 제공된다.
ⓔ 유아가 함께 나누어 먹으려고 집에서 가져온 음식은 통과일이거나 공장에서 봉인되어 포장된 시판용 음식이어야 한다.

□ 프로그램은 식사와 간식의 준비에서 식품 안전을 보장하기 위한 몇몇 단계를 따른다.
ⓐ 직원은 유통기한이 지난 음식을 버린다.

ⓑ 프로그램은 연방정부와 다른 식품 안전 기준의 고려사항을 반영하는 프로그램의 건강 상담, 영양사, 위생학자의 추천에 따라 만들어진 준수사항과 수정안에 대해 기록한다.

□ 모든 영아와 특별식을 해야 하는 장애가 있는 유아를 위하여, 프로그램 직원은 유아가 섭취한 음식의 양과 유형이 기록된 일일 보고서를 작성하고 이 정보를 가족에게 제공한다.

□ ⓐ 특별한 건강 보호 요구, 음식 알레르기 또는 특별한 영양적 요구가 있는 각각의 유아를 위해서 유아의 건강 제공자는 가족 구성원과 전문가가 함께 참여하여 구성한 개별화된 보호 계획을 프로그램에 반영해야 한다.

ⓑ 프로그램은 알레르기를 가지고 있는 유아가 문제의 음식으로부터 접촉하는 것을 막아 준다. 프로그램은 유아의 음식 알레르기 정보를 게시해도 되는지 가족에게 동의를 구하고, 만약 동의하면 음식 준비 영역과 편의시설 영역에 이를 게시하여 유아와 접촉하는 모든 사람들이 보고 상기할 수 있도록 한다.

□ 깨끗한 식수용 물을 하루 종일 제공한다(모유를 먹는 영아들에게는 물이 제공될 필요가 없다).

□ 화씨 110도보다 더 뜨거운 액체나 음식은 유아의 손이 닿지 않는 곳에 둔다.

□ 만약에 프로그램이 영아에게 음식을 제공한다면 프로그램 관리자들은 음식이 영아 개별의 영양적인 요구와 발달적인 단계에 근거하도록 하기 위해 가족(유아의 건강 보호 제공자로 알려진)과 협력한다.

□ 프로그램은 모유를 먹이는 것을 다음처럼 지원한다.

ⓐ 모유를 병에 담기, 보관하기, 그리고 수유하기

ⓑ 영아의 이름과 날짜가 표시된 위생적인 용기에 모유를 담기

ⓒ 48시간 이내로 냉장고에 보관하거나(만약에 모유가 이전에 얼려진 것이라면 24시간 이상 보관은 안 됨) 또는 화씨 0도 이하의 냉동실에서 3개월 이내로 보관하기

ⓓ 직원은 모유에 영양적인 구성 성분들과 특별한 감염에 대항할 수 있는 성분들을 보존하기 위해서 부드럽게 모유를 섞어주며 흔들지 않음

ⓔ 모유수유를 위한 편안한 장소를 제공하기

ⓕ 영아의 어머니와 수유를 조정하기

□ ⓐ 모유 외에, 제조자의 지시에 따라 제조된 공장 밀봉형 유동식과 영아용 음식을 공급한다(예: 분유, 농축 유동식, 병에 든 이유식).

ⓑ 특별히 유아의 건강 보호 제공자들이 작성된 지시사항과 의학적인 이유를 밝히지 않는 한 이유식 병에 고체 음식을 담지 않는다.

ⓒ 직원은 냉장고에 보관되어지지 않거나 완전히 먹지 않은 어떤 유동식이나 모유라도 제공되어진지 한 시간 이후에는 버린다.

ⓓ 만약에 교직원이 유동식 또는 모유를 따뜻하게 한다면, 유동식과 모유를 화씨 120도 이하의 온도에서 5분 내로 중탕으로 데운다.

ⓔ 모유를 포함하여 우유, 다른 영아 음식들은 전자레인지에서 데우지 않는다.

□ ⓐ 유아의 건강 보호 제공자로부터 요구되거나 가족으로부터 허락되지 않는 한 교직원은 고체 음식들과 과일 주스를 6개월 미만의 영아에게 제공해서는 안 된다.

ⓑ 과당 음료는 피해야 한다.

ⓒ 만약 주스(오직 100% 과일 주스만 제공)를 제공한다면 그 양은 매일 한 어린이당 4온스 이내로 제한하고 있다.

□ ⓐ 영아가 배고파 보일 때마다 영아에게 친숙한 교직원이 음식을 먹인다.

ⓑ 먹이는 것은 위안의 다른 형태들을 대신하여 사용되지 않는다.

□ 프로그램에서는 12개월 미만의 영아에게 우유를 먹이지 않는다. 그리고 12개월과 24개월 사이의 유아에게 우유(지방을 제거하지 않은 whole milk)를 공급한다.

□ ⓐ 교직원은 4세 미만 유아에게 통째로 또는 둥글게 잘린 핫도그, 통째의 포도, 땅콩, 팝콘, 날 완두콩, 딱딱한 프레즐, 숟가락으로 푼 땅콩버터, 날 당근 덩어리, 통재로 삼킬 수 없는 큰 고깃덩어리를 주지 않아야 한다.

ⓑ 직원들은 영아들을 위하여 1/4인치의 사각형 크기보다 더 큰 조각으로 음식을 잘라서는 안 되며, 걸음마기 유아를 위해서는 1/2인치보다 큰 조각으로 잘라서는 안 된다. 이것은 유아가 씹거나 삼키는 능력에 따르는 것이다.

□ 프로그램은 문서화된 식단을 준비하고 가족들이 그 식단을 볼 수 있도록 게시하고 가족들에게 복사본을 제공한다. 식단은 상담가에게 검토받기 위해서 파일에 저장되어지며 지표 5.A.02에 기술되어 있다.
□ ⓐ 프로그램은 식사와 간식을 정해진 시간에 규칙적으로 제공한다. ⓑ 식사와 간식은 적어도 2시간 정도의 간격이 있어야 하며 3시간 이상의 간격이면 안 된다.

③ **건강한 환경 유지하기**

□ ⓐ 시설에 있는 모든 표면들을 자주 정기적으로 청소하는 것을 청소확인점검표에 제시하고 있다. ⓑ 스프레이, 공기를 청정하는 화학, 또는 악취를 없애는 물질보다는 통풍과 위생설비로 사람이 살고 있는 곳과 옷장 등의 냄새를 제거한다.
□ 기준(Standards)의 주의사항은 다음과 같다.
ⓐ 잠재적 전염성이 있는 신체 점액이 묻을 수 있는 표면들은 일회용이어야 하고, 위생적인 물질로 만들어져야 한다.
ⓑ 교직원은 피부점막이나 피부의 상처부위가 잠재적 전염성이 있는 신체점액에 닿지 않도록 하고 전염성 질환이 확산되는 것을 줄일 수 있는 전략을 사용한다.
ⓒ 신체의 점액분비물이 나오면 직원은 즉시 합성세제를 가지고 물로 헹궈내어 깨끗이 닦는다.
ⓓ 청소를 한 후에, 교직원은 표면을 깨끗하게 하기 위해서 청소확인점검표에 쓰여진 절차와 같이 통기성이 없는 표면을 깨끗하게 한다.
ⓔ 교직원은 더러운 깔개를 청소하고 살균성 합성세제로 얼룩을 지우며 씻거나 증기를 이용한 청소를 한다.
ⓕ 교직원은 오염된 물체와 기저귀를 플라스틱 봉지에 담고 단단히 묶어 닫힌 정리함에 보관한다.
□ 유아가 그들의 입으로 장난감을 가져가거나 신체분비물로 더럽혀진 것은 (a) 물과 세제를 이용하여 손으로 씻고 헹궈내고 건조시키거나 (b) 다른 유아가 사용하기 전에 세척기 안에서 씻고 말린다.
□ 직원은 건강 전문가의 조언에 따라 알레르기 또는 다른 특별한 환경적인 건강 요구를 가진 유아와 교직원에 의해 사용되는 공간을 관리한다.
□ ⓐ 교실에서 기르는 애완동물이나 교실에 데리고 오는 동물은 건강상태가 좋아야 한다. ⓑ 애완동물은 동물보호시설이나 수의사로부터 예방접종을 했다는 것과 유아와 접촉해도 된다는 것을 인정하는 서류가 있어야 한다. ⓒ 교직원은 유아와 동물 사이의 모든 상호작용을 관찰하고 유아가 동물에게 근접할 때 안전한 행동을 하도록 지시한다. ⓓ 프로그램 직원은 동물의 유형에 따라 알레르기 반응을 보이는 유아가 그 동물에게 노출되지 않도록 한다. ⓔ 파충류는 살모넬라균(식중독의 원인이 되는 균) 감염의 위험이 있기 때문에 교실에서 허락되지 않는다.
□ 영아가 놀이를 위해 특별히 사용되는 바닥 위를 걷기 전에 성인과 유아는 실외놀이 시 신었던 신발을 벗거나 갈아 신거나 깨끗한 커버로 씌운다.

바. 교사

유아교육기관에서 교사들은 유아들의 질적 경험에 가장 중요한 기여자이다. 교사 교육 및 훈련의 중요성은 물론 높은 질의 보육, 효과적인 교육 및 유아발달을 위한 전문적인 발전의 중요성을 강조하고 있으며, 교육 받고 훈련된 유아교육 전문가들은 발달적, 반응적, 효과적인 보육 및 교육경험을 제공해야한다.

교육 전문가들이 알아야할 공통적 요소는 유아발달에 대하여 알고 이해하며 지식을 실제에 적용하고, 유아 행동을 관찰, 평가 후 정보를 이용하여 계획을 세우고 교육

실제와 커리큘럼을 개별화한다. 유아를 위한 안전하고 건강한 환경을 조성, 유지하고, 여러 분야에서 신체적, 사회적, 정서적, 인지적 능력을 포함하여 아동들의 학습 및 발달의 모든 영역을 증진시키는 커리큘럼의 계획 및 실행을 한다. 또한 유아와의 적극적인 관계 수립 및 가족과의 적극적이고 생산적인 관계를 유지하고 개별 유아의 발달 및 학습을 지원한다. 유아는 가족, 문화 및 사회의 맥락에서 가장 잘 이해됨을 인식하고 있어야한다.

프로그램 기준은 유아의 교육과 발달을 촉진시키고 가족의 다양한 욕구와 흥미를 지원할 수 있는 교육적인 질, 지식, 전문적인 의무를 가진 교사를 고용하고 지원한다. 이론적 근거는 유아는 교사가 높은 수준의 공교육을 받았거나 유아교육분야를 전공하였을 때, 가장 많은 혜택을 받는다. 유아발달에 대한 구체적인 사전 준비, 지식, 기술을 가진 교사와 유아는 따뜻하고 긍정적인 상호작용을 하기가 쉬우며, 풍부한 언어적 경험을 제공하고, 질 높은 교육환경을 조성할 수 있다. 교사가 부가적인 감독을 받거나 진행 중인 전문 개발에 참여할 수 있는 기회를 부여받을 수 있다면, 그들의 지식과 기술에 전문적인 변화는 지식 기초를 쌓는 데 도움이 될 것이다. 교사 영역의 평가지표는 다음과 같다.

① 교직원의 준비, 지식, 기술

□ 모든 교직원은 유아교육 전문직의 한 일원으로서의 도덕적인 지침을 알고 사용한다.

□ 유아와 함께 할 때, 모든 교직원은 다음과 같은 능력을 보여준다.
- ⓐ 물리적인 벌이나 어떤 형식의 신체적인 모욕을 사용하지 않고 유아와 상호작용하는 능력
- ⓑ 건강과 안전의 위험요소를 인식하고, 해로움으로부터 아이들을 보호하는 능력
- ⓒ 유아에게 다양한 학습의 기회를 제공하고 용기를 북돋아 주는 능력
- ⓓ 유아에게 다양한 사회적 경험을 제공하고 용기를 북돋아 주는 능력
- ⓔ 프로그램의 질을 향상시키기 위하여 적용하고 변화와 도전에 반응하는 능력
- ⓕ 유아와 의사소통하는 능력
- ⓖ 가족과 의사소통하는 능력

□ 처음 유아를 맡기 전 초임 교직원에게 다음과 같은 사항을 포함하는 프로그램 운영의 기본적인 측면을 소개하기 위한 오리엔테이션을 실시한다.
- ⓐ 프로그램의 철학적 기초, 가치, 목표
- ⓑ 윤리적인 행동에 대한 기대
- ⓒ 건강, 안전, 응급상황에 대한 절차
- ⓓ 그들이 가르치거나 돌보게 될 유아의 개인적인 요구

ⓔ 적절한 지침과 학급 경영의 기술
ⓕ 프로그램의 매일의 활동과 하루일과
ⓖ 교육과정
ⓗ 아동 학대와 방임에 대한 보고 절차
ⓘ 프로그램 정책과 절차
ⓙ NAEYC 유아교육프로그램 지표
ⓚ 규정된 자격요건
후속연수를 실시한다.

□ 처음 유아를 맡기 전 대리인, 자원봉사자, 그리고 다른 성인에게 프로그램 운영의 기본적인 측면을 소개하기 위한 예비적인 오리엔테이션을 실시한다. 오리엔테이션은 ⓐ 건강, 안전, 응급상황에 대한 절차 ⓑ 적절한 지침과 학급 경영의 기술 ⓒ 아동 학대와 방임에 대한 보고 절차 ⓓ 규정된 자격요건을 포함한다. 이런 성인은 유자격 교직원의 감독 하에서 유아를 맡는다. 기초적인 오리엔테이션 외에 후속 연수를 실시한다.

□ 모든 교사는 최소한의 관련된 학위 또는 그와 동등한 학력을 소지한다. 적어도 전체교사의 75%는 다음과 같은 내용에 관한 학사학위 또는 동등한 학력을 소지해야 한다. 출생에서 유치원까지 유아의 발달과 학습을 포함하는 유아교육, 아동발달, 초등교육 또는 유아 특수교육; 가족과 지역사회 관계; 관찰, 기록, 평가; 교수와 학습; 전문적인 업무와 발달(참조: 이 요구는 프로그램 규모에 따라 2006년에서 2020년 사이에 단계적으로 실시한다).

□ 보조교사/교사보조자는 고졸이나 GED(General Education Development: 고졸학력 검정고시)의 학력을 소지해야 한다.
ⓐ 보조교사/교사보조자의 50%는 적어도 CDA(Child Development Association: 아동발달 연합회 자격)나 그와 동등한 자격을 소지한다.
ⓑ CDA가 없는 보조교사/교사보조자는 CDA나 그와 동등한 프로그램에 등록하여 적극적으로 참여하고 발전되는 결과를 보여주어야 한다.

□ 모든 교직원은 전문화된 대학 수준 과정을 이수하고 전문적인 발달 훈련을 받아야 하며 다양한 인종, 문화 및 언어적 배경을 가진 유아 및 가족들과 협력할 수 있는 준비가 되어야 한다. 특별한 대학 수준의 코스는 이러한 주제를 포함하는 핵심과정을 포함할 수도 있다. 교직원은 유아의 차이를 반영하면서 교수법을 적용한다.

□ 모든 교직원은 프로그램의 교육과정에 관한, 이에 더하여 팀의 일원으로 참여하는 의사소통과 협동기술에 관한 특성화된 코스나 전문적인 발달 훈련을 받는다.

□ 다른 직원을 감독하거나 지도하는 모든 교직원은 성인 장학, 지도, 리더십 발달에 관한 특성화된 대학 수준의 코스나 전문적인 발달 훈련과 준비교육을 받는다. 특성화된 대학 수준의 코스는 이러한 주제들을 특별하게 설명하는 주제들이나 코스들을 담당하는 집중 코스를 포함할 수 있다.

□ 모든 교사들과 보조교사는 그들이 가르치는 아이들의 특정한 나이ㄴ 특별한 상황 그리고 특별한 요구에 부합하는 지식과 기술에 대하여 특성화된 대학 수준의 코스나 전문적인 발달 훈련을 받는다. 특성화된 대학 수준의 코스는 이와 같은 주제를 포함하는 핵심과정을 다루는 것이다.

□ 모든 교사, 보조교사-교사보조자는 유아의 발달단계나 프로그램의 질 평가를 위한 프로그램의 평가 절차를 정확하게 사용하는 방법에 관한 특성화된 전문적인 연수를 받는다. 연수는 학급 실제와 교육과정 활동을 적용하는 내용을 포함한다.

□ 모든 교사, 보조교사-교사보조자는 특별한 요구를 가진 유아를 맡을 수 있도록 준비하는 특성화된 대학 수준의 코스나 전문적인 발달 훈련을 가진다. 그 코스나 연수는 이러한 주제들을 특별하게 설명하는 주제들이나 코스들을 담당하는 집중 코스를 포함할 수 있다. 그 코스나 연수는 다음을 포함한다.
ⓐ 가족중심의 실제
ⓑ 전형적인 발달과 일반적인 건강 문제
ⓒ IDEA(Individuals with Disabilities Education Act)와 다른 적용 가능한 법률
ⓓ 이러한 법률에 해당하는 유아와 가족의 권리
ⓔ 개별화된 교육계획(Individualized Education Plan: IEP) 그리고 개별화된 가족 서비스 계획(Individualized

Familly Service Plan:IFSP)와 관련된 역할과 책임

ⓕ 통합을 지원하기 위한 전략

ⓖ 개인의 요구에 부합하는 교육과정, 스케줄, 자료, 교수법을 수정하고 적용시키기 위한 전략

ⓗ 참조와 평가 절차

ⓘ 지역사회 지원과 자원

② 교사의 자질과 전문가적인 책임

□ 모든 교직원은 장학사, 동료, 가족으로부터 받는 지속적인 반영과 피드백에 기초하여 그들의 수행력을 평가받고 개선한다. 그들은 지식을 실제로 행함으로써 지식을 확장하고 능력을 증가시킨다. 그들은 장학사와 함께 개별화된 전문성 발달의 연간 계획을 수립하고, 그것을 그들의 지속적인 전문성 발달을 위해 활용한다.

□ 모든 교직원은 지속적으로 그들의 리더십 기술로 다른 사람들과의 관계를 강화시키고, 프로그램, 지역 사회나 지방, 그 이상의 범위에서 유아와 가족의 환경을 개선하기 위해 일한다. 교직원은 그룹에 가입하거나 모임에 참여하거나 프로그램 안팎에서 타인과 정보를 공유함으로써 초기 보육에 관련된 지역, 주, 지방차원의 일반인 자각 운동(Public-awareness activity)에 형식적·비형식적인 방법으로 참여한다.

사. 가족

가족과 지역사회 관계 기준은 서로 밀접한 관계를 가지고 있다. 가족 문제는 그들의 아이들 뿐 아니라 유아경험의 질을 최대화하기 위해 함께 일하는 교직원과 관리자 모두에게 영향을 미친다. 또한 프로그램은 지역사회를 지원하는 것뿐 아니라 지역사회 자원을 잘 활용하는 것을 포함하여 지역사회의 중요한 일부분이다. 가족과 학교는 어린 아이들이 자라고 성장하는 대표적인 주요한 환경이다. 유아 프로그램은 가족을 이해하고 존중하고 정보를 공유하는 것에 의해 유아 경험과 발달을 강화할 수 있다. 또한 가족과 교직원은 보호와 교육에 대한 일을 공유하기 때문에 상호관계 협동과 공동 작업을 통해 긍정적인 관계를 수립하는 것이 중요하다.

이러한 가족과의 상호 관계성이 발전할 수 있는 사항으로는 가족이 프로그램의 부분이 되고, 프로그램 철학, 정책, 교육과정, 평가 체계, 자격에 대해 결정하는데 포함되는 것이다. 교직원은 가족을 성실하게 도와주고, 기족과 이야기하는 시간을 갖는다. 또한 가족의 구조, 문화, 언어, 관습, 믿음에 대해 배우기 위해 노력하고 그들의 상호작용을 통합한다. 이를 위해 번역이나 통역으로 의사소통하기 등 모든 가족과 함께 모두 노력하게 한다. 가족과 함께 유아들을 관찰하고 얻은 정보를 사용해서 지원하고, 유아와 가족들에 대해 다른 사람들과 함께 정보를 공유한다.

가족의 프로그램 기준은 모든 배경에 있어서 유아의 발달을 촉진시키기 위하여 각

유아의 가족과 함께 협조적인 관계를 수립하고 유지하게 한다. 이러한 관계성은 가족 구성, 언어, 문화에 민감하다. 이론적 근거는 유아의 학습과 발달은 가족에 통합적으로 연결되어 있고, 유아의 최적의 학습과 발달 지원, 촉진을 위해 프로그램은 가족을 최상으로 인식하는 것을 필요로 한다. 서로간의 존경, 지지, 신뢰에 기초한 가족들의 관계를 수립하는 것이 필요하다. 유아들의 교육적 성장 안에서 가족들을 포함하는 것이 필요하고, 프로그램에 가족을 완전히 참여시키는 것이 필요하다. 가족 영역의 평가지표는 다음과 같다.

① 프로그램의 가족을 알고 이해하기

- □ 오리엔테이션과 지속적인 교사 발달의 한 부분으로 초임과 현직 프로그램 직원은 다양한 형태의 가족과 효율적으로 일하기 위한 기술과 지식을 발달시킨다.
- □ 프로그램 직원은 가족을 통하여 가족구조, 가족이 선호하는 자녀양육 방법, 사회·경제적, 언어적, 인종적, 종교적, 문화적 배경에 관하여 가족이 공유하기를 원하는 정보에 대해 이해하고 배울 수 있는 다양한 형식·비형식적 전략을 사용한다.
- □ 프로그램직원은 프로그램 환경, 교육과정, 교수방법을 가족에게 적용시키기 위하여 가족에 대한 정보를 적극적으로 활용한다.
- □ 유아, 가족, 지역사회의 문화적 배경을 더 잘 이해하기 위하여, 프로그램 직원은(프로그램의 활동 중 하나 또는 개인으로서) 유아와 가족을 위해 고안된 지역사회 문화 행사, 음악회, 구연동화 또 는 다른 행사나 공연에 참여한다.
- □ 프로그램 직원은 법률적으로 유아의 보육과 복지에 합법적인 책임이 있는 가족 구성원에게 지원과 정보를 제공한다.
- □ 프로그램 직원은 첫 번째 접촉부터 가족과 강한 호혜적인 관계를 맺고 시간이 지남에 따라 그것을 유지하기 위해 고안된 의도적인 실제를 수립한다.
- □ 프로그램 직원은 가족구조(사회 경제적, 인종적, 종교적, 문화적 배경, 성, 능력 선호하는 언어)에 상관없이 모든 가족이 자원봉사 기회를 포함하여 프로그램의 모든 부분에 포함되어야 함을 인식한다. 이러한 기회는 각 가족의 흥미와 기술, 프로그램 직원의 요구를 고려한다.
- □ 프로그램 직원은 유아의 흥미와 학업 성취, 유아의 발달적 요구에 대해 가족이 알고 있는 지식으로부터 배우고, 유아에 대한 가족의 관심과 목표를 알기 위해 가족과 연계한다. 이러한 정보는 지속적인 학급계획에 포함된다.
- □ 프로그램 직원은 유아의 학습을 촉진하기 위한 교육적인 목표와 효과적인 전략을 포함한 프로그램의 철학, 교육과정 목표에 대해 가족과 의사소통하기 위한 다양한 형식·비형식적인 방법을 사용한다. 직원은 신입가족 오리엔테이션, 소집단 회의, 개인적인 대화, 설문지와 같은 다양한 방법을 사용하는데, 이는 연중 교육과정 활동에 대해 가족으로부터 정보를 얻는 데 도움이 된다.
- □ 프로그램은 하루일과의 구분, 특별한 요구, 음식, 매일 보육의 문제를 포함하여 유아 보육에 관한 이슈를 가족과 공유한다.
- □ 가족은 시설 절차에 의해 구체화 되는 대로 운영되는 프로그램의 정규 시간 동안 언제라도 시설의 어떤 영역을 방문해도 된다.
- □ 프로그램은 가족이 형식적, 비형식적으로 서로 만나고, 프로그램을 지원하기 위한 프로젝트에 함께 참여하고, 상대로부터 배우고, 서로 지원할 수 있는 기회를 촉진한다.
- □ 프로그램의 관리단 또는 자문단은 구성원이자 적극적인 참여자로서 가족들을 포함한다. 프로그램의 직원이나 다른

가족들은 리더십 역할을 수행하는 데 있어 가족 구성원에게 용기를 북돋아 주고 지원해 준다.
□ 프로그램 직원과 가족은 함께 행사를 계획한다. 가족의 스케줄과 참석여부는 계획의 한 부분으로써 고려되어야 한다.

② 직원과 가족 사이에 정보 공유하기

□ 프로그램 직원은 ⓐ 프로그램 환경 ⓑ 교육과정 ⓒ 교수방법을 가족에게 적용시키기 위하여 가족에 대한 정보를 적극적으로 활용한다.
□ 기관은 기관의 정보를 모아서 가족이 이해할 수 있는 언어로 제공한다. 이 정보는 기관의 방침과 운영 중인 절차를 포함한다.
□ 프로그램 직원은 가족에게 형식·비형식적인 유아 발달 평가시스템에 대해 알려 준다. 이 정보는 평가의 목적, 평가에 사용된 절차, 가족의 정보를 수집하는 절차, 평가의 시기, 결과나 정보를 가족과 공유하는 방법, 프로그램이 정보를 사용하는 방법을 포함한다.
□ 프로그램 직원은 유아가 발달지체나 다른 특별한 요구를 가지고 있다고 생각할 때, 이러한 가능성을 민감하고 지원적이고 신뢰할 만한 방법으로 가족에게 전달하며, 현재 상태, 예측되는 다음 단계 그리고 평가 자료에 대한 문서와 설명을 제공한다.
□ 프로그램 직원은 영아기/걸음마기(2세)의 활동과 발달적인 이정표, 공유된 보육 이슈, 유아의 복지와 발달에 영향을 미치는 또 다른 정보에 관해서 매일 가족에게 알린다. 직접 만나 대화하는 것이 불가능 하다면, 대체할 수 있는 도구를 통해 의사소통한다.
□ 프로그램 직원은 유아의 활동과 발달적인 이정표, 공유된 보육 이슈, 유아의 복지와 발달에 영향을 미치는 또 다른 정보에 관해서 매주 가족들에게 알린다. 직접 만나 대화하는 것이 불가능 하다면, 대체할 수 있는 도구를 통해 의사소통한다.

③ 유아를 위한 대변인으로서 가족을 지원하기

□ 프로그램 직원은 활동이나 서비스에 대한 유아의 목표와 계획을 결정하는 데 가족이 정기적으로 참여하도록 장려한다.
□ 프로그램 직원은 학급 업무에 활용할 수 있는 상호 만족할만한 해결책을 찾기 위해 가족의 관심을 이끌고 그들과 협력한다.
□ 프로그램 직원은 가족이 그들의 아이들이 필요로 하는 서비스에 대해 주요한 의사 결정을 하는 것을 장려하고 지원하며 필요한 서비스를 얻기 위해 대변할 것을 장려한다.
□ 프로그램 직원은 가족 구성원들과의 상호작용에서 일어나는 어려움을 처리하기 위한 다양한 기술을 사용한다. 프로그램 직원은 가족들이 이해할 수 있는 언어로 이러한 기술들을 사용한다.
□ 프로그램 직원은 가족들에게 다른 조직으로부터 프로그램과 서비스에 대한 정보를 제공한다. 직원은 건강, 정신 건강, 평가, 유아를 위한 교육적인 서비스를 수행하는 가족들의 노력을 지원하고 장려한다.
□ 프로그램 직원은 유아가 특별한 교육프로그램을 포함하여 프로그램 간의 이동을 할 때 가족이 이를 준비하고 처리할 수 있도록 다른 유아교육프로그램과 지역 초등학교와의 연계를 구축한다. 직원은 가족이 다른 프로그램과 의사소통하는 데 도움이 되는 정보를 제공한다.
□ 다른 프로그램이나 학교로 이동하는 가족을 돕기 위해, 직원은 등록 절차와 실행, 방문 기회, 프로그램 선택사항에 대한 기초적이고 일반적인 정보를 제공한다.
□ 다른 관련된 제공자, 대리인, 또는 다른 프로그램들과 유아에 대한 정보를 공유하기 전에 직원은 가족으로부터 서명 허가를 받는다.

아. 지역사회 관계

교직원, 가족, 지역사회 구성원 사이의 지역사회 관계는 유아공동체뿐 아니라 이웃 시민으로서 활동하고, 지역사회 자원을 활용하고, 지역사회와 함께 프로그램에 연계될 때 확실히 발달한다. 협력적인 훈련활동, 이웃과 함께하는 행사, 지역사회 방문, 공동 후원 등 참여는 직원, 유아, 가족들의 경험을 풍요롭게 한다. 프로그램 직원의 전문성 발달과 프로그램 개선 노력을 위해 지역사회가 지원한다(주 또는 지방 NAEYC 지부, 인가촉진프로젝트, 지역대학과 연계). 지역사회 행사에 대하여 가족에게 통지하는 것은 함께 즐겁고 유익하기 위해 활동을 제공한다. 자원으로서 가족을 사용하는 것은 지방의 행사, 문제, 연주회에 참여하여 프로그램 직원을 돕는다. 가족 참여는 봉사와 전문화된 상담자를 지원한다. 건강, 영양, 유아복지, 주거, 양육 프로그램과 연계는 가족들을 돕는다. 초기 중재와 특별교육심사, 평가 서비스에 관한 정보제공은 특별한 필요를 가진 유아들의 가족을 돕는다.

지역사회 프로그램 기준은 관계성을 확립하고 프로그램 목표의 성취를 지원하기 위해 지역사회 자원을 사용한다. 이론적 근거는 유아의 지역사회 조직의 부분으로서 효과적인 프로그램은 교육과정, 건강촉진, 유아들의 변화, 포함, 다양성을 위한 목표를 달성하는 데 있어서 프로그램을 지지하는 기관과 제도 간의 상호 호혜적 관계를 수립하고 유지시킨다. 또한 가족들이 필요로 하는 자원들을 접속할 수 있도록 도움으로서 프로그램은 유아들의 건강 발달과 학습을 증진시킨다.

① 지역사회와의 연계

- □ 프로그램 직원은 가족들 사이에서 관찰한 요구의 패턴과 가족이 요구하는 것에 기초하여 지역사회에서 현재 이용 가능한 유아와 가족 지원 서비스의 목록을 수립한다(건강, 정신건강, 구강건강, 영양, 아동복지, 부모프로그램, 초기 중재-특별 교육, 평가 서비스 집안일과 유아 양육보조와 같은 기본적 요구). 프로그램 직원은 목록을 가족과 공유하며 유아와 가족의 나은 삶과 발달을 지원하기 위한 지역사회 자원을 찾아내고, 접촉하며, 사용함으로써 도움을 준다.
- □ 프로그램 직원은 유아, 가족의 요구와 관심에 부응하는, 프로그램의 능력을 진전시키는 기관, 협회 그리고 지역사회 조직과 협력하며 전문적인 관계를 발달시킨다.
- □ 프로그램 직원은 문화적, 언어적으로 적절한 서비스를 제공할 수 있는 가족 지원 서비스, 전문화된 협회와 친밀함을 갖는다. 프로그램 직원은 문화적, 언어적 서비스를 가족들에게 적절하게 제안하고 안내하기 위해 이러한 지식을 활용한다.
- □ 프로그램 직원은 서로가 유아에게 원하는 결과를 성취하고 협동적인 일을 하도록 안내하기 위하여 유아가 다른 기관, 프로그램과 의사소통을 통해 지속적인 서비스를 받도록 격려한다.
- □ 프로그램 직원은 프로그램에서 모든 유아들의 가족들의 완전한 참여를 도울 수 있는 전문적인 협회와의 관계를 확인하고 확립한다. 이러한 도움은 장애아, 행동적인 도전들, 특별한 요구를 가진 유아에 대한 지원을 포함한다.
- □ 프로그램 직원은 지역사회 위원회, 서비스 기관, 지역 정부연합 사이에 프로그램의 필요에 대한 인식을 만들어냄으

로써 프로그램과 그들의 가족을 옹호한다.

- 프로그램 직원은 지속적인 개선을 위해 계획하고 투자자의 프로그램 참여를 확립하고 프로그램에 대한 지역사회와의 지원을 확충하기 위하여 투자자로부터 정보를 수집한다.

② 지역사회 자원에의 접근

- 프로그램 직원은 교육과정과 유아의 학습 경험을 위한 필수적 요소로서 지역사회와 가족에 대한 정보를 활용한다.
- 프로그램 직원은 지역사회의 도시, 교외, 지방 또는 부족의 문화적 자원과 접촉하고 활용한다.
- 프로그램 직원은 유아를 위한 박물관전시, 음악회, 구연동화, 연극과 같이 지역 기관에 의해 후원되는 지역사회 행사에 대해 가족들에게 정보를 제공한다.
- 프로그램 직원은 행위, 시각 예술 공동체 일원(예: 음악 연주가, 순회 박물관 전시회 제작자, 지역 예술가, 지역사회 거주자)의 흥미와 재능을 유아와 공유하기 위하여 이들을 초청한다.
- 프로그램은 유아와 가족의 경험을 풍부하게 하는 문화적 행사에 상호협력 또는 참여하기 위하여 다른 지역사회 조직, 집단과 교류한다.

③ 이웃과 유아교육 공동체의 시민으로서 행동하기

- 프로그램 직원은 회의와 협의회에 참석함으로써 지역, 주, 국가적 유아교육 기관에 참여하도록 격려 받는다. 프로그램 직원은 또한 정기적으로 조기 양육, 교육과 연관된 지역, 주, 지역의 활동에 참여하도록 격려 받는다.
- 프로그램은 직원이 이웃의 유아교육프로그램과 다른 지역사회 서비스 기관과 함께 참여적, 협력적 교육활동 및 행사에 참여하도록 촉진한다.
- 프로그램은 관리자와 가족이 함께 참여하여 일하고 지역사회 발달과 프로젝트 지지를 지원하도록 장려한다.
- 프로그램 지도부는 가까운 이웃들에게 프로그램에 대한 정보를 제공하고, 그들의 관점을 찾아내고, 프로그램에 적절히 참여시키고 그들(이웃들)의 흥미와 요구에 협력함으로써 프로그램에 대한 상호적인 관계를 형성하고 정기적으로 의사소통한다.
- 프로그램 직원은 지역사회 또는 주 정부 기관 의회, 서비스 통합 노력에 참여하도록 격려되고 기회를 제공받는다.
- 프로그램 지도부는 지역, 주, 부족, 국가적 차원에서 정책변화가 유아와 가족들의 서비스와 이용가능한 자원에 어떻게 영향을 미치게 될 것인가에 대한 지식이 있다.

자. 물리적 환경

물리적 환경은 프로그램의 철학과 목표, 가치를 지원한다. 교직원, 유아의 발달과 독립을 지원하고 복지를 위한 지역사회에 기여할 수 있다. 질이 높은 환경은 유아들에게 다양한 활동을 하게하며, 개별, 소그룹, 대그룹 활동을 위한 공간을 제공한다. 유아들과 직원이 매일 많은 시간을 보내는 장소로 일상적인 요구가 만나는 곳, 관계가 발달되는 곳, 기술이 배워지는 곳, 능력이 향상되는 곳, 학교와 학습을 향한 태도가 형성된다. 프로그램 계획자는 유아발달, 프로그램 가족, 건강, 안전, 안락함을 위해 물리적인 환경을 주의 깊게 설계해야 한다.

물리적 환경은 문화, 연령, 발달적 수준, 능력과 무능력 관계없이 모든 유아에게 필요하다. 모든 문화 가족 구성원이 도착 또는 떠날 때 쉽게 조직화 할 수 있기 위해,

자원을 찾는 곳을 알도록 돕고, 말할 수 있는 지역에 접근하고, 일상의 필요를 편안하게 만나게 한다. 가족들은 그들의 문화가 교실 진열, 교재, 상호작용, 학습기회에 적극적인 방법으로 반영시키는 문화를 필요로 한다. 직원은 건강, 안전, 휴식을 제공해 주는 물리적인 환경을 필요로 한다.

물리적인 환경은 프로그램과 교사 철학과 가치에 대해 기본적인 것이다. 프로그램 기준은 안전하고 건강하며, 적절하고, 잘 정돈된 실내·외 물리적 환경을 제공한다. 환경은 시설, 설비 그리고 아이들과 직원의 학습과 발달을 촉진하는 자료를 포함한다. 이론적 근거는 프로그램의 설계와 물리적인 환경의 유지는 높은 질적 프로그램 활동을 지원하고 서비스와 적절한 사용과 조작을 위해 허용한다. 잘 조직화되고 구비되어지고, 유지되어진 환경은 학습, 건강, 프로그램에 이용된 것들의 안전을 촉진함으로써 질적인 프로그램을 제공한다. 유아들, 가족, 직원을 위해 환영되고 접근 가능한 환경을 창조함으로써 프로그램의 질은 향상된다. 물리적 환경 영역의 평가 지표는 다음과 같다.

① 실내외 시설, 설비, 교재·교구

□ 다음과 같은 설비들이 필요하다.

ⓐ 음식 준비 장소로부터 멀리 떨어져 있고 기저귀를 갈아 채우고 더러운 옷이나 겉옷을 갈아입힐 수 있는 시설과 설비

ⓑ 기저귀 갈이 대에서 팔을 뻗어 닿을 수 있는 위치의 세면대

ⓒ 마루 또는 바닥에 발을 대고 앉을 수 있는 등받이와 좌석 높이가 있는 의자(1세 이상의 유아 들을 위해서)

ⓓ 유아가 겨드랑이 밑과 허리 사이 테이블에 편히 앉을 수 있게 해 주는 높이의 테이블

ⓔ 프로그램에서 하루에 네 시간 이상을 보내는 유아를 위해서 적어도 하나의 간이 침대, 유아용 침대, 매트, 침낭, 혹은 패드(휴식 시설 사용 없이 마루에서 잠자는 것이 허용된 유아는 없다)

ⓕ 아픈 유아를 위한 적어도 하나의 담요가 있는 간이 침대 혹은 매트

ⓖ 장애가 있거나 특별한 요구가 있는 유아가 프로그램 활동에 충분히 참여하기 위한 적합한 시설

ⓗ 다른 유아로부터 자고 있는 유아를 분리하는 견고한 가리개 혹은 적어도 세 발작 이상 떨어진 공간

□ 개별적인 공간은 각 유아의 소지품을 위해 필요하다.

□ ⓐ 일회용이 아닌 교재·교구는 튼튼하고 수리 가능한 것이다. ⓑ 설비, 교재·교구, 비품은 프로그램의 교과과정과 활동에 장애가 있는 유아가 잘 참여할 수 있도록 돕는 것이다.

□ 연령과 발달에 적합한 교재·교구와 기구의 다양성은 하루 종일 유아의 실내·외 활동을 가능하게 한다. 이 기구는 다음과 같다.

ⓐ 역할 놀이 기구 ⓑ 모래, 물, 점토, 물감, 그리고 블록과 같은 감각적인 교재·교구 ⓒ 교과과정의 목적과 목표, 읽고 쓰기, 산수, 과학 사회적 연구, 다른 영역을 지원하는 교재·교구 ⓓ 끌어당기기, 걷기, 기어서 오르내리기, 다

양하게 움직이기, 밀기, 당기기, 타기와 같은 활동을 위한 대근육 운동 기구

- ⓐ 실내 환경은 직원의 기계적인 관찰 장치에 의존하지 않고 항상 직원이 보고 들으면서 유아를 감독할 수 있도록 설계된다. ⓑ 반 개별적인 공간에서 유아와 성인은 실외의 다른 성인으로부터 감독을 받는다.
- 실내에 등반기구, 미끄럼틀, 그리고 다른 놀이 기구들이 있을 때는 제작자가 명시한 놀이기구의 낙하 높이를 고려하여 낙하지점에 안전 표면을 깔아야 한다. 간이 다락과 같은 기구는 낙하(울타리를 치거나)를 방지하기 위해 제조되거나 안전 표면을 낙하지점에 설치한다.
- ⓐ 직원은 아이들이 독립적으로 도구를 사용하도록 장려하기 위해서 낮고 공개된 곳에 교재·교구를 진열한다. ⓑ 직원은 학습 장려하고 유아의 놀이 기회를 확장시키기 위해서 교재·교구를 교체하고 첨가한다.
- 교재·교구와 시설은 ⓐ 집중적인 개별 놀이와 또래와 함께 하는 놀이에 초점을 두고 설비되어야 하고 ⓑ 유아의 흥미에 맞는 활동 안에서 각 유아가 차지하기에 충분한 양이 있어야 한다.
- 프로그램 직원은 적합하고 활용적인 환경을 배열한다. 적합하고 활용적인 환경은 다음과 같은 요소를 포함한다.
  - ⓐ 가족 내에 존재하는 문화적 전통, 가치와 신념을 소중히 여기는 동안 다양성을 촉진할 수 있는 다문화적인 교재·교구
  - ⓑ 가족들이 하루 일과와 다가오는 행사에 관한 정보를 얻을 수 있는 명확한 장소
  - ⓒ 가족들이 유아의 등·하원을 기록할 수 있는 장소
  - ⓓ 유아들의 작품을 전시하는 장소
  - ⓔ 시각적이고 청각적인 자극을 제공하는 화보들
- 실내 환경은 집단, 성인, 유아들이 상호작용하고 휴식하기 위하여 기대어 앉을 수 있도록 세탁 가능하고 부드러운 소재를 사용한다.
- 깨끗한 통로는 유아가 다른 유아들의 작업과 놀이를 방해하지 않고 다른 장소로 이동할 수 있도록 한다.
- 실내공간은 다음과 같이 설계되고 구성된다.
  - ⓐ 유아가 개인적으로나, 소집단, 대집단으로 편리하게 사용하도록 한다.
  - ⓑ 전체 공간은 유아의 놀이와 학습을 도와주는 적절한 교구들로 배치한 영역으로 구분되도록 한다.
  - ⓒ 유아가 혼자서 혹은 친구들과 함께 놀이하거나 작업할 수 있는 반개별적인 공간을 제공한다.
  - ⓓ 장애가 있는 유아가 실내 공간에서 교과과정과 활동에 충분히 참여하는 것이 가능하도록(필요하다면 첨가물을 제조) 한다.
- 직원은 다음과 같은 목적을 위해 교재·교구, 기구, 설비를 선택하고 사용한다.
  ⓐ 교육과정을 지원하기 위해 ⓑ 프로그램 목표에 적합하도록 하기 위해 ⓒ 유아가 바라던 결과의 성취를 촉진하기 위해
- ⓐ 성인은 영아를 앉히고, 고정하고, 먹이기 편한 장소를 준비한다. ⓑ 직원은 흔들의자와 그네의자를 바닥에 있는 유아들이 다치지 않는 장소에 놓는다.
- 모유를 먹이는 어머니들을 위해 수유하기 적합하고 편안하면서 사적인 요구를 만족시킬 수 있는 공간을 제공한다.

② 실외환경 설계

- 연령과 발달에 적합한 기구로 설계되고, 유아가 혼자 혹은 친구들과 놀이할 수 있는 반개별적인 공간이 있는 실외 놀이 영역들은 다음과 같은 편의를 도모한다.
  - ⓐ 달리기, 기어오르기, 균형 잡기, 타기, 점프, 기기, 달리기, 그네 타기와 같은 근육 운동 경험
  - ⓑ 극놀이, 블록 쌓기, 조작놀이, 예술활동과 같은 활동들
  - ⓒ 독성이 없는 식물, 작은 나무와 큰 나무와 같이 자연물들이 있는 공간과 자연적이고 인공적인 표면의 다양성을 포함하는 자연환경의 탐색
  - ⓓ 그 프로그램은 장애를 가진 유아가 실외 교육과정과 활동에서 충분히 참여하여 적응하게 한다.
- 프로그램 직원은 유아가 바깥 거리로 나가는 것을 막고 구덩이, 도랑, 웅덩이 등의 위험을 피하기 위해서 담장이나 자연적인 울타리로 보호되는 실외 놀이 영역을 제공한다.
- 실외놀이 영역은 잘 배치되어 있어서 직원은 보고 들으면서 유아들을 관찰할 수 있다.

□ 프로그램은 각각의 아이들의 바깥놀이를 위해 적어도 한 명당 75스퀘어 피트의 바깥놀이 공간을 제공한다. 요구되는 놀이 공간의 총합은 한 번에 전체 센터에 등록된 인원의 최대 3분의 1을 바탕으로 한다.

□ 프로그램 시설의 한 부분인 모래박스는 ⓐ 배수가 잘 되어야 한다. ⓑ 사용하지 않을 때 덮어 둔다. ⓒ 규칙적으로 외부 물질을 청소한다. ⓓ 직원은 모래를 깨끗이 유지하기 위해 가능한 한 자주 모래를 교체한다.

□ 실외놀이에서 다음과 같은 것으로부터 유아가 보호된다.

ⓐ 떨어져서 다치는 것(탄력표면은 고정기구의 제한을 넘어서 6피트를 연장해야 한다)
ⓑ 고리 부분, 뾰족한 부분, 삐져나온 쇠붙이
ⓒ entrapment(입구는 3.5인치 이하 또는 9인치 이상으로 측정되어야한다)
ⓓ 배수로
ⓔ 과도한 바람과 직사광선

□ 공인된 운동장 안전 조사관에 의한 평가된 연구결과는 문서화되어 있고 사이트에서 이용할 수 있다. 평가는 다음과 같이 문서화 된다

ⓐ 2세에서 유치원 연령에 이르기까지의 유아가 사망하거나 영구 장애가 되는 상해를 입지 않도록 놀이기구가 안전해야 한다는 것.
ⓑ 보수를 해서 어떤 안전하지 않은 상태를 고칠 수 있어야 한다는 것.
ⓒ 프로그램을 관리하고 유지하기 위해 수립되었고 지속적인 안전을 보장하기 위해 규칙적으로 실행된다는 것.
ⓓ 실외놀이 영역은 프로그램이 제공되는 각 연령 집단의 능력, 요구, 흥미에 맞게 편의를 제공해야 한다는 것.

③ 건축 기준 및 물리적 환경 설계

□ 각각의 주요한 실내 활동영역에는 아동마다 최소한 35스퀘어 피트의 사용 가능한 공간이 있다(주요한 활동영역에 기저귀 가는 곳, 침대, 없어지거나 쉽게 옮길 수 없는 큰 구조물, 화장실, 아픈 유아를 위한 장소, 직원실, 복도, 현관, 계단, 옷장, 사물함, 세탁실, 청소함, 난방장소, 창고, 붙박이 선반은 포함되지 않는다. 컴퓨터실, 도서설, 점심 먹는 방과 같이 아이들이 잠깐 동안 앉아서 머무를지 모르는 특별한 공간도 최소 요구 공간에서 제외된다).

□ ⓐ 교실과 직원실을 포함하는 직원을 위한 작업환경은 편안하고 깨끗하고 잘 수리되어 있다. 작업환경은 다음을 포함한다. ⓑ 성인들이 아동들로부터 휴식할 장소 ⓒ 성인 화장실 ⓓ 직원의 개인 소지품을 보관하는 안전한 장소 ⓔ 아동들의 영역과 분리 되어서 교재·교구를 계획하고 준비할 수 있는 관리영역

□ 시설들은 미국장애인 법령(ADA)의 접근 용이 조건에 적합해야 한다. 접근 용이: 건물, 화장실, 세면대, 식수대, 실외놀이 공간과 모든 교실과 치료 장소의 접근 용이를 포함한다.

□ 프로그램은 종일 과정에 참여하는 아이들에게 실내 장소에서 자연 빛을 두 시간 이상 제공해야 한다.

□ ⓐ 화장실 ⓑ 식수 ⓒ 손 씻는 시설은 유아가 사용하는 실내장소의 40피트 내에 있다. 손 씻는 세면대는 ⓓ 직원과 ⓔ 유아들이 접근이 용이해야 한다(필요하다면 발 디딤대를 사용한다).

□ ⓐ 시설 청소와 소독의 규칙적인 회수는 '청소와 소독의 회수' 표에서 볼 수 있다. ⓑ 직원은 변기의자, 변기 손잡이, 변기통, 문손잡이, 탈의실 손잡이와 바닥을 매일 혹은 더러울 때 즉시 청소하고 소독한다. ⓒ 직원은 어린이용 변기 의자가 만약 사용 중이라면 유아가 사용한 후에 청소하고 소독한다.

□ 건물은 다음과 같이 잘 관리된다. ⓐ 벽, 바닥, 가구, 실외 놀이 영역, 기구를 날카로운 끝, 가시, 삐져 나온 녹슨 못, 혹은 없어진 부분 없이 잘 수리되고 안전하게 유지된다. ⓑ 실내·외를 포함하는 모든 영역은 유리, 쓰레기, 날카로운 혹은 위험한 물건, 눈에 띄는 먼지를 제거하고 깨끗한 상태이다. ⓒ 직원은 실내외 모든 장소의 시설을 관찰해서 고쳐 주거나 위험한 상태를 없앤다.

□ ⓐ 프로그램 직원은 전기충격, 데임, 미끄러짐이나 떨어짐을 포함하는 위험으로부터 유아와 성인을 보호한다. 바닥 커버는 직원과 유아들의 미끄러짐을 방지하는 것이다. ⓑ 프로그램은 유아의 보행기를 허용하지 않는다.

□ 프로그램 직원은 계단과 복도에 불이 잘 들어와 있는지 확인한다. 확실하게 표시된 출입구나 비상구뿐만 아니라 통로에도 비상조명이 있다.

□ ⓐ 완벽히 구비된 비상 응급기구는 각각 그룹의 유아들을 위해 즉각적으로 이용 가능해야 한다. ⓑ 직원은 실외놀

이 장소뿐만 아니라 야외소풍에 적어도 하나의 응급기구를 가져간다.

□ ⓐ 잘 작동하는 소화기와 소화 알람은 각 교실에 설치되어 매년 표시를 붙이고 확인한다. ⓑ 잘 작동하는 일산화탄소 감지기는 각 교실에 설치되고 매년 표시를 붙이고 확인한다. ⓒ 연기 감지기, 소화 알람과 일산화탄소 감지기는 매달 시험하고 실험 날짜의 경과 기록하고 배터리교체를 한다.

□ 수영장, 물놀이장, 연못, 도랑을 포함하는 물과 관련된 것은 유아가 혼자 들어가지 못하도록 막는 문이 있는 적어도 4피트 높이의 담장으로 둘러 싸여 있어야 한다. 익사사고를 방지하기 위해 직원은 욕조, 수조, 물놀이테이블에 접근할 수 있는 모든 영역에서 유아들을 보고 들으면서 감독해야 한다.

□ 최근에 페인트칠을 하거나, 카펫을 깔거나, 타일을 깔거나 새롭게 보수된 장소는 유아들이 사용하기 전에 환기시킨다.

□ 프로그램이 이용하는 자동차는 학교버스 기준과 일치하거나 다목적 학교 활동 버스 이다. 이런 자동차는 프로그램의 이름과 전화번호가 붙어 있어야 한다. 프로그램 자동차관리는 제조자가 명시한 관리 일정에 따라 실행된다. 정기적인 분기별 검시와 예방 관리의 날짜를 명시한 문서는 자동차 내에 보관하고 이용 가능하게 한다. 직원은 매일 운행 전에 자동차 검사를 수행하고 타이어에 공기압이 점검과 같이 위험한 상태를 점검해야 한다.

□ 직원은 자동차를 이용하고 제조자의 지시에 따라 유아와 성인이 하는 안전제어장치를 이용하고, 유아들을 수송할 때마다 항상 점검한다.

□ 프로그램 직원은 질식 위험물에 대해 인식하고 영아와 걸음마기 유아가 접근할 수 있는 곳에서 제거해야 한다.

□ 욕실에는 영아와 걸음마기 유아가 혼자 들어가지 못하도록 가림 벽을 설치한다.

④ 환경 보건

□ 건물이 납, 라돈, 방사, 석면, 섬유유리 또는 부스러지기 쉬운 재료로 인한 다른 위험으로 평가되는지에 대해 문서적 증거를 기록한다. 프로그램이 평가가 정당하다면 유아와 성인이 노출되는 것을 막기 위한 개선이나 접근 제한을 취해야 한다는 증거가 된다.

□ 물 공급의 수원이 우물이나 다른 개인의 수원일 때(공중용에 의한 공급이 아닐 때), 지역 제어 보건 당국은 물이 사람들에게 안전하다고 판정되는 현장 문서의 증거를 제공해야 한다.

□ 프로그램 직원은 유아와 성인이 매연이나 다른 공기오염 경보가 있는 동안 예방조치로서 실외 신체활동을 제한한다. 이로써 매연이나 교통체증으로 인한 공기 오염의 높은 수준에 노출되는 것으로부터 보호한다.

□ 프로그램은 보통 대화가 목소리를 높이지 않고도 들릴 수 있을 정도로 소음 수준을 통제하기 위해 아이들이 있는 모든 방에서 측정한다.

□ 유아가 사용하는 모든 방들은 방의 온도와 습도를 유지하기 위해 따뜻하게 하고, 차갑게 하고, 환기시킨다. 관리 직원은 시설 체계가 아이들 시설 사용에 있어 국가 기준에 따라 유지된다는 것을 증명해야 한다.

□ 시설과 실내 놀이 장소는 전적으로 금연이다. 유아들이 있는 곳에서는 금연이다.

□ 먼지 진드기 혹은 가구의 성분에 알레르기가 있는 직원이나 유아가 사용하는 장소는 보건 전문가의 권고에 따른 프로그램으로 유지된다.

□ ⓐ 프로그램은 해로운 동물, 해충과 독성 식물이 없는 시설 및 설비를 유지한다. ⓑ 만약 살충제와 제초제를 사용했다면, 살충제와 제초제는 아동들이 시설에 없을 때나 유아에게 피부접촉, 흡입, 그리고 다른 노출을 방지하는 방법으로 제조자의 지시에 따라 사용된다. ⓒ 프로그램은 해충과 원치 않는 야채를 조절하는 데 사용되는 위험성이 가장 적은 수단이 IPM이라고 알려진 기술을 사용한다(IPM은 가정과 학교, 직장과 공공 구역에서 해충(곤충, 병, 잡초와 설치류를 포함)을 방제하기 위한 복합체계이다).

□ 유독 물질(제조자가 직접 사용하는)은 ⓐ 원래 표시된 저장고에 보관되거나 ⓑ 유아들이 접근하기 어려운 잠겨진 방이나 캐비넷에 보관되고 음식과 약물로부터 멀리 보관된다. ⓒ 성냥과 라이터가 가까이 있으면 안 되고 휘발유와 다른 가연성 재료는 다른 건물에 보관되어야 한다(필요할 경우).

차. 리더십과 운영

교육받고 훈련된 유아교육 전문가들은 발달적으로 보다 적절한 보육과 반응적이고 일반적으로 보다 효과적인 보육 및 교육경험들을 제공하기 때문에 리더십과 운영은 중요하다. 유아 프로그램 관리자의 직무는 유아 프로그램을 조직, 지도, 안내, 관리하기 위한 기술과 재능의 적절한 조합을 요구한다. 강력한 리더십과 관리가 없으면, 보육과 교육을 위해 유아와 가족의 필요를 충족시키도록 종합적인 높은 수준의 서비스를 제공하고 그들의 노력을 지원하기란 어려울 것이다. Rosalynn Carter는 "리더는 사람들이 가고자 원하는 방향으로 안내한다. 뛰어난 리더는 사람들이 가고자 원하지는 않더라고 가야할 방향으로 안내한다."고 언급하였다.

질적인 프로그램에서 관리자의 도전적인 과제를 수행할 능력은 지도력과 학습과 성장에 대한 능력을 포함한다. 지도력 부분에서 리더는 신뢰, 협동 및 참여의 분위기에서 프로그램 과제를 실행해야한다. 또한 전략적으로 사고하고 공감대를 형성하며 변화를 유도하고 현장 전문가들의 필요를 충족시키며 전문적인 성장을 고무, 지원하고 유아, 가족 및 교육을 위해 보다 나은 결과에 영향을 미칠 능력을 갖추어야 한다. 학습과 성장 능력으로 멘토, 관리, 재정적 책임, 건강과 영양, 안전한 환경과 실행 유지, 스텝과의 관계 유지, 책임과 지속적인 개선을 위한 프로그램 평가, 협동의 능력이 필요하다. 멘토는 교직원의 전문적인 필요에 반응하고 학습하려는 노력을 지원하는 것이며, 관리는 프로그램 운영을 위한 정책과 절차를 개발하고 수행하는 능력이며, 재정적 책임은 예산 편성 및 집행 감독에 대한 지식이 있어야 하며, 우선순위를 설정하고 운영을 위한 장기적인 자원을 제공하는 것이다. 리더는 건강과 영양, 안전한 환경과 실행 유지를 해야 하며, 사명감 있는 교직원과 관계를 잘 유지하고, 책임과 지속적인 개선을 위한 프로그램을 평가해야 한다. 리더는 교직원, 가족, 커뮤너티 구성원, 자금 제공자 및 여타 이해 관계자 등과 협력해야한다.

리더십과 운영을 평가하기 위한 기준은 모든 유아, 가족, 그리고 직원이 질 높은 경험을 할 수 있도록 안정적인 직원, 인사, 회계, 프로그램의 운영을 지원하는 지침, 절차, 체계를 효과적으로 수행한다. 이론적 근거는 탁월한 프로그램은 포괄적이고 기능적인 운영지침, 절차, 체계뿐 아니라 효과적인 관리 체계, 유능하고 수준 높은 리더십을 필요로 한다. 효과적인 리더십과 운영은 다음과 같이 질 높은 보육과 교육을 제공한다. 관련 법규 및 지침을 공고히 하고, 재정 안정, 프로그램 의무, 효과적인 의사소통, 유익한 상담 서비스, 긍정적인 지역사회 관계, 그리고 편안하고 지지적인 직장 환경을 개선한다. 안정적인 직원상태를 유지하고, 지속적인 프로그램 발달뿐 아니라 직원을 위한 프로그램을 부단히 계획하고 전문성 향상의 기회를 마련한다. 리더십 영역의 평가지표는 다음과 같다.

① 리더십

- □ 프로그램은 프로그램 시행을 이끄는 잘 조직된 사명과 철학을 가지고 이다. 목표와 목적은 사명, 철학 그리고 모든 프로그램 운영과 관련이 있고 유아와 가족의 요구하는 결과를 포함하고 있다.
- □ 프로그램 관리자는 프로그램의 조직적이고 교육학적인 리더로서 공헌하기 위해서 교육적인 자질과 개인적인 책임이 요구되어진다. ⓐ 관리자는 ▪적어도 학사학위 이상을 가진다. (그리고) ▪관리, 리더십 그리고 경영(학교관리, 경영, 커뮤니케이션, 공학, 유아 경영 또는 관리, 혹은 이런 분야의 결합)에서 전문화된 대학수준의 코스에서 적어도 9학점을 가지고 있다. ▪태어나서부터 유치원까지 가족과 지역사회 관계, 유아관찰, 기록 그리고 평가의 관례 그리고 전문적인 관례나 발달과 같이 유아발달과 유아의 학습을 둘러싸고 있는 유아교육, 유아발달, 초등교육 또는 유아 특수교육에서 전문화된 대학 수준의 코스에서 적어도 24학점을 가지고 있다. 또는 ⓑ 5년 안에 위의 기준을 갖출 계획을 담고 있는 문서들 또는 ⓒ '프로그램 관리자의 교육적 자질을 달성하기 위한 대안'에 열거된 공식적인 교육, 경험과 관련된 조화를 달성한 문서를 제공할 수 있다.
- □ 프로그램 관리자는 높은 수준의 연속적인 전문 자격과 팀워크를 증진시키는 능력에 대한 책임을 증명해야 한다.
- □ 프로그램의 크기나 자금 원조에 관계없는 프로그램은 기준 10.A.02에 열거한 교육 자격증이 있는 지정된 프로그램 관리자를 둔다. ⓐ 프로그램에는 시간제 관리자나 두 가지 역할(예: 교사-관리자)을 모두 하는 관리자가 있다. 그리고 ⓑ multi-site 프로그램에서, 각 site는 관리자를 공유할 수 있다. ⓒ 한 프로그램의 등록 인원이 60명 혹은 FTE(full time equipment)보다 많을 때, 8명 혹은 더 많은 FTE(full time equipment) 교직원을 고용한다. 또는 프로그램에 전임 관리자가 있거나 ⓓ multi-site 프로그램, 개인 시설에는 현장 전임 관리자가 있거나 프로그램 관리자의 자격이 있는 개인의 감독에 있는 전임 책임자가 있을 때(참조 : 한 사람 이상의 사람들이 관리자의 책임을 공유할 때, 적어도 한 사람은 기준 10.A.02에 열거된 자격에 일치해야만 한다).
- □ 프로그램 관리자는 프로그램 임무를 수행하기 위해서 교직원에게 리더십을 제공한다.
- □ 프로그램 관리자는 프로그램의 질을 향상시키기 위해 상황을 변화시키는 데 적극적으로 반응한다.
- □ 프로그램 관리자와 다른 프로그램 리더들은 신뢰, 협력, 포함을 촉진하는 조직 환경을 체계적으로 지지한다.

② 경영 지침과 절차

- □ 지침은 교직원의 책임, 시간 계획, 훈련과 자원에 대해 자세히 열거하고, 훈육에 있어서 가족과 전문가의 중요성을 서술하며, 팀으로써 일하는 것과 지역사회 협력체를 만든다는 것의 필요성을 강조하고 있다.
- □ 프로그램 운영의 모든 구성요소는 문서화된 지침에 따르며 프로그램 운영을 원활하고 효과적으로 운영되도록 하고 프로그램의 목표에 도달할 수 있도록 하는 조직적인 계획, 체계, 그리고 절차를 통해 수행된다.
- □ 과학 기술에 근거를 두고 있는 정보 처리 시스템이 있다. 절차는 프로그램의 운영을 조절하고 프로그램의 향상을 알리는 자료를 수집하고 분석하는 데 있어서 교직원을 돕는다.

- 프로그램과 기관은 주와 지방 관리기관에 의해 운영허가를 받거나 규제를 받는다. 프로그램은 관리기관으로부터 받은 양호 판정과 모든 증명, 승인 그리고 위반과 결함의 수정 등을 입증할 수 있는 것을 보여주는 증거서류를 보관해야 한다.
- 상해보험과 책임보험의 보상 범위는 유아와 성인을 위해 존속된다. 보험 증서는 재검토할 수 있다.
- 만약 프로그램이 지도자, 자문단체, 위원회 혹은 다른 유사한 단체에 의해 지위되거나 관리된다면, 문서화된 지침은 직접적으로 일하는 프로그램 직원과 함께 그들의 역할과 책임을 정의한다.
- 프로그램은 다음을 획득하기 위하여 프로그램 실행의 윤곽을 그리는 전략적인 계획 절차를 가지고 있다.
  ⓐ 프로그램의 비전과 임무를 수행하기 위해 ⓑ 유아를 위해 바람직한 결과를 성취하기 위해 ⓒ 유아와 가족에게 높은 질의 서비스를 유지하기 위해 ⓓ 프로그램의 시행을 지속하기 위한 장기 자원을 제공하기 위해
- 프로그램에는 어떻게 프로그램이 준비되고, 판단되고, 유아와 가족에게 적절한지를 설명하는 문서화된 지침과 절차가 있다. 이런 지침과 절차는 등록된 유아의 가족에게 구두와 문서로 전달되며 가족들이 사용하고 이해할 수 있는 언어로 이용한다. 지침은 ⓐ 프로그램의 철학과 ⓑ 교육과정의 목적과 목표 ⓒ 유아와 가족에게 적합한 프로그램의 책임 그리고 ⓓ 안내와 지도에 대한 내용을 포함한다. 절차는 다음과 같다. ⓔ 가족들이 선호하는 언어나 통역을 통한 대화를 포함한 가족들과의 대화진행을 위해 프로그램에서 이용되는 다양한 전략 ⓕ 장애아를 위한 개별 가족계획, 개별화 교육프로그램 그리고 다른 개인적인 계획이 장애아와 다른 특별한 도움이 필요한 유아를 위해 다루어지는 방법 ⓖ 가족과 그들의 자녀에게 영향을 주는 건물 보안과 접근 용이성, 투약, 아픈 유아의 보호 혹은 격리 그리고 비상사태 계획을 포함하는 건강과 안전 대책, 요건 ⓗ 가족과 프로그램 직원사이의 상호작용에서 나타나는 어려움과 다른 점을 협상하는 데 사용되는 다양한 기술 ⓘ 교육비, 식사와 간식 그리고 수면 계획 ⓙ 어떻게 프로그램이 유아와 가족의 정보 기밀을 책임지는지 ⓚ 어떻게, 언제 유아들의 현장학습 일정이 잡히는지 ⓛ 현장학습 중에 도움이 필요한 경우 도움을 요청 할 수 있는 통신 수단, 비상응급조치도구, 현장학습 중 교통수단에 문제가 발생할 시 이용할 수 있는 대체 교통수단을 마련해놓는 것과 같은 안전에 대한 사전지침이 마련되어야 한다.
- 프로그램은 끊임없이 자격이 있고, 잘 숙련된 직원들을 끌어들이고 유지하며 직원의 이동을 줄이는 계획과 방침을 가지고 있다.
- 직원이 유아와 가족이 프로그램에 충분히 참여할 수 있도록 지원할 수 있도록 전문가를 적절하게 사용하는 지침이 마련되어야 한다. 이때 유아는 장애가 있는 유아, 문제행동이나 특별한 요구가 있는 유아를 포함한다. 전문가의 기술, 보수, 이용, 활용성, 교직원과의 직무관계 등과 함께 그 서비스에 합당한 전문가를 다른 기관에 배치할 뿐 아니라 이런 서비스를 받고자 하는 다른 기관에 있는 유아들도 전문가를 활용할 수 있도록 그 진행과정이 명시되어야한다.
- 지침은 유아집단과 함께 활동하는 것에 기본적인 책임을 갖는 교직원에 대해 규정한다. 이러한 교직원은 지속적인 개인적 접촉, 의미 있는 학습활동, 관리감독 그리고 유아의 복지를 보호할 필요가 있을 때 즉각적인 보호를 제공한다.
- 문서화된 절차는 성인-유아 간 상호작용과 유아 간 건설적인 활동을 촉진하는 그룹 크기 내에서 발달적으로 적합한 교직원-유아 비율의 유지에 초점을 맞추고 있다.
- 그룹크기 내에서 교직원-유아의 비율은 ⓐ 실내놀이 ⓑ 바깥놀이 그리고 ⓒ 교통수단과 현장학습을 포함한 모든 운영시간에 적용된다.
- 유아집단은 단일 연령으로 제한되거나 혼합연령을 포함할 수 있다(한 그룹 혹은 학급은 보다 큰 방이나 장소에서 유아들이 다른 그룹과 섞이는 것을 방지하는 개별 교실 혹은 제한된 공간을 차지하는 한 교사 또는 한 교직원 팀에게 배정된 유아들로 이루어져 있다).
- 프로그램은 하루일과 또는 연중 동안 개별 유아가 속하게 되는 ⓐ 집단 ⓑ 교직원 ⓒ 교실 이동의 수를 최소화하기 위해 조직된다. 모든 시도는 교직원과 유아 그리고 유아집단 간의 관계의 지속성을 유지하기 위해 이루어진다.
- 절차는 한 교사에게 다른 교사로, 한 그룹에서 다른 그룹으로, 한 학급에서 다른 학급으로, 한 프로그램에서 다른 프로그램으로 유아가 이동하는 것을 용이하게 돕는 관리자, 교사, 가족에 의해 이동계획이 수립됨을 서술한다.
- 지침은 영아들이 그들의 교직원과 9개월 혹은 그 이상 함께 있는 것을 장려한다.

③ 재무 책임 지침과 절차

- 회계실무의 기준을 사용하는 완전한 재무 책임의 증거를 수행하기 위한 재정상의 지침과 절차를 제공한다. 재정상의 지침과 절차는 프로그램의 비전, 철학, 사명, 목표 그리고 유아가 기대하는 결과들과 일치한다. 업무 예산은 해마다 준비되고, 예산에서 지출의 조정이 적어도 연 3회 있다. 상황이 바뀌면 예산을 재검토하거나 조정하는 조직이 있고, 이것은 연간 결산에 포함한다. 예산은 필요하면 재검토 되고 수정된다. 재무 기록(세입과 지출 명세서, 결산 공고, 은행 조정 등과 같은)은 완전한 재정관리의 증거로써 유지된다.
- 프로그램 수행을 직접적으로 책임을 지는 사람(관리자, 사이트 운영자, 프로그램 중간 관리자, 혹은 장학 교사)은 장래의 재무 계획과 예산 준비, 조정, 재검토를 조작하는데 포함된다.
- 프로그램은 프로그램의 비전, 철학, 사명, 목표, 운영 그리고 유아가 기대하는 결과들을 지지하는 재원이다. 프로그램 관리자와 프로그램 리더들은 재원을 산출하고 관리하기 위해 프로그램의 장점을 지지하는 데에 적극적으로 일한다.

④ 건강, 영양 안전에 대한 지침과 절차

- 프로그램은 유아와 성인의 건강과 안전의 건강함과 예방을 증진하기 위한 문서화된 지침을 가지고 있다. 절차는 다음과 같은 내용이 담겨있다.
  - ⓐ 전염성 질환(예; 임신한 직원의 CMV-사이토메갈로 바이러스 : 염증성 질환, 악성종양, 간질성 폐렴 등의 주요 바이러스, 수두), 상처(예; 허리통증, 추락), 환경노출(예; 실내 공기 오염, 소음, 스트레스)과 같은 직업상의 위험을 줄이기 위한 절차
  - ⓑ 의약관리자를 포함한 직원과 아픈 유아를 위한, 그리고 그들의 수용과 격리를 위한 척도를 나타내는 경영 계획과 보고 요건
  - ⓒ 교직원이 사고가 발생할 수 있는 기구 가까이의 특정 장소를 책임질 경우 유아를 감독할 것
  - ⓓ 질병으로 인하여 집에 돌아가려고 기다리는 유아를 위한 공간, 관찰 그리고 편안함을 제공하는 것
  - ⓔ 유아와 성인의 충분한 영양 섭취를 제공하는 것
  - ⓕ 영아를 위해 잠자는 장소를 포함해서 수면과 낮잠에 대한 조직
  - ⓖ 음식 취급과 급식을 포함하는 소독과 위생
  - ⓗ 편의 시설과 도구의 유지
  - ⓘ 흡연, 화염물질 그리고 어린이와 성인들에게 사고를 발생시킬 수 있는 명확한 위험요소를 금지하는 것
  - ⓙ 직원에게 그들의 건강을 유지하는 것, 쇠약해지는 것을 막고 치료하는 것 그리고 스트레스를 다루는 방법을 소개하는 것
- 프로그램은 공공 보건 요건에 따라 공기오염, 납 그리고 석면과 같은 환경적인 위험으로부터 유아와 성인을 보호하기 위해 문서화된 절차를 가지고 있다.
- 프로그램은 연방정부, 주, 지방법에 해당되는 절차와 마찬가지로 유아 학대와 무관심을 보고하기 위해 문서화된 지침을 가지고 있다. 지침은 직원이 가족들, 직원, 자원봉사자 또는 둘 다로 여겨지는 것을 보고하기 위한 요건을 포함하고 있다.
- 프로그램은 프로그램의 직원이 유아의 학대 또는 방임으로 고소당한다면, 프로그램에서 아이를 보호하는 것뿐 아니라 고소당한 직원이 권리를 보호하기 위한 절차를 문서화하여 가지고 있다.
- 프로그램은 가족으로부터 수집된 건강과 안전에 대한 정보를 정리하고, 시설의 중요한 위치에 개별 유아를 위한 서류를 보관하는 것에 관한 절차를 문서화하고 있다. 파일들은 적어도 연 4회 업데이트 되어야하고 즉시 이용할 수 있어야 한다.
  - ⓐ 부모 혹은 합법적인 보호자로부터 기록을 볼 수 있도록 승낙 받은 관리자 혹은 교직원
  - ⓑ 유아의 부모 혹은 합법적인 보호자
  - ⓒ 의뢰서에서 규정하는 공공 사업기관
- 문서에는 유아의 도착, 출발 그리고 이동에 있어서의 모든 부분을 다룬다. 절차는 ⓐ 가족-직원 간의 상호작용을 촉진한다. ⓑ 프로그램이 있는 날 차량 운행 전, 차량 운행 중, 운행 후에 모든 유아들을 확실하게 책임진다. ⓒ 보

행자로써, 승객으로써 모든 유아들의 안전을 책임진다. ⓓ 장애아를 위한 특수한 절차가 되어있다. ⓔ 일과를 마치고 유아를 직접 데려가는 특별한 상황을 다룬다.

- ㅁ 차량 운행 서비스는 잘 관리되어야 하고 프로그램 운송수단은 해당되는 연방 정부 그리고 주법에 부합되는 허가를 받고 보험에 가입해야 한다. 허가증과 보험 증명서는 보이는 곳에 있어야 한다.
- ㅁ 프로그램은 재해 대비와 비상대피 절차를 문서화하고 공고한다. ⓐ 절차는 관리자가 없을 때의 권한과 응급상황에 책임을 맡는 적절한 사람을 명시한다. 절차는 ⓑ 언제 어떻게 대피처로 대피하는지를 명시하는 것과 대피를 위한 장소를 특별히 마련해 놓는지에 대한 계획 ⓒ 잃어버린 유아, 안전성 위협, 시스템 활용 실패, 자연 재해를 다루기 위한 계획 ⓓ 비상 운송과 호송을 위한 배치 ⓔ 적어도 매년 하는 다른 비상사태 시 절차 연습과 매달 하는 대피 연습 절차를 포함한다.
- ㅁ 프로그램은 유아와 성인 직원을 위한 의료와 치과의 응급상황에 대해 준비하고 대처하기 위한 문서화된, 최신의, 포괄적인 절차를 가지고 있다. 그 절차는 다음과 같은 상황을 포함한다.
  - ⓐ 응급상황에서 1차적으로 갈 수 있는 병원이나 기타 자원에 대한 확인(프로그램 직원은 응급상황에서 그런 서비스를 사용할 시설이 있다는 것을 알고 있다).
  - ⓑ 응급의료조치와 이동수단 배치를 위해서 건강 보험 정보와 관련된 문서화된 가족 동의서에 빠르게 접근하기
  - ⓒ 즉각적인 의료처치를 필요로 하는 개인의 응급수송과 보호를 위한 배치
  - ⓓ 항상 현행 소아과정 현행 증명서를 가진 성인이 있어야함(구조 호흡법과 기도폐쇄의 처치 훈련하기, 의사가 등록된 유아에게 필요사항을 서류화하는 특별한 절차).
  - ⓔ 의료적이거나 발달적인 문제 혹은 응급상황에서 특별한 조치를 요구하는 다른 질병을 가진 유아를 위한 개인의 응급조치 계획(알레르기, 천식, 발작 또는 감각 중추의 문제 그리고 다른 만성 질병, 정기적인 약물치료 또는 과학 기술을 요하는 질병)
- ㅁ 기관에 다니는 유아들에게 필요한 약물사용과 의료절차에 대한 지침을 가지고 있다.
  - ⓐ 약물은 유아의 성과 이름, 임상 의학자의 이름, 유통기한 그리고 제조업의 지시 또는 복용과 보관방법과 함께 이름과 약의 효능이 적혀있는 원본 처방전이 함께 붙어있어야 한다.
  - ⓑ 약물은 부모 혹은 법적인 보호자의 허가증, 유자격 건강관리 제공자와의 문서 혹은 직접적인 통신 연락을 통해서만 제공된다.
  - ⓒ 특별한 의학절차를 요구하는 유아들을 관리하는 교직원은 건강관리 제공자의 처방에 의해 문서화된 절차와 안내에 따라 임무를 수행할 수 있다.

⑤ 개인적인 지침

- ㅁ 프로그램은 개인적인 지침을 기술하고 자원봉사자 지위를 정의하는 개인적인 지침을 기술한다. ⓐ 역할과 책임 ⓑ 자격 ⓒ 특별한 연수를 받은 ⓓ 교직원과 ⓔ 자원봉사자의 지위를 정의하는 개인적인 지침을 기술한다. ⓕ 차별 대우 없는 고용 절차와 ⓖ 직원 평가를 위한 지침을 서술한다. 세부적 지침은 ⓗ 관계를 보고하는 것을 포함하는 각 역할에서 할 일을 자세히 서술 ⓘ 전문적인 자질, 근속기간, 평가 점수에 따라 인상되는 급여 수준 ⓙ 이익 ⓚ 연금, 사직, 퇴직, 고용분쟁에 대한 절차 ⓛ 개인 지침은 전문적 발전 기회에 참여하는 것을 기반으로 하여 장려금을 제공한다. ⓜ 지침은 고용상태에 있는 각 고용인들에게 제공된다.
- ㅁ 고용절차는 프로그램에서 유아와 접촉하거나 책임을 맡은 모든 고용인들에게 다음과 같은 내용을 확인한다(버스 운전사, 버스 관리자, 수위, 요리사, 사무원과 다른 보조 선생님을 포함).
  - ⓐ 범죄여부에 대한 확인 통과-기록 체크
  - ⓑ 유아학대와 방임에 대한 과거의 어떤 기록이 없음
  - ⓒ 최소 18세 이상(예외적으로 운전기사는 최소 21세 이상)
  - ⓓ 고등학교 혹은 그와 동등한 과정 마침
  - ⓔ 각자의 위치에서 책임 수행에 요구되는 업무를 실행하는 데 필요한 고용인의 능력을 증명하는 개인 신원증명서와 최근 건강 진단서를 제공

□ 문화적이고 인종적으로 다양한 가족을 다루는 직원을 고용하고 확보하는 데 대하여 문서를 작성하려는 노력을 보인다. 방침은 아이들이 사용하는 언어를 할 수 있는 직원이나 자원봉사자가 있고, 이들은 정기적으로 유아와 가족과 상호작용한다.

□ 프로그램은 한 달에 40시간 이상 일하고 유아와 접촉하는 모든 유급의 직원과 봉사자를 위한 문서화된 건강 평가서를 통해 최근의 건강 정보를 관리한다. 프로그램은 최근 건강 평가서를(1년 이상 되지 않은) 고용인이 일을 시작하기 전이나 봉사자가 유아들과 접촉하기 전에 받는다. 건강평가서는 2년마다 갱신된다. 문서화된 건강평가서는 다음을 포함한다.

ⓐ 면역상태 ⓑ 업무 성과에 영향을 미칠 수 있는 능력과 제한점

ⓒ 면허를 갖춘 건강 전문가에 의한 결핵 반응검사결과, 고용인이 진행 중인 결핵이 없다는 것을 입증하는 증거자료, 양성 결핵반응검사의 사람들과 계속되는 감기 또는 원인 불명의 열이 나는 사람들은 면허를 갖춘 의사의 즉각적인 평가가 요구된다. 질병 통제 기관에 따라 결핵이 발병할 위험이 있는 사람을 위해, 매년 고용인이 진행 중인 결핵이 없다는 것을 면허 있는 건강 전문가에 의해 서류화해야 한다.

□ 새로운 직원은 관리자 혹은 다른 자격이 있는 사람이 그들이 유아와 일할 수 있는 신체적, 정신적인 능력이 있는지에 대한 전문적인 판단을 하는 동안 고용 예비기간을 갖는다.

□ 프로그램은 고용 예비기간을 통과한 전임직원을 위한 복지후생을 제공한다. 문서화된 지침은 고용인의 연금을 상세히 기록하고 ⓐ 건강 보험 ⓑ 고용휴가, 질병, 휴가, 공휴일, 개인휴가 ⓒ 교육적인 이익 ⓓ 퇴직을 포함한다. 문서화된 지침은 각 고용인들에게 공개된다. 파트타임 고용인들을 위한 연금은 기준에 근거해 실행된다.

□ 직원들은 하루 일과 중 유아로부터 벗어난 공간과 시간을 제공받는다. 직원이 유아와 직접적으로 일하는 시간이 4시간 이상일 때, 최소 4시간마다 15분씩 휴식을 제공받는다. 또한 직원은 휴식이 제공되지 않을 때 일시적인 휴식을 요구할 수 있다.

□ 경험을 기록한 신청서, 교육성적증명서, 건강평가기록, 전문적인 지속적 발달 서류, 평가의 결과를 포함하여 기밀의 개인적인 서류는 안전한 장소에 보관한다.

□ 모든 직원은 적어도 해마다 장학사나 경우에 따라 프로그램 관리자, 이사회에 의해 평가된다.

□ 개인의 전문적인 발달계획은 직원 평가과정으로부터 산출되고 적어도 해마다 그리고 필요하면 계속해서 업데이트 된다.

□ 프로그램은 새로운 직원의 오리엔테이션을 포함하여 전문적인 발전을 위한 실용적인 계획을 가지고 있다. 신뢰에 적합한 훈련 코스는 가능할 때마다 전문적인 발달 계획에 포함시킨다. 계획은 직원의 자격과 능력을 개선한다. 그것은 적어도 해마다 혹은 평가 과정에 근거를 둘 필요가 있을 때, 직원의 현재 지식을 유지할 요구, 다른 인증받은 요구에 의해 업데이트 된다.

□ 프로그램의 전문적인 발전 계획은 다음과 같다.

ⓐ 직원 평가를 통해서 그리고 프로그램 평가 과정으로부터 나온 다른 정보에 기초를 둔다.

ⓑ 문서화되고 직원에게 공유된다.

ⓒ 조언, 지시 그리고 모든 직원을 위한 다른 전문적인 발전 기회를 포함한다.

ⓓ 도덕적인 이슈의 토론을 포함한다.

ⓔ 프로그램 지침과 절차상의 훈련을 포함한다.

ⓕ 긍정적인 관계를 만드는 기술, 교육과정의 모든 면, 교수 실행, 가족과 지역사회와 함께 협력하는 기술, 그리고 팀의 멤버로써 협력하고 참여하는 기술을 훈련하는 것을 포함한다.

⑥ 프로그램 평가, 책임 그리고 지속적인 개선

□ 적어도 일 년에 한 번씩, 목적과 목표에 도달하기 위한 진보를 측정하는 포괄적인 프로그램 평가에 관리자, 가족, 직원, 일상적으로 참여하는 성인을 포함한다. 자료와 증거를 수집할 때 타당하고 신뢰할만한 과정을 사용한다.

□ 매년 평가과정은 프로그램 기능의 모든 분야에서 증거를 수집하는 것이다. 포함되는 것은 ⓐ 지침과 절차 ⓑ 프로그램의 질 ⓒ 유아의 진보와 학습, 가족 참여와 만족, 그리고 지역사회 인식과 만족 ⓓ 매년의 평가결과의 보고서이다. 평가결과보고서는 가족, 직원, 고문단, 이사회에 공개되고 결과는 성공적인 활동의 지속과 개선이 필요한 활

동의 변화를 위한 기반으로 사용된다.
- □ 프로그램은 지속적인 개선과 혁신을 위해 연간 프로그램 평가에서의 정보를 이용하여 목표를 수립한다. 프로그램은 전문적인 개발과 프로그램의 질적-향상 활동을 계획하기 위할 뿐 아니라 시행과 지침을 개선하기 위하여 이 정보를 이용한다.
- □ 프로그램은 직원과 가족에게 프로그램을 개선하기 위한 의사를 결정하는 데 도움이 되는 기회를 제공한다. 모든 참여자는 프로그램을 변화시키기 위해 신뢰와 노력을 구축하여 협력적이고 함께 공유하면서 의사 결정을 한다. 직원과 가족은 적어도 1년에 한 번씩은 프로그램 계획과 진행 중인 프로그램 시행을 상의하기 위한 모임을 갖는다.
- □ 프로그램은 모든 프로그램이 목적과 요구사항이 충족되는 지속적인 모니터링 시스템을 가진다. 프로그램은 목적과 목표에 부합하는 증거를 모으는 자원시스템을 가진다. 이 증거는 1년의 프로그램 평가에 시용되어질 수 있다.

3) 인증평가지표 평가 범주

① 필수 지표(Required Criteria) : 반드시 충족되어야 하는 지표이다.

② 항상 지표(Always Assessed) : 매번 방문 시 평가되고 인증상태를 결정할 경우 전체 점수의 부분으로 고려된다.

③ 임의 지표(Randomly Assessed) : 방문 시 한 번 평가되기 때문에 임의의 지표에 대해 평가 받을 준비를 하고 있어야 한다.

④ 시범실시 근거지표(Emerging Practice Criteria) : NAEYC가 프로그램 실행의 중요한 측면으로서 확인한 지표, 시범실시 준거는 새롭게 생긴 지표기준으로서 현재는 꼭 이루어지지 않더라도 필요한 준거임을 밝히면서 앞으로 유아교육이 지향하는 바를 암시해 주는 준거라고 할 수 있다.

* 프로그램이 시범실시 근거지표를 달성하도록 장려하지만, 일반적으로 폭넓게 실행되지 못하기 때문에 시설·설비와 훈련을 새롭게 할 시간을 요구하게 될 것이다. 이 지표를 수행하는 것은 부정적으로 인증 결정에 영향을 미치지 않는다. 시범실시 근거지표는 2010년에 계획된 모든 지표를 재평가하는 동안에 재검토하게 될 것이다.

〈표 6-4〉 반드시 충족되어야 하는 필수지표

NAEYC 인증제 필수지표 (Required Criteria for NAEYC Accreditation)
• **1.B.09 교사와 유아 간의 긍정적인 관계 형성하기** : 교직원은 신체적 체벌(흔들기, 때리기)을 하지 않고 정신적인 학대, 위협을 하지 않는다. • **3.C.02 유아 관찰하기** : 교직원은 영아기/걸음마기 유아를 항상 눈으로 보고 소리를 들으면서 감독한다. • 3.C.04 교직원은 기본적으로 관찰을 통해 유아들을 지켜봐야 한다. 교직원 시야 밖에 있는 유아(스스로 화장실 사용이 가능한 유아, 도서 영역에 있거나 낮잠을 자는 유아 등)는 짧은 간격의 소리로 자주 점검하면서 지켜볼 수 있다. • **5.A.03 유아의 건강을 보호하고 증진하며 전염병을 관리하기** : 적어도 한 명의 교직원은 소아과의 응급처치 훈련을 이수한 증명서가 있어야 하고, 기도가 막혔을 때 기도를 유지할 수 있어야 하며, 유아 곁에 항상 상주해야 한다. 프로그램에 수영이나 물놀이가 있거나 심폐소생술이 필요할지 모르는 특이한 건강상태의 유아가 있다면 CPR(심폐소생술) 훈련을 받은 교직원이 항상 상주해야 한다. • **5.A.12 유아의 건강을 보호하고 증진하며 전염병을 관리하기** : 영아 돌연사 증후군(SIDS)을 줄이기 위해 특별히 내과의사로부터 지침을 받지 않았다면, 영아는 전미 소비자 생산안전위원회의 기준에 맞춰 영아용 수면 장비로 판매되는 단단한 표면의 침대 위에 등을 대고 재우도록 한다. • **10.A.02* 리더십** : 프로그램 관리자는 프로그램의 조직적이고 교육학적인 리더로서 공헌하기 위해서 교육적인 자질과 개인적인 책임이 요구되어진다. • **10.B.04* 경영 지침과 절차** : 프로그램과 기관은 주와 지방 관리기관에 의해 운영허가를 받거나 규제를 받는다. 프로그램은 관리기관으로부터 받은 양호 판정과 모든 증명, 승인 그리고 위반과 결함의 수정 등을 입증할 수 있는 것을 보여주는 증거 서류를 보관해야 한다. (2단계에서 자격요건 확인)

출처 : http://www.naeyc.org/selfstudy

각 프로그램은 10가지 기준을 충족해야 하고, 각 기준의 지표에 적어도 80%를 만족시켜야 한다.

4) 인증평가지표 점수

- 증거가 발견됨으로 지표나 지침이 포함된다. (Yes)
- 증거가 발견되지 않거나 지표나 지침을 뒷받침하는 자료가 불충분하다. (No)
- 적용할 수 없음으로 지표나 지침이 이 프로그램에 적용되지 않고, N/A점수는 만약 안내서에 적혀 있다면 적용 가능하지만 지표는 예, 아니오에 체크되어야 한다. (N/A)
- 기회가 없음으로 특정한 관찰시간 동안에 지표나 지침을 관찰할 기회가 없다는 것으로 이 점수는 만약 안내서에 적혀 있다면 적용 가능하되 지표는 예, 아니오에

체크되어야 한다. 특정한, 시간이 제한된 관찰이 이루어지는 하루 동안 그룹은 때때로 지표의 증거를 보여주도록 한다. (NoOpp)

5) 평가관련 용어 정의

- 기준(Standard) : 10가지 프로그램 기준이 있으며 각각의 기준은 보육, 유아원, 유치원 프로그램을 위한 질에 대한 정의를 제공하는 다른 9가지의 기준과 함께 필수적인 요소이다. 이 기준은 포괄적이며 철학과 가치에 기초한 우수한 영유아 프로그램의 기능과 수행에 대해 기술한 것이다(1, 2, 3…으로 표기).
- 주제 영역(Topic areas) : 기준의 의미와 가치를 더욱 구체화하여 표현한 것으로 프로그램의 수행 영역을 명시하는 것(A, B, C…로 표기)이다. 각각의 주제는 그 영역 내에서 질의 의미를 더 자세히 정의한 지표를 포함한다.
- 지표(Criteria) : 지표는 프로그램 계획, 정책, 실제를 안내하기 위해 더 자세하게 기술하여 제공하는 것이다(01, 02, 03…로 표기).
- 지침(Indicators) : 대부분의 지표는 단순하게 한 문장으로 진술되어 있으나 몇몇의 지표는 복잡한 지표의 독특한 양상을 정의하기 위해 여러 개에 표시하도록 되어 있다(❑).
- 연령 그룹(Age group) : 5개의 그룹으로 조직되어 있고, 유아들을 그룹짓는 데 융통성을 갖기 위해 어떤 연령 그룹은 연령 범위가 중복되어 있다(영아와 걸음마기 유아). 만약 한 그룹이 두 가지 연령범주와 중복되는 비율을 넘어서면 그 그룹은 혼합연령 그룹이다. 예를 들면, 24개월에서 48개월 사이의 유아는 전체 집단, 걸음마기, 유아의 범주를 포함해야 한다.
  ① 전체 집단(universal group)은 교육을 받는 유아의 발달 단계와 관계없이 NAEYC 인증을 받은 모든 프로그램에 적용될 수 있는 지표를 포함하고 있다(U로 표기).
  ② 4개의 그룹은 특정 연령으로 구분하여, 각 연령별 적합한 프로그램에 적용될 수 있는 지표를 포함하고 있다.
- 영아(infants) : I로 표기, 출생에서 15개월

- 걸음마기(toddlers and twos) : T로 표기, 12~36개월
- 유아(preschoolers) : P로 표기, 30개월~5세
- 유치원 시기 유아(kindergartners) : K로 표기, 공립 혹은 사립유치원 프로그램
- 근거 자료(Source of evidence) : 자체점검 결과에 대한 근거 자료이기도 하고, NAEYC 평가자의 현장방문평가에 대한 근거 자료이기도 함.

4. 시사점

미국의 평가인증 과정에서는 자체점검을 통한 개선과 지속적인 질 개선을 유지하도록 노력하고 있고 평가자 훈련 프로그램을 강화함과 더불어 현장의 의견을 반영한 지표 수정과 사회문화적 다양성을 고려하여 지표를 구성하고 있다. 미국의 평가지표 개발 과정과 평가지표로부터 받을 수 있는 시사점은 다음과 같다.

첫째, 2006년 개정된 인증제에서는 자체평가 과정을 강조하고 있다. 어떤 유형의 유아교육프로그램이라도 인증과정에 공식적으로 참여하기 전엔, 자체점검 과정에만 참여할 수 있도록 허용하고 그 기간 및 내용을 각 프로그램의 특성에 따라 결정하도록 하고 있다. 또한 이전보다 양적으로나 질적으로 향상된 자체점검 도구를 제공하고 있어, 프로그램들은 자체점검 단계에서 프로그램 스스로 발전 방향을 설정하여 자체점검 도구와 조력 프로그램의 도움을 받아 인증을 받기 위한 절차에 참여할지 여부와 시기를 결정하게 된다. NAEYC가 이와 같이 자체점검 과정을 강화하고 중요하게 다루는 것은 인증의 여부를 떠나 더 많은 프로그램이 인증이라는 부담 없이도 질적 개선 과정에 참여하도록 하기 위한 것으로 보여진다.

둘째, 현장관찰자의 자질과 전문성을 강화하기 위하여 2006년 개정된 인증제에서는 현장관찰자의 종류와 등급을 나누어 보수를 제공하고 현장관찰자 교육도 강화시키고 있다. 이는 현장관찰자가 실제로 현장을 방문하여 자체점검보고서를 확인하고 지표에 준하여 프로그램을 평가하는 매우 핵심적인 역할이며, 현장관찰자의 질을 개선하는 것이 인증제의 질 개선에 중요한 부분이기 때문이다. 한편 프로그램이 지

불해야 하는 비용을 이전에 비해 대폭 인상함으로써 인적, 물적 지원체제를 강화하기 위한 기반을 마련하고 있으며 확인방문 외에 불시방문 제도를 도입하였다.

셋째, 평가지표에 있어서 특히 유아에 초점을 둔 요소와 상호작용, 관계와 관련된 지표를 중시하고 있다. 이와 같은 변화는 구조적인 질을 포함하지만 교사-유아 상호작용, 유아-유아 상호작용 등 과정적인 질을 강조하고 있음을 알 수 있다. 평가체제에 따라 지표의 수나 내용에 있어 많은 차이점을 보여 우리나라 유치원 평가지표는 포괄적인 반면, 민간 주도의 미국 NAEYC 인증제의 지표는 기준에 따른 주제 영역을 매우 자세하게 다루고 있다. 미국의 평가지표는 포괄적이었던 영역과 항목을 세분화하여 제시하고 있다. 최근 새롭게 구성된 평가인증 지표의 수를 보면 1998년 193개 지표에서 2006년 417개 지표로 크게 증가하면서 세부적인 내용이 모두 지표로 제시되었다(NAEYC, 1998, 2006). 2006년 재조직된 인증제의 기준과 지표는 10개 기준과 417개 지표를 제시하였는데 평가인증 기준을 보면 운영관리에 기관장의 리더십이 추가되고 건강, 안전, 영양, 급식이 건강으로 통합되었다. 또한 부모와의 상호작용이 가족과의 관계로 확대되었고 지역사회와의 관계가 추가되었다. 특히 유아에 초점을 둔 요소를 중시하였으며 교사의 전문적 교수방법과 유아의 성장발달 및 변화에 대한 평가를 새롭게 포함하였다는 특징이 있다. 교육과정이 포함하고 있던 지표 수가 개정 후에 교육과정과 교수로 분리되어 두 영역을 합한 지표의 비율은 높은 비율(38.35%)로 증가하였고, 물리적 환경 또한 지표가 증가하였는데 이는 안전에 대한 기준이 대폭 포함되었기 때문이다. 개정된 기준과 지표로써, 이전에 비해 교육과정의 지표 비율이 높아졌고(최명희, 김선영, 2007) 발달 영역별 교육내용이 포함되었고, 교수에 대한 지표가 매우 구체적으로 확장되었으며, 가족과 지역사회에 대한 지표가 이전에 비해 중요하게 다루어지고 있음을 알 수 있다. 또한 각 지표는 필수지표와 임의지표가 있으며 동시에 '유아'의 영역에 대한 관계, 교육과정, 교수, 건강, 유아발달 평가가 포함되어 결과적으로 유아가 NAEYC 인증제의 궁극적인 수혜자가 된다는 신념을 강조하고 있다.

이와 같이 미국의 경우 평가지표 개발 시 많은 개발자들이 현장검증을 통해 평가연구를 행함으로써, 평가지표가 문화적·사회적 다양성을 반영하도록 개발하고 있다. 이는 유치원 평가지표를 개발하는 과정에서 가장 핵심적인 영역과 지표로 구성하였지만 1주기 평가 후에도 지속적으로 현장의 의견을 수렴하여 현장에서 잘 이루어지는 지표는 축소하고 과정적인 질을 평가하는 방향으로 수정되어야 함을 보여주는 것이다.

C H A P T E R 07

호주의 유아교육기관평가*

국가의 위탁을 받은 단체가 주관하는 기관평가의 예로서 호주는 정부의 주도로 시작되고 재정 지원을 받아 질적 향상과 보장 시스템을 발달시킨 세계 최초의 국가이다(Tylor, 2002). 호주의 인증평가를 담당하는 기관은 2012년 이전에는 국가보육인증위원회(National Childcare Accreditation Council: NCAC)에서 관리하였으며, 질관리 시스템의 종류는 종일제 보육, 가정보육, 방과후 보육을 위한 질관리 시스템이 이루어지고 있었다. 호주는 보육에 대한 태도를 변화시키고, 호주의 보육서비스 질관리 시스템의 발전을 촉진하기 위해 NCAC를 설립하였다. NCAC는 아동들을 위한 양질의 보육 경험을 제공하는 것을 목적으로 하여 1994년부터 보육시설의 질관리 및 인증 시스템으로서 QIAS(Quality Improvement and Accreditation System)를 시행하기 시작하였으며 그 후 가정보육 질관리 시스템 등이 시행되었다. 주정부가 예산을 지원하고 보육급여와 보육서비스 수준을 연계하며, 국가인증위원회가 보육서비스 평가인증 실무를 담당하고, 인증결정검토위원회는 보육시설의 소원이 있을 경우에 국

* 호주의 평가인증제도는 www.ncac.gov.au의 사이트 내용(2010, 2011), www.acecqa.gov.au의 사이트 내용(2012), 서문희(2007). 호주의 보육정책 연구 내용을 정리·요약한 것임.

가인증위원회의 인증 관련 결정을 검토하여 의견을 권고·제시하는 역할을 한다(서문희, 2007).

하지만 2009년 12월 호주의 연방정부와 주정부, 지방정부가 새로운 유아교육과 보육을 위한 국가 질관리 체계(National Quality Framework for Childhood Education and Care)에 동의하게 됨으로 2012년 1월부터 호주의 유아교육과 보육을 위한 질관리위원회(Australian Children's Education and Care Quality Authority: ACECQA)에서 질관리를 시작하게 되었다. 지난 18년 동안 호주의 어린이들에게 양질의 교육을 제공하기 위해 일해 온 국가보육인증위원회의 폐단식이 시드니에서 열리고 연방협의회의 독립부서로 조기교육부가 창설됨으로 인해 2011년 말 문을 닫게 되었다. 국가보육인증위원회는 1994년 2,500개이었던 보육시설이 2011년 9월 10,000개에 이르기까지 그 성장을 지켜왔다. 국가기관으로 새로 설립된 ACECQA는 전국의 조기교육과 보육의 질을 높일 것으로 보여진다. 호주 보육시설의 질관리를 담당하는 중요한 기관인 NCAC와 ACECQA의 평가 배경, 목적, 평가과정 및 지표에 대해 살펴보면 다음과 같다.

1. NCAC의 평가 시스템

1) 평가의 실시 배경

호주의 보육정책은 비교적 늦은 1970년대부터 시작되었으나 1980~90년대의 아동보육정책은 연방정부 및 주정부에 의해 강력하게 추진되었다. 보육서비스가 양적으로 확충된 1980년대 초 이래로 주요 관심은 유아기 프로그램의 질에 대한 것이었다. 1990년대 초반 호주에서는 영유아에 대한 지식 향상, 양질의 보육이 유아기 학습에 영향을 미친다는 유아교육의 중요성에 대한 인식, 보육시설에서 지내는 영유아의 수 증가, 보육시설에서 보내는 시간의 증가 등으로 인해 보육시설의 질 향상에 대한 관심이 증가하게 되었다. 이러한 관심은 1984년 전미유아교육협회의 전국적이고 자발적인 인증제도에 영향을 받았으며, 1980년대 중반부터 호주의 보육관련 단체와 인사들은 유사한 인증체계 개발작업에 착수하였다. 정부는 1990년 6월에 시설 중심의 종일제 보육시설에 대한 평가인증 지표를 개발하였고 그 이후 1993년 NCAC를 설립함으로 평가인증제도를 시작하였다.

2) 질관리 시스템의 종류

NCAC의 질관리 시스템(Child Care Quality Assurance System : CCQAS)의 종류에는 종일제 보육, 가정보육, 방과후 보육이 있다. 각각에 대한 내용은 다음과 같다.

- 종일제 보육(Quality Improvement and Accreditation System : QIAS) : 종일제 보육은 0~5세 유아들에게 적어도 8시간 이상, 주 5일 이상, 1년에 48주 이상의 보육을 제공한다. 7개의 질 영역과 33개 지표로 종일제보육시설을 평가하며, QIAS는 종일제보육시설과 가족들이 서비스의 철학, 정책, 절차를 연구하고, 발전시키는 것을 함께 하길 격려한다. 7개의 질 영역은, ① 교직원의 유아와 동료와의 관계, ② 가족들과의 협력, ③ 프로그램과 평가, ④ 유아들의 경험과 학습, ⑤ 보호 교육과 안전, ⑥ 건강, 영양, 웰빙, ⑦ 보육의 질을 유지하기 위한 운영이다. 유아와 직원 사이의 상호작용과 유아의 경험이 형성되는 것을 돕고, 가족과 지역사회 구성원들이 센터의 활동에 참여하길 격려하며, 이로 인해 유아들이 자신의 지역사회를 이해하고 사회적 기술을 습득하도록 돕는다.
- 가정보육(Family Day Care Quality Assurance : FDCQA) : 가정보육은 만 0~12세의 소수 유아를 일정한 자격을 가진 보육자가 통상 자신의 집에서 돌보는 것으로 부모의 요구에 따라 시간이 탄력적으로 운영된다. 6개의 질 영역과 30개 지표로 가정보육시설의 질을 관리한다. 6개의 질 영역은, ① 상호작용, ② 물리적 환경, ③ 아동의 경험, 학습, 발달, ④ 건강, 위생, 안전, 웰빙, ⑤ 보육자와 주정부 직원, ⑥ 경영 및 행정이다.
- 방과후 보육(Outside School Hours Care Quality Assurance : OSHCQA) : 방과후 보육은 만 5~12세 초등학생에게 학교시간 전, 방과 후, 학교 쉬는 기간 중에 보육서비스를 제공한다. 주로 학교나 지역사회 회관에서 실시하고, 게임, 스포츠, 독서, 음악 등의 활동을 제공한다. 경영진, 직원, 가족들이 협력하여 학교 시간 외

프로그램들의 현 상태를 평가하고, 프로그램 향상 목표를 세우며, 질 표준을 확인 받도록 서로 협력한다. 8개의 질 영역과 30개 지표로 방과후 보육시설의 질을 관리한다. 8개의 질 영역은, ① 아동의 인격존중, ② 직원과 아동 간의 상호작용과 관계, ③ 가족들과의 협력 및 지역사회 연계, ④ 프로그램과 평가, ⑤ 놀이와 발달, ⑥ 건강, 영양, 복지, ⑦ 보호 교육과 안전, ⑧ 질 유지를 위한 관리이다.

(출처 : www.ncac.gov.au, Last updated 2007년 8월 7일)

3) 평가의 목적

질관리 시스템의 목적은 종일제보육센터나 가정보육시설에 있는 유아들에게 성장과 발달을 촉진시킬 수 있도록 자극하고 긍정적인 경험과 상호작용을 제공하는 데 있다.

호주의 보육시설 평가인증제도는 보육시설에서 양육되는 유아의 발달, 보육시설 종사자의 전문성 함양 및 지역사회의 보육시설에 대한 인식제고를 목적으로 한다. NCAC의 평가 목적은 유아의 측면에서는 유아의 발달을 촉진하고, 유아를 사회에서 가치 있고 자기만족이 되는 구성원이 될 수 있도록 도움을 주고, 긍정적인 경험과 질 높은 상호작용이 이루어질 수 있게 하는 것이다. 보육시설의 측면에서는 높은 질에 대한 유아, 가족의 욕구를 충족시키고 전문적으로 발달하고 만족감을 느낄 수 있도록 직원의 요구를 충족하며, 자체평가와 개선이 진행되는 과정에서 부모와 시설이 함께 참여하는 것이다. 지역사회의 측면에서는 보육의 질에 대한 전문적 지식과 공약을 시설이 증명함으로써 교직원의 의무와 가치에 대해 알게 하는 것이다. 따라서 NCAC의 목표는 유아들을 위해 제공되는 보육의 질을 지속적으로 개선하도록 지원하고, 유아를 위한 서비스 제공자와 부모에게 보육의 질과 관련된 조언과 정보를 제공해 주며, 유아들과 보육의 높은 질적 준비과정을 지지해 준다.

결론적으로, 호주의 보육시설 평가인증제도의 목적은 호주의 모든 보육시설이 양질의 보육을 보육종사자와 보육시설 이용자인 영유아와 부모 모두에게 제공할 수 있도록 지원하는 것이다.

4) 평가과정 및 절차

호주의 평가인증 과정은 미국 NAEYC의 인증절차에 영향을 받았지만 5단계로 구분하였고, 인증기간은 평가결과에 따라 1~3년으로 차등을 두고 있다. 5단계는 참여신청, 자체점검, 현장관찰, 조정, 인증 결정으로 이루어진다. 호주의 평가인증 과정의 단계는 다음 쪽의 [그림 7-1]과 같다.

2007년 연차보고서에 의하면 개정된 평가인증 시스템의 변화는 현장관찰자(Validator)의 변화, 불시 확인방문 시행, 중간 불시 확인방문, 보육인증 시스템의 통합을 위한 개발을 보고하고 있다. 불시 현장방문이 2006년 7월 1일부터 시행되었으며, 자체평가 보고서를 제출한 모든 보육시설은 불시 현장관찰 방문을 거쳐야 한다. 6주 이전에 방문자의 이름, 방문 시간이 적힌 편지를 보내지만 정확한 날짜는 알려 주지 않는다. 불시확인방문은 2006년 10월에 시행되었으며, 호주 질관리 시스템 과정에 참여하는 보육시설은 중간 불시 확인방문을 거치게 되고 대상은 무작위로 선정된다. 서비스의 불만사항을 조사하기 위해 방문을 예정할 수 있고, 불시 방문 동안, 관찰자는 어떠한 통지도 없이 관찰하며, 서비스 실행과 문서들을 관찰한다. 동료가 아닌 스태프인 현장관찰자는 2008년 7월 1일부터 자격과 경험을 갖춘 관찰자를 채용하여 수많은 불시 현장방문을 해야 하며, NCAC로부터 높은 수준의 피드백과 지원을 받는다. 또한 종일제 보육센터, 가정보육센터, 방과후 보육서비스에 적용될 시스템의 통합을 위한 개발을 시작하였는데 이 시스템은 통합된 평가인증제도(CCQAS: Child Care Quality Accreditation System)라 불린다.

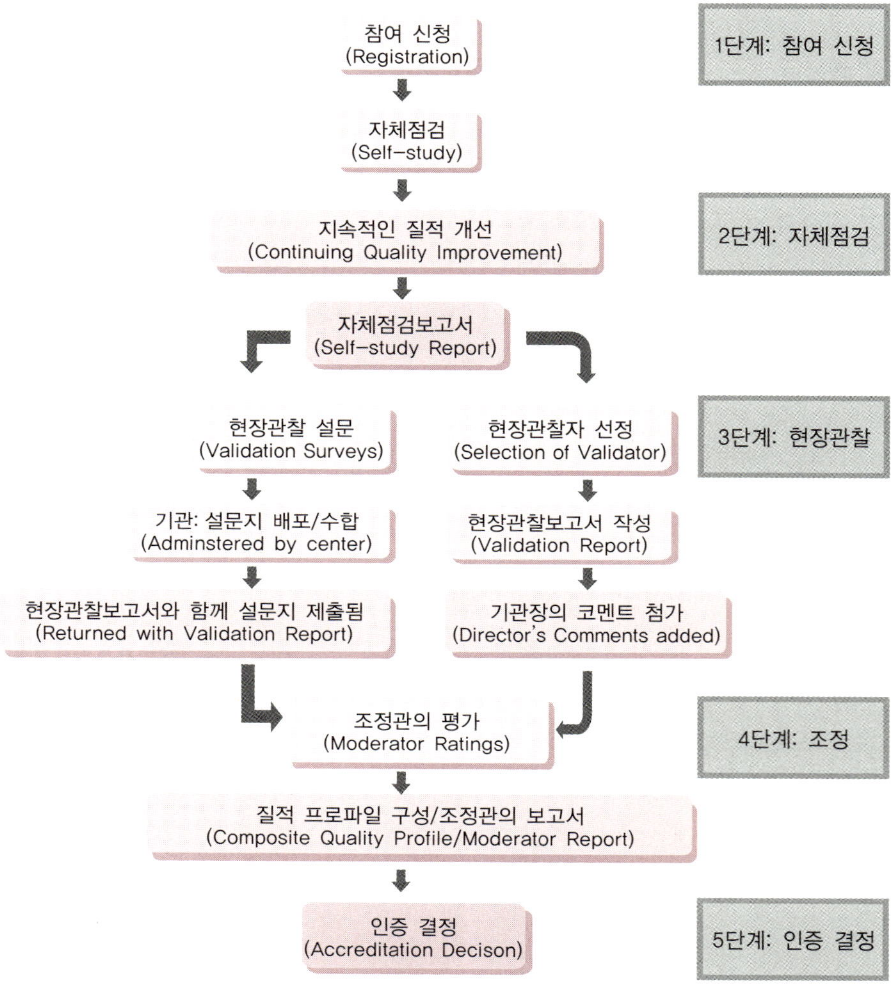

[그림 7-1] NCAC의 평가인증 단계

(1) 1단계 : 참여 신청(Registration)

1단계는 질적 향상을 위한 인증과정에 참여한다는 참여 신청 단계이다. 이 단계에서는 NCAC에 참여수수료를 납부하고 시설정보를 알리게 된다. 보육시설 평가인증에 참여하고자 하는 기관이 신규로 등록을 하면 등록한 기관들은 출판물을 받게 되고 18개월 이내에 자체점검보고서를 NCAC에 제출해야 한다. NCAC에 등록을 할 때, 기관의 이름과 소유주, 후원자, 운영자에 대한 세부사항들을 기관이 영유아보호수당(CCB: Child Care Benefit) 신청을 할 때 호주 정부에 제출한 대로 정확하게 기록해야 한다. 신규로 등록한 기관은 질관리 시스템의 요구 조건들을 충족시키는 단계들의 개요를 보여주는 인쇄물을 받게 되고, 신규 등록 후 기관은 18개월 이내에 자체점검보고서를 NCAC에 제출해야 한다.

(2) 2단계 : 자체점검(Self-Study and Continuing Improvement)

2단계는 자체점검과 지속적인 질 향상을 위해 주의를 기울이는 단계로 자체점검 착수, 현장관찰, 현장관찰보고서를 완료하고 지속적인 개선 계획을 세우는 단계이다. 자체점검 과정의 효과는, ① 기관의 현재 보육 수준을 확인하고, 강점들을 인정하고, 개선이 필요한 영역을 인식하게 하고, ② 이해관계자들의 피드백과 의견들을 듣게 되고, ③ 새로운 아이디어를 존중하고 피드백과 변화를 수용하고, ④ 지식을 쌓고 기술을 향상시키는 기회를 제공하고, ⑤ 보육 전문가들과 가족들의 전문성을 높이 평가하고, ⑥ 동료들 그리고 다른 기관들과 네트워크를 형성하는 것을 장려하고, ⑦ 유아와 아동의 교육과 보육에 있어서 질적 수행의 중요성을 높이도록 한다.

자체점검위원회 구성, 자체점검 착수하기

보육시설은 자체점검을 진행하기 위해 시설장, 교사, 부모 등으로 자체점검위원회를 구성하여 질적 운영 안내서에 개괄적으로 제시된 33개의 지표(원칙)에 따라 질적 수준을 평가한다. 이 과정에서 보육시설의 시설장과 교사는 보육, 행사, 활동 및 질적 개선 실행 등이 기록된 문서를 점검하고, 보육시설은 지표에 따라 평정된 각각의 질적 수준에 따라 지속적인 개선 계획을 세워 자체점검보고서와 함께 NCAC로 제출하면 된다.

보육시설에서는 자체점검기간 동안 현재의 보육 수준을 관찰, 토의, 조사 등으로 살펴본 다음, 질적 운영 안내서 지표에 따라 불량, 양호, 우수, 최우수 수준 중 어느 수준인지 판단하고, 각 영역별 강점 파악 및 개선 계획을 세워 우선순위에 따라 향상시키는 과정을 반복하게 된다.

자체점검보고서 제출 기한 연장 요청, 지속적인 개선 계획 세우기

기관들이 요구된 기한 내에 자체점검보고서와 지속적인 개선 계획서를 제출하지 못하는 상황들에 처해 있을 경우 제출 기한 연장 요청을 할 수 있다. 지속적인 개선 계획은 기관에 필요한 변화나 미래의 개선의 확인과 같은 각각의 질 영역의 관점을 확인해야 한다. 기관은 개선 영역의 확인 윤곽을 필요로 하고, 이러한 계획들이 언제, 어떻게 개선되거나 되돌아보게 되는지를 설명해야 한다.

(3) 3단계 : 현장관찰(Validation)

3단계는 자체점검보고서가 제출된 이후에 NCAC에서 선정한 현장관찰자가 보육시설을 직접 방문하여 자체평가보고서에 대한 타당성 검사를 실시하고 관찰보고서를 작성하는 단계이다(서문희, 2007).

현장관찰자(Validator)

현장관찰자는 평가인증에 참여한 보육시설을 방문하여 평가하기 위해, NCAC에 의해 선정되고 계획된 훈련과정을 거친 아동 보육 전문가들로서 현장관찰자의 자격과 역할은 다음과 같다.

- 현장관찰자의 자격 : 최소 5년의 보육 현장 경력을 가진 영유아 관련 2~3년제 학사 소지자로 유아에 대한 지식과 평가척도에 대한 이해 및 객관적 평가능력을 갖추고 있어야 한다.
- 현장관찰자의 역할 : 평가인증 지표에 따라 시설의 수행들을 관찰하고 문서를 점검하며 필요한 정보에 대해 질문한 뒤, 현장관찰보고서를 작성하여 시설의 설문지와 함께 NCAC로 보내는 역할을 할 뿐, 인증을 결정하지는 않는다.
- 현장관찰자의 전문성의 중요성 : 현장관찰자들은 기관에 대한 모든 정보들을 엄격하게 기밀로 유지할 의무를 가진다. 기관의 직원들도 이에 대응하여 현장관찰자의 이름과 신분을 기밀로 유지해야 할 윤리적이고 전문적인 책임이 있다. 현장관찰자는 그들 자신의 일에 대해 세부사항을 논의하지 않도록 NCAC에 의해 교육받는다.

현장관찰 절차

첫 단계는 현장관찰 방문일 공지로, 기관은 자체점검보고서를 제출할 때 현장관찰 방문에 대한 세부적인 사항을 기록한 서류를 함께 제출하고, NCAC는 기관이 제출한 자체평가보고서와 현장관찰 방문 세부사항 서류가 제공하고 있는 정보들을 참작하여 방문 날짜를 결정한다. 방문평가는 6주 이내에 실시해야 하며, 평가기간은 시설규모에 따라 차이가 있는데, 보육아동의 수가 40인 이하인 시설은 1일, 그 이상인 시설은 2일이 소요된다.

2008년부터 2010년 개정된 내용에 따르면 현장관찰 방문 시작 일에 현장관찰자에게 「현장관찰 방문 계획」이 제공되며, 2009년 11월 1일 이후 NCAC는 현장관찰 방문에 대한 구체적인 날짜를 기관에 알리고, 모든 현장관찰 방문은 NCAC가 사전에 정해 각 기관에 공지한 날짜에 이루어지고 있다. NCAC는 기관의 자체평가보고서를 받은 후 12주 이내에 현장관찰자를 임명하기 위해 노력한다. NCAC는 가능한 한 자체점검보고서에서 강조한 그 보육시설의 특성을 잘 아는 현장관찰자가 그 시설에 배치되도록 하고, 배정된 현장관찰자가 기관과 이해관계가 있을 경우에, 기관은 현장관찰자의 이름을 알리는 서류에 기록되어 있는 날짜에서부터 2주 이내에 서면으로 NCAC에 알려야 한다.

현장관찰자는 방문 기간에 다음을 통해 모든 증거들을 바탕으로 정보를 기록한다.

- 보육 전문가들 관찰을 통해(예 : 유아, 가족, 동료와의 상호작용)
- 기관 대표와의 대화를 통해(예 : 기관은 불평이나 분쟁을 어떻게 조정하는지?)
- 서류, 기록, 기록된 계획들 등을 통해(예 : 전시된 소방대피훈련 과정이나 기록된 방침)
- 위 방법들을 통합적으로 이용(예 : 기관의 행동 지침 전략에 대해 관찰하고, 보육전문가와 대화하고, 관련된 서류를 확인함)

현장관찰보고서 논의(Validation Report Discussion)

현장관찰이 완료되면 현장관찰자의 검토와 시설장의 평가 등을 고려하여 보고서를 제출한다. 현장관찰 방문이 끝나기 전에 완성된 현장관찰보고서를 기관에서 자체적으로 살펴보는 시간(1시간)과 현장관찰자와 함께 보고서에 대해 논의하는 시간

(1시간)이 주어진다. 현장관찰자의 관찰내용에 대한 설명이 필요하다고 생각되면, 현장관찰보고서에 코멘트를 기록할 수 있고, 현장관찰자와 기관의 대표 사이에 해결되지 않는 오해가 있다면, NCAC의 보육조언가(Advisor)가 개입할 수 있다. 기관은 4단계에서 조정자의 고려를 위해 기관에 대한 간략한 진술을 작성하여 현장관찰 방문이 끝날 때 완성된 현장관찰보고서에 첨부할 수 있다.

▌현장관찰평가서(Validation Evaluation Form)

기관은 현장관찰평가서를 작성하고 현장관찰보고서에 'Not Occuring'으로 확인된 지표들을 지지하기 위한 코멘트를 제공할 수 있다. 조정자가 이 활동이 매일 일어나는 것이라 확신할 수 있도록 코멘트에, 서술된 활동은 방문했던 날 일어났던 것이거나 기록된 증거자료로 증명할 수 있는 것이어야 한다. 현장관찰평가서를 제출하고자 하는 기관은 현장관찰 방문 이후 휴일을 제외하고 7일 이내에 제출해야 한다.

2009년 11월 이전에는 기관이 자체점검보고서를 제출하면 NCAC는 각 기관으로 기관장, 교사와 부모가 작성할 설문지를 보내고, 기관은 인증과정의 일부로 가족에게 설문 조사를 복사해서 배포하고 수집하는 책임이 있었다. 하지만 11월 이후 기관은 더 이상 가족에게 제시하는 설문 조사를 복사해서 배포하고 수집하지 않아도 되었고 이로 인해 절약된 시간과 자원들을 가족들과 의사소통하고, 유아들을 위해 계획하고 질 높은 보육을 제공하는 데 활용할 것이라 기대할 수 있다. 가족들의 피드백은 NCAC 웹사이트의 새로운 온라인 설문조사를 통해 모아지게 된다.

(4) 4단계 : 조정(Moderation)

▌조정 과정

네 번째 단계는 조정 과정으로, 조정자들이 보육시설의 자체점검보고서, 설문지, 현장관찰보고서의 내용을 참고하여 각 시설의 질적 수준을 평가하고, 질적 개선 방향을 제시하는 보고서를 말한다. 조정은 조정자라고 알려진 보육과 교육 전문가에 의해 이루어지는 기관의 실제에 대한 평가를 말하며, 전문가에 의한 조정 과정은 다른 인증제에는 없는 호주의 인증평가 과정의 독특한 특징이라고 볼 수 있다.

조정의 절차는 질관리 시스템에 참여하는 모든 센터, 모든 시설들의 위치, 크기, 운영 형태나 다른 요인에 관계없이 전국적으로 공정하고 일관되게 관리될 수 있도록 도움을 준다. 조정자는 보육시설의 자체점검보고서, 현장관찰조사서와 현장관찰보고서, 현장관찰평가서의 내용을 참고하여 각 시설의 질적 수준을 평가하고 이에 대한 개선방안도 제안한다. 지속적인 개선 가이드는 10개의 질 영역, 6개의 질 요소를 기반으로 하고, 기관의 자체점검보고서, 설문지, 현장관찰보고서, 그리고 심의위원이 매긴 등급의 정보를 종합한 질 평정 프로파일을 기초로 각 기관에 대한 지속적인 질적 개선 방향을 제시하는 보고서를 작성한다. 특히 자체평가보고서의 점수와 조정자의 보고서 간에 차이가 있을 경우 시설장은 추가 자료를 제출할 수 있는데 조정자는 이를 참고하여 위원회에 건의한다.

조정자의 자격조건

조정자는 보육시설이 NCAC 인증을 받기 위하여 요구되는 기준에 도달하였는지 아닌지를 NCAC에 건의하고 조언을 하는 역할을 한다. 조정자는 유아나 아동과 관련된 분야에 초점을 두는 학위 소지자이면서 적어도 8년 이상 교사, 조언자, 교수나 운영자로서 이 분야에 종사한 경험이 있어야 한다. 평가인증제도에 대한 이해가 높고, 헌신적이며 선정기준을 만족할 뿐 아니라 훈련에 참여해야 하며 배치 평가에서 만족스러운 성적으로 통과해야 한다.

조정자의 역할은 기관 실제의 전반적인 질을 평가하고 그 기관 내에서 질적 보육의 유형을 규명하고, 질관리 체계의 각 원리에 따라 해당 기관의 등급을 매기고 해당 기관의 지속적 향상 지침을 작성하는 것이다. 이를 위해 해당 기관에 대한 지속적인 발달 지침을 작성해야 하는데, 이는 여러 가지 제출된 문서들이 제공하고 있는 모든 정보와 프로파일을 참고한다. 기관이 자체점검보고서와 함께 제출한 지속적인 발전 계획은 조정자가 지침서를 작성할 때 중요한 참고자료가 된다. 조정자는 지속적인 향상 지침을 제공하는데, 지속적인 향상 지침서에는 기관에서 추가적인 질 향상이 필요한 영역을 규명하고, 기관이 다른 자체점검기간 동안 고려할 수 있는 폭넓은 전략들을 제안하여야 한다.

❚ 조정 과정의 일관성과 공정성 확보

조정 과정의 신뢰성을 확보하기 위하여 조정자에게는 조정 대상이 되는 보육시설과 현장관찰자에 대한 정보를 공개하지 않고, 조정자는 각 기관의 이름, 위치, 질 체계에 등록된 이력에 대한 정보나 해당 기관을 방문했던 현장관찰자 이름을 전혀 모른 채 분석에 임하게 된다. 전국적으로 일관성을 기하기 위하여 조정자는 호주의 여러 주와 권역에서 선발되고, NCAC는 현재의 정책, 질적인 이슈들과 연구들에 대한 일관성을 유지하기 위해 전체 조정자들과 정기적인 협의회를 가진다. 조정자들은 NCAC에서 이루어지는 정규 훈련에 참여해야 한다.

(5) 5단계 : 인증 결정(Accreditation Decision)

❚ 인증 결정

인증 결정은 질 보장 시스템의 마지막 단계로 질관리 시스템의 각 원리에서 요구하는 질적 기준을 해당 기관이 만족하고 있는지 진술한 것이다. NCAC는 자체평가보고서, 관찰보고서, 조정자의 보고서 및 제안을 참고로 해당 기관의 인증 여부 및 보육 수준을 결정하고, 실천계획의 실시기한을 결정하여 통보한다.

〈표 7-1〉 **인증에서 사용되는 네 가지 질적 수준에 대한 정의**

질적 수준	정 의
Unsatisfactory (미흡)	하나 이상의 Satisfactory 지표를 충족시키지 않음.
Satisfactory (만족)	모든 Satisfactory 지표를 충족시킴.
Good Quality (우수)	모든 Satisfactory 지표를 충족시키고 있으며, 그에 더하여 대부분의 Good Quality 지표들도 충족됨. 약간의 High Quality 지표들이 충족되더라도 Good Quality가 기관의 전형적인 수행을 가장 잘 나타냄.
High Quality (최우수)	모든 Satisfactory 지표가 충족되고 있으며, 그에 더하여 대부분의 Good Quality와 High Quality 지표들도 충족되고 있음. High Quality가 기관의 전형적인 수행을 가장 잘 나타냄.

출처 : www.ncac.gov.au [Last updated 2010년 9월 10일]

인증 결정은 인증과 불인증으로 구분되고, 기관이 인증을 받기 위해서는 질 평정 프로파일의 7개 질 영역, 6개 질 요소 전체에서 만족 또는 그 이상을 받아야 한다. 프로파일은 네 가지 기준을 미흡, 만족, 우수, 최우수의 기준을 사용한다. 현장관찰자 방문과 인증 결정 통보 기한은 6~8주 걸리며, 인증이 결정되면 인증결과(인증 또는 불인증)에 따라 인증 결정서를 각 시설로 우편 발송하고, 인증 결정에 관한 정보는 각 보육시설의 공인된 대표자가 맨 처음으로 받아볼 수 있도록 우편 발송 후 적어도 5일까지는 다른 어떤 방법에 의해서도 공개하지 않는다. 인증된 센터들은 인증서를 센터 안에 눈에 띄게 전시해야 한다. 수합된 보고서가 인증 결정에 미치는 비율은 다음 〈표 7-2〉와 같다.

〈표 7-2〉 인증 결정 비율

수합된 자료	비 율	
	변경 전	변경 후
Self-study Report (시설장과 교사에 의해 작성됨)	20%	30%
Validation Surveys (시설장에 의해 작성됨)	10%	10%
Validation Surveys (교사에 의해 작성됨)	10%	10%
Validation Surveys (부모에 의해 작성됨)	10%	폐지
Validation Report (현장관찰자에 의해 작성됨)	25%	25%
Moderation Ratings (심의위원 개별 작성)	25%	25%
총계	100%	100%

출처 : www.ncac.gov.au [Last updated 2009년 10월 21일]

인증 기관과 불인증 기관

- 인증된 기관 : 모든 영역의 질적 수준이 '양호' 또는 그보다 더 높은 시설은 인증 결정을 설명하는 인증서, 질적 프로파일과 보육시설 평가인증 과정에 참여했던 보육종사자의 이름이 담긴 질적 프로파일 확인서, 이후 자체점검기간 동안 질적 수준 개선 영역에 대한 지속적인 향상 안내서를 발급받게 된다. 인증서와 질적 프로파일 확인서는 보육시설에 눈에 띄도록 전시해야 한다. 인증시설의 인증기간은 2.5년으로써, 그 동안 인증상태를 유지하고 자체점검과 질적 개선 과정을 진행해야 하며 2.5년마다 자체점검보고서를 제출해야 한다.
- 불인증된 기관 : 불인증 기관은 이의를 신청할 수 있고 심의결과에 따라 재심 등 적절한 조치가 취해진다. 불인증 결정을 설명하는 증서, 질적 프로파일과 보육

시설 평가인증 과정에 참여했던 보육종사자의 이름이 담긴 질적 수준 확인서, 다음 자체점검기간까지 개선이 필요한 영역에 대한 지속적인 향상 안내서를 발급받게 된다. 불인증 기관은 이 중 질적 프로파일 확인서를 눈에 띄도록 전시해야 한다. 불인증 기관의 목록은 '이 보육시설은 인증에서 요구된 기준에 두 번 또는 그 이상 연속적으로 도달하지 못했음' 또는 '이 보육시설은 불인증되었고 질적 영역 대부분에서 기준 미달임'으로 정부에 보고된다. NCAC는 불인증 기관이 인증 기준에 도달하고 보육의 질을 향상시킬 것을 요구하고, 실제로 개선시킬 수 있도록 지침을 제공하고, 다른 자체점검보고서를 불인증 결정 후 6개월 이내에 제출하도록 요구한다.

- 임시 인증 기관 : 기관이 인증 기준을 충족시키지 못했으나 조금만 노력하면 기준을 만족시킬 수 있을 때 NCAC는 기관에 임시 인증을 부여할 수 있다. 임시 인증은 인증 결정이 내려질 때 함께 결정되고, 임시 인증을 받은 기관은 인증 결정 후 3개월 내에 수정 조치를 취하고 이를 NCAC에 확인 받아야 한다. 임시 인증 기관 결정을 받았으나 수정 조치를 취하지 않았거나, 수정하였지만 승인을 받지 못한 경우 불인증 기관으로 남게 되며, NCAC가 지정한 기한 내에 새로운 자체점검보고서를 제출해야 한다.
- 인증 결정 보류 : 허가 규정, 아동 보호, 각종 불만이나 다른 이슈들과 관련해 해결되지 않은 문제들이 있을 때 기관의 인증 결정이 보류될 수 있다. 해당 기관에 인증이 보류되었음을 알리고 불만 사항이나 다른 문제에 대해 답변할 최종 기회를 제공한다. 관계 당국 및 아동보호국에서 모든 문제가 해결되었음을 통지해 오면 질관리 인증 시스템에서의 처리가 재개된다.
- 인증 결정 상실 : 기관이 질관리 시스템의 요구조건을 만족시키지 못하거나 거부하는 경우, 제출 기한까지 자체점검보고서를 제출하지 못하거나 연간 등록비를 기한 내에 납부하지 않는 경우 등이 반복될 경우 인증 결정이 상실된다. 기관에 대해 접수된 불만 사항에 관한 NCAC의 통지를 받고도 기관이 NCAC에 답변을 하지 않거나 적절한 답변을 하지 않을 때, 또 답변이 기한 내에 이루어지지 않았을 경우 인증 결정을 상실한다.

이의제기(Review of Accreditation Decisions)

이의제기는 인증결정검토위원회(Accreditation Decisions Review Committee : ADRC)에서 실시되고, 이 위원회는 NCAC의 인증 결정을 검토하기 위해 1972년 설립되었다. 인증결정검토위원회의 구성원은 호주 정부 교육부의 장관이 임명하고, 인증재심위원회는 NCAC와는 독립적으로 활동하며 NCAC에 권고하는 역할을 한다. 인증검토위원회는 공정성, 객관성, 증거 기반, 자연 정의에 의거하여 결정을 검토하고 의견을 작성하여 인증위원회에 제시한다. 보육시설은 인증 결정일로부터 28일 이내에 이의제기를 인증검토위원회로 요청할 수 있고, 요청이 접수되면 인증재심위원회는 보육시설의 재심요청 내용 요약서와 NCAC가 인증 결정을 처음 내릴 때 고려한 모든 정보를 검토한다. 검토 결과가 결정되면 NCAC는 이의제기한 보육시설로 인증재심위원회의 건의서와 함께 최종 판정을 서면으로 통보한다.

불시방문

불시방문은 기관에서 제공하는 보육의 질을 판단하기 위해 현장관찰자가 불시에 짧게 방문하는 것으로 보육시설인증평가에서 주요한 역할을 한다. 인증받은 보육시설들은 어느 때건 무작위로 선정되어 불시방문을 받을 수 있으며, NCAC의 기준에 통과하기 위해서는 불시방문을 받아야만 하는데, 2010년 개정된 사항으로 불시방문은 세 시간을 넘지 않으며, 일과 시간 중 언제라도 할 수 있도록 하고 있다. 현장관찰자는 NCAC로부터 불시방문을 해야 하는 기관을 우편으로 통보 받고, 기관을 방문하여 불시방문에 대해 간략히 설명한 후, 기관에서 수행하고 있는 것을 관찰한다. 현장관찰자는 기관이 인증에 필요한 기준에 도달하는지를 확인하는 정보가 수록된 불시방문 보고서를 기관을 방문하고 있는 동안 작성해야 한다. 그 기관이 인가에 필요한 기준을 충족시키지 못하고 있다고 생각될 때, 현장관찰자는 기관에 필요한 조치를 가능한 빨리 취하라고 충고해 주어야 하고, 기관에서 이를 수정하는 모습을 기록하고 보고서에 수정된 것을 기록한다. 기관이 인증에 필요한 조건에 부합하지 못했지만, 즉시 수정해서 보여줄 수 없는 사항에 대해서는, 현장관찰자가 활동을 기록하고 기관의 대표는 불시방문을 받았다는 서명과 더불어 현장관찰자와 토론할 기회가 있다.

▎조력

지속적 향상이나 질적 보육 제공과 관련된 조언과 지원을 포함하여 질관리 시스템에 참여하는 기관들을 지원하기 위해 평가인증제도에 참여하는 시설에 조력자를 지원하고, 전화문의, 시설 방문, 교육, 자료 대여 등 여러 종류의 서비스를 제공함으로써 보육시설의 자체점검과 지속적인 질 향상을 도와준다. 기관이 인증받지 못한 경우 NCAC는 인증에 요구되는 기준을 충족시킬 수 있도록 개선 조치를 시행할 때 조력기관으로부터 지원을 받도록 권장한다. 또한 NCAC는 조력 기관에도 인증을 받지 못한 기관에 대해 알려 주고, 각 주와 권역에 따라 조력 기관들의 자세한 연락처를 NCAC 웹사이트와 전화를 통해 알아볼 수 있도록 정보를 제공하고 있다.

- 평가결과 활용 : 보육시설에 대한 평가인증의 참여는 자발적이지만, 평가인증제도는 강력한 보육시설의 질관리 매커니즘이며 동시에 그 결과는 정부의 지원과 연결되어 있다. 즉, 호주 연방정부가 지급하는 아동보육급여 지급은 질 개선 및 인증제도에 참여하고 있는 시설에 한하고 있기 때문에, 인증을 받지 못하는 기관에서 보육 받는 유아는 보육료급여 대상에서 제외된다(서문희, 2007).

5) 평가영역 및 지표

NCAC는 2005년 7개 영역 33개 지표로 개정하면서 세분화하였던 영역을 다시 범주화하여 7개 영역으로 조정하였다. '유아와의 관계', '유아들을 존중하기', '직원 간 상호작용' 영역을 '교직원의 유아와 동료와의 관계'로 통합하고, '보호 교육', '안전' 영역을 '보호와 안전'으로 재 범주화하였으며, '건강' 영역을 '건강, 영양, 웰빙'으로 영역 범위를 늘렸다. 이전의 지표에 비해서 간략하게 진술하고 있으며, 포괄적인 용어를 사용하고 있다.

QIAS 질적 운영 안내서에서는 QIAS 기준에 대한 배경이 설명되고, 각각의 지표와 원칙의 내용을 자세히 제시한다. 지표의 각각에 대해 세부상황을 제공하며, 각 원칙마다 기관 운영 시 고려할 점을 제공하여 보육에 대한 관점을 다루고 있다. 이는 유아와 부모에게 더 나은 이해를 가능하게 하며 QIAS 지표들을 각각 분리하여 고려할 것이 아니라 전후 관계에 맞추어 고려하도록 하기 위한 것이다. QIAS의 지표는 〈표 7-3〉과 같다.

〈표 7-3〉 QIAS의 평가인증 지표

질 영역	2005년 QIAS
영역 1	교직원의 유아와 동료와의 관계
1.1	교직원은 각 유아와 따뜻하고 친절하게 상호작용한다.
1.2	교직원은 각 유아의 행동을 긍정적으로 지도한다.
1.3	교직원은 각 유아와 예의바르게 대화를 시작하고 유지한다.
1.4	교직원은 각 유아의 배경과 능력을 존중한다.
1.5	교직원은 모든 유아를 공평하게 대한다.
1.6	교직원은 상호존중과 전문적 팀워크를 증진하기 위해 효과적으로 의사소통한다.
영역 2	가족들과의 협력
2.1	교직원과 가족들은 효과적인 대화를 통해 기관과 각 유아에 관한 정보를 교환한다.
2.2	교직원들은 가족의 기관 참여 및 관여를 장려한다.
2.3	기관에는 유아들과 가족들을 위한 오리엔테이션 과정이 있다.
영역 3	프로그램과 평가
3.1	프로그램에는 기관의 철학이 명확히 반영된다.
3.2	각 유아의 학습은 문서로 기록되며 프로그램 계획에 사용된다.
3.3	프로그램은 각 유아의 성공적인 학습에 도움이 된다.
영역 4	유아들의 경험과 학습
4.1	교직원은 각 유아의 놀이 선택 및 참여를 격려한다.
4.2	교직원은 각 유아의 대인관계 발달 및 유지 능력을 향상시켜 준다.
4.3	교직원은 각 유아의 언어 및 읽고 쓰기 능력을 향상시켜 준다.
4.4	교직원은 각 유아의 문제해결능력 및 수학적 능력을 향상시켜 준다.
4.5	교직원은 각 유아가 표현 예술을 즐기고 참여하도록 격려한다.
4.6	교직원은 각 유아의 신체적 능력을 발달시켜 준다.
영역 5	보호 교육과 안전
5.1	교직원은 각 유아를 보호한다.
5.2	교직원들은 유아들을 항상 감독한다.
5.3	교직원은 유아들에게 위험의 소지가 있는 제품, 식물 혹은 물건에 유아들이 접근할 수 없도록 한다.
5.4	기관은 건물과 장비의 안전에 만전을 기한다.
5.5	기관은 직장상의 건강 및 안전을 도모한다.
영역 6	건강, 영양, 웰빙
6.1	교직원은 건강한 식습관을 장려한다.
6.2	교직원은 유효한 최근의 식품 안전 및 위생규칙을 실행한다.
6.3	교직원은 유아들이 간단한 위생규칙을 따르도록 격려한다.
6.4	교직원은 용변 및 기저귀 갈기 절차가 긍정적인 경험이 되도록 만전을 기한다.

6.5	교직원은 휴식, 수면, 편안함을 위해 개별 유아의 필요가 충족되도록 지원한다.
6.6	기관은 전염병의 확산을 방지하고 예방접종 기록을 관리한다.
영역 7	보육의 질을 유지하기 위한 운영
7.1	기관의 운영에 관한 설명서는 가족들이 쉽게 구해 볼 수 있다.
7.2	기관의 운영에 관한 설명서는 직원들이 쉽게 구해 볼 수 있다.
7.3	교직원채용 방침 및 실행은 각 유아 보육이 지속되기 쉽도록 해야 한다.
7.4	운영진은 교직원에게 전문기술 발전 기회를 제공한다.

2. ACECQA의 평가 시스템

1) 국가 질관리 체계

호주의 유아교육과 보육을 위한 질관리위원회(ACECQA: Australian Children's Education and Care Quality Authority)는 교육과 보육 기관 관련 국가 법률에 의해 설립되었고, 호주 전역을 걸쳐 양질의 유아교육과 보육을 책임지는 새로운 국가기관이다. 호주 정부와 주정부는 국가의 생산력을 향상시키고 유아의 웰빙을 책임지기 위한 생애 초기교육의 중요성을 인식하게 되었고, 2009년 종일제 보육, 가정보육, 방과후 보육에 대하여 국가 질관리 체계를 만들기 위한 협력에 동의하였다. 이는 국가 질관리 체계를 통해 호주의 모든 유아들이 지역에 상관없이 양질의 유아교육과 보육, 학령기 시기의 보육서비스를 통하여 생애 초기시기에 최선의 출발을 하는 것을 의미한다. 태어나서 처음의 5년은 인생을 좌지우지하는 매우 중요한 시기이며, 학부모들은 그들의 자녀가 어느 지역에서 교육을 받든지 안심할 수 있어야 한다. ACECQA의 비전은 유아들이 국가와 자신을 위해 삶에 있어 가능한 최선의 출발을 하는 것이며, 중요한 임무는 교육과 보육기관에 대한 지속적인 실행을 가이드하고 모니터링하는 것이다.

국립 교육수준 향상안은 유아가 좀 더 개인적인 보호를 받을 수 있도록 유아 1명당 교육자수를 늘리고, 보육자의 자격 조건을 공식화하여 유아의 교육과 성장을 제대로 이끌 수 있도록 할 것이다. 국가 질관리 체계의 전체 개요는 [그림 7-2]와 같다.

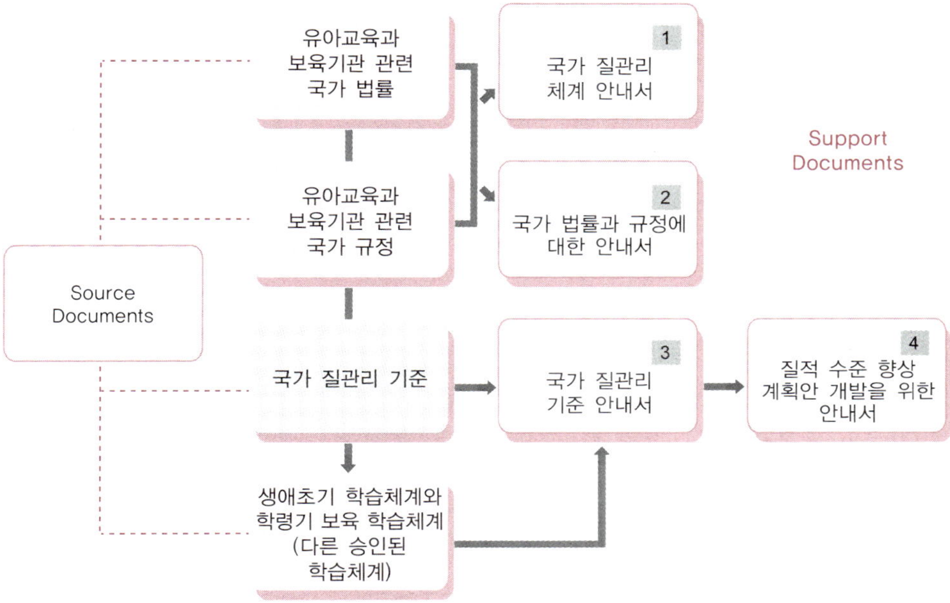

[그림 7-2] **국가 질관리 체계**

출처 : ACECQA(2012). Guide to the National Quality Framework. www.acecqa.gov.au.

국가 질관리 체계는 지속적인 질적인 향상을 증진시키는 데 주요한 초점을 두고, 교육과 보육서비스의 질을 높이고 지속적으로 질적인 개선을 이끌어 내는 데 그 목적이 있다. 아동을 위한 성취결과에 초점을 두고 모든 유아교육과 보육 기관은 공식적인 학습 체계에 기초하여 프로그램을 제공해야 한다. 이 체계의 목표는 다음과 같다.

- 교육과 보육 기관에 다니는 유아들의 안전, 건강, 웰빙을 책임지기
- 교육과 보육 기관에 다니는 유아들을 위해 교육적이고 발달적인 성과를 증진하기
- 양질의 교육과 보육 기관을 유지하기 위해 지속적인 개선을 증진하기
- 국가 질관리 체계 안에서 책임감과 국가적인 통합 시스템을 만들기
- 교육과 보육 기관의 질에 관한 일반적인 지식, 정보에 대한 접근성을 증진하기
- 유아교육과 보육 기관을 위한 규제적이고 행정적인 예산 규제를 줄이기

국가 질관리 체계의 구성요소는 다음과 같다.

- 국가적인 입법 체계
  - 교육과 보육 기관 관련 국가 법률
  - 교육과 보육 기관 관련 국가 규정
- 국가 질관리 기준 : 유아교육과 보육, 학령기 보육을 위한 국가 질관리 기준
  - 생애 초기 학습체계 : 소속감(belonging), 존재(being)와 변화되어 가기(becoming)
  - 호주에서의 학령기 보육을 위한 학습체계 : 나의 시간, 우리의 공간
- 국가 질관리 평가체계와 평가과정
- 각 주와 지방에 있어서 규정 기관(국가의 법률 체계와 질관리 기준에 관련된 사법권에서의 승인과 모니터링, 기관에 대한 질적 평가에 대한 책임을 갖게 됨)
- 호주 아동의 교육과 보육 질관리국-ACECQA

국가 질관리 체계에 포함되는 학습체계나 초기 교육과정은 유아와 함께 일하는 사람들을 지도하기 위한 원칙과 실제로 정의된다. 공식적인 학습체계는 생애 초기의 학습체계(The Early Years Learning Framework: EYLF)와 학령기 보육을 위한 체계(Framework for School Age Care)의 두 가지로 구성된다.

- 생애 초기 학습체계 : 유아기의 학습을 지원하고 증진하기 위한 원칙, 실제, 결과를 포함한다. 이러한 생애초기 학습 체계의 목적은 출생에서 5세까지와 학교로의 전이를 통하여 유아의 학습을 풍부하게 하고 확장시키는 데 있다. 그들의 가능성을 최대화할 수 있는 기회와 미래 학습에서의 성공에 대한 기초를 개발하기 위한 기회를 제공하도록 해 준다. 놀이중심 학습을 강조하고 의사소통과 언어, 사회정서 발달의 중요성을 인식하게 한다.
- 학령기 보육을 위한 학습체계 : 목적은 교육과 보호 환경에서 학령기 아동의 웰빙과 발달을 확장시키고 풍부하게 하는 데 있다. 놀이와 여가 경험에 참여함으로서 시간과 아이들의 공간에 대해 알게 된다. 이러한 경험은 아이들을 행복하고, 안전하고, 편안하게 해 주고 친구와의 상호작용, 실제적인 사회적 기술, 문제해결, 새로운 활동에 대한 시도와 삶의 기술을 학습하도록 해 준다.

자체평가와 질적 개선 계획 과정은 다음과 같다.

모든 기관은 평가의 한 부분으로서 자체평가와 질적 개선 계획 과정을 이행해야 한다. 자체평가를 통해 기관은 현재의 질적 수준을 평가하고 그들이 개선할 수 있고 개선해야만 하는 실제를 확인한다. 기관이 정기적으로 자신의 실제를 평가하고 강점을 인식하고 개선할 영역을 확인하는 것은 전문성을 위해 중요하다. 이러한 반성과 평가의 지속적인 과정은 기관이 현재의 실제와 교육과 보육의 질에 대한 밑그림을 얻도록 해 주고, 반성적 과정은 질적 개선을 결정한다. 이와 같이 기관에 대한 가장 효과적인 개선은 외부에 의해서가 아닌 기관 내에서 이루어진다. 기관에서의 질적인 개선은 자체평가와 질적 개선 계획 과정을 수행하면서 개방적이고 정직하고 비판적이고 반성적으로 할 때 효과적으로 나타나기 때문에 중요하다.

평가과정의 필수적인 요소는 질적 개선 계획이다. 모든 기관은 질적 개선 계획을 준비해야 한다. 이러한 질적 개선 계획은 국가 질관리 기준과 규정에 의한 기관의 실제 질관리를 포함하고, 기관의 철학이 진술된 문서를 보관하여야 하고, 개선이 요구될 수 있는 영역을 확인한다. 질적 개선 계획은 적어도 매해 최선 것으로 업데이트해야 하고, 기관에 유용한 것이어야 하며 규정위원회에 대한 진술이 포함되어야 한다. 5가지 평가등급 중 국가 질관리 기준이나 필수 규정을 충족하지 않을 때는 자체평가나 평가과정 동안에 이러한 질적 영역을 진술하기 위한 전략을 포함해야만 한다. 모든 영역에서 국가 질관리 기준을 충족하거나 능가하는 기관은 그 기관이 현재의 질적 수준을 어떻게 유지하는지 기록함으로서 지속적인 개선을 보여주어야만 한다.

국가규정위원회는 기관의 정보를 검토하고(평가와 평점 기록, 준수 기록), 기관의 현재 질적 향상 계획을 검토하고, 기관 보육의 경우 기관의 실행을 관찰하기 위해 방문하고, 가정보육의 경우 하나 이상의 가정보육 장소를 방문해야 한다. 질적 향상 계획을 이행하는 데 필요한 정보는 질적 개선 계획 개발을 위한 가이드에서 제공하고 있다. 가이드에는 자체평가를 수행하는 방법, 질적 개선 계획을 완성하고 제출하는 방법, 평가받는 질적 영역과 기준, 요소에 대한 정보를 포함한다. 평가과정에 대한 진행일정은 다음 [그림 7-3]과 같다.

규정위원회 | **평가신청기관**

1–시작
규정위원회는 평가와 평정과정을 시작하기 위해 선택된 평가신청기관에 공고문을 보낸다. 동시에 위원회의 직원은 NCAC의 인증 연혁과 준수 기록을 포함한 기관에 관한, 이용가능한 정보의 분석을 실시한다.

평가신청기관은 가족, 경영진, 교직원과 적합한 관계자를 자체평가 과정과 질적 개선 계획에 참여시킨다.

평가신청기관은 평가 시작시기인 6주까지 규정위원회에 질적 개선 계획을 제출한다.

2–6주
규정위원회는 평가신청기관에 질적 개선 계획의 확인서를 보내고 현장방문일자를 통지해준다.

평가신청기관은 질적 개선 계획의 확인서와 현장방문 날짜를 받는다.
기관은 현장방문에서 무엇을 할 것인지에 대한 정보를 제공받는다.

3–12주
현장방문 과정에는– 관찰– 토론– 문서 확인이 이루어진다.
불시방문 피드백의 일부분은 이때에 제공된다.
기관이 평가받는 방법을 안내하기 위해 국가 질관리 기준 안내서에 대한 자문을 해준다.

4–15주
규정위원회의 직원은 제안된 평가점수가 기록된 예비보고서를 작성하고 이를 평가신청기관에 보낸다.

평가신청기관은 제안된 평가점수가 기록된 예비보고서를 받는다.
필요하다면 더 명확한 설명을 구하고 코멘트를 받을 수 있다. 기관이 예비 보고서에 대한 피드백을 제공하기 위해 일반적으로 10일 정도 소요된다. 평가신청기관은 특정 영역에서 조정을 할 수 있는 기회가 주어질 것이고, 만약 등급을 향상시킬 수 있다면 현장방문 시에 확인된 문제를 해결하기 위한 시간을 제공받게 될 것이다.

5–18주
보고서에 대한 피드백은 규정위원회에 의해 고려되어진다.

6–20주
보고서가 완료되고 최종 등급이 결정된다. 보고서는 평가신청기관에 보내진다.

보고서의 확인과정에서 기관은 인증 결정에 대한 검토를 고려할 수 있다. 이러한 검토요구는 14일 이내에 이루어져야 한다.

규정위원회는 검토시기(28일)가 끝난 이후 또는 검토나 재평가의 결과가 끝난 이후 등급을 공개한다.

기관은 보고서에서 권고와 적절한 질적 개선 계획을 검토한다.

[그림 7–3] ACECQA의 평가과정

출처 : ACECQA(2012). Guide to the National Quality Framework. www.acecqa.gov.au.

2) 평가영역 및 지표

1994년부터 보육시설의 질관리 및 인증 시스템으로서 4개 영역 52개 지표(principle)로 QIAS를 시행하기 시작하였으며, 1998년 3월부터 2년간 QIAS에 대한 독립적인 검토를 통해 2001년 10개 영역 35개 지표로 개정하였고, 2001년 개정에 대해 QIAS 질 기준을 재분류해야 할 필요성이 지적되어 2005년 7개 영역 33개 지표로 다시 개정되었다. 이후 ACECQA의 질관리 체계안에서 2012년에 7개 영역(quality area), 18개 기준(standard), 58개 요소(element)로 개정하였다. 2005년과 2012년 개정된 평가영역은 다음 〈표 7-4〉와 같다.

〈표 7-4〉 평가영역

2005년 (7개 영역 33개 지표): QIAS	2012년 (7개 영역 58개 요소): ACECQA
1. 교직원의 유아와 동료와의 관계	1. 교육적 프로그램과 실제
2. 가족들과의 협력	2. 유아의 건강과 안전
3. 프로그램과 평가	3. 물리적 환경
4. 유아들의 경험과 학습	4. 교직원 배치
5. 보호 교육과 안전	5. 유아들과의 관계
6. 건강, 영양, 웰빙	6. 가족과 지역사회공동체와 협력
7. 보육의 질을 유지하기 위한 운영	7. 리더십과 서비스 관리

2012년 ACECQA의 국가 질관리 기준은 가족이 그들 아이들에 대한 교육과 보육기관에 관한 의사결정을 가능하게 해 주고, 양질의 교육과 보호는 아이들을 위해 긍정적인 성취결과를 가져온다는 연구를 통해 만들어졌다. 국가 질 평정과 평가과정에 의한 국가 질관리 기준은 평가에 대한 국가의 접근과 교육과 보육기관 질의 기록을 반영한다.

이러한 정보의 유용성은 책무성을 증진시키고 부모들이 교육과 보육기관의 질을 선택하기 위한 정보를 제공하는 데 도움을 준다. 중요한 변화로는 첫째, 각 유아가 개별적인 보호와 관심을 받을 수 있도록 교사 대 유아의 비율을 개선 둘째, 교육자들이 유아가 학습하고 발전하도록 도와주기 위한 기술을 증진하도록 새로운 교육자 자질의 요구 셋째, 호주의 가족이 유아교육과 보육기관의 질에 관한 정보를 알 수 있도록 새로운 질적인 평가 체계 넷째, 유아교육과 보육기관의 높은 질을 보장하기 위한 새로운 국가기관인 ACECQA의 설립이다. 이러한 국가 질관리 기준은 아이가 태어나면서부터 배울 수 있도록 국가학습체계와 연관된다.

국가 질관리 기준은 질 영역과 기준 그리고 요소로 구성되어 있는데, 각각의 영역은 2, 3가지의 기준을 포함하여 18개의 기준과 58개 요소로 구성되어 있다. 국가 질관리 기준 안내서에는 질적인 실제를 기술하는 방법을 설명하고 평가의도를 기술하는 각 질적 영역, 기준, 요소를 위한 소개와 필수 규정과 관련된 참고자료가 제시되어 있다. 또한 실제 기관에서 각 영역에 대해 자세히 알아보기 위한 시도로서 제공되는 반성적인 질문을 포함하고 있다. 7가지 영역의 세부내용과 지표는 호주의 http://www.acecqa.gov.au/(2012) 사이트에 자세히 제시되어 있다. 아직 모든 것이 시작초기에 있으며 개발되고 있는 과정에 있으므로 향후 발전과정은 유아교육기관평가에 많은 시사점을 줄 수 있으리라 생각된다.

3) 평가 기준

호주의 평가체계는 2012년 1월 1일 이후로 교육 및 보육기관이 국가 법률에 따라 국가의 질관리 기준에 의해 평가받고 등급이 매겨지게 된다. 각 주와 규정위원회는 평가와 등급을 매기는 과정에 참여하게 되고 기관이 평가와 등급 과정에 대해 제기하는 질문을 받아주는 것이 요지이다. 각 기관은 각 질적인 영역에 대한 점수와 전반적인 질 평가 점수를 받을 것이다. 이러한 점수는 공개되어야만 하고 국가적인 웹사이트인 ACECQA와 Mychild 웹사이트에 공개될 것이다. 5가지 평가 기준은 다음 〈표 7-5〉와 같다.

〈표 7-5〉 ACECQA의 평가 기준

평가 기준	전반적인 평가가 결정되는 방법
Significant improvement required	★ 개선이 요구됨 국가 질적 기준을 충족하지 못하며, 규정자(regulator)와 기관의 긴밀한 협력과 즉각적인 개선이 요구됨(미개선 시, 기관운영 승인이 철회될 것임) – Significant improvement required를 한 개 이상의 영역에서 받은 경우
Working towards National Quality Standard	★ 국가 질적 기준을 지향하여 노력하고 있음 – Working towards National Quality Standard를 한 개 이상의 영역에서 받았으나, Significant improvement required는 받지 않은 경우
Meets National Quality Standard	★ 국가 질적 기준을 충족함 – 각 영역에서 National Quality Standard를 최소한으로 충족함. 한 개 이상의 영역에서 Exceed National Quality Standard를 받을 수는 있으나, Exceed National Quality Standard 요건을 만족시키지는 못 함
Exceed National Quality Standard	★ 국가 질적 기준을 능가함 – 모든 기준(standards)을 충족(meet)하고, 적어도 네 개의 영역에서 Exceed National Quality Standard를 받으며, 아래의 영역에서 최소한 두 개를 포함함 • 교육프로그램과 실제 (QA1) • 유아와의 관계 (QA5) • 가족 및 지역사회와의 협력적인 파트너십 (QA6) • 리더십과 기관 운영 (QA7) – 학령 전기의 유아의 교육과 보육을 하는 기관은 Quality Area1(교육프로그램과 실제)에서 아래의 사항을 포함할 때, Exceed National Quality Standard를 받음 • 학령 전 프로그램을 제공하는 경우 • 학령 전 프로그램을 지원하는 승인된 서비스의 문서화 관리체제 수립과 이것이 부모에게 안내된 경우
Excellent	★ 우수함 기관운영을 훌륭하게 수행하고 있으며, 해당 분야의 귀감(leader)이 될 만함 – Excellent 등급은 ACECQA에 의해 부여됨

3. 시사점

호주는 정부의 재정 지원을 받으며 대부분의 시설이 높은 수준의 질로 인증을 받고 있어 평가인증 과정을 간략히 하기 위한 통합 평가인증 과정을 개발하고 있다. 호주의 평가체제에서는 각 단계별 평가의 객관성과 공정성을 유지하기 위해 노력하고 있다. 예를 들면 현장관찰자와 조정관의 자격과 역할, 훈련, 평가인증 결과의 공개 및 질관리 유지, 질관리 시스템 가이드에 제시된 원칙과 구체적 설명 등을 시사 받을 수 있다.

첫째, 호주는 자체평가 과정을 효율적으로 운영하기 위해 각 기관을 방문하여 평가하는 평가자와 자체평가보고서 및 외부평가보고서를 면밀히 검토하여 인증 결정에 자문을 하는 조정관 등의 역할을 할 수 있는 인적자원을 발굴하여 양질의 교육을 시키고 있다. 각 유아교육기관에 근무하는 종사자 가운데 소정의 교육을 시켜 평가자로 활용하고 전문가 집단인 조정관도 30명이나 발탁하여 평가에 신중을 기하고 있다.

평가의 객관성과 공정성을 위하여 현장관찰자와 조정자의 역할을 구분하여 현장관찰자(Validator)는 5일간 다양한 자기평가 도구에 의해 평가를 받는다. NCAC의 훈련코스를 이수하며, 1년간 5회 이상의 현장관찰자 역할을 수행하게 되며, 방문 시설의 시설장이나 조정자, 위원회로부터 평가를 받는데, 평가가 만족스럽지 않은 경우 임용이 취소되기도 한다. 조정자(Moderators)는 유아나 아동과 관련된 분야에 초점을 두는 학위 소지자로 유아교육 분야의 석사 이상의 학위 소지자이어야 하며 최소한 8년 이상의 아동관련 서비스에 관여한 경험이 있어야 한다. 우리나라에서 실시되는 유치원 평가의 평가위원이나 보육시설 평가인증의 심의위원 자질과 최소자격 등을 고려해 볼 수 있다.

둘째, 호주는 평가인증 후 질관리가 잘 이루어지고 있다. 인증받은 시설들은 인증서를 시설 안에 눈에 띄게 전시해야 하며, 인증 과정에 참여한 직원들의 이름이 적힌 증서를 받게 된다. 또한 인증된 시설은 매 2.5년마다 자체점검보고서를 제출해야 하고, 인증받은 후의 질관리 유지를 위해 인증받은 기관들은 어느 때건 무작위로 선정되어 불시방문을 받을 수 있다. 이 같은 과정은 평가인증을 받은 후 지속적인 사후 관리가 이루어짐으로써 평가인증 기준과 지표에 비추어 계속적인 질을 유지할 수 있게 해 준다.

셋째, 호주의 질적 운영 안내서에서는 평가기준에 대한 배경이 자세히 설명되고 각각의 원칙마다 그 원칙이 의미하는 바를 자세하게 설명해 주고 있고, 기관 운영 시 유의사항 등 세부 상황을 제공하기 때문에 지표의 의미를 잘 알 수 있도록 해 준다(NCAC, 2005). 이는 QIAS 지표들을 각각 분리하여 고려할 것이 아니라, 전후 관계에 맞춰 고려하도록 하기 위한 것으로 미국의 지표에서 각 지표와 관련된 다른 영역의 평가지표를 관계 지음으로 연관성을 고려하는 것과 같은 맥락이다. 호주의 평가지표는 이전의 세분화되어 있던 영역에서 좀 더 포괄적인 영역으로 구성함으로 호주의 문화적 특성에 맞추어 지표를 수정·보완하고 있다. 즉, 2005년 개정에서는 세분화하였던 10개 영역을 다시 범주화하여 7개 영역으로 조정하였고, '유아와의 관계', '유아들을 존중하기', '직원 간 상호작용' 영역을 '교직원의 유아와 동료와의 관계'로 개정하고, '보호 교육', '안전' 영역을 '보호와 안전'으로 재범주화하였으며, '건강'영역을 '건강, 영양, 웰빙'으로 영역 범위를 늘렸음을 알 수 있다. 또한 2005년 지표는 이전의 지표에 비해서 간략하게 진술하고 있으며, 포괄적인 용어를 사용하고 있다. 예를 들면, 2001년 '지표 1.1 직원들은 즐겁고 마음이 끌리는 분위기를 조성하고 유아들과 다정하고 상냥하게 상호작용한다.'의 지표를 2005년 '지표 1.1 직원은 각 유아와 따뜻하고 친절하게 상호작용한다.'로 간략하게 수정하고 있다. 평가에 있어 학부모의 참여를 유도함으로써 기관의 성공을 가져올 수 있기 때문에 호주의 경우 새로운 평가준거의 10개 영역 가운데 하나로 학부모와의 협력을 강조하고 있다.

이와 같이 볼 때 호주의 평가는 평가의 객관성을 유지하도록 노력하며 현장관찰자의 훈련을 강화하고, 평가지표를 세분화하기보다 범주화하였으며 평가지표에 대한 근거와 설명을 자세하게 함으로써 평가자 간의 관점이 일치하도록 노력하고 있음을 볼 수 있다.

CHAPTER 08

외국의 평가관련 연구

유아교육기관평가가 이루어진 후 평가의 효과에 대한 연구들이 미국과 유럽, 호주 등에서 이루어지고 있으며 각 나라는 수많은 전문가와 현장교사의 의견을 수렴하여 평가준거를 꾸준히 수정·보완하고 있다. 미국 NAEYC 평가인증은 10년이 지난 다음부터 인증의 가치가 입증되기 시작하였고 프로그램의 질적 향상을 가져왔다는 데 모두 동의하기 시작하였다. NAEYC 인증 실시 10년이 지난 1997년 이후에는 평가과정과 지표에 대한 연구를 통해 기관에 대한 다양성, 지역 간의 동일성을 보장하는 방법, 인증 평가자의 판단, 그들의 훈련, 그리고 전국적으로 동일한 기준을 사용할 것인가에 대한 문제에 대한 토의가 이루어졌다.

미국 NAEYC의 인증제는 1986년 19개 기관을 시작으로 2006년 11,400개 기관이 인증을 받아 20년 동안 10,000개 이상 프로그램이 인증받았으며, 2006년 재개정 이후 2008년까지 인증을 받은 프로그램이 2,700개 이상이다. NAEYC 인증취득 프로그램 현황(2010)을 보면 총 인증 프로그램은 6,866개이며, 서비스를 받는 총 유아 수는 595,702명이고, 메사추세트/캘리포니아의 순서로 인증받은 기관 수가 가장 많음을 알 수 있다. 2006년 재개정된 인증제에 2007~2008년에 처음 참가한 프로그램 수는

3,095개 이며, 이 중 88%(2,708개) 프로그램이 인증을 받은 것으로 나타났다. 2009년 자료에 의하면 인증과정 단계별 현황에서 1단계인 자체점검 신청 단계에서는 9,742개 기관이 신청하였지만 4단계 인증 결정 단계에서는 2,343개 기관 수로 비율이 낮게 나타났는데, 이는 인증이 진행 중이므로 사실상 인증 후보의 89%가 인증을 획득한다고 볼 수 있다. 기관유형에 있어서는 헤드 스타트 프로그램의 인증 수가 가장 많았고, 각 도구에 따른 인증통과 비율을 보면 관찰도구가 95%의 통과율을 보이고 있는데, 관찰이 10가지 기준 중 관계, 교육과정, 교수와 관련이 있다는 점에서 눈여겨볼 만하다. 또한 10가지 기준마다 넘어야 할 최소 80%를 넘지 못한 비율은 2007년 5월~2008년 3월 후보자(561개)의 13%(73개)가 인증받지 못한 것으로 나타났고, 기준 2인 교육과정의 경우, 모든 프로그램이 가장 어려워하는 부분임을 알 수 있다.

평가의 효과에 관한 연구를 살펴보면 평가가 유치원, 교사, 유아에게 영향을 미치게 되었음을 보고하면서 평가인증이 긍정적, 부정적 영향을 미치고 있음을 보여 주고 있다. NAEYC 인증은 프로그램 질의 모든 영역을 달성하기 때문에 매우 효과적이고 긍정적인 변화를 위해 영향력을 행사할 수 있다(McDonald, 2009). Whitebook과 그의 동료들(2004)은 평가인증받은 43개 기관을 6년 동안 3회 방문한 결과 두 번째 방문까지 질 향상이 많이 된 기관들의 경우, 그렇지 않은 기관들과 비교했을 때 두 번째 방문 때는 상당한 질 향상을 보였고 이러한 기관들은 민감하고 따뜻한 교사를 더 고용했고, 낮은 이직률을 보였다. 대부분의 기관들은 이런 향상을 유지했고 보통의 기관들이 집중적인 지원을 받았으며, 교직원들의 이직률이 적은 기관일수록 NAEYC 인증 획득률도 높았고, 기관들이 교직원의 월급을 인상할수록 이직률도 줄어드는 것을 볼 수 있었다.

4년간의 장기연구를 통해 인증받은 프로그램과 인증받지 않은 프로그램의 직장생활의 질을 조사한 Bloom(1996)의 연구에서는 인증된 프로그램에서 구조적 분위기의 다양한 측면에서 정적으로 유의한 차이점을 발견하였고, 조직환경의 10가지 측면에서 인증 기관과 인증받지 않은 기관의 직원 근무환경 질 차이가 확연히 나타났다. 인증받은 기관은 인증받지 않은 기관보다, 더 훈련된 교직원, 더 낮은 이직률, 더 발달적으로 적절한 활동과 유아들을 위한 높은 질의 양육을 제공하였으며 직원들을 더 활동적인 파트너로 만들고 의사결정에 적극적으로 참여하게 만든다고 보고하였다. 즉, 인증받은 기관의 직원들은 자신의 기관에 대해 보다 호의적이었고, 변화를 피해야 할 요소가 아닌 질적 향상을 위해 반드시 필요한 요소라고 생각했다. 인증받은 기관의 평균 이직률은 17%인 반면 인증받지 않은 기관의 이직률은 24%로 나타나 직장에 머무르고자 하는 데도 영향을 미쳤다. 기관 간 확실한 차이를 보인 4가지 요인은 혁신성, 목표의 일치 정도, 전문성 신장을 위한 기회 제공, 명확성이다. 이는 평가를 통해 자발적인 교직원의 참여가 이루어지고 교사뿐 아니라 유아에게 긍정적인 영향을 미치는 것을 보여 주는 것이다. 미네소타에서 이루어진 2005년의 연구에서는 프로그램에 참여한 유아들이 '읽기준비도 프로그램'에 참여하였을 때 다른 유아들보다 더 좋은 수행력을 보였으며 충분히 학교에 갈 준비가 된 것으로 평가되었고(Minnesota Department of Human Services, 2005), 2007년 연구에서는 더 높은 수준의 프로그램 질과 교사의 민감성을 보고하였다(Gerber et al., 2007). 펜실베니아 질 평가와 개선 체제의 평가에서 다른 프로그램에 참여한 유아들의 점수와 유사하거나 능가하는 점수를 보여 주었다고 보고하였다(Barnard et al., 2006).

미국의 NAEYC 인증 효과에 대한 또 다른 연구에서는 교육의 질이 개선되었으며 가장 중요한 효과는 교사가 좀 더 아동중심적이고 발달에 적합한 활동을 하도록 도와준다고 나타났다. 이전에 자체점검을 통한 아동-교사 상호작용의 분석에서 종종 너무 지시적인 부적절한 활동의 사례가 나타났었는데, 자체점검 결과 좀 더 아동주도적인 활동들을 보여 주고 있었다. 특별한 연령이나 그룹에서 연령에 적합한 훈육기술과 더 적합한 활동을 선택하는 경향을 보였다. 인증된 센터의 교직원들은 자체점검이 양육의 목표를 명확하게 하고 어떻게 아이들과 상호작용하고 관계해야 하는지에 대하여 개선할 수 있도록 도움을 주었다고 밝혔다(NAEYC, 1997에서 재인용). 또한 NAEYC 인증으로 교사에게 동기를 부여하며 동기화된 교직원들은 아동과 상호작용하는 방법을 변화하는 데 필요한 기술을 가지게 되고 연령에 초점을 맞춘 아동발달을 도와주게 된다(McDonald, 2009).

인증받은 기관과 인증받지 않은 기관의 교사 요구를 조사한 연구(Martinez, 2005)에서는 NAEYC 인증과 관련되어 직업에 대한 성공감과 만족감을 조사하였다. 교사들에게 운영적인 지원 요구, 지역공동체 지원 요구, 전문적·개인적 특성, 직업에 대해 조사를 하였는데, 인증받은 기관과 인증받지 않은 기관의 교사 사이에서 차이를 발견하였다. 운영적인 지원 요구와 전문적 발달 요구에서 차이를 보여 증가되는 보수와 더 많은 일정에 대한 통제, 덜 형식적인 평가와 테스트를 보여 주었고, 전문적인 발달에 있어 통제, 요구, 시간, 효능감의 차이를 보였다. 이는 NAEYC 인증의 특성으로 유의하게 차이를 보이는 것은 편안한 수준을 유지하려고 하는 신념에 기초한 개인적이고 정신적인 관계 때문이라고 보여진다(Martinez, 2005). 인증받은 기관의 기관장의 인식을 조사한 연구에서는 평가인증이 프로그램과 유아, 교사에게 모두 유익한 과정이었음을 밝히고 있다. 91%의 기관장이 프로그램 영역에서 개선이 이루어졌다고 답하였으며, 교육과정의 개선, 학급조직에서의 개선, 계획, 일반적인 교육과정, 유아를 위한 다문화적인 활동 계획에 있어서 개선이 이루어졌다고 인식하였다. 또한 자체평가 과정에 대해 매우 긍정적으로 인식하였으며, 유아들에게 발달적으로 적합한 교육과정에 대한 지식과 이해가 증가되었다고 나타났다(Herr, Johnson, Zimmerman, 1993).

이와 같이 볼 때 평가인증이 기관, 교사, 유아에 대해 긍정적 영향을 미치고 있는데, 먼저 기관의 질이 전반적으로 다른 기관에 비해 높아지게 되었고 이에 따라 교사의 전문성, 교사-유아 상호작용, 발달에 적합한 교육내용 선정, 교사의 민감성, 동기부여 등과 같은 질적인 요인에 영향을 미쳤다고 볼 수 있다. 뿐만 아니라 교사의 행동이 변화됨으로써 유아들에게 직접적인 영향을 미쳐 더 높은 수행능력과 유아주도적인 활동으로 이끌어 내고 있다.

반면 NAEYC 인증제의 긍정적 효과와 함께 부정적인 영향에 대한 연구결과도 나오고 있는데 인증받은 기관의 교사를 자율적이고 반성적인 사고로 이끌어 내는 내적인 변화와 교사의 이직률을 낮추는 외적인 동기로 이끄는 데는 실패하였다는 연구결과들도 제시되고 있다. Whitebook과 그의 동료(1997)는 평가인증을 받은 프로그램의 질이 향상은 되었으나 그렇게 인증된 프로그램의 40%는 여전히 질이 높다고 할 수는 없다고 보고하면서 유아교육의 질을 향상시키고 교사 이직률을 낮추는 도구로서 평가인증제가 충분하지는 않다고 지적하였다. 또한 인증 기준의 규제 내용은 종종 양질의 보육에 대한 규정을 방해하며, 기관들이 인증 지원체제에 참여하도록 집중적이고 포괄적인 지원이 더 많이 필요하다고 하였다. 이와 같이 볼 때 유아교육의 질에 더 큰 영향을 미치는 것은 바로 교사수준으로 교사월급과 기타 혜택이 많은 프로그램일수록 더 우수한 교사를 오랫동안 보유하며 이는 곧 유아교육의 질로 나타났다(이진희, 2006).

또한 Lee(2003)의 연구는 NAEYC의 인증에 참여한 두 기관을 대상으로 인증이 어떻게 교사들에게 영향을 주며, 외부적으로 개발된 프로그램 질의 준거에 대한 제한점을 탐색해 보고자 하였다. 한 곳은 주로 저소득층이 살고 있는 센터이고, 다른 한 곳은 중류층 가족이 주로 지내는 곳의 프로그램으로, 연구결과 인증은 기관의 구조, 교육과정 등 실제에 있어서 몇 가지의 변화를 가져왔으나 프로그램 질의 의미에 관한 교직원 사이의 지속적인 대화나 협의를 증진시키는 데는 실패를 가져왔다고 보고하고 있다. 평가인증제를 통해 부모를 위한 핸드북 개정이나 다문화적 요소의 강화 등 긍정적 변화가 있었지만 외부에서 정한 준거에 기초하여 평가 받음으로써 교사의 반성적 사고나 자율적인 노력을 이끄는 데는 실패하였다고 보고하였다.

Zan(2005)은 최근 평가인증을 받은 116개 Preschool 프로그램을 대상으로 ECERS-R(유아교육환경 평정 척도)를 사용하여 평가하였다. 연구결과 NAEYC의 궁극적인 목표는 유아교육기관의 질 향상이었으나 인증을 받은 프로그램 중에는 발달에 적합한 NAEYC 지침 요구 수준에 도달하지 못하는 프로그램도 있는 것으로 나타났다. 현재의 인증지표 아래 많은 기관들이 NAEYC의 인증은 통과하나 여전히 발달과정에 적합한 교육과정을 실행하지 않고 있고, 평가인증을 받은 교실은 11개의 교육과정 관련 요소에서 불충분에서 최고점까지 넓은 점수분포를 보였고, 34개의 학급은 교육과정 관련 요소 중 최소 하나에서 불충분 혹은 최소점(1~3)을 받았으며, 18개의 학급은 교육과정 관련 요소 중 4개 혹은 그 이상의 항목에서 불충분 또는 최소점(1~3)을 받았다. 115개의 기관이 적어도 하나의 항목에서 양호한 수준이었고, 단 1개 기관만이 교육과정과 관련된 모든 항목에서 우수함을 나타냈다. 이 결과는 현재의 NAEYC 평가인증 지표가 교육과정 질 향상에 적절하지 않으며, 항상 높은 수준의 보육과 교육 서비스 제공을 보증하지 않는다는 것을 보여주는 결과이다.

인증이 효과를 거두기 위해서는 유아 보호와 교육의 여러 요소가 최선의 수준에서 역할을 다하여야 하는데, 여기에는 적절한 자격 요건, 양질의 교사와 교직원 양성을 제공하는 고등 교육 기관의 능력을 포함하는 중요한 요소, 의미 있는 그리고 지속적이고 전문적인 현직교육, 주와 지역수준에서의 관리 구조, 가정 밖의 프로그램을 선택하는 모든 가족들에 대한 알맞은 접근, 체제 안의 모든 분야에 대한 재정 지원을 포함해야 한다(McDonald, 2009). 이진희(2006)는 평가인증제가 과연 유아교육과 보육의 질을 향상시킬 것인가에 대해 보다 효과적일 수 있도록 지속적으로 그 준거와 과정, 그리고 지원체계를 점검, 검토, 수정해 나가야 할 것이라고 제안하고 있다. 유치원 평가 또한 단지 단편적인 접근이 아닌, 행정적·재정적 지원과 더불어 전문적인 발달을 위한 교사의 노력, 지역교육청의 관리, 높은 질을 가진 유아교사가 질 향상을 위해 노력할 때 더 큰 효과를 거둘 수 있는 것이다.

이와 같이 볼 때 미국에서 이루어진 연구는 NAEYC 인증을 받은 후 기관, 교사, 유아에 대한 효과를 중심으로 연구들이 이루어지고 있는 반면, 호주의 경우는 해마다 자체 보고서를 통한 질적 동향에 대한 연구가 이루어지고 있으며, 영국의 평가관련 연구는 평가와 수업개선과의 관계, 수업개선에 영향을 주는 요인에 대한 연구들이 활발하게 이루어지고 있다.

호주의 질관리 시스템인 CCQAS(Child Care Quality Assurance System)에 참여한 기관 수는 1995년 3,591개 기관에서 2009년 9,540개 기관이 참여하여 전체적으로 증가하는 추세이다. 이 가운데 종일제 보육기관인 QIAS는 1995년 이후로 참여한 기관의 수가 약 59%이상 증가한 것을 볼 수 있고, 가정보육과 종일제 보육기관의 경우 단기적으로 볼 때에는 감소하는 때도 있으나 장기적으로 보면 증가하는 것을 볼 수 있다(NCAC, 2009). 인증신청을 한 기관 중 불인증, 인증(1~3년이 각각 유효한) 기관의 비율을 산출한 1995년~2001년의 데이터를 보면 1996년 이후 불인증 비율은 점차 감소하고, 인증 신청을 한 기관 중에서 1995년 39%, 1997년 43%, 2001년 80%로 1997년 이후 인증 3년 유효기간을 둔 인증시설이 급증하는 경향을 보이고 있다. QIAS는 2002년~2008년 동안 신청한 기관 중 인증을 받은 비율이 평균적으로 92% 이상을 유지하는 것을 볼 수 있으며, 2009년 6월 30일 기준 92.9%이다. 가정보육시설인 FDCQA의 경우 2003년에서 2005년까지는 신청한 전체 기관이 인증을 받은 100%의 비율을 유지하다가 2006년과 2007년에는 감소한 것을 볼 수 있다. 2008년에는 다시 증가추세였으나 2009년 85.2%로 감소한다. 신청한 기관 중 인증받은 기관의 비율을 살펴보면, 방과후 보육인 OSHCQA는 74%에서 94.6%로 크게 증가하는 것을 볼 수 있다(NCAC, 2009). 2010년 11월 1일 기준으로 신청한 기관 중 인증을 받은 비율을 보면 QIAS는 93.9%(3964), FDCQA는 95.3%(282), OSHCQA는 97.9%(2920)이며, 불인증을 받은 비율을 보면 QIAS는 6.1%(265), FDCQA는 4.7%(14), OSHCQA는 2.2%(64)로 매우 적은 비율을 차지하고 있다(NCAC, 2010).

호주의 질 동향 보고서는 질을 수행하여 인증을 받은 종일제 기관과 인증을 받지 못한 기관의 QIAS의 핵심 영역을 확인하기 위한 것으로 1월 7월 1년에 두 번 출판된다. 2010년의 수행결과 요약을 보면 2010년 1월 이전 참여 등록 기관 수는 5,904개, 등록 기관 중 5개 단계를 완료한 92%가 인증받았고, 인증받은 기관 중 87%가 7개 영역 모두에서 높은 수준, 최우수 수준을 받은 것으로 나타났다. 2010년 1월 이후 6월까지 참여 등록 기관 수는 1,129개, 이 가운데 인증 기관은 886개(78%), 미인증 기관은 243개(22%)이다. 이 보고서에서는 각 영역별 지표의 수준을 모두 제시하고 있으며 높은 수준의 평가를 받은 원칙이나 불만족의 평가를 받은 원칙을 비교 분석하고 있다. 이전의 결과들과 비교하였을 때 지표 자체의 평가에서 최우수(High quality) 평가를 받은 지표는 33개 지표에서 18개로 떨어졌고, 우수(Good quality) 평가를 받은 지표는 33개 지표 중 15개의 지표가 대응하게 올라갔으며, 만족(Satisfactory) 평가를 받은 지표는 33개 지표 중 24개로 유지된 반면 미흡(Unsatisfactory) 평가를 받은 지표는 19개의 지표로 증가하는 것으로 나타났다. 발달지표 가운데 매우 불만족 평가를 받은 지표들은 기록, 프로그램, 통합과 편견 줄이기, 직원은 각 아동을 보호한다, 위험한 물건의 사용과 보관, 안전한 시설과 장비 유지하기, 직업상의 건강과 안전, 직원은 건강 식습관을 장려한다, 음식 안전과 위생법 실행, 치아 관리, 배변과 낮잠 변경, 휴식과 수면, 의생활 그리고 자외선 보호면역력과 전염병의 항목들이다.

영국의 경우 평가를 담당하는 교육기준(Office for Standards in Education: OFSTED)청의 연구가 많이 이루어지고 있는데 교사가 평가과정에 대해 어떻게 인식하는지에 대한 인식 연구와 평가가 실질적으로 학교교육의 질을 개선시키는지에 대한 연구들이 이루어지고 있다. Chapman(2002)의 연구에서는 사례 연구를 통해 교사가 평가과정을 어떻게 인식하는지 조사하였다. 면담결과 교사는 OFSTED가 학교개선에 대해 공헌을 하고 있고 내적인 리더십과 평가과정의 관리 운영의 중요성을 알게 됐으며, 평가가 진행됨에 따라 결과적으로 평가의 큰 틀과 과정이 변화됐다고 긍정적으로 반응하였다. 이에 학교환경을 변화시키기 위한 학교의 중요한 목적은 학교의 심각한 약점을 없애는 것이라고 볼 수 있다. 학교평가와 학교의 특성, 학교의 개선과 관련된 연구에서는 네덜란드 학교평가법에 따른 정책 평가에 근거하여 10개 학교의 사례 연구를 하였는데 연구결과, 모든 학교는 학교 방문 후에 개선되기 시작하였지만 학교의 혁신능력과 학교환경은 학교평가 후의 질 개선에 많이 기여하지 못하였던 것으로 나타났다(Ehren & Visscher, 2008).

유럽의 평가자의 특성에 대한 연구에서는 거의 대부분의 나라가 모두 평가를 받는다고 보고하고 있다(Standaert, 2000). 네덜란드의 학교수행을 평가하기 위한 근거는 교수-학습과정, 학교 결과, 학교의 조직적인 상황(학교의 교육적 정책과 같은) 측면을 포함한다. 영국에서의 학교평가 관리체제는 교육의 질, 교육적 기준, 재정적 운영, 학생들의 정신적, 도덕적, 사회적, 문화적인 발달에 초점을 둔다. 핀란드의 관리체제는 학교맥락, 투입(학교 자원), 과정(교육적 정책과 교수학습과정)과 산출(학생의 성취)의 측면을 포함한다. 수업관찰을 포함한 학교 방문은 유럽에서 평가의 일반적인 특성으로, 많은 나라는 학교기관장과의 인터뷰, 또는 부모와 교사·학생과의 인터뷰, 학교방문을 준비하기 위해서 교직원들이 완성하는 질문지, 학교 문서자료(예를 들면, 학생의 보호에 관한 자료) 등을 평가하는 것으로 나타났다.

학교평가에 영향을 주는 연구로, 평가 후 피드백에 대한 연구들도 많이 이루어졌는데 많은 나라에서 평가 후 피드백이 다르게 진행되는 것은 학교 방문 후에 이루어지는 추후 과정에 있어 차이를 가져온다. 규제를 동반하는 법적인 결과 또는 학교평가자에 따른 불만족스러운 수행 등과 관련된 연구들은 평가가 학교 지도자나 교사들의 행동을 변화시키고 학교개선의 형태로 이끌 수 있지만 연구결과들이 일관되지는 않는다. 연구를 통한 평가 후 긍정적인 측면은, 학교의 약점을 개선하는 계획을 개발하기 위한 평가자들의 학교에 대한 요구가 학교개선에 기여하게 된다는 것이다. 학교개선을 위한 학교평가자로부터의 피드백은 학교를 위한 중요한 자극제로서 말로든 문서로든 제공되는 피드백이 영향을 주었음을 밝히고 있다(Champman, 2001). 또한 개별적인 상황이나 학교의 문화에 적절한 피드백은 특별히 긍정적인 영향을 미치는 것을 볼 수 있었다(Standaert, 2000). 이와 같이 볼 때 학교평가자와 학교 사이의 관계의 특성은 아마도 피드백을 수용하거나 받아들이는 데 있어 중요한 역할을 담당할 수 있다. 학교와 긍정적인 관계를 가진 평가자는 그들의 강점과 약점에 대해 더 개방되어 있으므로 개선의 제안을 더 잘 수용하고 잘 받아들임으로써 영향을 많이 미치고 있음을 볼 수 있다.

또한 평가자 외에 학교평가에 영향을 주는 다른 하나의 요인은 학교의 특징이라고 볼 수 있는데, 학교의 특징은 평가의 결과로서 학교개선에 있어 차이점을 설명할 수 있다. 학교 문화와 개선의 역량(혁신 역량)이나 의지는 학교에서의 긍정적인 변화에 기여한다. Standaert(2000)가 지적한 바와 같이 평가의 영향은 변화하고자 하는 교직원의 태도에 의존한다고 볼 수 있다. 교사의 높은 동기와 교사의 태도 변화가 더 성공적인 평가로 이끄는 요인이 될 수 있는 것이다. 모든 학교가 변화하려고 하지는 않으며 지원 없이 성공적인 변화의 가능성을 가지는 것은 아니다. 또한 정부로부터의 권유가 아닌 정부로부터 시작된 것이건 학교에 의해서 시작된 것이건 혁신의 시도는 두 가지 수준에서 모두 일어날 수 있으며, 높은 혁신의 역량을 가진 학교가 더 성공적으로 변화할 수 있다. 학교개선 과정은 끊임없이 지속되는 과정이며, 아마 더 개선하고자 하는 학교가 학교평가자로부터 피드백을 더 기꺼이 받아들이고, 그들 자신의 개선을 위해 피드백을 사용할 것으로 나타났다(Ehren & Visscher, 2008).

위에서 살펴본 바, 미국, 호주, 영국의 평가 연구는 그 효율성에 있어 긍정적, 부정적 영향을 보고하고 있으며 최종적으로는 교사의 인식 변화나 학교개선을 위한 평가로 연구가 진행되고 있음을 알 수 있다. 수업개선을 위한 두 가지 선수 조건은 혁신 역량과 학교환경으로부터의 지원, 평가를 받는 유치원과 교사의 역할, 평가를 주관하는 기관의 역할이 상호협력적으로 이루어질 때 성공적인 평가가 이루어진다고 볼 수 있다. 또한 평가가 성공적으로 되기 위해 리더십과 책무성, 협력이 있다면 성공적인 평가과정을 거칠 수 있다고 보고하고 있다.

부 록

A·p·p·e·n·d·i·x

1. 유치원 평가지표

2. 어린이집 평가지표 (40인 이상)

3. 미국 NAEYC의 인증평가지표
   (National Association for the Education of Young Children)

4. 호주 ACECQA의 평가지표
   (Australian Children's Education and Care Quality Authority)

부록 I 유치원 평가지표

1) 공통지표

(1) 교육과정 영역 (40점)

1.1 교육목표 및 교육계획 수립 (15점)

<table>
<tr><th>지표 1</th><th colspan="2">교육목표가 적합하고 타당하게 설정되었는가? (5)</th></tr>
<tr><td>평가 요소</td><td colspan="2">1) 교육목표가 유아의 지적, 정의적, 신체적 발달을 조화롭게 포괄하고 있다.
2) 교육목표는 유아, 학부모, 지역사회의 특성 및 요구를 반영하고 있다.</td></tr>
<tr><td>평가 지표 적용 초점</td><td colspan="2">• 교육목표는 유치원에서 제공하는 교육경험을 통하여 유아의 전인 발달의 변화를 기대하는 지적, 정의적, 신체적 변화 상태를 구체적으로 제시해야 한다.
• 유치원의 교육목표 수립과정에서 유아, 학부모, 지역사회의 요구와 특성을 구체적으로 분석하여 그 내용을 타당하게 반영하고, 교육목표 달성을 위한 구체적인 실천 전략을 제시해야 한다.</td></tr>
<tr><td rowspan="6">평가 척도</td><th>평정 척도</th><th>평정기준</th></tr>
<tr><td>5</td><td>교육목표가 유아의 조화로운 발달을 포괄하고 있고, 관련 집단 및 구성원의 특성과 요구를 반영하여 매우 우수하다.</td></tr>
<tr><td>4</td><td>교육목표가 유아의 조화로운 발달을 포괄하는 편이며, 관련 집단 및 구성원의 특성과 요구를 반영하고자 노력하는 점이 비교적 우수하다.</td></tr>
<tr><td>3</td><td>교육목표가 유아의 조화로운 발달을 포괄하고 있기는 하나, 관련 집단 및 구성원의 특성과 요구를 반영하지는 못하고 있다.</td></tr>
<tr><td>2</td><td>교육목표가 관련 집단과 구성원의 특성과 요구를 반영하기는 했으나, 유아의 조화로운 발달을 포괄하지 못하고 있다.</td></tr>
<tr><td>1</td><td>교육목표가 유아의 조화로운 발달을 포괄하지 못하고, 관련 집단 및 구성원의 특성과 요구도 반영하지 않아 미흡하다.</td></tr>
<tr><th colspan="3">평가방법 및 확인자료</th></tr>
<tr><td colspan="3">• 서면평가
– 유치원교육운영계획서, 자체평가보고서에 기록된 내용 확인
• 현장평가
– 교육계획안 확인(현장평가 당일 교육계획안 포함)
– 유아, 학부모, 지역사회의 요구와 특성 분석 및 확인 방법, 반영 정도 등에 대한 원장 및 교사 면담</td></tr>
</table>

<table>
<tr><th>지표 2</th><th colspan="2">교육계획은 생활주제 및 유아발달에 적합하게 수립되었는가? (10)</th></tr>
<tr><td>평가 요소</td><td colspan="2">1) 연간, 월간, 주간, 일일 계획의 목표, 활동, 내용 간에 연계성이 있다.
2) 교육 내용 및 활동은 교육과정에 근거하여 유아의 연령별 발달수준에 적합하게 선정하고 있다.
3) 일일교육계획안에는 당일 소주제, 목표, 내용, 준비물 및 방법, 평가 등이 포함되어 있다.</td></tr>
<tr><td>평가 지표 적용 초점</td><td colspan="2">• 교육계획은 유치원의 교육목표를 반영하고, 연간, 월간, 주간, 일일 계획 간에 연계성이 있으며, 교육 내용 및 활동은 국가에서 고시한 교육과정에 근거하여 유아의 연령별 발달수준에 적합하게 선정해야 한다.
• 일일 교육계획안은 주간 계획안에 기초하여 작성하되, 하루 일과(소주제)에 따른 활동명과 활동 목표, 활동 소요 시간, 준비물, 활동 내용, 활동 방법, 평가, 유의사항 등을 포함하여 작성해야 한다.</td></tr>
<tr><td rowspan="6">평가 척도</td><td>평정척도
(점수)</td><td>평정기준</td></tr>
<tr><td>5
(10)</td><td>교육계획의 연계성, 적합한 교육 내용·활동 선정, 일일교육계획안 작성 3가지가 매우 우수하다.</td></tr>
<tr><td>4
(8)</td><td>상기 3가지가 모두 비교적 우수하다.</td></tr>
<tr><td>3
(6)</td><td>상기 3가지가 모두 적절하다.</td></tr>
<tr><td>2
(4)</td><td>상기 3가지 중 2가지가 적절하다.</td></tr>
<tr><td>1
(2)</td><td>상기 3가지 중 1가지가 적절하다.</td></tr>
<tr><th colspan="3">평가방법 및 확인자료</th></tr>
<tr><td colspan="3">• 서면평가
- 유치원교육운영계획서, 자체평가보고서에 기록된 내용 확인
• 현장평가
- 교육계획안 확인(현장평가 당일 교육계획안 포함)
- 교육계획안 준비 및 작성, 활용에 대한 교사 면담</td></tr>
</table>

1.2. 교육활동 및 평가의 실시·활용 (25점)

지표 3	일과는 통합적이며 균형 있게 운영되고 있는가? (10)	
평가 요소	1) 생활주제 및 일일주제에 따라 이야기나누기, 자유선택활동, 환경구성 및 교재·교구 등이 연계성 있게 통합·운영되고 있다. 2) 일과 중 자유선택활동과 바깥놀이 활동이 충분히 지속적으로 포함되어 있다. 3) 다양한 교육활동 유형들 간에 균형을 이루고, 활동량이 적절하다.	
평가 지표 적용 초점	• 유아의 일상생활 경험을 중심으로 통합함으로써 유아의 흥미와 발달수준에 맞는 교육을 실시하고, 일과 중 충분한 자유선택활동과 바깥놀이 활동을 포함해야 한다. • 대집단/ 소집단/ 개별 활동, 실내/ 실외, 정적/ 동적, 유아주도/ 교사주도 등 다양한 교육활동 유형들 간에 균형을 이루고, 활동량이 적절해야 한다.	
평가 척도	평정척도	평정기준
	5	통합적 일과 운영, 자유선택 활동, 바깥놀이, 활동 균형 및 활동량 4가지가 모두 매우 우수하다.
	4	상기 4가지가 모두 비교적 우수하다.
	3	상기 4가지 중 3가지가 적절하다.
	2	상기 4가지 중 2가지가 적절하다.
	1	상기 4가지 중 1가지가 적절하다.

평가방법 및 확인자료

- 서면평가
  - 유치원교육운영계획서, 자체평가보고서에 기록된 내용 확인
- 현장평가
  - 교육계획안 확인(현장평가 당일 교육계획안 포함)
  - 당일 교육활동 관찰 확인

지표 4	교수·학습방법은 교육 내용·활동에 적합하며, 교사는 질적인 상호작용을 유도하는가? (10)	
평가 요소	1) 교육 내용 및 활동에 적합한 교수·학습방법과 자료 및 매체를 다양하게 사용하고 있다. 2) 교사는 유아의 호기심과 동기/참여를 유발하는 발문을 하고 있다. 3) 교사-유아, 유아-유아, 유아-교구 간의 질적인 상호작용이 활발하다.	
평가 지표 적용 초점	• 교수·학습방법은 발표, 토의, 관찰, 실험, 조사, 견학, 자연체험, 현장체험(지역사회연계 활동 포함) 등의 다양한 방법을 사용해야 하며, 교육 내용과 활동에 적합하고 유아의 흥미에 부합해야 한다. • 교사는 유아의 호기심과 동기/ 참여를 유발하는 발문을 사용하며, 교사-유아, 유아-유아, 유아-교구 간의 질적인 상호작용이 활발히 이루어지도록 격려해야 한다.	
평가 척도	평정척도	평정기준
	5	교수·학습방법 및 매체, 교사의 발문, 질적인 상호작용 3가지가 모두 매우 우수하다.
	4	상기 3가지가 모두 비교적 우수하다.
	3	상기 3가지가 모두 적절하다.
	2	상기 3가지 중 2가지가 적절하다.
	1	상기 3가지 중 1가지가 적절하다.

평가방법 및 확인자료

- 서면평가
  - 자체평가보고서에 기록된 내용 확인
- 현장평가
  - 교육계획안 확인(현장평가 당일 교육계획안 포함)
  - 당일 교육활동 관찰

<table>
<tr><th>지표 5</th><th colspan="2">교육 평가가 타당하고 신뢰롭게 이루어지고 적절하게 활용되는가? (5)</th></tr>
<tr><td>평가 요소</td><td colspan="2">1) 교육과정 운영개선을 위한 평가를 실시하고 활용한다.
2) 평가에 사용하는 방법과 도구는 유아의 발달수준 및 유아교육 특성에 적합하다.
3) 유아발달상황을 지속적으로 점검·기록하고, 그 내용을 교육과정 운영과 학부모 면담에 활용한다.</td></tr>
<tr><td>평가 지표 적용 초점</td><td colspan="2">• 교육과정 운영 평가는 국가 수준의 교육과정에 근거하여 유치원에서의 교육과정이 얼마나 충실히 구현되었는지 평가를 실시하고, 그 결과를 다음 교육과정 편성·운영에 반영해야 한다.
• 유아의 발달수준 및 유아교육 특성에 적합한 다양한 평가 방법과 도구를 사용하여, 유아발달 상황을 지속적으로 점검·기록하며 그 내용을 교육과정 운영과 학부모 면담에 활용해야 한다.</td></tr>
<tr><td rowspan="6">평가 척도</td><td>평정 척도</td><td>평정기준</td></tr>
<tr><td>5</td><td>유아와 교육과정 평가를 모두 실시하고, 평가 방법과 결과 활용이 매우 우수하다.</td></tr>
<tr><td>4</td><td>유아와 교육과정 평가를 모두 실시하고, 평가 방법과 결과 활용이 비교적 우수하다.</td></tr>
<tr><td>3</td><td>유아와 교육과정 평가를 모두 실시하고 있으나, 평가 방법이나 결과 활용이 미흡하다.</td></tr>
<tr><td>2</td><td>유아 평가 방법과 결과 활용은 양호하나, 교육과정 개선 평가를 실시하지 않고 있다.</td></tr>
<tr><td>1</td><td>유아평가와 교육과정 평가가 모두 미흡하다.</td></tr>
<tr><th colspan="3">평가방법 및 확인자료</th></tr>
<tr><td colspan="3">• 서면평가
- 유치원교육운영계획서, 자체평가보고서에 기록된 내용 확인
• 현장평가
- 교육과정 평가관련 교육계획안 확인(현장평가 당일 교육계획안 포함)
- 유아발달상황 기록 자료 및 평가 도구 등 확인
- 평가결과 활용에 대한 교사 면담</td></tr>
</table>

(2) 교육환경 영역 (15점)

2.1. 실내·외 교육환경의 구성 및 관리 (5점)

<table>
<tr><th>지표 6</th><th colspan="2">실내·외 공간 구성 및 시설·설비가 유아 및 유아교육 특성에 적합한가? (5)</th></tr>
<tr><td>평가
요소</td><td colspan="2">1) 실내 공간에는 흥미영역의 구성이 적합하며 전시 및 게시가 교육적이다.
2) 실외 공간에는 각종 놀이기구를 비롯하여 다양한 활동영역이 있다.
3) 실내·외 시설 및 설비가 유아의 발달수준 및 유아교육 특성에 적합하다.</td></tr>
<tr><td>평가
지표
적용
초점</td><td colspan="2">• 실내·외 공간은 기능적·심미적인 면을 고려하여 유아의 발달 특성에 적합한 다양한 실내·외 놀이활동을 제공하고, 실내의 전시 및 게시가 교육적이어야 한다.
• 충실하고 효율적인 교육과정 운영을 지원하기 위하여 놀이기구를 포함한 실내·외 시설 및 설비가 유아의 발달 특성에 적합해야 한다.</td></tr>
<tr><td rowspan="6">평가
척도</td><td>평정
척도</td><td>평정기준</td></tr>
<tr><td>5</td><td>실내·외 공간구성 및 시설·설비(놀이기구 포함)가 매우 우수하다.</td></tr>
<tr><td>4</td><td>실내·외 공간구성 및 시설·설비(놀이기구 포함)가 비교적 우수하다.</td></tr>
<tr><td>3</td><td>실내 공간구성과 시설·설비는 적합하나, 실외 공간구성과 시설·설비가 미흡하다.</td></tr>
<tr><td>2</td><td>실외 공간구성과 시설·설비는 적합하나, 실내 공간구성과 시설·설비가 미흡하다.</td></tr>
<tr><td>1</td><td>실내·외 공간구성 및 시설·설비가 모두 미흡하다.</td></tr>
<tr><th colspan="3">평가방법 및 확인자료</th></tr>
<tr><td colspan="3">• 현장평가
– 교육계획안 확인(실외활동 포함 여부를 확인함/ 현장평가 당일 교육계획안 포함)
– 당일 실내·외 교육환경 관찰 확인
– 당일 실내·외 시설·설비의 구비 및 관리 상황 관찰 확인</td></tr>
</table>

2.2. 교재·교구의 구비 및 제공 (10점)

<table>
<tr><th>지표 7</th><th colspan="2">유아의 발달수준과 주제에 적합한 교재·교구를 충분히 제공·관리하고 있는가? (10)</th></tr>
<tr><td>평가 요소</td><td colspan="2">1) 교재·교구가 유아의 발달수준과 주제에 적합하다.
2) 다양한 교재·교구를 충분하게 구비하여 제공하고 있다.
3) 교재·교구의 사용이 용이하도록 정리·관리하고 있다.</td></tr>
<tr><td>평가 지표 적용 초점</td><td colspan="2">• 유아의 흥미나 연령, 발달수준에 적합한 다양한 교재·교구를 마련해 주고, 유아의 수에 맞추어 충분하게 제공해 주어야 한다.
• 교재·교구를 영역별, 주제별로 구분하여 활용하기 쉽게 적합한 공간에 보관하며 정리·관리해야 한다.</td></tr>
<tr><td rowspan="12">평가 척도</td><td>평정 척도</td><td>평정기준 〈3학급 이상〉</td></tr>
<tr><td>5
(10)</td><td>유아발달과 주제에 적합한 교재·교구를 충분히 제공하고, 체계적으로 관리하고 있어 매우 우수하다.</td></tr>
<tr><td>4
(8)</td><td>유아발달과 주제에 적합한 교재·교구의 충분한 제공과 관리가 비교적 우수하다.</td></tr>
<tr><td>3
(6)</td><td>유아발달과 주제에 적합한 교재·교구를 제공하나, 충분하지 않거나 관리가 미흡하다.</td></tr>
<tr><td>2
(4)</td><td>교재·교구의 양은 부족하지 않으나, 유아발달과 주제에 적합하지 않거나 관리가 미흡하다</td></tr>
<tr><td>1
(2)</td><td>유아발달과 주제에 적합한 교재·교구의 충분한 제공 및 관리가 모두 미흡하다.</td></tr>
<tr><td>평정 척도</td><td>평정기준 〈1-2학급〉</td></tr>
<tr><td>5
(10)</td><td>유아발달과 주제에 적합한 교재·교구를 적절히 제공·관리하고 있다(교육과정 운영에는 큰 지장이 없을 정도의 수준).</td></tr>
<tr><td>4
(8)</td><td>5와 3의 중간 정도 수준</td></tr>
<tr><td>3
(6)</td><td>주어진 여건 속에서 적합한 교재·교구를 제공·관리하려고 노력하고 있다.</td></tr>
<tr><td>2
(4)</td><td>3과 1의 중간 정도 수준</td></tr>
<tr><td>1
(2)</td><td>교재·교구가 유아발달과 주제에 적합하지 않고, 양과 관리도 적절하지 않아 미흡하다.</td></tr>
<tr><th colspan="3">평가방법 및 확인자료</th></tr>
<tr><td colspan="3">• 현장평가
– 교육계획안 확인(현장평가 당일 교육계획안 포함)
– 교재·교구 목록 또는 관리대장 등 확인
– 교재·교구의 배치 및 활용, 정리 및 관리 상황 관찰 확인</td></tr>
</table>

(3) 건강 및 안전 영역 (15점)

3.1. 유아의 건강관리 및 지도 (10점)

지표 8	유아의 건강관리와 교육을 실시하고, 시설·설비를 청결하게 관리하고 있는가? (5)	
평가 요소	1) 유아를 대상으로 청결·위생지도 등 건강교육을 실시하고 있다. 2) 건강관리에 관한 정보를 가정과 공유하고 있다. 3) 시설·설비를 청결하게 관리하고 있다.	
평가 지표 적용 초점	• 유아기는 성장과 발달이 급속하게 이루어지는 시기이며, 면역력이 약해 질병에 걸리기 쉬우므로, 유아를 대상으로 일과 중 활동을 통해 청결·위생지도 등 건강교육을 규칙적으로 실시하고, 건강관리에 관한 정보를 가정과 공유해야 한다. • 유치원의 시설·설비를 청결하게 관리하여 유아의 건강을 유지하고, 질병을 예방할 수 있도록 해야 한다.	
평가 척도	평정 척도	평정기준
	5	유아 건강교육 실시, 가정과의 건강관리 정보 공유, 시설·설비의 청결한 관리 3가지가 모두 매우 우수하다.
	4	상기 3가지가 모두 비교적 우수하다.
	3	상기 3가지가 모두 적절하다.
	2	상기 3가지 중 2가지가 적절하다.
	1	상기 3가지 중 1가지가 적절하다.

평가방법 및 확인자료

• 서면평가
- 유치원교육운영계획서, 자체평가보고서에 기록된 내용 확인

• 현장평가
- 교육계획안 자료 확인(유아 건강교육 실시 여부 확인/현장평가 당일 교육계획안 포함)
- 유아 건강기록부 확인
- 시설·설비 청결 상태 관찰 확인
- 위생점검 관련 자료 확인
- 유아 건강교육 및 건강관리 정보에 대한 가정과의 공유 관련 원장 및 교사 면담

<table>
<tr><th>지표 9</th><th colspan="2">유아의 영양관리와 교육을 실시하고, 식재료를 위생적으로 관리하고 있는가? (5)</th></tr>
<tr><td>평가
요소</td><td colspan="2">1) 균형 있는 영양을 고려한 급·간식을 제공하고 있다.
2) 유아를 대상으로 식습관 지도를 하고 있다.
3) 신선한 식재료를 위생적으로 관리·사용하고 있다.</td></tr>
<tr><td>평가
지표
적용
초점</td><td colspan="2">• 유아기는 영양소의 적정한 섭취와 함께 올바른 식습관을 형성하는 데 매우 중요한 시기이므로 균형 있는 영양을 고려한 급·간식을 제공하며, 연령에 따라 일과 중 활동을 통해 유아를 대상으로 식습관 지도를 해야 한다.
• 유치원 급식의 질적인 향상을 위해 신선한 식재료를 위생적으로 체계적이고, 효율적으로 관리하고 사용해야 한다.</td></tr>
<tr><td rowspan="6">평가
척도</td><td>평정
척도</td><td>평정기준</td></tr>
<tr><td>5</td><td>급·간식 제공, 유아 식습관 지도, 식재료의 위생적 관리 3가지가 모두 매우 우수하다.</td></tr>
<tr><td>4</td><td>상기 3가지가 모두 비교적 우수하다.</td></tr>
<tr><td>3</td><td>상기 3가지가 모두 적절하다.</td></tr>
<tr><td>2</td><td>상기 3가지 중 2가지가 적절하다.</td></tr>
<tr><td>1</td><td>상기 3가지 중 1가지가 적절하다.</td></tr>
<tr><th colspan="3">평가방법 및 확인자료</th></tr>
<tr><td colspan="3">• 서면평가
- 유치원교육운영계획서, 자체평가보고서에 기록된 내용 확인
• 현장평가
- 급·간식 식단표 확인
- 급·간식 식단표의 공개 여부 확인
- 유아 급·간식 식습관 지도 현장관찰 확인
- 급·간식 식재료 보관 및 사용 실태 관찰 확인</td></tr>
</table>

3.2. 유아의 안전관리 및 지도 (5점)

지표 10	유아와 교사를 대상으로 안전교육을 실시하고, 시설·설비를 안전하게 관리하고 있는가? (5)	
평가 요소	1) 유아와 교사를 대상으로 안전교육을 실시하고 있다. 2) 유아, 교사 및 시설에 대한 보험에 가입하고 있다. 3) 사고 발생에 대비한 적절한 대비책을 마련하고 있다. 4) 실내·외 시설 및 설비를 안전하게 설치·관리하고 있다.	
평가 지표 적용 초점	• 유아기는 안전사고 위험이 높으므로 유아와 교사를 대상으로 안전교육(비상대피훈련 포함)을 실시하고, 유아, 교사 및 시설에 대한 보험에 가입해야 한다. • 사고를 예방하기 위해 사고 발생에 대비한 적절한 대비책을 마련하고, 실내·외 시설 및 설비를 안전하게 설치·관리해야 한다.	
평가 척도	평정 척도	평정기준
	5	안전교육 실시, 유아·교사·시설 보험가입, 사고발생대비책, 시설·설비 안전관리 4가지가 모두 매우 우수하다.
	4	상기 4가지가 모두 비교적 우수하다.
	3	상기 4가지 중 3가지가 적절하다.
	2	상기 4가지 중 2가지가 적절하다.
	1	상기 4가지 중 1가지가 적절하다.

평가방법 및 확인자료

• 서면평가
- 유치원교육운영계획서, 자체평가보고서에 기록된 내용 확인

• 현장평가
- 교육계획안 자료 확인(유아 대상 안전교육 및 비상훈련 관련 연간 안전교육계획 등 확인/현장평가 당일 교육계획안 포함)
- 실내·외 시설·설비 안전점검표 또는 일지 확인
- 각종 보험가입 증서(또는 보험료 지급 서류) 확인
- 학부모 비상연락처, 각종 응급처치 비상약품, 구급 요법에 대한 안내 책자 등 비치 실태 현장관찰 확인
- 유아, 교사, 시설에 대한 안전사고 대비책 관련 원장 면담
- 안전교육 실시 관련 교사 면담

(4) 운영관리 영역 (30점)

4.1. 교직원의 인사·복지 및 전문성 (15점)

지표 11	교직원의 인사·보수·복지에 대한 규정이 있고, 전문성 제고를 위한 지원을 하고 있는가? (5)	
평가 요소	1) 교직원 인사 규정이 있고, 이를 준수하고 있다. 2) 교직원 보수 및 복지에 대한 규정이 있고, 이를 준수하고 있다. 3) 교직원의 전문성 제고를 위한 연수기회를 부여하고, 비용과 시간을 지원하고 있다.	
평가 지표 적용 초점	• 교직원의 지위 향상을 위해서는 교직원 인사, 보수 및 복지 규정이 있고, 이를 준수해야 한다. • 교원들의 교직관 및 수업 기술 향상, 다양한 교육정보제공, 직무수행 능력 향상, 유아교육의 질적 향상 등의 교직원 전문성 제고를 위한 연수기회를 부여하고, 그 비용과 시간을 지원해야 한다.	
평가 척도	**평정 척도**	**평정기준 〈공립〉**
	5	교직원 인사 규정 보유 및 준수, 교직원 보수 규정 및 준수, 교직원 전문성 제고 지원 3가지가 모두 매우 우수하다.
	4	상기 3가지가 모두 비교적 우수하다.
	3	상기 3가지가 모두 적절하다.
	2	상기 3가지 중 2가지가 적절하다.
	1	상기 3가지 중 1가지가 적절하다.
	평정 척도	**평정기준 〈사립〉**
	5	교직원 인사 규정 보유 및 준수, 교직원 보수 규정 및 준수, 교직원 전문성 제고 지원 3가지가 모두 적절하다.
	4	상기 3가지 중 2가지가 적절하다.
	3	상기 3가지 중 1가지가 적절하다.
	2	-
	1	-
평가방법 및 확인자료		

• 별도
- 유치원 평가 주관기관이 기제출된 서류로 대체 평가함(부록 4. 자체평가보고서 양식 1, 양식 2 활용).
- 유치원자체평가보고서 유치원 현황표의 교사급여난 기록사항을 참고함.

<table>
<tr><td>지표 12</td><td colspan="4">원장은 리더십을 발휘하고 운영개선을 위하여 노력하는가? (10)</td></tr>
<tr><td>평가 요소</td><td colspan="4">1) 장기근속 및 경력 교사의 비율이 적절하다.
2) 원장은 기관운영과 관련한 교직원의 의견을 민주적으로 반영하고, 공유한다.
3) 원장은 자체평가 내실화 및 운영개선을 위해 노력하고 있다.</td></tr>
<tr><td>평가 지표 적용 초점</td><td colspan="4">• 장기근속 및 경력 교사의 적절한 비율은 유치원 교육의 질적 개선과 교사의 전문성 향상에 중요한 영향을 주므로, 장기근속 및 경력 교사의 비율이 적절해야 한다.
• 원장은 교직원들 간의 협력을 통한 질 높은 프로그램을 실행하기 위해 기관운영 관련 교직원 의견을 민주적으로 반영 및 공유하고, 자체평가 내실화와 운영개선을 위해 노력해야 한다.
• 제1주기 유치원 평가에 비하여 제2주기 평가에서 개선된 점 또는 개선하려고 노력하는 점을 평가한다.</td></tr>
<tr><td rowspan="7">평가 척도</td><td>요소</td><td>평정척도 (점수)</td><td>평정기준</td><td>평정기준 (농·어촌, 소규모)</td></tr>
<tr><td rowspan="3">12-1) 장기근속 및 경력 교사의 비율이 적절하다.</td><td>2 (4)</td><td>장기 근속 및 경력 교사 비율 2가지 모두 적절하다.</td><td>장기 근속 및 경력 교사 비율 2가지 중 1가지가 적절하다.</td></tr>
<tr><td>1 (2)</td><td>상기 2가지 중 1가지만 적절하다.</td><td>상기 2가지 모두 적절하지 않다.</td></tr>
<tr><td>0</td><td>상기 2가지 모두 적절하지 않다.</td><td>–</td></tr>
<tr><td rowspan="3">12-2) 원장은 기관운영과 관련한 교직원의 의견을 민주적으로 반영하고, 공유한다.
12-3) 원장은 자체평가 내실화 및 운영개선을 위해 노력하고 있다.</td><td>3 (6)</td><td colspan="2">민주적 운영과 운영개선 2가지가 모두 우수하다.</td></tr>
<tr><td>2 (4)</td><td colspan="2">상기 2가지가 모두 적절하다.</td></tr>
<tr><td>1 (2)</td><td colspan="2">상기 2가지 중 1가지가 적절하다.</td></tr>
<tr><td colspan="5">평가방법 및 확인자료</td></tr>
</table>

• 서면평가
 – 유치원교육운영계획서, 자체평가보고서에 기록된 내용 확인
• 현장평가
 – 직위 및 자격별 교원 현황 확인
 – 원내 자율장학 협의록 및 교사협의회 자료 확인
 – 원장의 원 운영 방침 및 전문성 관련 원장 면담
 – 교직원 회의 및 원 운영 방침 관련 교사 면담

4.2. 예산의 편성 및 운영(5점)

<table>
<tr><th>지표 13</th><th colspan="2">예산을 합리적으로 편성하고 타당하게 집행하고 있는가? (5)</th></tr>
<tr><td>평가
요소</td><td colspan="2">1) 예·결산서를 구체적으로 작성하고, 홈페이지 등에 탑재하여 공개하고 있다.
2) 정부에서 지원하는 비용의 예산 편성 및 사용 내역이 타당하다.
3) 입학금과 수업료 외의 기타경비 관련 규정을 마련하여 준수하고 있다.</td></tr>
<tr><td>평가
지표
적용
초점</td><td colspan="2">• 정부에서 지원하는 비용(시설·환경개선비, 교재·교구비, 교사인건비, 무상교육 및 저소득층 지원금 등)의 예산 편성 및 사용 내역이 타당하며, 예·결산서를 구체적으로 작성하고, 홈페이지 등에 탑재하여 공개해야 한다.
• 투명하고 효율적인 재무·회계 운영관리를 도모하기 위해서는 입학금과 수업료 외의 기타경비 관련 규정을 마련하고 준수해야 한다.</td></tr>
<tr><td rowspan="14">평가
척도</td><th>평정
척도</th><th>평정기준〈공립〉</th></tr>
<tr><td>5</td><td>예·결산서 작성, 예·결산서 공개, 정부지원비용의 타당한 사용, 기타경비 관련 규정 및 준수 4가지가 모두 매우 우수하다.</td></tr>
<tr><td>4</td><td>상기 4가지가 모두 비교적 우수하다</td></tr>
<tr><td>3</td><td>상기 4가지 중 3가지가 적절하다.</td></tr>
<tr><td>2</td><td>상기 4가지 중 2가지가 적절하다.</td></tr>
<tr><td>1</td><td>상기 4가지 중 1가지가 적절하다.</td></tr>
<tr><th>평정
척도</th><th>평정기준〈사립〉</th></tr>
<tr><td>5</td><td>예·결산서 작성, 예·결산서 공개, 정부지원비용의 타당한 사용, 기타경비 관련 규정 및 준수 4가지 중 3가지가 적절하다.</td></tr>
<tr><td>4</td><td>상기 4가지 중 2가지가 적절하다.</td></tr>
<tr><td>3</td><td>상기 4가지 중 1가지가 적절하다.</td></tr>
<tr><td>2</td><td>–</td></tr>
<tr><td>1</td><td>–</td></tr>
<tr><th colspan="3">평가방법 및 확인자료</th></tr>
<tr><td colspan="3">• 별도
– 유치원 평가 주관기관이 기제출된 서류로 대체 평가함.</td></tr>
</table>

4.3. 가정·지역 사회 연계 및 방과후 과정 운영(10점)

<table>
<tr><th>지표 14</th><th colspan="2">다양한 부모교육·참여활동을 실시하고 가정 및 지역사회와의 연계를 위하여 노력하는가? (5)</th></tr>
<tr><td>평가 요소</td><td colspan="2">1) 부모교육 및 참여활동을 체계적으로 수립·운영하고 있다.
2) 유치원의 교육활동 및 유아의 발달 상황을 학부모에게 안내하고 있다.
3) 유치원의 활동을 지역사회에 홍보하고, 지역사회의 인적·물적 자원을 활용하고 있다.
4) 학부모가 유치원 교육에 만족하고 있다.</td></tr>
<tr><td>평가 지표 적용 초점</td><td colspan="2">[평가지표 적용초점]
• 부모교육 및 참여활동을 지역사회의 문화, 학부모의 상황과 요구를 반영하여 다양한 방법으로 체계적으로 수립·운영하고, 유치원의 교육활동 및 유아의 발달 상황을 학부모에게 안내해야 한다.
• 유치원과 지역사회 간 협력관계의 특성을 파악하여 유치원의 활동을 지역사회에 홍보하고, 지역사회의 인적·물적 자원을 유치원에서 활용하도록 하여 학부모가 유치원 교육에 만족하도록 기관은 노력해야 한다.</td></tr>
<tr><td rowspan="6">평가 척도</td><td>평정 척도</td><td>평정기준</td></tr>
<tr><td>5</td><td>부모교육 및 참여활동, 가정에 안내 및 교류, 지역사회와의 연계,
학부모 만족도 제고 노력 4가지가 모두 매우 우수하다.</td></tr>
<tr><td>4</td><td>상기 4가지가 모두 우수하다.</td></tr>
<tr><td>3</td><td>상기 4가지 중 3가지가 적절하다.</td></tr>
<tr><td>2</td><td>상기 4가지 중 2가지가 적절하다.</td></tr>
<tr><td>1</td><td>상기 4가지 중 1가지가 적절하다.</td></tr>
<tr><th colspan="3">평가방법 및 확인자료</th></tr>
<tr><td colspan="3">• 서면평가
- 유치원교육운영계획서, 자체평가보고서에 기록된 내용 확인
• 현장평가
- 부모교육 및 참여활동 관련 자료 확인(연간 부모교육 및 참여활동 계획안 등)
- 지역사회와의 연계 관련 자료 확인
- 가정 및 지역사회와의 연계 관련 원장 및 교사 면담
- 학부모 만족도 조사자료 확인(만족도 조사 내용 분석 후 유치원 운영에 의견 반영 사항 확인)</td></tr>
</table>

<table>
<tr><th>지표 15</th><th colspan="2">방과후 과정 운영을 위한 자구노력을 하고 있으며, 프로그램과 시설이 적절한가? (5)</th></tr>
<tr><td>평가
요소</td><td colspan="2">1) 국가 및 시·도교육청의 방과후 과정 운영지침을 잘 따르고 있다.
2) 방과후 과정 활동 및 프로그램을 적절하게 계획하여 운영하고 있다.
3) 방과후 과정 운영을 위한 기본 시설·설비가 구비되어 있다.
4) 방과후반 전담교사가 배치되어 있다.</td></tr>
<tr><td>평가
지표
적용
초점</td><td colspan="2">• 국가 및 시·도교육청의 방과후 과정 운영지침을 기본으로 하되, 지역의 특수성, 유치원의 실정, 유아 및 학부모의 요구 등을 고려하여 방과후 과정 활동 및 프로그램, 대상 연령과 운영 형태 등을 적절하게 편성·운영해야 한다.
• 방과후 과정을 운영할 때 방과후 과정의 특성과 유아의 발달을 고려하여 방과후반 전담교사가 배치되어 있고, 이에 적절한 기본 시설 및 설비가 구비되어 있어야 한다.</td></tr>
<tr><td rowspan="6">평가
척도</td><th>평정
척도</th><th>평정기준</th></tr>
<tr><td>5</td><td>방과후 과정 운영지침 준수, 프로그램, 시설·설비, 전담교사 배치 4가지가 모두 매우 우수하다.</td></tr>
<tr><td>4</td><td>상기 4가지가 모두 비교적 우수하다.</td></tr>
<tr><td>3</td><td>상기 4가지 중 3가지가 적절하다.</td></tr>
<tr><td>2</td><td>상기 4가지 중 2가지가 적절하다.</td></tr>
<tr><td>1</td><td>상기 4가지 중 1가지가 적절하다.</td></tr>
<tr><th colspan="3">평가방법 및 확인자료</th></tr>
<tr><td colspan="3">• 서면평가
- 방과후반 교육운영계획서, 자체평가보고서에 기록된 내용 확인
• 현장평가
- 방과후반 교육계획안 확인(현장평가 당일 교육계획안 포함)
- 당일 방과후 과정 교육활동, 교육환경 및 시설·설비 관찰 확인
- 방과후 과정 운영 관련 시설·설비 관리 대장(별도로 있는 경우)
- 방과후 과정 운영 및 프로그램 관련 원장 및 교사 면담
- 방과후반 전담교사 배치 관련 확인</td></tr>
</table>

2) 16개 시·도 자체지표(제1주기)

지역	평가항목(배점)	평가지표(배점)
서울	5-1. 종일반 운영의 적절성(20)	29. 종일반 운영을 위한 기본 시설·설비 구비(5)
		30. 종일반 프로그램의 적절성(10)
		31. 종일반 교사 확보(5)
	5-2. 취원 대상 연령 확보(10)	32. 만 3~5세 전 연령을 수용(10)
		33. 교사 : 유아 비율의 적절성(5)
	5-3. 교사 : 유아 비율 및 학급규모의 적절성(10)	34. 연령별 학급규모의 적절성(5)
부산	5-1. 종일제 운영(20)	29. 종일제 운영을 위한 기본시설·설비 구비(5)
		30. 종일반 프로그램의 적절성(10)
		31. 종일반 교사확보(5)
	6-1. (교육정책사업) 패밀리데이 운영(10)	32. 패밀리데이 운영계획 수립 및 적절성(5)
		33. 패밀리데이 운영의 적절성(5)
	6-2. (교육정책사업) 단위 유치원 특생사업(10)	34. 단위 유치원 특색사업 운영의 적절성(5)
		35. 단위 유치원 특생사업 운영의 적절성(5)
대구	5-1. 종일반 기관(10)	29. 종일반 운영을 위한 기본 시설·설비 구비(5)
	5-2. 종일반 프로그램(10)	30. 종일반 프로그램의 적절성과 충실성(10)
	5-3. 교사 확보(10)	31. 종일반 운영을 위한 교사확보(10)
	6-1. (역점추진과제)종일반 기관(10)	32. 연수 연구 활동 및 수업을 통한 전 교직원의 참여(5)
		33. 체험중심의 창의성 교육환경 조성(5)
	6-2. (역점추진과제)종일반 프로그램(10)	34. 교육적 배려가 필요한 유아에 대한 지도계획(5)
		35. 지속적 상담과 돕기 활동 실적(5)
인천	5-1. 특색사업의 내실화(20)	29. 창의적인 특색사업 운영계획 수립(10)
		30. 창의적인 특생사업을 실천, 운영(10)
광주	5-1. 환경의 적합성(10)	29. 종일반 운영에 필요한 기본 시설·설비 구비(10)
	5-2. 프로그램의 적절성(5)	30. 종일반 프로그램의 적절성(5)
	5-3. 운영의 적절성(5)	31. 종일제 교사 확보(5)
	6-1. 문화예술교육의 적절성(15)	31. 문화예술교육 관련 지원 및 자료개발(5)
	6-2. 문화예술 체험교육(10)	32. 문화·예술 교육프로그램의 운영(5)
		33. 지역 문화 활용(5)
울산	5. 종일반 운영(20)	29. 종일반 운영을 위한 기본 시설·설비 구비(10)
		30. 종일반 프로그램의 적절성(5)
		31. 종일반 교사 확보(5)
	6. 역점 특색 사업 운영(20)	32. 지역교육청 특색사업의 운영(10)
		33. 유치원 특색사업의 운영(10)

경기	5. 종일반 운영(10)	29. 종일반 운영을 위한 기본 시설·설비 구비(5)
		30. 종일반 프로그램의 적절성(5)
		31. 종일반 교사 확보
	6. 역점사업(20) 6-1. 새로운 생각·바른 행동 자람터 바꾸기(10)	32. 기본생활습관 및 3H 3사랑 운동 실천(5)
		33. 다양한 교육활동을 통해 창의적인 사고능력과 태도 신장(5)
	6-2. 좋은수업 나눔 멘토링제 운영(10)	34. [좋은 수업 나눔 멘토링제]를 조직·운영(5)
		35. 좋은 수업 나눔 실천을 통한 교실 수업개선(5)
	7. 특색사업(10) 7-1. 희망경기 유아교육 정보나눔터 운영(10)	36. 학부모의 [희망경기 유아교육 정보나눔터] 홍보(5)
		37. 교원의 교육정보 및 자료를 교실 수업에 활용, 행정업무의 효율화 도모(5)
강원	5-1. 종일반 운영을 위한 기본 시설·설비 구비(51)	29. 종일반 운영을 위한 기본 시설·설비 구비(5)
	5-2. 종일반 프로그램의 적절성(10)	30. 종일반 프로그램의 적절성(10)
	5-3. 종일반 집행예산 집행의 적절성(5)	31. 종일반 예산집행의 적절성(5)
충북	5-1. 특색사업과 교육과정의 조화(5)	29. 유치원 특색사업과 교육과정과의 조화
	5-2. 특색사업 추진계획의 적절성(5)	30. 유치원 특색사업 추진 계획의 적절성(5)
충남	5-1. 예절중심 인성교육의 효율성(10)	29. 인성교육 지도내용 및 활동 선정(5)
		30. 교육공동체와 함께하는 경로효친 예절중심의 인성교육 실천(5)
	6-1. 종일반 운영의 적절성(10)	31. 종일반 운영을 위한 기본 시설·설비 구비(5)
		32. 종일반 프로그램의 적절성(5)
전북	6-1. 특색사업의 내실화(10)	28. 특색사업과 교육과정과의 조화(5)
		29. 유치원 특색사업 추진과정(5)
전남	5. 역점교육활동(10) ※ 5가지 중 1가지를 선택 반영 정도	• 유아의 기본생활습관 형성도(10)
		• 기초체력 신장 형성도(10)
		• 책을 즐겨보는 태도와 습관 형성도(10)
		• 전통문화에 대한 이해 정도(10)
		• 유치원 단위 특색교육활동(10)
경북	5-1. 교육환경의 적합성(10)	29. 종일반 운영에 필요한 기본 시설·설비 구비(10)
	5-2. 프로그램의 적절성(5)	30. 교육과 보호의 균형에 기초한 종일반 프로그램을 충실하게 반영(5)
	5-3. 지원인력의 확보(5)	31. 종일반 운영을 위한 지원 인력을 확보(5)
	특색교육운영 6-1. 특색교육계획수립의 적절성(10)	32. 유치원 특색교육을 실천하기 위한 운영계획을 수립(10)
	6-2. 특색교육 운영의 적절성(10)	33. 유치원 특색 사업을 교육과정에 연계하여 창의적으로 운영(10)
경남	자율사업 5-1. 경남 유아교육 방향 구현(15)	29. 취원율 제고 노력(5)
		30. 교원의 전문성 신장(5)
		31. 유초 연계교육 협력체제 구축(5)

경남	자율사업 5-2. 단위 유치원 특색과제 추진(15)	32. 특색과제 설정의 적절성(5)
		33. 특색과제 운영의 지속성(5)
		34. 특색과제 운영의 성과(5)
	6-1. 종일제 운영의 효율성(20)	35. 종일제 운영을 위한 기본 시설·설비 구비(10)
		36. 종일제 프로그램의 적절성(10)
제주	5. 종일반 운영(20)	1. 종일반 운영을 위한 자구 노력(5)
		2. 종일반 운영을 위한 기본 시설·설비 구비(5)
		3. 교육과 보호의 균형에 기초한 종일반 프로그램을 충실히 운영(10)
	6. 유아교육내용의 지역화(20)	1. 유아의 인성교육 강화를 위해 실천 위주의 기본생활습관교육을 실시(10)
		2. 책을 가까이 하는 습관 형성을 위해 독서교육을 체계적으로 실시(5)
		3. 제주의 특성을 살리는 전통문화·환경·관광교육 등의 창의적인 계획 수립과 실천(5)

3) 지표별 자체평가(예시)

(1) 교육과정 영역(40점)

<table>
<tr><th>평가 항목</th><th>평가지표(배점)</th><th>평정점수</th><th>관련 내용 기술</th></tr>
<tr><td rowspan="10">교육목표 및 교육계획 수립</td><td rowspan="5">1. 교육목표가 적합하고 타당하게 설정되었는가?
(5)</td><td>5</td><td rowspan="5"></td></tr>
<tr><td>4</td></tr>
<tr><td>3</td></tr>
<tr><td>2</td></tr>
<tr><td>1</td></tr>
<tr><td rowspan="5">2. 교육계획은 생활주제 및 유아발달에 적합하게 수립되었는가?
(10)</td><td>10</td><td rowspan="5"></td></tr>
<tr><td>8</td></tr>
<tr><td>6</td></tr>
<tr><td>4</td></tr>
<tr><td>2</td></tr>
<tr><td rowspan="15">교육활동 및 평가의 실시·활용</td><td rowspan="5">3. 일과는 통합적이며 균형 있게 운영되고 있는가?
(10)</td><td>10</td><td rowspan="5"></td></tr>
<tr><td>8</td></tr>
<tr><td>6</td></tr>
<tr><td>4</td></tr>
<tr><td>2</td></tr>
<tr><td rowspan="5">4. 교수·학습방법은 교육 내용·활동에 적합하며, 교사는 질적인 상호작용을 유도하는가?
(10)</td><td>10</td><td rowspan="5"></td></tr>
<tr><td>8</td></tr>
<tr><td>6</td></tr>
<tr><td>4</td></tr>
<tr><td>2</td></tr>
<tr><td rowspan="5">5. 교육 평가가 타당하고 신뢰롭게 이루어지고 적절하게 활용되는가?
(5)</td><td>5</td><td rowspan="5"></td></tr>
<tr><td>4</td></tr>
<tr><td>3</td></tr>
<tr><td>2</td></tr>
<tr><td>1</td></tr>
</table>

4) 평가결과 점수표

1. 교육과정 영역

평가항목(배점)	평가지표(배점)	점수	
		지표별	항목별
교육목표 및 교육계획 수립(15)	1. 교육목표가 적합하고 타당하게 설정되었는가?(5)		
	2. 교육계획은 생활주제 및 유아발달에 적합하게 수립되었는가?(10)		
교육활동 및 평가의 실시·활용(25)	3. 일과는 통합적이며 균형 있게 운영되고 있는가?(10)		
	4. 교수·학습방법은 교육 내용 및 활동에 적합하며, 교사는 질적인 상호작용을 유도하는가?(10)		
	5. 교육 평가가 타당하고 신뢰롭게 이루어지고 적절하게 활용되는가?(5)		

점 / 40점

2. 교육환경 영역

평가항목(배점)	평가지표(배점)	점수	
		지표별	항목별
실내·외 교육환경의 구성 및 관리 (5)	6. 실내·외 공간 구성 및 시설·설비가 유아 및 유아교육 특성에 적합한가?(5)		
교재·교구의 구비 및 제공 (10)	7. 유아의 발달수준과 주제에 적합한 교재·교구를 충분히 제공·관리하고 있는가?(10)		

점 / 15점

3. 건강 및 안전 영역

평가항목(배점)	평가지표(배점)	점수	
		지표별	항목별
유아의 건강관리 및 지도 (10)	8. 유아의 건강관리와 교육을 실시하고, 시설·설비를 청결하게 관리하고 있는가?(5)		
	9. 유아 영양관리와 교육을 실시하고, 식재료를 위생적으로 관리하고 있는가?(5)		
유아의 안전관리 및 지도 (5)	10. 유아와 교사를 대상으로 안전교육을 실시하고, 시설·설비를 안전하게 관리하고 있는가?(5)		

점 / 15점

4. 운영관리 영역

평가항목(배점)	평가지표(배점)	점수	
		지표별	항목별
교직원의 인사·복지 및 전문성 (15)	11. 교직원 인사·보수·복지에 대한 규정이 있고, 전문성 제고를 위한 지원을 하고 있는가?(5)		
	12. 원장은 리더십을 발휘하고 운영개선을 위하여 노력하는가?(10)		
예산의 편성 및 운영 (5)	13. 예산을 합리적으로 편성하고 타당하게 집행하고 있는가?(5)		
가정·지역사회 연계 및 방과후 과정 운영 (10)	14. 다양한 부모교육·참여활동을 실시하고 가정 및 지역사회와의 연계를 위하여 노력하는가?(5)		
	15. 방과후 과정 운영을 위한 자구노력을 하고 있으며, 프로그램과 시설이 적절한가?(5)		

점 / 30점

총 점	점 / 100점

5) 제2주기 유치원 평가지표별 평가방법 및 척도구분 종합표

평가영역(배점)	평가항목(배점)	평가지표(배점)	평가방법		척도구분		
			서면*	현장	별도점검	규모별	공·사립별
I. 교육과정(40)	교육목표 및 교육계획 수립(15)	1. 교육목표가 적합하고 타당하게 설정되었는가? (5)	○	○			
		2. 교육계획은 생활주제 및 유아발달에 적합하게 수립되었는가? (10)	○	○			
	교육활동 및 평가의 실시·활용(25)	3. 일과는 통합적이며 균형 있게 운영되고 있는가? (10)	○	○			
		4. 교수·학습방법은 교육내용·활동에 적합하며, 교사는 질적인 상호작용을 유도하는가? (10)	○	○			
		5. 교육 평가가 타당하고 신뢰롭게 이루어지고 적절하게 활용되는가? (5)	○	○			
II. 교육환경(15)	실내·외 교육환경의 구성 및 관리(5)	6. 실내·외 공간 구성 및 시설·설비가 유아 및 유아교육 특성에 적합한가? (5)		○			
	교재·교구의 구비 및 제공(10)	7. 유아의 발달수준과 주제에 적합한 교재·교구를 충분히 제공·관리하고 있는가? (10)		○		○	
III. 건강 및 안전(15)	유아의 건강관리 및 지도(10)	8. 유아의 건강관리와 교육을 실시하고, 시설·설비를 청결하게 관리하고 있는가? (5)	○	○			
		9. 유아의 영양관리와 교육을 실시하고, 식재료를 위생적으로 관리하고 있는가? (5)	○	○			
	유아의 안전관리 및 지도(5)	10. 유아와 교사를 대상으로 안전교육을 실시하고, 시설·설비를 안전하게 관리하고 있는가? (5)	○	○			
IV. 운영관리(30)	교직원의 인사·복지 및 전문성(15)	11. 교직원의 인사·보수·복지에 대한 규정이 있고, 전문성 제고를 위한 지원을 하고 있는가? (5)			○		○
		12. 원장은 리더십을 발휘하고 운영개선을 위하여 노력하는가? (10)	○	○		○**	
	예산의 편성 및 운영(5)	13. 예산을 합리적으로 편성하고 타당하게 집행하고 있는가? (5)			○		○
	가정·지역사회 연계 및 방과후 과정 운영(10)	14. 다양한 부모교육·참여활동을 실시하고 가정 및 지역사회와의 연계를 위하여 노력하는가? (5)	○	○			
		15. 방과후 과정 운영을 위한 자구노력을 하고 있으며, 프로그램과 시설이 적절한가? (5)	○	○			
총점		100점					

* 유치원 교육운영계획서, 유치원자체평가보고서를 활용.

** 지표 12의 1)의 요소에 대해서는 농어촌 지역 및 소규모(1-2학급) 유치원에 대하여 평정기준을 완화하여 적용함.

부록 2 어린이집 평가지표(40인 이상)

영역 1 : 보육환경 (11항목)

〈 중점 평가기준 및 강조점 〉

어린이집 환경의 중요성 : 보육환경은 영유아의 학습과 행동 습관의 형성에 중요한 영향을 미침
어린 시기일수록 환경의 영향을 많이 받으며, 영유아가 어린이집에서 장시간 생활하고 있으므로 어린이집의 환경은 매우 중요함

보육환경구성 방법 : 영유아를 위한 어린이집의 실·내외 환경은 가정과 같이 편안하고 쾌적해야 하며, 영유아의 일상생활이나 놀이를 적극 격려하도록 계획하고 구성하여야 함
영유아의 흥미나 연령에 적합한 교재·교구를 다양하게 마련해 주고, 영유아 수에 맞추어 적절하게 제공하여 주는 것이 필요함

평가초점 : 쾌적한 어린이집 환경의 유지 및 영유아발달에 적합한 교재·교구의 구비 여부, 보육인력의 전문성 강화를 지원하는 환경구비

하위 영역 1 : 어린이집 환경 (3항목)		
평가인증 지표	평가내용	평가기준
대 1-1 보육실의 공간배치	보육실의 공간이 영유아의 연령, 발달특성을 고려하여 흥미영역으로 구성되어 있으며, 배치가 적절하다.	- 영유아의 연령 및 발달특성 고려함. 공간 크기에 적합한 수의 흥미영역구성 - 움직임과 소음, 동선을 고려한 배치 함. 흥미영역 간의 공간의 적절성 고려 ※ 영아 - 영아를 위한 흥미영역은 일상생활 공간과 흥미 있는 대상을 탐색할 수 있는 놀이공간 - 일상적 양육(예 : 기저귀 갈기, 수유, 손씻기 등)을 위한 공간이나 설비가 보육실 내에 마련 - 영아의 특성에 맞는 몇 개의 흥미영역을 통합하여 구성 - 감각운동기능을 활용한 다양한 탐색활동이 이루어지도록 함
대 1-2 보육실 내 영유아의 휴식 공간	영유아가 혼자 활동하거나 휴식을 취할 공간이 있고, 이를 쉽게 이용할 수 있다.	- 영유아의 개별적인 요구를 수용할 수 있는 안락한 휴식공간을 구성해 주어야 함 - 휴식공간은 보육실 공간 중 영유아들이 언제든지 사용할 수 있어야 함 - 교사의 시선이 미치는 곳에 마련해 주고, 깔개, 매트, 쿠션, 소파 등을 이용하여 아늑한 공간으로 구성해 주어야 함 - 안전을 고려한 공간 : 좁은 구석, 열린 장 속, 가구 틈새에 머무는 것을 선호하지만 위험할 수 있으므로 안전을 고려해야 함
대 1-3 옥외 놀이터와 놀이 시설	옥외놀이터 또는 대체놀이터가 있고, 놀이기구가 3종 이상 있다.	- 내적 에너지를 마음껏 발산하고 움직임이 큰 활동을 할 수 있는 공간을 마련해 주어야 함 - 영유아의 발달과 흥미에 적합한 다양한 놀이기구를 갖추고 적절하게 유지하는 것이 필요함 - 놀이터 설치 시 「어린이놀이시설 안전관리법」에 따라 설치검사를 받는 것이 바람직함

하위 영역 2 : 보육활동 자료 (5항목)		
평가인증 지표	평가내용	평가기준
대 1-4 신체활동 자료	발달수준에 적합한 신체(대·소근육) 활동 자료가 다양하고, 양이 충분하다.	– 영유아들이 새로운 운동기술을 익히고 소근육발달 및 협응력을 기르고, 연습할 수 있도록 영유아의 연령에 적합하고 다양한 신체(대·소근육) 활동 자료 제공 ※ 영아 – 영아의 발달수준에 적합한 대·소근육 활동 자료를 영아들이 원하는 수만큼 여러 개 준비해 두는 것이 바람직함
대 1-5 언어활동 자료	언어활동 자료가 듣기, 말하기, 읽기, 쓰기의 네 영역으로 마련되어 있고, 영유아 수에 따라 충분하다.	– 영유아의 언어활동 자료는 듣기, 말하기, 읽기, 쓰기활동 자료를 포함 – 네 가지 활동(듣기, 말하기, 읽기, 쓰기) 자료가 다양하고 충분하게 제공
대 1-6 자연탐구활동 자료	자연탐구(수·과학)활동 자료가 다양하고, 대부분 실물자료로 구성되어 있다.	– 영아기부터 주변환경을 탐색하면서 자연스럽게 경험하는 것이 좋으며, 평면자료보다는 주위에서 친근하게 볼 수 있는 다양한 실물자료를 제시 ※ 영아 – 모양 찾아 맞추기, 크기순으로 고리 끼우기, 색깔 맞추기 등 여러 가지 활동자료를 구비 – 자연탐구활동 자료는 탐색영역에 비치 가능하며, 해당 영역에 비치된 다른 활동자료의 종류와 수령을 고려하여 다양하고 충분하게 구비
대 1-7 예술활동 자료	예술(음악·동작, 미술)활동 자료가 다양하고, 양이 충분하다.	– 음악, 동작, 미술 등과 같은 표현활동이 활발히 일어날 수 있도록 영유아의 수준에 맞는 다양한 자료(예 : 악기, 소품, 도구, 생활용품 등)를 영유아의 수에 맞게 충분하게 제공 ※ 영아 – 소리에 민감하므로 마라카스나, 작은 북 등 주변에서 볼 수 있는 소리나는 물건을 제공 여부
대 1-8 역할놀이 및 쌓기놀이 자료	역할놀이 및 쌓기놀이 자료가 다양하고 충분하다.	– 일상생활에서 영유아들이 쉽게 경험할 수 있는 역할놀이 자료(예 : 다양한 신발류, 가방류, 그릇류 등)와 쌓기놀이 자료(예 : 스펀지 블록, 크고 작은 와플 블록, 작은 자동차 등)를 많이 제공 ※ 영아 – 한두 가지 놀잇감을 반복적으로 사용하고, 혼자 놀기를 즐기며, 자신이 좋아하는 놀잇감을 또래에게 양보하지 않으므로 영아가 좋아하는 놀잇감 색, 모양, 크기가 똑같은 것으로 여러 개 준비함

하위 영역 3 : 보육지원 환경 (3항목)		
평가인증 지표	평가내용	평가기준
대 1-9 비품과 활동자료의 보관	비품과 활동자료를 보관할 장소나 자료실이 별도로 있으며, 자료가 체계적으로 정리되어 있다.	- 보육주제나 계절, 영유아의 흥미나 적응정도에 따라 융통성 있게 바꿔 줌 - 활동자료는 평면자료보다 입체 자료와 실물 자료가 많고 그 종류가 다양하기 때문에 잘 보이도록 정돈하여 보관함
대 1-10 보육교사를 위한 공간	교사를 위한 개인 사물함이나 개별 책상이 있고, 별도의 공간도 마련되어 있다.	- 영유아 위주로 구성된 환경 속에서 근무하는 보육교사의 불편과 긴장을 완화해주기 위해 보육교사를 위한 공간과 개인용 가구가 필요함
대 1-11 보육교사용 참고자료	보육교사용 참고자료가 충분하고, 이를 자유롭게 활용한다.	- 보육교사용 전문 도서(영유아용 교재나 월간 잡지 제외), 보육활동에 관련된 도서, 시청각 자료 등과 같은 참고자료를 계획에 따라 구비해 놓음 - 구입한 자료를 자유롭게 참고할 수 있도록 관리

영역 2 : 운영관리 (12항목)

〈중점 평가기준 및 강조점〉

어린이집 운영관리의 중요성 : 어린이집의 운영관리는 어린이집의 철학이 반영되며 원장의 역할이 큰 비중을 차지함

어린이집은 바람직한 운영관리체계, 즉 보육인력의 전문성과 합리적인 근무환경을 갖추게 되면 보육교사가 자신의 업무에 최선을 다할 수 있도록 뒷받침해 줄 수 있으며, 보육과정을 통하여 영유아의 발달에 긍정적인 영향을 미치게 됨

평가초점 : 어린이집의 체계적인 기관 운영 및 보육인력관리, 가족과 지역사회와의 협력에 대한 내용

하위 영역 1 : 어린이집의 운영관리 (3항목)		
평가인증 지표	평가내용	평가기준
대 2-1 어린이집의 운영방침 및 정보 안내	어린이집의 운영철학 및 보육목표, 운영내용 등을 포함하는 운영방침이 체계적으로 수립되어 있고, 이를 안내한다.	- 매체에 관계없이 어린이집의 주요 정보를 체계적으로 소개하고 제공함 - 어린이집의 운영 철학 및 보육목표, 보육프로그램의 특성(보육방침)에 대한 쉬운 설명 - 보육시간, 보육료, 연령별 집단크기와 교사 수(교직원 소개), 어린이집의 환경(보육실, 실내외 놀이시설 등), 어린이집의 개방원칙 등 어린이집의 운영 특성에 대한 상세한 안내
대 2-2 원아에 대한 관리	신입 원아의 적응을 위한 과정이 체계적으로 진행되고, 모든 원아에 관한 문서를 지속적으로 관리하고 있다.	- 영유아의 다양한 발달과 학습 영역에서의 개인차에 대해 개별 영유아의 발달 상황과 변화를 기록

대 2-3 보육실의 교사 대 영유아 비율	모든 반에서 보육실의 교사 대 영유아 법정비율을 지키고 있다.	- 보육교사 대 영유아의 비율이 영유아의 연령을 고려하여 다르게 적용 됨 - 어린이집이 전체 정원 내에서 교사 대 영유아 법정비율 준수 - 부분적으로 우수한 수준의 경우 반에 따라 교사에 비하여 영유아 수가 초과 보육허용 범위이내이나 법정비율을 초과한 반이 있는 경우

하위 영역 2 : 보육인력 (3항목)

평가인증 지표	평가내용	평가기준
대 2-4 보육교직원의 근로계약	근로계약서와 복무규정이 문서화되어 있고, 원장이 모든 보육교직원에게 알려준다.	- 보육교직원의 근로계약서와 복무규정을 문서화함 - 근로계약서와 복무규정에는 자격과 근무기간에 따른 급여기준, 퇴직금, 4대 보험, 휴직, 사직 절차, 휴일, 연차, 유급휴가가 포함되어야 함
대 2-5 원장과 보육교사의 업무 수행	원장과 보육교사가 업무 분장된 내용을 파악하고 있고, 교사회의를 월 2회 이상 한다.	- 비품 관리, 도서 관리, 실외시설 관리 등과 같은 공동 업무는 업무 내용에 따라 경력과 전문성을 고려하여 보육교사들에게 분담하고 이를 문서화하여 공지 - 교사회의를 정기적으로 실시함으로써 기관운영에 필요한 여러 가지 안건을 논의하여 기관이 합리적이고 효율적으로 운영 - 교사회의 내용에는 운영관리에 필요한 여러 가지 사항 외에 프로그램의 계획 및 진행, 개별 영유아의 특성에 따른 지도 방향 등에 대한 논의 등이 포함됨
대 2-6 보육교직원의 교육	새로운 보육인력에 대한 오리엔테이션을 실시하며, 어린이집의 원장과 보육교사가 다양한 재교육을 받는다.	- 새로 들어오는 보육교사나 기타 교직원, 실습생, 자원봉사자 등은 어린이집의 운영철학 및 보육목표, 보육내용과 프로그램에 대한 체계적인 안내를 받아야 함 - 원장과 보육교사는 아동발달, 보육, 교육에 관한 정기적인 재교육(교직원의 직무교육 및 승급교육을 포함하여 보육정보센터의 교육 및 워크숍, 사이버 강의, 지역별 모임, 어린이집 내 교육모임 등)을 받음

하위 영역 3 : 가족과의 협력 (4항목)

평가인증 지표	평가내용	평가기준
대 2-7 신입원아 부모를 위한 오리엔테이션	신입 원아 부모를 위한 체계적인 오리엔테이션을 한다.	- 어린이집의 철학과 보육과정의 내용, 신입 원아의 초기 적응을 위한 지원 등에 대해 서로 의견을 나눌 수 있는 오리엔테이션을 실시
대 2-8 어린이집과 가정 간의 의사소통	가정과의 의사소통 및 부모와의 개별면담이 원활하게 이루어진다.	- 영유아의 발달과정이나 보육내용에 대해 정보를 교환할 수 있도록 부모와 연 2회 이상 정기적인 개별상담, 전화, 일일보고서나 개별 알림장, 대화수첩, 가정통신문, 인터넷 커뮤니티 등과 같은 여러 가지 방식으로 긴밀하게 의사소통함

대 2-9 어린이집에서의 부모참여	부모의 보육실 참관을 허용하고, 부모 프로그램에 참여할 기회가 자주 있다.	- 부모는 어린이집을 방문하여 자녀를 참관하거나, 자녀와 함께 경험을 공유 - 기관의 행사나 보육과정에 부모가 자원봉사자 등의 역할로 함께 참여하도록 하거나 부모교육을 실시하는 등 다양한 방법으로 부모의 참여를 지원
대 2-10 어린이집 운영위원회의 구성과 활동	어린이집 운영위원회가 구성되어 어린이집 운영에 관한 회의를 정기적으로 개최하며, 부모에게 안내한다.	- 원장, 교사, 학부모 대표와 지역사회 인사를 포함한 운영위원회를 구성 - 정기적으로 회의를 개최함으로써 어린이집의 운영과 프로그램에 대한 의견과 요구를 수렴하여 반영
하위 영역 4 : 지역사회와의 협조 (2항목)		
평가인증 지표	**평가내용**	**평가기준**
대 2-11 지역사회와의 협력	지역사회와의 연계와 협력이 활발하게 이루어진다.	- 영유아가 가정과 어린이집 이외에 지역사회 환경을 보다 친밀하게 이해하도록 병원, 경찰서, 도서관, 초등학교 등의 가까운 장소를 방문하고 연계 프로그램에 참여할 수 있는 기회를 제공
대 2-12 영유아와 가족의 문제에 대한 이해와 지원	어린이집은 영유아와 가족의 문제를 파악하고 있으며, 이를 도와주기 위한 관련 정보를 가지고 있다.	- 특수한 요구가 있는 영유아와 가족의 문제를 도와줄 수 있는 전문기관에 대한 실질적인 정보(예 : 서비스 종류, 전화번호, 비용)를 가지고 있어 가족이 전문가를 찾아가 도움을 구하도록 도와줌 - 전문가와 협조하여 함께 문제를 해결하도록 노력

영역 3 : 보육과정 (14항목)

〈중점 평가기준 및 강조점〉

보육과정 계획 시 고려사항 : 보육과정은 영유아의 신체, 사회성·정서, 언어·인지능력 등이 적절한 시기에 고르게 발달할 수 있도록 이에 적합한 경험과 활동이 계획되고 실행되는 내용으로 구성되어야 함

다양한 활동을 균형 있게 계획하고 영유아의 개별적 발달특성을 최대한 반영해야 함

영아와 만 3세 유아는 한 가지 활동에 오래 집중할 수 없기 때문에 대집단 활동보다는 개별 활동이나 소집단 활동으로 진행하는 것이 바람직함

영유아들 스스로 보육활동을 선택하여 자유롭게 참여할 수 있도록 자유선택활동 시간을 운영해야 함

정기적으로 보육과정을 평가하고 그 결과가 운영에 반영되도록 해야 함

평가초점 : 보육활동 계획과 구성, 보육활동 운영에 초점을 두고 보육계획안의 수립, 균형과 진행, 통합적 운영, 보육과정 평가 그리고 각 영역별 보육활동 운영 등을 평가

하위 영역 1 : 보육활동 계획과 구성 (7항목)		
평가인증 지표	**평가내용**	**평가기준**
대 3-1 보육계획안의 수립	연간, 월간(또는 주간) 보육계획안이 영유아의 연령, 흥미,	- 보육계획안은 보육과정을 운영하기 전에 미리 일년 동안의 전반적인 보육계획을 세움

	계절 등을 고려하여 구체적이고 연계성 있게 수립되어 있다.	– 연관성 있고 구체적인 월간(또는 주간)보육계획안의 수립 – 보육계획안에 실내외 보육활동, 일상적 양육에 대한 내용, 휴식시간이나 정리정돈 등의 내용 포함 ※ 영아 – 일상적 양육을 기본으로 포함하되 개별 영아의 발달 정도와 기질에 따라 그 세부 내용을 달리 구성할 수 있으며 흥미를 많이 보이는 활동은 반복적으로 계획할 수 있음
대 3-2 보육활동 계획의 균형과 진행	보육활동이 균형 있게 계획되어 있고, 그 계획에 따라 일과를 진행한다.	– 영유아의 개별적인 욕구와 상황에 따라 융통성 있게 조절할 수 있도록 계획 – 소집단 활동이나 개별 활동 시간, 일상적 양육 놀이 활동 시간, 교사 주도적 활동과 영유아가 선택한 활동 시간의 균형 있는 계획 – 정적 활동과 동적 활동의 균형 있는 계획 ※ 영아 – 유아보다 일상적 양육활동을 더 많이 배정 – 대집단 활동 보다는 소집단 활동이나 개별 활동을 적절하게 배정 – 공간을 많이 탐색해 보고 움직이는 특징에 맞추어 동적 활동이 교실 내에서도 충분히 이루어지도록 계획
대 3-3 자유선택활동 시간과 운영	자유선택활동 시간이 매일 2시간 30분 이상이고, 다양한 영역의 활동이 이루어진다.	– 영유아의 일상생활 및 놀이활동이 개별적인 흥미나 속도에 따라 다양하게 이루어질 수 있도록 자유선택활동 시간을 제공 – 충분히 놀이할 수 있는 시간을 마련 – 다양한 활동 및 놀잇감의 준비, 자유선택활동의 평가는 현원의 70% 이상 등원한 경우 시작
대 3-4 실외활동 시간과 운영	실외활동 시간이 매일 한 시간 이상이고, 다양한 실외활동이 이루어진다.	– 어린이집의 일과 중에 실외활동 시간을 반드시 포함 – 실외활동을 매일 1시간 이상 함 – 날씨가 좋지 않을 경우 실내에서 게임이나 신체활동 등의 대체활동을 함 ※영아 – 실외에서 오랫동안 활발하게 활동하기는 어렵지만 베란다나 마당의 그늘에 나와 흔들침대나 유모차를 타면서 일광욕을 하거나 바깥공기를 쐬는 등의 활동을 매일 30분 정도 함(만 0~1세)
대 3-5 일과의 통합적 운영	오전 일과는 통합적으로 운영하고, 영유아의 연령 및 개별적 상황을 고려한다(개별적 상황에는 부모의 동의, 불참 영유아	– 일과를 시간대별로 분리하여 하나의 교과목 형태와 특별활동(예 : 영어, 체육, 국악, 컴퓨터, 한글, 미술, 음악, 과학, 수학 등)으로 운영하기보다는 통합적 활동으로 운영

	에 대한 별도의 보육과정 운영이 포함됨).	- 영유아에게 흥미 있는 여러 영역이 동시에 일어나 서로 연결될 수 있도록 운영 ※영아 - 일과 중 일상적 양육 시간인 낮잠이나 수유 등을 포함하여 시간을 대부분 통합적으로 운영
대 3-6 일상생활 관련 활동	일상생활 관련 활동을 자주 제공한다.	- 어린이집 주변 돌아보기, 산책하기, 가게에 가서 물건 사보기, 텃밭 가꾸기 등과 같은 일상생활 관련 활동을 한 달에 2회 이상 계획하고 실시 ※ 영아 - 걸을 수 없는 영아나 걷는다 해도 연령이 낮은 영아들은 유모차를 타고 가깝고 안전하며 조용한 주변 장소(예 : 동네 놀이터나 차가 다니지 않는 골목)를 잠시 둘러봄
대 3-7 보육과정 평가 및 영유아 활동 관찰	정기적으로 보육과정을 평가하고, 개별 영유아 관찰이 이루어진다.	- 개별 영유아가 어떤 보육활동을 경험하며 어떻게 반응하는가를 주기적으로 관찰하여 기록 - 평가결과를 추후 보육과정의 계획과 개선에 반영 ※영아 - 우유 먹기, 기저귀 갈기, 이유식 먹기, 잠자기 등의 일상 양육에 대한 내용과 특별한 행동 등을 시간대별로 구체적으로 기록 - 관찰기록을 통해 어린이집과 가정 간에 일관성과 연속성이 유지되도록 함 - 수면 시간 동안 얼굴 위치, 수면 시 움직임 등을 주기적으로 관찰, 기록하여 영아돌연사에 대처하고 미리 예방

하위 영역 2 : 보육활동 (7항목)		
평가인증 지표	**평가내용**	**평가기준**
대 3-8 신체활동	신체(대·소근육)활동을 자주 한다.	- 영유아가 대·소근육을 활발하게 사용할 수 있는 활동에 적극적으로 참여하도록 기회를 제공 - 실외나 실내 공간에서 영유아의 발달에 적합한 대·소근육의 활동을 매일 함 ※영아 - 감각운동기에 해당하므로 자신의 다양한 감각기관을 활용하여 주변 환경을 탐색해 볼 수 있는 충분한 경험을 제공
대 3-9 언어활동	듣기와 말하기 기회를 다양하게 제공하고, 읽기와 쓰기에 관심을 갖도록 하는 활동을 자주 한다.	- 영유아의 언어활동은 듣기, 말하기, 읽기, 쓰기의 네 영역으로 구성, 이들은 따로따로 분리하기보다는 통합적으로 진행 - '듣기' '말하기' '읽기' '쓰기'가 의사소통 맥락과 의미 있는 상황 속에서 자연스럽게 통합, 발전할 수 있도록

		지원 ※영아 – 영아 수준에서 적절한 옹알이 자극하기, 주변의 다양한 소리 들려주기 등의 언어활동을 활발하게 제공
대 3–10 기본생활 관련 활동	예절과 질서, 규칙 지키기, 정리정돈 등 기본생활에 관련된 활동을 자연스럽게 보육 과정에서 제공한다.	– 교사가 별도로 활동을 계획하기 보다는 일상생활에서 관련 상황을 이용하여 영유아가 즐겁게 경험할 수 있도록 함 ※ 영아 – 한 번에 한 가지씩 시간을 길게 갖고 기본생활을 습득하도록 기회를 제공해야 하며 영아 수준에서 할 수 있는 일상생활 관련 활동을 한 가지씩 할 수 있도록 격려
대 3–11 사회관계 증진 활동	영유아 자신과 가족, 또래, 지역사회의 구성원에 대해 관심을 갖도록 하는 활동 기회를 자주 제공한다.	– 영유아기에는 자기 자신과 가족, 또래, 지역사회 구성원에 대해 적극적으로 관심을 가질 수 있도록 다양한 활동을 계획하고 이를 경험하도록 기회를 제공 – 교사는 사회적 관계 증진을 위한 활동을 계획하고, 또는 일상생활에서 자연스럽게 자신과 타인에 대한 관심을 증진시키도록 함 ※ 영아 – 영아의 경우 발달 특성상 자기중심적이고 또래에 대한 관심이 많지 않으므로 기회가 있을 때마다 타인의 입장을 고려하는 언어나 행동을 자연스럽게 반복적으로 보여줌
대 3–12 자연탐구활동	다양한 실물 자료나 자연물, 일상생활 경험을 이용한 자연탐구(수·과학)활동을 자주 한다.	– 영유아의 수준과 흥미를 고려하여 다양한 수·과학 활동을 계획 – 일상생활과 밀접한 사건과 사물을 기초로 하여 구체적으로 제시 ※ 영아 – 수·과학에 대한 개념을 형성하는 데 기초가 되는 활동을 자주 제공 – 수활동의 예 : 사물의 모양 만져보기, 크기가 다른 원판 순서대로 쌓기, 모양 맞추어 끼우기 등 – 과학활동의 예 : 주변의 사물이나 꽃, 나무 등의 모양이나 질감 등을 보고 만져보면서 탐색하는 활동
대 3–13 예술활동	다양한 음악 및 동작, 미술 자료를 활용하여 창의적인 예술활동을 자주 한다.	– 영유아기에 다양한 악기나 동작을 위한 소품, 주변의 자료나 폐품, 미술자료 등을 활용하여 자신의 감정이나 생각을 음악 및 동작, 미술로 자유롭게 표현하는 경험 제공 ※영아 – 음악활동은 영아 수준에 적절한 단순한 음악 활동을 경험하도록 반복 적용

		– 영아는 충분히 소리와 리듬을 탐색하면서 자신의 신체를 움직여 봄으로써 즐거움을 느끼게 하는 데 중점을 둠 – (안전거울을 설치하여)흉내 내는 동작을 하면서 영아 자신뿐 아니라 다른 친구들의 흉내 내는 동작을 확인하면서 놀이할 수 있도록 배려 – 크레파스와 같은 간단한 재료를 가지고 긁적거리거나 큰 붓으로 그리기, 도장 찍기, 종이 찢기, 간단한 가위질하기 등 발달수준에 맞는 활동을 원하는 시간에, 원하는 방식으로 시도할 수 있도록 격려
대 3-14 역할놀이 및 쌓기놀이	다양한 종류의 역할놀이 및 쌓기놀이가 자발적으로 자주 이루어진다.	– 영유아들이 쉽게 상상놀이를 할 수 있도록 구체적인 자료(예 : 전화기, 아기 업는 포대기, 우유병, 인형, 아빠 모자, 엄마 핸드백 등)를 다양하게 준비 – 영유아가 일상생활에서 경험한 역할을 모방하고 재현할 수 있는 기회를 마련해 주어 사회적 지식을 재구성할 수 있도록 도와줌 – 쌓기놀이는 영유아의 소근육을 발달시키고 공간지각 능력을 키워줄 뿐 아니라, 또래와의 사회적 관계를 향상시키므로 적절한 시간과 공간, 충분한 놀잇감을 제공 ※ 영아 – 유아에 비해 단순한 활동을 반복. 한두 가지 행동만이 포함된 단순한 역할놀이나 쌓기놀이가 진행될 수 있음(예 : 아기에게 우유 먹여주기, 인형 업어주기 등의 역할놀이, 큰 스펀지 블록을 위로 쌓아보기, 블록을 한 쪽 뒤에서 다른 쪽으로 옮기기 등)

영역 4 : 상호작용과 교수법 (11항목)

〈중점 평가기준 및 강조점〉

바람직한 상호작용의 효과 : 보육교사는 영유아의 일상적 양육과 상호작용을 통해 영유아의 개별적 차이를 파악하여 영유아에게 발달적으로 적합한 경험을 제공. 이러한 상호작용은 영유아가 교사나 또래의 다른 영유아들과 긍정적인 관계를 형성하고 대인관계 기술을 습득하는 데 기초가 됨

상호작용의 중요성 : 보육교사와의 적절한 상호작용은 영유아의 자존감을 향상시키고, 평등하다는 느낌을 갖게 하며, 또래들과 서로 긍정적으로 상호작용할 수 있는 능력을 길러줌

평가초점 : 일상적 양육, 교사 상호작용, 교수법에 초점을 두고 영유아의 식사, 간식, 낮잠 및 화장실 사용 시 교사의 상호작용, 영유아를 존중하는 태도 및 영유아의 요구나 질문에 대한 반응, 다툼이나 문제 상황에서 교사의 개입, 보육활동에서 교수법의 효과적인 사용과 영유아의 호기심 장려 등을 평가

하위 영역 1 : 일상적 양육 (3항목)		
평가인증 지표	평가내용	평가기준
대 4-1 즐거운 식사(수유)와 간식	보육교사가 영유아의 바람직한 식습관과 자율성을 격려하	– 식사하는 동안 영유아의 말과 행동에 관심을 보이고 주의 깊게 들으며, 밝은 표정으로 적절하게 반응

	고, 즐거운 분위기에서 대화를 나눈다.	- 음식을 대하는 자세와 식사하는 자세, 먹은 자리를 정리하는 모습 등을 통해 바른 식사 예절과 편식하지 않는 태도를 영유아에게 보여줌 - 음식에 대한 기호나 먹는 속도 등의 개인차 존중 ※ 영아 - 모든 음식이 새로운 경험일 수 있다는 생각을 가지고 영아에게 적응할 시간을 충분히 주고 천천히 지도 - 간식 및 식사(수유) 방법과 횟수, 턱받이·우유병·숟가락 등의 사용은 연령과 개인차, 개인의 특별한 요구를 고려하고 조절 - 수유시간에 영아를 팔에 안거나 우유병을 잡아주고 반응하기(만 0~1세)
대 4-2 편안한 분위기의 낮잠	낮잠 시간을 마련하여 편히 잠들 수 있는 분위기를 만들어 주고, 영유아의 개별적인 낮잠 습관을 수용한다.	- 만 4세 이하 영유아에게 낮잠 시간을 매일 마련 - 편안하게 잠들 수 있는 환경을 제공 - 영유아 낮잠의 유무, 낮잠 시간과 횟수는 연령에 따라 달라질 뿐 아니라 개인차가 크기 때문에 영유아의 개별적 요구를 반영 ※ 영아 - 낮잠 자기 전에 기저귀를 반드시 갈아주면서 영아의 긴장감을 풀어주어 쾌적하게 잘 수 있도록 해줌
대 4-3 자연스러운 배변 경험	보육교사는 기저귀 갈기, 화장실 사용 시 영유아가 긍정적인 경험을 갖도록 개별적 상호작용을 한다.	- 기저귀 갈기와 화장실 사용 시 영유아의 연령과 준비 정도에 따라 융통성 있고, 개별적으로 지도 - 긍정적이고 개별적인 상호작용 : 교사가 영유아와 대화를 나누고 스스로 할 수 있도록 격려 - 청결 관련 기본생활습관에 대해 자율성 기르도록 지도(휴지쓰기, 물 내리기 등) ※ 영아 - 기저귀 갈아주는 과정을 놀이처럼 진행 - 만 2세 영아의 경우 배변훈련에 개인차가 있으므로 부모와 의논하고 긍정적인 경험이 될 수 있도록 일관성 있게 실시함

하위 영역 2 : 교사의 상호작용 (6항목)

평가인증 지표	평가내용	평가기준
대 4-4 영유아를 존중하고 평등하게 대하기	보육교사는 영유아를 존중하고 평등하게 대한다.	- 개별 영유아에게 관심을 가지고 주의 깊게 관찰 - 대화를 나눌 때 눈높이를 맞추며 따뜻하고 즐거운 표정으로 이야기 나누기 - 영유아가 스스로 가치 있다고 느끼고 독립된 개체로 존중받는다고 느낄 수 있도록 말과 행동으로 표현 - 영유아의 성별, 발달적 지체 유무, 사회경제적 배경,

		종교, 문화, 종족 등에 관계없이 평등하게 대함 ※ 영아 – 영아의 발달수준에 맞는 의사소통 방법을 찾아내고 좋아하는 말놀이, 신체적 접촉 등을 통해 개별적인 관심을 보임
대 4–5 영유아의 요구와 질문에 대한 민감한 반응	보육교사는 영유아의 요구와 질문을 잘 알아차리고 적절하게 반응한다.	– 영유아가 자유롭게 자신의 요구를 표현하고 질문할 수 있도록 허용하는 분위기를 만들어 주고 반응 – 교사가 영유아의 질문, 요구를 인지하고 이에 대해 신체적, 언어적 적절한 반응 – 영유아의 질문을 주의 깊게 경청 후 발달수준에 적합한 반응 ※ 영아 – 신체적인 신호로 요구를 표현하는 영아의 의사표현 방식을 파악하여 민감하게 반응(기저귀 교체, 배고픔, 졸음 등)
대 4–6 긍정적인 방법의 행동 지도	보육교사는 영유아의 행동지도에 긍정적인 방법을 사용한다.	– 교사가 칭찬과 격려, 이유 설명, 필요할 때 대안 제시 등의 긍정적 방법 지도 – 규칙 함께 정하기, 규칙의 필요성에 대하여 이야기 나누기 – 영유아의 자율적인 행동에 대한 칭찬 – 다른 사람의 입장을 고려한 행동 제안, 갈등상황에서의 대안 제시 – 바람직하지 못한 행동 반복 시 부모와의 협의를 통해 행동 발생 배경 파악 후 적절한 방법 모색
대 4–7 또래 간 긍정적 상호작용의 격려	보육교사는 나누기, 협동하기, 도와주기, 사이좋게 지내기, 배려하기 등 또래 간 긍정적 상호작용을 자주 격려한다.	– 긍정적 정서 표현하기를 격려해 주고, 또래 간의 감정을 알 수 있도록 언어로 표현하는 기회를 자주 제공 – 긍정적 정서표현 : 웃음, 껴안기, 다정한 목소리, 자신이 만든 작품, 편지 교환 ※ 영아 – 영아 간의 정서표현(바라보기, 미소짓기 등), 옆에서 놀기 등의 긍정적인 상호작용을 자주 격려
대 4–8 자유놀이에 교사 참여	보육교사는 영유아의 놀이 상대로 참여하고, 놀이를 활성화한다.	– 개별 영유아의 연령, 발달수준이나 흥미, 기질, 배경 등을 고려하여 그 놀이 방법이나 진행 방법을 다르게 함 – 영유아의 자유놀이가 단순히 반복되어 흥미를 잃게 되는 시점이나 다른 놀잇감이 필요할 때, 놀이 친구가 필요할 때, 놀이 아이디어와 놀잇감을 제안할 때 등 적절하게 개입
대 4–9 영유아 간의 다툼이나 문제 상황 개입	영유아 간의 다툼이나 문제 발생 시, 보육교사는 영유아가 원인을 서로 이해하고 스스로 해결하도록 지도한다.	– 교사는 중재자로서 적절하게 개입하되 영유아 사이의 문제를 대신 해결해 주기보다는 영유아가 자율적으로 해결할 수 있도록 기회를 제공 (예 : 영유아 간 갈등 발생 시 → 두 영유아 자신의 입장 표현 기회 제공

		영유아 스스로 서로 상대의 입장 이해 각각 입장을 교사가 객관적으로 설명 해결방안 스스로 생각해 보기) ※ 영아 – 언어표현능력이 부족하고 문제 해결이 어려우므로 문제 상황을 빨리 파악하여 대처하는 것이 필요

하위 영역 3 : 교수법 (2항목)

평가인증 지표	평가내용	평가기준
대 4-10 교수법의 효과적인 사용	보육교사는 영유아의 사전 경험이나, 지식에 기초하여 새로운 활동과 경험이 의미 있게 연결되도록 교수법을 효과적으로 사용한다.	– 영유아에게 의미 있는 경험과 학습의 기회가 되도록 교수법을 효과적으로 사용 – 주의집중에 너무 오랜 시간이 걸리지 않도록 하며, 흥미로운 도입 활동(예 : 손유희 등)으로 주의집중을 유도 – 활동의 내용과 상황 등에 따라 교사 주도적 접근법과 영유아 주도적 접근법을 적절하게 선택하여 진행
대 4-11 동기유발과 호기심의 장려	보육교사는 영유아가 활동이나 놀이에 자발적으로 참여하고, 호기심을 높이도록 자주 격려한다.	– 자발적으로 참여할 기회를 자주 제공 – 활동과 놀이의 확장에 필요할 경우 자료를 제공하거나, 개방형 질문을 통해 내적 동기가 유발되고 호기심이 지속되도록 함

◤ 영역 5 : 건강과 영양 (12항목)

〈중점 평가기준 및 강조점〉

건강한 환경과 균형 있는 영양 제공의 필요성 : 영유아기는 급속한 성장발달이 이루어지고 면역력이 약해 질병에 취약한 시기이므로, 어린이집은 영유아의 건강을 유지하기 위해 청결하고 위생적인 환경을 마련해 주어야 하며 양질의 식사와 간식을 제공해야 함

어린이집과 보육교사의 역할 : 어린이집은 실내 공간 전반을 위생적이고 청결하게 관리하여 영유아가 어릴 때부터 위생적인 생활습관을 기를 수 있도록 해야 하며, 양질의 식품으로 다양하게 조리된 식단을 계획하여 제공함으로써 영유아의 성장을 도와주어야 함

보육교사는 집단생활에서 예상되는 전염성 질환에 대한 예방대책을 마련하고, 몸이 아픈 영유아에게 적절한 조치를 취해야 함

평가초점 : 어린이집 내외 각 공간의 청결과 위생, 영유아의 위생적 생활습관지도, 몸이 아픈 영유아에 대한 적절한 대책 수립 여부, 영유아와 보육교직원의 건강관리, 영유아의 식사와 간식의 적절성 등을 평가

하위 영역 1 : 청결과 위생 (8항목)

평가인증 지표	평가내용	평가기준
대 5-1 실내 공간의 청결	모든 실내 공간이 청결하다. 정기적인 대청소와 소독이 이루어진다.	– 보육실, 현관과 복도, 유희실, 교사실, 자료실 등의 청결 상태 매일 점검 – 정기적으로 2개월에 1회 이상 소독과 대청소 실시

		– 정기적인 소독과 대청소 후 관련 기록을 남기고 유지 – 흥미영역에 깔려 있는 공동매트도 정기적으로 세탁하고 일광 소독
대 5–2 보육실 환기, 채광, 조명, 온도관리	보육실의 환기, 채광, 조명, 온도가 적절하게 유지되고 있다.	– 보육실의 맑은 공기를 위한 환기 – 환절기, 여름철, 겨울철 등에도 실내 적정 온도를 유지 – 영유아가 사용하는 다른 실내 공유공간(예 : 유희실 등)도 환기, 채광, 조명, 온도를 적절하게 유지
대 5–3 놀잇감의 청결	놀잇감이 전반적으로 청결하다.	– 정기적으로 세척하여 놀잇감을 위생적으로 관리, 유지 ※ 영아 – 영아용 놀잇감은 청결하지 못하면 구강염 등이 걸릴 수 있으므로 매일 세척
대 5–4 화장실과 세면장의 청결	화장실과 세면장이 전반적으로 청결하고, 비품이 잘 갖추어져 있다.	– 화장실과 세면장의 바닥은 건조한 상태를 유지 – 마른 수건, 비누, 휴지, 휴지통 등의 비품을 갖춤 – 변기를 자주 세척하여 항상 청결한 상태를 유지 ※ 영아 – 영아(만 0~1세)를 위한 기저귀를 가는 공간과 세정공간은 항상 청결하게 유지하여 세균감염을 예방해야 함
대 5–5 조리실의 공간과 설비의 위생적 관리	조리실의 공간과 설비 및 비품이 청결하고 위생적이다.	– 조리실, 급식 설비와 식기류, 식자재, 배식관리의 청결 및 위생 – 조리실 수시 환기 및 매일 청소와 소독 – 조리대와 조리도구의 위생, 식기류의 건조보관, 식자재의 위생적 보관, 배식과정의 위생, 유통기한 엄수 ※ 영아 – 수유가 필요한 영아의 경우 항상 소독이 된 청결한 상태의 우유병과 젖꼭지를 사용
대 5–6 식자재, 조리 및 배식과정의 위생적 관리	식자재, 조리 및 배식과정이 위생적으로 관리되고 있다.	– 식자재는 신선한 것을 구입하여 소비 기한, 식품구입날짜 등을 표기 – 남은 음식이나 유통기한이 지난 식자재는 반드시 폐기 – 정수기를 사용할 경우 정수기 꼭지와 필터는 정기적인 위생관리 ※ 영아 – 영아를 위한 모유나 우유를 냉장고에 보관, 분유는 습기가 없는 곳에 보관, 먹다남은 우유는 바로 버리도록 함
대 5–7 영유아와 보육교사의 청결유지	영유아와 보육교사는 손 씻기와 이 닦기를 통해 위생과 청결유지를 한다.	– 보육교사와 영유아 손 씻기 활동 (배변 지도 후, 식사·간식 전, 실외활동 후 등) – 약 투약 전은 반드시 손 씻기

		– 점심식사 후 이 닦기 – 칫솔을 위생적으로 관리하여 세균 감염이 발생하지 않도록 함 ※ 영아 – 이가 나기 전의 영아는 수유 후 가제 손수건에 끓였다 식힌 물을 살짝 적셔 잇몸을 닦아 주며, 이가 나기 시작하면 손가락 칫솔 등에 영아용 치약을 묻혀 잇몸을 마사지하고 이를 닦아줌
대 5-8 개별 침구의 사용과 관리	영유아는 개별침구를 사용하고 있으며, 침구 등을 자주 세탁하여 항상 청결한 상태를 유지하고 있다.	– 영유아의 개별 침구 사용 – 개별침구 및 요 등은 주 1회 이상 세탁하여 청결을 유지 ※ 영아 – 돌연사를 방지하기 위해서 영아용 개별 침구는 너무 푹신하지 않은 것으로 사용

하위 영역 2 : 질병관리 (4항목)

평가인증 지표	평가내용	평가기준
대 5-9 아프거나 다친 영유아의 보호	아프거나 다친 영유아를 위한 적절하고 구체적인 절차가 마련되어 있고, 이를 일관되게 시행한다.	– 아픈 영유아에 대해 개별적인 보호가 필요한 경우에 어린이집의 방침(예 : 응급처치 동의서, 투약의뢰서 등)이 마련되어 있어야 함 – 투약한 내용에 대한 보고 관련 기록을 유지 – 다친 영유아에 대해서는 적절한 절차(예 : 응급처치 동의서 등)가 문서로 마련되어 있어야 함
대 5-10 영유아와 교직원의 건강관리	전염성 질환의 예방과 관리를 위한 구체적인 대책이 마련되고 있으며, 영유아와 보육 교직원의 건강관리가 체계적으로 이루어지고 있다.	– 영유아에게 자주 발생하는 전염성 질환에 대한 정보를 보호자에게 수시로 제공하고, 예방접종과 건강검진에 대한 정보를 부모에게 가정통신문, 게시판, 문자서비스 등을 통해 안내 – 모든 영유아와 보육교직원에 대한 건강검진을 연 1회 이상 실시 – 관련 서류(예 : 건강진단 카드)구비 및 추후조치(예 : 전염성 질환의 경우 격리) – 중간에 입소하는 신입 원아의 건강진단 카드 보완 ※ 영아 – 신체계측 결과와 소아과의 정기 예방접종 건강검진 확인 서류 비치

하위 영역 3 : 급식과 간식 (2항목)

대 5-11 영유아를 위한 급식	영유아를 위한 급식이 영양적 균형과 발달 단계에 적절하고, 식단에 따라 적절한 형태로 조리되어 제공된다.	– 영유아의 발달단계와 영양적 요구를 고려한 식단표(급식)가 체계적으로 수립 – 제공된 식단에 대한 기록을 유지 – 식사의 조리 형태는 영유아에게 적절하도록 하고, 음식 조각이 크지 않아 쉽게 먹을 수 있도록 함

		※ 영아 – 이유식을 조리할 경우 다양한 종류의 식자재를 사용하여 영양적 균형을 고려한 식단을 별도로 계획
대 5-12 영유아를 위한 간식	간식은 오전과 오후로 다양하게 제공되며, 신선한 과일이나 채소가 주 3회 이상 제공된다.	– 사전에 수립된 간식 식단표에 따라 신선하고 다양한 과일이나 채소 등의 간식 제공 – 제공된 간식에 대한 기록 유지 – 신체적 요구와 연령별 특성을 고려하여 오전과 오후로 나누어 2회 제공 – 영양소 파괴를 최소화하여(예 : 생과일, 샐러드, 찐 감자 등) 주 3회 이상 제공

영역 6 : 안전 (10항목)

〈중점 평가기준 및 강조점〉

안전한 보육환경의 필요성 : 어린이집에 영유아를 맡기는 부모나 보호자가 가장 우선으로 바라는 것은 영유아가 안전하게 보호되는 것이므로 사고나 위험으로부터 영유아를 보호할 수 있는 안전한 보육환경이 필수적임 이러한 환경은 영유아로 하여금 보육활동에 마음 놓고 참여하도록 하여 건강한 신체와 심리적 안정감을 발달시킬 수 있도록 도와줌

어린이집의 안전관리 범위 : 어린이집의 안전관리는 기관과 장비 등의 관리에 국한되지 않으며, 보육 일과 전반에 걸쳐 영유아의 안전한 보호에 세심한 주의를 기울이는 것, 영유아가 항상 성인의 보호 아래 있도록 하는 것, 등원과 귀가할 때 영유아를 인계하는 것 등을 포함함

평가초점 : 어린이집 실내외 시설물의 안전관리, 위험한 물건의 보관이 바람직하게 이루어지는지, 영유아가 안전하게 보호되어 인계되고 비상시 적절하게 대처할 수 있는지 평가

하위 영역 1 : 실내외 시설의 안전 (5항목)		
평가인증 지표	평가내용	평가기준
대 6-1 보육실의 안전관리	모든 보육실의 시설 및 설비에는 위험요인이 없다.	– 영유아가 접근할 수 있는 창문에는 창문 보호대나 난간을 설치 – 전기 콘센트에는 안전덮개를 덮고, 전선줄 등이 길게 늘어져 영유아의 손에 닿거나 걸려 넘어지지 않도록 관리 – 책상, 의자 등의 가구나 교구장은 모서리가 둥글고 표면이 매끄럽게 처리된 것을 사용하거나 모서리 보호대를 설치 – 보육실의 시설·설비를 고려하여 이에 적합한 안전점검표가 만들어져 있고, 매일 모든 보육실마다 안전점검 실시
대 6-2 실내시설의 안전관리	실내시설 및 설비에 위험요인이 없다.	– 실내시설·설비가 영유아에 맞게 안전하게 설치 됨 – 문서화된 안전점검 목록표를 사용하여 월 1회 이상 안전점검

대 6-3 실외시설의 안전관리	실외시설 및 설비에 위험요인이 없다.	– 실외시설·설비가 관련 규정에 따라 안전하게 설치하여야 함 – 문서화된 안전점검 목록표를 작성하여 월 1회 이상 안전점검
대 6-4 실내외 놀잇감의 안전관리	어린이집 실내외의 놀잇감에는 위험 요인이 없다.	– 실내 설비와 놀잇감에 날카로운 모서리나 거친 표면, 부딪힐 위험 요소, 유해 색소, 삼키기 쉬운 놀잇감이 없음 – 실내 설비와 놀잇감에 대한 안전과 파손의 여부에 대해 안전점검 목록표를 만들어 매일 작성 함
대 6-5 실내외 위험한 물건의 보관	실내외 위험한 물건은 영유아의 손에 닿지 않는 곳에 보관한다.	– 어린이집의 실내와 실외에서 전반적으로 위험요소가 있는 물건이나 도구들이 영유아의 손에 닿지 않는 곳에 안전하게 보관되어 있음

하위 영역 2 : 영유아의 안전보호 (5항목)

평가인증 지표	평가내용	평가기준
대 6-6 영유아에 대한 성인의 보호	보육교사는 실내외에서 영유아들의 전체 상황을 항상 주시하고 있다.	– 보육교사가 영유아들이 어디에 있는지 수시로 확인함 – 일부 영유아와 활동을 하고 있어도 전반적인 상황을 주시함 ※ 영아 – 기저귀를 갈거나 우유를 타는 등 특정 행동에 몰두해 있을 때에도 자주 모든 영아를 살핌 – 낮잠을 자는 경우에도 주기적으로 확인
대 6-7 영유아의 안전한 인계과정	영유아의 인계 과정에 대한 규정이 잘 수립되어 있고, 이를 잘 지킨다.	– 영유아의 인계 과정에 대한 자체규정을 문서화하여 구체적인 절차와 방법을 체계적으로 명시 – 처음 등원 시 보호자가 서면으로 제출한 명단의 보호자에게만 영유아를 인계함 – 영유아를 다른 사람에게 인계할 때는 보호자의 전화나 확인을 요구하는 등의 규칙을 정함
대 6-8 어린이집의 안전한 차량 운행	어린이집에서 차량을 운행하지 않거나, 운행할 경우에는 차량 안전비를 갖추고 안전하게 운행한다.	– 영유아의 등하원용 차량을 운행하지 않거나, 운행할 경우 차량 안전 설비를 갖추고 모든 탑승자(운전자, 동승한 성인, 영유아)가 모두 안전띠를 하고, 운전자 외 책임 있는 성인이 동승하여 운행하는 경우임 – 차량 안전점검표에 의한 안전점검을 매일 실시 ※ 영아 – 36개월 미만의 영아는 보호자를 동반하거나 보호장구를 반드시 착용함
대 6-9 비상사태를 대비한 시설 및 설비와 대처방안	비상사태에 대비한 안전시설 및 설비가 관리되고 있으며, 비상시 대처방안이 마련되어 있다.	– 필수적인 안전대피시설과 설비로 비상계단 또는 영유아 미끄럼대, 화재경보기, 유도등 및 유도표지, 소화기 등이 설치되어 있음

		– 비상시 대처방안(비상대피도, 대피요령, 업무분장표 등)이 마련되어 있음
대 6-10 안전교육과 정기적인 소방훈련	보육교직원과 영유아에게 다양한 안전교육이 이루어지며, 소방훈련을 월 1회 이상 한다.	– 매년 안전교육계획을 보육과정 내에 수립하여 영유아에게 안전교육을 실시함 – 소방계획을 작성하고 매월 소방(비상대피)훈련을 실시함 ※ 영아 – 영아들도 소방훈련을 실시하여야 함(성인들이 손을 잡고 도와주거나, 잘 걷지 못하는 영아의 경우 성인이 안고 정해진 대피로에 따라 신속하게 대피해 보는 등의 방법으로 실시)

부록 3 미국 NAEYC의 인증평가지표*

(National Association for the Education of Young Children)

1) 관계(Relationship) 영역

번호	연령 그룹	NAEYC 인증평가기준	현장평가 범주	근거 자료
1.A	교사와 가족 간의 긍정적인 관계 형성하기			
1.A.01	I T P K	교사는 정기적이고 지속적인 양방향적인 의사소통을 유지하여 가족과 협력적인 관계를 형성한다.	Random	O, FS CP
1.B	교사와 유아 간의 긍정적인 관계 형성하기			
1.B.01	I T P K	교직원은 유아를 존중하고 활발한 대화, 웃음, 애정표현을 통해 긍정적인 정서적 분위기를 형성하여 유아가 정서적으로 안정될 수 있도록 돕는다.	Random	O
1.C.	친구관계 형성 돕기			
1.C.01	I	교직원은 영아들이 타인을 바라보고, 만지고, 소리를 낼 때 사회적 상호작용을 할 수 있도록 촉진한다.	Random	O
1.D.	예측가능하고 일관성 있고 조화로운 교실 만들기			
1.D.01	I T P K	교직원은 다음과 같이 대함으로써 잠재된 편견과 차별을 없앤다. ❑모든 유아를 공평하게 존중하고 배려적으로 대한다. ❑긍정적인 자아정체성을 형성하고 '차이'의 가치를 가르칠 수 있는 활동과 토론을 시작한다. ❑유아가 타인을 괴롭히고 거부할 때 중재한다. ❑전형적인 한계에 맞서는 성인의 역할, 능력, 민족적, 문화적 배경이 다른 모델과 시각적 이미지를 제공한다. ❑상투적인 언어사용을 피한다.	Always	O, CP

2) 교육과정(Curriculum) 영역

번호	연령 그룹	NAEYC 인증평가기준	현장평가 범주	근거 자료
2.A.	교육과정 : 필수적인 특성			
2.A.01	I T P K	프로그램은 문서화된 교육철학을 가지고 있고, 유아발달의 중요한 특성에 기초한 철학으로 구성된 문서화된 교육과정과 교육체	Random	PP

* 본 지표는 NAEYC의 허락을 얻어 National Association for the Education of Young Children, *NAEYC Early Childhood Program Standard and Accreditation Criteria : The Mark of Quality Early Childhood Education*(Washington, DC: NAEYC, 2008)에서 각 영역 지표 10개씩을 발췌하여 번역하여 제시하였음. 창지사는 이러한 발췌부분의 번역에 대한 책임을 가지고 있음. 저작권과 모든 권리는 2008 NAEYC에 있음. 인증평가지표의 전문은 http://www.naeyc.org에서 볼 수 있음.

		계를 사용한다.		
2.B.	발달 영역 : 사회-정서 발달			
2.B.01	I T P K	유아는 하루 일과를 통해 다음과 같은 교직원들과 함께 지내며 다양한 기회를 갖는다. ❑ 유아에게 관심 가지고 반응적으로 상호작용하는 교직원 ❑ 사회적 능력을 촉진하는 교직원 ❑ 타인과의 상호작용을 통해 학습 능력을 촉진하는 교직원	Random	O
2.C.	발달 영역 : 신체 발달			
2.C.01	I T	영아와 걸음마기에게 ❑ 자유롭게 이동하고 자발적인 움직임을 통해 운동 기술을 습득할 수 있는 환경이 제공된다. 영아와 걸음마기에 최근에 나타난 기술을 ❑ 협응, 움직임, 균형 ❑ 지각-운동 능력 통합을 통해 연습할 기회를 갖는다.	Random	O, CP
2.D.	발달 영역 : 언어 발달			
2.D.01	I T P K	유아는 언어 습득을 위한 기회를 갖는다. ❑ 프로그램 철학에 따라 ❑ 가족의 관점을 고려하여 ❑ 사회의 관점을 고려하여	Random	FS, TS, PP

3) 교수(Teaching) 영역

번호	연령 그룹	NAEYC 평가기준	현장평가 범주	근거 자료
3.A	풍부한 학습 환경 설계하기			
3.A.01	I T P K	교직원과 프로그램 직원 또는 두 그룹 모두 매일 교수와 학습을 이행하기 위해 한 팀으로 일한다(개별화된 가족 서비스 계획(IFSPs), 개별화된 교육프로그램들(IEPs), 필요한 다른 개별적 계획을 포함한다).	Always	O, TS, CP
3.B	학습을 위한 보육 공동체 만들기			
3.B.01	I T P K	교직원의 일상적 상호작용은 다음의 지식을 포함한다. ❑ 학급 유아 ❑ 유아 가족 ❑ 유아들이 살고 있는 사회적, 언어적, 문화적 맥락	Random	O, FS
3.C.	유아 관찰하기			
3.C.01	I T P K	교직원은 가능한 많은 유아들이 보이는 적합한 장소에서 지켜보도록 한다.	Random	O
3.D.	학습 목표를 달성하기 위하여 시간, 집단, 일과를 운영하기			
3.D.01	T P K	교사는 ❑ 실내활동과 ❑ 실외활동 시간을 매일 제공한다(지역 건강 사무국에서 규정한 건강비상 사태 시는 제외).	Random	O, PP

4) 유아 발달 평가(Assessment of child progress) 영역

번호	연령 그룹	NAEYC 인증평가기준	현장평가 범주	근거 자료
4.A	평가 계획 개발하기			
4.A.01	I T P K	평가는 프로그램 진행에 있어 필수적이다. 프로그램에서는 유아의 학습을 지원하기 위해 관찰, 체크리스트, 평정 척도, 개별평가와 같은 다양한 평가방법을 사용한다.	Random	PP
4.B	적절한 평가 도구 사용하기			
4.B.01	I T P K	프로그램은 다양한 평가 방법을 사용한다. 이러한 평가 방법은 가족의 문화, 경험, 유아의 능력, 집에서 사용하는 언어로부터 영향을 받으며 의미 있고 적절하고 유아에게 익숙한 상황에서 사용된다.	Random	PP
4.C	유아의 흥미와 요구를 인식하고 유아의 발달단계 서술하기			
4.C.01	I T P K	모든 유아는 다음과 같은 발달적 집단검사를 받는다. ❑프로그램 도입 3달 이내에 모든 유아의 선별 검사 ❑표준화되고 신뢰도와 타당도 있는 전문적인 표준에 부합되는 선별도구 ❑검사 대상 유아에 적합한 기준 점수를 주는 선별도구 ❑유아의 건강상태, 감각, 언어, 인지, 대근육, 소근육, 사회-정서 발달에 대한 선별 ❑선별 프로그램의 효율성을 평가하기 위한 계획 ❑참조 사항은 전문성을 보충하는 데 사용하기 위하여 평가결과를 사용한다.	Emerging	TS,PP
4.D	교육과정의 적용, 교수의 개별화, 프로그램 개발하기			
4.D.01	I T P K	유아에 대해 알고 있고 그들의 현재 능력, 흥미와 요구를 관찰할 수 있는 교사나 다른 사람들은 학급의 교수 활동을 알리고 개별과 그룹의 교육과정 내용, 교수방법, 개별적 상호작용에 대해 올바른 결정을 하기 위해 평가를 실시한다.	Random	CP,TS

5) 건강(Health) 영역

번호	연령 그룹	NAEYC 인증평가기준	현장평가 범주	근거 자료
5.A	유아의 건강을 보호하고 증진하며 전염병을 관리하기			
5.A.01	I T P K	프로그램은 다음과 같이 개별 유아를 위한 현재의 건강 기록을 유지, 관리한다. ❑프로그램이 시작되고 난 후 6주 이내에 그리고 연령적으로 적당한 시기에 맞추어 그 이후로도, 정해진 일정에 따라 정기검진과 예방주사 접종이 이루어졌는지 알 수 있는 건강기록부가 있어야 한다. American Academy of Pediatrics의 웹사이트,	Random	PP

		Centers for Disease Control of the United States Public Health Services(CDC-USPHS), The Academy of Family Practice에 게시되어 졌다. ❑정기 건강검진 기간이 지난 유아라면 입학하기 전에 부모나 법적인 보호자가 건강검진을 받았다는 증거를 제시해야 함 유아건강기록에는 다음을 포함해야 한다. ❑응급상황에서의 처치를 위해 필요한 건강보험의 보장 범위에 관한 정보 ❑건강 검진의 결과, 정상 또는 비정상을 나타내는 최근 면역상태와 선별검사, 그리고 비정상적인 결과에 대한 후속 조치 ❑1년 동안 특정한 방법으로 계속 기록되는 개별 유아에 대한 현재의 응급 연락처 정보 ❑유아의 건강 정보에 대한 접근 권한을 가족에게 부여받은 개별 유아 이름 ❑어떤 유아의 특별한 건강 요구에 대한 지시사항들(알러지, 만성병) ❑병원 기록 또는 가족의 정보제공으로 알게 된 유아의 면역상태에 대한 기록		
5.A.02	I T P K	프로그램은 건강 상담에 특정한 훈련을 받은 건강 전문가 또는 소아과 건강 전문의인 건강상담가의 진단서를 가지고 실행한다. ❑건강상담가는 적어도 일 년에 2번 방문하고 필요에 따라 방문한다. 영아, 걸음마기 유아가 돌보아 지는 곳일 경우에 건강상담가는 그 프로그램에 일 년에 최소 4회는 방문하며 필요에 따라 방문한다. ❑건강상담가는 프로그램 실제를 관찰하고 검토하며, 프로그램 실제에 대한 제안서와 건강을 증진시키고, 감염을 차단할 수 있도록 문서화된 건강 지침서를 만든다. 상담은 질병이 있는 유아의 격리와 보호를 포함하여 신체적, 사회-정서적, 영양적, 그리고 구강 건강에 대해 검토한다. ❑농림부의 Child and Adult care food program에 참여하지 않으면 적어도 일 년에 2번, 등록된 식이요법 전문가 또는 소아기 보건 영양학자가 메뉴의 영양성분을 평가한다. →1인분 양 : 주스, 설탕, 소금, 포화지방의 국가 권장량, 배식시설, 특별 식이요법, 가정에서 보내온 음식의 섭취 절차 ❑프로그램은 상담가의 제안에 따라 수정되고 실행된다.	Emerging	PP
5.B	유아의 영양학적 건강 증진하기			
5.B.01	I T P K	만약에 프로그램이 식사와 간식을 위한 음식을 제공한다면(음식이 조달되거나 조리되든지 간에) 미국농림부(USDA)의 어린이와 성인을 위한 급식 프로그램(CACFP)에 따라 음식을 준비하고 공급하고 보관한다.	Random	PP
5.C	건강한 환경 유지하기			
5.C.01	I T P K	❑기관에 있는 모든 표면들을 자주 정기적으로 청소하는 것을 청소확인점검표에 제시하고 있다.	Random	O, PP

		❑스프레이, 공기를 청정하는 화학, 또는 악취를 없애는 물질보다는 통풍과 위생설비로 사람이 살고 있는 곳과 옷장 등의 냄새를 제거한다.		

6) 교사(Teachers) 영역

번호	연령 그룹	NAEYC 인증평가기준	현장평가 category	근거 자료
6.A	교직원의 준비, 지식, 기술			
6.A.01	I T P K	모든 교직원은 유아교육 전문직의 한 일원으로서 도덕적인 지침을 알고 사용한다.	Random	PP
6.A.02	I T P K	유아와 함께 할 때, 모든 교직원은 다음과 같은 능력을 보여준다. ❑물리적인 벌이나 어떤 형식의 신체적인 모욕을 사용하지 않고 아동과 상호작용하는 능력 ❑건강과 안전의 위험요소를 인식하고, 해로움으로부터 아이들을 보호하는 능력 ❑유아에게 다양한 학습의 기회를 제공하고 용기를 북돋아 주는 능력 ❑유아에게 다양한 사회적 경험을 제공하고 용기를 북돋아 주는 능력 ❑프로그램의 질을 향상시키기 위하여 적용하고 변화와 도전에 반응하는 능력 ❑유아와 의사소통하는 능력 그리고 ❑가족과 의사소통하는 능력	Always	O, FS
6.A.03	I T P K	처음 유아를 맡기 전 초임 교직원에게 다음과 같은 사항을 포함하는 프로그램 운영의 기본적인 측면을 소개하기 위한 오리엔테이션을 실시한다. ❑프로그램의 철학적 기초, 가치, 목표 ❑윤리적인 행동에 대한 기대 ❑건강, 안전, 응급상황에 대한 절차 ❑그들이 가르치거나 돌보게 될 유아의 개인적인 요구 ❑적절한 지침과 학급 경영의 기술 ❑프로그램의 매일의 활동과 하루일과 ❑교육과정 ❑아동 학대와 방임에 대한 보고 절차 ❑NAEYC 유아교육프로그램 지표(criteria) ❑규정된 자격요건 기초적인 오리엔테이션 외에 후속 연수를 실시한다.	Random	TS, PP
6.B	교사의 계획과 전문적 책임			
6.B.01	I T P K	모든 교직원은 장학사, 동료, 가족으로부터 받는 지속적인 반영과 피드백에 기초하여 그들의 수행력을 평가받고 개선한다. 그들은 지식을 실제로 행함으로써 지식을 확장하고 능력을 증가시킨다. 그들은 장학사와 함께 개별화된 전문성 발달의 연간 계획을 수립하고, 그것을 그들의 지속적인 전문성 발달을 위해 활용한다.	Random	TS, PP

7) 가족(Families) 영역

번호	연령 그룹	NAEYC 인증평가기준	현장평가 범주	근거 자료
7.A	프로그램의 가족을 알고 이해하기			
7.A.01	I T P K	오리엔테이션과 지속적인 교사 발달의 한 부분으로 초임과 현직 프로그램 직원은 다양한 형태의 가족과 효율적으로 일하기 위한 기술과 지식을 발달시킨다.	Random	FS, PP
7.A.02	I T P K	프로그램 직원은 가족을 통하여 가족구조, 가족이 선호하는 자녀 양육 방법, 사회·경제적, 언어적, 인종적, 종교적, 문화적 배경에 관하여 가족이 공유하기를 원하는 정보에 대해 이해하고 배울 수 있는 다양한 형식·비형식적 전략을 사용한다.	Random	FS, PP
7.B	직원과 가족 사이에 정보 공유하기			
7.B.01	I T P K	프로그램 직원은 가족과의 대화를 촉진하기 위해 가족회의 또는 가정방문과 같은 다양한 조직을 사용한다. 프로그램 직원은 필요에 따라 통역을 요청한다.	Random	FS, PP
7.C	유아를 위한 대변인으로서 가족을 지원하기			
7.C.01	I T P K	프로그램 직원은 활동이나 서비스에 대한 유아의 목표와 계획을 결정하는 데 가족이 정기적으로 참여하도록 장려한다.	Random	FS, PP

8) 지역사회 관계(Community relationships) 영역

번호	연령 그룹	NAEYC 인증평가기준	현장평가 범주	근거 자료
8.A	지역사회와의 연계			
8.A.01	I T P K	프로그램 직원은 가족들 사이에서 관찰한 요구의 패턴과 가족이 요구하는 것에 기초하여 지역사회에서 현재 이용 가능한 유아와 가족 지원 서비스의 목록을 수립한다(건강, 정신건강, 구강건강, 영양, 아동복지, 부모프로그램, 초기 중재-특별 교육, 평가 서비스, 집안일과 유아 양육보조와 같은 기본적 요구). 프로그램 직원은 목록을 가족과 공유하며 유아와 가족의 나은 삶과 발달을 지원하기 위한 지역사회 자원을 찾아내고, 접촉하며, 사용함으로써 도움을 준다.	Random	O, FS, PP
8.A.02	I T P K	프로그램 직원은 유아, 가족의 요구와 관심에 부응하는, 프로그램의 능력을 진전시키는 기관, 협회 그리고 지역사회 조직과 협력하며 전문적인 관계를 발달시킨다.	Random	PP
8.B	지역사회 자원에의 접근			
8.B.01	I T P K	프로그램 직원은 교육과정과 유아의 학습 경험을 위한 필수적 요소로서 지역사회와 가족에 대한 정보를 활용한다.	Random	PP

8.C	이웃과 유아교육 공동체의 시민으로서 행동하기			
8.C.01	I T P K	프로그램 직원은 회의와 협의회에 참석함으로써 지역, 주, 국가적 유아교육기관에 참여하도록 격려 받는다. 프로그램 직원은 또한 정기적으로 조기 양육, 교육과 연관된 지역, 주, 지역의 활동에 참여하도록 격려 받는다.	Random	PP

9) 물리적 환경(Physical environment) 영역

번호	연령 그룹	NAEYC 인증평가기준	현장평가 범주	근거 자료
9.A	실내외 시설, 설비, 교재·교구			
9.A.01	I T P K	다음과 같은 설비들이 필요하다. ❑음식 준비 장소로부터 멀리 떨어져 있고 기저귀를 갈아 채우고 더러운 옷이나 겉옷을 갈아입힐 수 있는 시설과 설비 ❑기저귀 갈이대에서 팔을 뻗어 닿을 수 있는 위치의 세면대 ❑마루 또는 바닥에 발을 대고 앉을 수 있는 등받이와 좌석 높이가 있는 의자(1세 이상의 유아 들을 위해서) ❑유아가 겨드랑이 밑과 허리 사이 테이블에 편히 앉을 수 있게 해 주는 높이의 테이블 ❑프로그램에서 하루에 네 시간 이상을 보내는 유아를 위해서 적어도 하나의 간이침대, 유아용 침대, 매트, 침낭, 혹은 패드(휴식 시설 사용 없이 마루에서 잠자는 것이 허용된 유아는 없다) ❑아픈 유아를 위한 적어도 하나의 담요가 있는 간이 침대 혹은 매트 ❑장애가 있거나 특별한 요구가 있는 유아가 프로그램 활동에 충분히 참여하기 위해 적합한 시설 ❑다른 유아로부터 자고 있는 유아를 분리하는 견고한 가리개 혹은 적어도 세 발짝 이상 떨어진 공간	Random; Emerging	O
9.B	실외환경 설계			
9.B.01	I T P K	연령과 발달에 적합한 기구로 설계되고, 유아가 혼자, 혹은 친구들과 놀이할 수 있는 반개별적인 공간이 있는 실외놀이 영역들은 다음과 같은 편의를 도모한다. ❑달리기, 기어오르기, 균형 잡기, 타기, 점프, 기기, 달리기, 그네 타기와 같은 근육 운동 경험 ❑극놀이, 블록 쌓기, 조작놀이, 예술 활동과 같은 활동들 ❑독성이 없는 식물, 작은 나무와 큰 나무와 같이 자연물들이 있는 공간과 자연적이고 인공적인 표면의 다양성을 포함하는 자연환경의 탐색 ❑그 프로그램은 장애를 가진 유아가 실외 교육과정과 활동에서 충분히 참여하여 적응하게 한다.	Random	O

9.C	건축 기준 및 물리적 환경 설계			
9.C.01	I T P K	❑각각의 주요한 실내 활동영역에는 아동마다 최소한 35 스퀘어 피트의 사용 가능한 공간이 있다. (주요한 활동영역에 기저귀 가는 곳, 침대, 없어지거나 쉽게 옮길 수 없는 큰 구조물, 화장실, 아픈 유아를 위한 장소, 직원실, 복도, 현관, 계단, 옷장, 사물함, 세탁실, 청소함, 난방장소, 창고, 붙박이 선반은 포함되지 않는다. 컴퓨터실, 도서실, 점심 먹는 방과 같이 아이들이 잠깐 동안 앉아서 머무를지 모르는 특별한 공간도 최소 요구 공간에서 제외된다).	Always	O, PP
9.D	환경 보건			
9.D.01	I T P K	건물이 납, 라돈, 방사, 석면, 섬유유리, 또는 부스러지기 쉬운 재료로 인한 다른 위험으로 평가되는지에 대해 문서적 증거를 기록한다. 프로그램이 평가가 정당하다면 유아와 성인이 노출되는 것을 막기 위한 개선이나 접근 제한을 취해야 한다는 증거가 된다.	Random	PP

10) 리더십과 운영관리(Leadership and management) 영역

번호	연령 그룹	NAEYC 인증평가기준	현장평가 category	근거 자료
10.A	리더십			
10.A.01	I T P K	프로그램은 프로그램 시행을 이끄는 잘 조직된 사명과 철학을 가지고 있다. 목표와 목적은 사명, 철학 그리고 모든 프로그램 운영과 관련이 있고 유아와 가족의 요구하는 결과를 포함하고 있다.	Random	PP
10.B	경영 지침과 절차			
10.B.01	I T P K	지침은 교직원의 책임, 시간 계획, 훈련과 자원에 대해 자세히 열거하고, 훈육에 있어서 가족과 전문가의 중요성을 서술하며, 팀으로써 일하는 것과 지역사회 협력체를 만나는 것의 필요성을 강조하고 있다.	Random	PP
10.C	재무 책임 지침과 절차			
10.C.01	I T P K	표준화된 회계 실무의 기준을 사용하여 건전한 재무 책임의 증거를 보여주기 위한 지침과 절차를 제공한다. 재정상의 지침과 절차는 프로그램의 비전, 철학, 사명, 목표 그리고 유아가 기대하는 결과들과 일치한다. 업무 예산은 해마다 준비되고, 예산에서 지출의 조정이 적어도 연 3회 있다. 상황이 바뀌면 예산을 재검토하거나 조정하는 조직이 있고, 이것은 연간 결산에 포함한다. 예산은 필요하면 재검토 되고 수정된다. 재무 기록(세입과 지출 명세서, 결산 공고, 은행 조정 등과 같은)은 완전한 재정관리의 증거로써 유지된다.	Random	PP

10.D	건강, 영양, 안전에 대한 지침과 절차			
10.D.01	I T P K	프로그램은 유아와 성인의 건강과 안전의 예방을 증진하기 위한 문서화된 지침을 가지고 있다. 절차는 다음과 같은 내용이 담겨 있다. ❑전염성 질환(예; 임신한 직원의 CMV-사이토메갈로 바이러스 : 염증성 질환, 악성종양, 간질성 폐렴 등의 주요 바이러스, 수두), 상처(예; 허리통증, 추락), 환경노출(예; 실내 공기 오염, 소음, 스트레스)과 같은 직업상의 위험을 줄이기 위한 절차 ❑의약관리자를 포함한 직원과 아픈 유아를 위한, 그리고 그들의 수용과 격리를 위한 척도를 나타내는 경영 계획과 보고 요건 ❑교직원이 사고가 발생할 수 있는 기구 가까이의 특정 장소를 책임질 경우, 유아를 감독하기 ❑질병으로 인하여 집에 돌아가려고 기다리는 유아를 위한 공간, 관찰 그리고 편안함을 제공하는 것 ❑유아와 성인의 충분한 영양 섭취를 제공하는 것 ❑영아를 위해 잠자는 장소를 포함해서 수면과 낮잠에 대한 조직 ❑음식 취급과 급식을 포함하는 소독과 위생 ❑편의 시설과 도구의 유지 ❑흡연, 화염물질 그리고 어린이와 성인들에게 사고를 발생시킬 수 있는 명확한 위험요소를 금지하는 것 ❑교직원에게 그들의 건강을 유지하는 것, 우울해지는 것을 예방하고 치료하는 것 그리고 스트레스를 다루는 방법을 소개하는 것	Random	TS, PP

부록 4 호주 ACECQA의 평가지표
(Australian Children's Education and Care Quality Authority)

질영역 1: 교육프로그램과 실제 (Educational program and practice)		
기준 1.1	공인된 학습체제는 개별 유아들의 학습과 발달을 강화하는 교육과정 발달을 명시하고 있다.	
	요소 1.1.1	교육과정의 결정은 지역사회, 웰빙, 학습자로서 자신감, 의사소통자로서 효율성과 연관된 유아 정체성과 관련하여 개별 유아의 학습과 발달 결과에 기여한다.
	요소 1.1.2	개별 유아들의 현재 지식, 생각, 능력과 흥미는 프로그램의 근본이다.
	요소 1.1.3	일과를 포함하는 프로그램은 개별 유아의 학습기회를 최대화하는 방법으로 구성(조직)되어야 한다.
	요소 1.1.4	개별 유아의 프로그램과 발달상황과 관련된 문서는 가족들이 알 수 있다.
	요소 1.1.5	모든 유아는 프로그램에 참여하도록 지원받는다.
	요소 1.1.6	개별 유아의 특약점을 장려하여 선택과 결정을 돕고, 유아의 일상과 그들의 세계에 영향을 준다.
기준 1.2	교사(educator)와 기관장(co-ordinators)은 적극적·반성적으로 개별 유아를 위한 프로그램의 구성과 실행에 중심이 된다.	
	요소 1.2.1	개별 유아의 학습과 발달은 지속적으로 반복되는 계획-문서작업-평가의 한 부분으로서 평가된다.
	요소 1.2.2	교사들은 유아들의 생각과 놀이에 반응하고 개별 유아들의 학습을 비계설정하며, 이를 확장할 수 있도록 계획적인 교육을 한다.
	요소 1.2.3	프로그램을 실행 시, 개별 또는 집단 내에서의 유아의 학습과 발달에 대한 비판적인 반성이 정규적으로 시행된다.

질영역 2: 유아들의 건강과 안전 (Children's health and safety)		
기준 2.1	개별 유아의 건강이 장려된다.	
	요소 2.1.1	개별 유아의 건강에 대한 요구를 지원한다.
	요소 2.1.2	개별 유아에게 안락함과 개별적인 수면과 휴식 및 안정에 대한 요구를 충족하는 적절한 기회를 제공한다.
	요소 2.1.3	효율적인 위생 체제가 장려되고 실행된다.
	요소 2.1.4	명시된 안내지침에 따라 전염성 질병의 확산을 통제하고, 상처와 질병을 처치하는 조치를 취한다.
기준 2.2	유아들을 위한 건강한 식사와 신체운동이 프로그램에 포함된다.	
	요소 2.2.1	건강한 식사를 장려하며, 제공되는 음식과 음료는 개별 유아에게 적절하다.
	요소 2.2.2	신체운동은 계획적이거나 자연스러운 경험을 통해 장려되며, 개별 유아에게 적절하다.

기준 2.3	개별 유아들은 보호된다.	
	요소 2.3.1	유아들은 항상 충분히 감독된다.
	요소 2.3.2	상처를 유발하는 상해와 위험으로부터 유아들을 보호하기 위해 모든 합리적인 주의(경고)를 취한다.
	요소 2.3.3	관계 당국과의 협의 하에 사고와 응급상황을 효율적으로 조치하는 계획이 수립되어 있다.
	요소 2.3.4	교사(educator), 기관장(co-ordinator), 교직원(staff members)은 학대와 방임의 위기에 처한 유아들에게 반응해야 한다는 책임과 역할을 의식한다.

질영역 3: 물리적 환경 (Physical environment)		
기준 3.1	부지(건물)의 구성과 위치는 기관운영에 적합하다.	
	요소 3.1.1	실내 · 외 공간, 건물, 가구, 장비, 시설 및 재료(자원)들이 각각의 목적에 부합한다.
	요소 3.1.2	부지(건물), 가구와 장비들이 안전하고 깨끗하며 잘 유지되고 있다.
	요소 3.1.3	시설물은 모든 유아들이 접근하여 사용할 수 있도록 구성되거나 적합화되어 있으며, 융통성 있는 이용과 실내 · 외 활동 사이의 상호작용을 돕는다.
기준 3.2	환경은 포괄적이며 놀이를 통해 자신감, 독립적인 탐험과 학습을 장려하도록 한다.	
	요소 3.2.1	실내 · 외의 공간은 조립식 구조물과 자연환경에서 모든 유아들의 질적인 경험을 수용할 수 있도록 구성 및 조직된다.
	요소 3.2.2	자원 및 재료와 장비의 수가 충분하며, 적절하고 효율적인 프로그램 실행을 돕고, 다양한 용도로 사용될 수 있는 방법으로 구성된다.
기준 3.3	기관은 환경보호에 적극적인 역할을 하며 향후 계속해서 지속가능한 역할을 하도록 한다.	
	요소 3.3.1	기관의 운영방침에 지속가능한 실행을 포함한다.
	요소 3.3.2	유아들이 환경 보호적 책임감을 가지고 환경을 존중하는 태도를 보이도록 지원한다.

질영역 4: 교직원 관리/배치 (Staffing arrangement)		
기준 4.1	교직원 관리/배치는 유아들의 학습과 발달 강화와 안전과 웰빙을 보장한다.	
	요소 4.1.1	교사-유아 비율과 자격 요건은 항상 유지된다.
기준 4.2	교사, 관계자와 모든 교직원들은 덕망 있으며 윤리적이다.	
	요소 4.2.1	전문적인 기준에 따라 실제, 상호작용 및 관계가 이루어진다.
	요소 4.2.2	교사, 기관장과 모든 교직원들은 협동적 · 확신적 · 도전적 · 지원적인 자세로 일하고, 실제 및 관계 향상을 위한 기술을 향상시키기 위해 상호간에 학습한다.
	요소 4.2.3	상호작용은 상호존중, 평등과 서로의 강점과 기술에 대한 인식을 포함한다.

질영역 5: 유아와의 관계 (Relationships with children)		
기준 5.1	개별 유아에 대한 존중과 공정한 관계를 유지 및 발전시킨다.	
	요소 5.1.1	개별 유아와의 상호작용은 온화하고 반응적이며, 신뢰로운 관계를 형성한다.
	요소 5.1.2	교사들은 모든 유아들이 삶과 학습에 필요한 기술습득을 지원받을 수 있도록 의미 있고 열린 상호작용을 한다.
	요소 5.1.3	개별 유아가 안전감, 자신감과 소속감을 느낄 수 있도록 지원한다.
기준 5.2	개별 유아는 다른 또래 및 성인과 민감하고 반응적인 관계를 형성하고 유지하도록 지원받는다.	
	요소 5.2.1	개별 유아들이 협력적인 학습기회를 통해 타인과 함께 일하고 도우며, 타인으로부터 배울 수 있도록 지원한다.
	요소 5.2.2	개별 유아가 자신의 행동을 조절하고, 타인의 행동에 적절하게 반응하며 갈등 해결을 위해 효과적으로 소통할 수 있도록 지원한다.
	요소 5.2.3	모든 유아의 존엄성과 권리는 항상 유지된다.

질영역 6: 가족 및 지역사회와의 협력적인 파트너십 (Collaborative partnerships with families and communities)		
기준 6.1	가족과의 존중적인 지원관계를 형성 및 유지한다.	
	요소 6.1.1	가족을 위해 효율적인 등록과 오리엔테이션 과정이 있다.
	요소 6.1.2	가족들은 기관의 의사결정에 공헌하고, 운영에 참여할 수 있는 기회를 갖는다.
	요소 6.1.3	기관에 대한 현재 정보가 가족들에게 제공된다.
기준 6.2	가족들은 부모역할에 대해 지원받으며, 자녀양육에 있어 그들의 가치와 신념들은 존중받는다.	
	요소 6.2.1	가족에 대한 전문적 지식을 인식하고, 유아의 학습과 웰빙에 대한 의사결정을 공유한다.
	요소 6.2.2	자녀양육과 가족의 웰빙을 지원할 수 있는 지역사회의 서비스나 자원에 대한 최근 정보를 제공한다.
기준 6.3	기관은 타 기관(기구) 및 서비스 제공자들과 협력하여 유아의 학습과 웰빙을 강화한다.	
	요소 6.3.1	관련 지역사회와 지원 단체와의 링크가 형성 및 유지된다.
	요소 6.3.2	적절한 관련 정보와 명료화된 책임을 공유함으로써, 각각의 유아를 위한 지속적이며 계속적인 학습과 전이(transition)를 지원한다.
	요소 6.3.3	참여와 지원 보조를 위한 접근이 용이하다.
	요소 6.3.4	기관은 지역사회와의 관계와 참여를 형성한다.

<table>
<tr><th colspan="3">질영역 7: 리더십과 기관 운영 (Leadership and service management)</th></tr>
<tr><td rowspan="6">기준 7.1</td><td colspan="2">효과적인 리더십으로 긍정적이고 조직적인 문화를 장려하고, 전문적인 학습 공동체를 형성한다.</td></tr>
<tr><td>요소 7.1.1</td><td>기관 운영을 위한 적절한 경영 방침이 수립되어 있다.</td></tr>
<tr><td>요소 7.1.2</td><td>교사, 관계자, 교직원을 위한 안내서는 이해가능하다.</td></tr>
<tr><td>요소 7.1.3</td><td>모든 노력은 기관의 교사와 관계자의 계속성을 장려하기 위함이다.</td></tr>
<tr><td>요소 7.1.4</td><td>규정(provision)은 적절한 자격과 경험을 가진 교사와 관계자들이 교육과정을 발전시키고, 교육과 학습을 위한 명백한 목표와 기대를 확립함을 보장하기 위해 정해진다.</td></tr>
<tr><td>요소 7.1.5</td><td>유아들과 함께 일하거나 기관운영에 참여하며, 기관 내에 거주하는 성인들은 적합하고 적절해야 한다.</td></tr>
<tr><td rowspan="4">기준 7.2</td><td colspan="2">계속적인 향상에 대한 공약(commitment)이 있다.</td></tr>
<tr><td>요소 7.2.1</td><td>기관의 철학이 수립되어 있으며, 기관 운영의 전반적인 사항을 안내한다.</td></tr>
<tr><td>요소 7.2.2</td><td>교사, 관계자, 교직원의 수행결과가 평가되고, 수행결과 향상을 지원할 수 있도록 개인의 발전계획이 수립되어 있다.</td></tr>
<tr><td>요소 7.2.3</td><td>효율적인 자체평가와 질 향상의 과정이 수립되어 있다.</td></tr>
<tr><td rowspan="6">기준 7.3</td><td colspan="2">경영 체제는 질 적인 서비스를 효과적으로 운영하게 한다.</td></tr>
<tr><td>요소 7.3.1</td><td>기록과 정보가 비공개적으로 적절히 보관되고 기관에서 사용가능하며, 법률상의 요건에 따라 유지된다.</td></tr>
<tr><td>요소 7.3.2</td><td>효율적인 기관 운영을 확고히 하는 경영체제가 수립 및 유지된다.</td></tr>
<tr><td>요소 7.3.3</td><td>관계 당국은 기관운영과 관련된 변동사항, 중대한 사건 및 법률상의 위반을 주장하는 불만 등에 대해 통고받는다.</td></tr>
<tr><td>요소 7.3.4</td><td>처리 과정이 제대로 수립되어 있어 모든 불평과 고충을 검토하고, 공정하게 조사하여 적시의 방법에 따라 문서화한다.</td></tr>
<tr><td>요소 7.3.5</td><td>기관 운영의 실제는 효율적으로 문서화된 정책과 과정에 기초하여 서비스에 적용되며, 정기적으로 검토된다.</td></tr>
</table>

참고 문헌

R/E/F/E/R/E/N/C/E

강달금·이영석(2006). 보육시설 평가인증 지표에 대한 문제점 분석. **미래유아교육학회**, 13(4), 185-216.

강명희(2010). 공립유치원 기관평가에 대한 교원의 인식. 경인교육대학교 교육대학원 석사학위논문.

강수경(2009). 유치원 평가의 과정과 지표에 대한 교사와 평가위원의 인식. 이화여자대학교 대학원 박사학위논문.

강수경·이기숙(2009). 유치원 평가위원이 인식한 유치원 평가의 의미와 개선방안에 관한 연구. **육아지원연구**, 5(1), 77-104.

강인숙(2003). 교사 반응성 증진프로그램이 유아의 사회적 상호작용에 미치는 효과. **영유아교육연구**, 6, 93-114.

강해지(2009). 평가인증 보육시설의 학부모 만족도에 관한 연구. 동국대학교 대학원 석사학위논문.

고미경·류숙희·나정(2006). 유치원 교사의 근무여건과 전문성 향상 요구 분석. **열린유아교육연구**, 11(3), 251-284.

공미자(2003). 유아교육기관평가에 대한 유아교육기관 원장의 인식에 관한 연구. 원광대학교 교육대학원 석사학위논문.

곽병선 외(2000). **국가교육 정책으로서의 학교평가 시행이 학교교육의 질 향상에 미치는 효과 분석**. 수탁연구 CR 2000-28. 한국교육개발원.

교육과학기술부(2010). **유치원 평가 추진 계획**.

교육과학기술부(2011). 제2주기 유치원 평가 추진 계획(시안). 유아교육지원과 평가회의 자료. 2011.1.27.

국립교육평가원(1996). **유치원 교육평가**. 서울: 대한교과서.

권세경·이순영(2005). 물리적 환경의 차이에 따른 영아의 탐색 및 놀이행동과 또래와의 상호작용: 자유선택활동 시간을 중심으로. **교육과학연구**, 36(11), 219-236.

권수현(2010). 유치원 교사의 회복탄력성 분석. 이화여자대학교 대학원 석사학위논문.

권연희(2001). 유아교사의 직무만족도에 관한 연구. 용인대학교 교육대학원 석사학위논문.

권혜진·이순형(2002). 보육시설의 집단크기에 따른 영아의 또래 및 교사와의 상호작용. **아동학회지**, 22(4), 201-212.

금미숙(2007). 평가인증을 받은 보육시설에서 시설장과 보육교사의 평가인증에 대한 인식: 강원도지역 중심으로. 이화여자대학교 교육대학원 박사학위논문.

김경철·김안나(2008). 국가수준의 유치원 평가에 대한 교사와 원장이 느끼는 혜택과 어려움. **열린유아교육연구**, 13(6), 41-67.

김경철·김안나(2009). 국가수준 유치원 평가의 참여여부에 따른 교사의 전문성 발달에 관한 인식조사. 한국열린유아교육학회 학술대회 발표논문집.

김경철·김안나(2010). 국가수준 유치원 평가를 통해 평가위원이 보게 된 국·공립유치원 현실이야기. **미래유아교육학회지**, 17(1), 147-176.

김경현(2009). 유치원 평가 시행 전·후 교사의 인식. 경성대학교 교육대학원 석사학위논문.

김경혜·김진숙(2006). 보육시설 평가인증제에 대한 시설장과 교사의 반응분석. **열린 유아교육연구**, 11(6), 85-112.

김규수·오경숙·한유미(2010). 사립유치원 원장의 유치원 평가지표의 중요성 인식과 이해도 및 개선의지. **열린유아교육연구**, 15(2), 61-75.

김낙홍(2009). 유아교육기관의 설립 유형에 따른 영유아교사의 근무환경 실태조사. **한국유아교육·보육행정연구**, 13(2), 347-364.

김덕건·송행랑(2008). 보육시설 평가인증 과정에서 자유선택활동에 대한 교사의 인식 변화. **생태유아교육연구**, 7(1), 21-45.

김동례(2007). 보육시설 종사자가 인식한 평가인증제의 운영과정과 사후유지관리에 관한 연구. 전남대학교 대학원 박사학위논문.

김동례·이현경(2008). 보육시설 평가인증제 참여교사와 비참여교사의 직무만족도 비교 연구. **열린유아교육연구**, 13(2), 25-48.

김복희(2004). 유치원 교육환경의 질적 수준에 따른 교사-유아 상호작용에 관한 연구. 숭실대학교 교육대학원 석사학위논문.

김선희(2009). 보육경험, 어머니의 양육행동 및 교사-유아관계가 유아의 발달수준에 미치는 영향. **유아교육연구**, **28**(6), 185-206.

김선희(2009). 유아의 행동문제에 대한 유아의 기질과 교사-유아관계의 영향. **유아교육연구**, **29**(5), 203-224.

김성섭(2003). 사립유치원 원장의 기관평가에 대한 인식. 숙명여자대학교 교육대학원 석사학위논문.

김성열(1999). 학교평가와 교육발전. **교육연구**, **359**, 18-21.

김수영(2003). 유치원의 질적 수준에 따른 교사의 행동 및 유아의 놀이활동 차이. **한국영유아보육학**, **21**, 89-105.

김수진·조복희(2005). 보육시설의 물리적 환경 및 교사의 창의적 역할수행과 유아 창의성간의 관계. **한국보육지원학회지**, **1**(1), 125-146.

김숙령(2010). 영아-교사 간 상호작용의 질적 수준과 교사의 민감성이 영아의 부모와 교사에 대한 애착과 사회적 행동에 미치는 영향. **한국영유아보육학**, **61**, 197-215.

김순환(2010). 유치원 평가와 조력활동에 대한 국공립유치원 교사들의 인식 및 요구도. **육아지원연구**, **5**(1), 51-76.

김순환·손수연(2010). 유치원 평가에 대한 학부모 인식. **미래유아교육학회지**, **17**(3), 259-295.

김순환·손수연(2011). 사립유치원 평가 과정에서 나타나는 교사의 어려움과 현직교육에 대한 요구. **열린유아교육연구**, **16**(2), 51-84.

김안나(2011). 국가 수준 유치원 평가위원의 책무성과 그 한계. **유아교육학논집**, **15**(3), 343-368.

김영선(2000). 교실의 물리적 환경구성이 유아의 분류능력발달에 미치는 영향. **한국영유아보육학**, **23**, 1-19.

김영주(2000). 유치원학급크기에 따른 교수-학습행동 분석. **유아교육학논집**, **4**(1), 151-173.

김영희·박지현·이은주(2008). 보육시설 평가인증이 보육교사의 보육활동, 자료활동 및 유아와의 상호작용에 미치는 영향. **한국지역사회생활과학회지**, **19**(3), 387-397.

김온기(2010). 제2차 보육시설 평가인증 운영체계. **육아정책포럼**, 17, 15-25.

김용인(2008). 보육시설 평가인증제에 대한 학부모의 인식 및 보육서비스 만족도 연구. 총신대학교 교육대학원 석사학위논문.

김월남(2007). 평가인증제도에 관한 보육시설 종사자의 인식연구: 평가인증통과 보육시설 대상. 경원대학교 교육대학원 석사학위논문.

김일주(2010). 유치원 평가에 대한 학부모의 인식. 이화여자대학교 교육대학원 석사학위논문.

김정민 외(2009). **교육책무성 제고를 위한 학교평가 및 지원 전략 연구**. 서울: 한국교육개발원.

김정은·홍혜경(2005). 인터넷 수학활동에 대한 교사의 개입유형이 유아의 수학능력 및 태도에 미치는 효과. **어린이미디어**, 4, 1-19.

김향자(1993). 학급크기와 교사 수 변화에 따른 유아와 교사의 행동연구. 이화여자대학교 대학원 박사학위논문.

김현미(2010). 유아교육기관의 조직규모 및 학급규모가 교사의 직무만족도와 조직헌신도에 미치는 영향. 대구대학교 대학원 박사학위논문.

김현진(2008). 영아반 보육교사의 개인변인에 따른 전문성 발달수준. **한국보육학회**, 8(2), 31-47.

김희태·백영숙(2009). 유아교사의 창의성과 교수효능감. **유아교육학논집**, 13(3), 51-67.

나정(2006). **사회적 격차 해소를 위한 육아비용 적정 분담 방안 연구**. 서울: 육아정책개발센터.

남한정(2009). 유치원 평가인증에 관한 학부모의 인식에 대한 조사연구. 경북대학교 과학기술대학원 석사학위논문.

라소영·이근호·심숙영(2007). 평가인증에 대한 보육시설 종사자의 요구 연구. **아동권리연구**, 11(3), 543-564.

류진순(2003). 실외놀이터의 질적 수준에 따른 유아의 실외 상상놀이에 관한 연구. 덕성여자대학교 대학원 석사학위논문.

마미정(2006). 성공적인 보육시설 평가인증 준비과정을 위한 질적 접근. **미래유아교육학회지**, 13(3), 111-135.

문정애(2008). 보육시설 평가인증에 따른 보육교사 및 학부모의 평가인증 후 변화 인식수준 조사. 숭실대학교 교육대학원 석사학위논문.

문지희(2003). 영유아 보육시설 평가인증제도 도입에 관한 실증적 연구. 단국대학교 박사학위논문.

박란규(2005) 연령별, 생활주제별, 흥미영역별 교구의 실태 및 질적 수준에 관한 연구. 배재대학교 대학원 석사학위논문.

박윤경(2008). 유치원 교사의 직장이동경로 분석. 이화여자대학교 대학원 석사학위논문.

박은주·서영숙(2008). 보육시설 평가인증 지표의 중요성과 실현성에 대한 보육시설 종사자들의 인식 연구. **한국보육지원학회**, 4(1), 67-84.

박자연·김희진(2008). 보육시설 평가인증제와 평가인증에서의 부모참여에 대한 부모의 인식. **열린유아교육연구**, 13(2), 1-23.

백미열·이옥주·황혜경(2003). 유치원의 설립유형 및 지역에 따른 물리적 환경에 관한 연구. **영유아교육연구**, 6, 133-146.

백순근(1994). 교육평가의 양적 접근과 질적 접근. **교육월보**, 153, 교육부.

백순근(2003). 국가 수준 학교평가와 시·도교육청 학교평가의 연계방안. 교육공동체 형성을 위한 학교평가의 중장기 전망과 과제. 추계학술 세미나 자료집. 한국교육평가학회.

보건복지가족부(2010). **보육시설 평가인증 지침서(40인 이상)**. 서울: 보건복지가족부.

보건복지가족부(2010). **보육시설 평가인증 시행의 평가와 추진방안 연구**. 서울: 보건복지가족부.

보건복지부(2011). **2011 어린이집 평가인증 지침서(39인 이하)**. 서울: 보건복지부.

보건복지부(2011). **2011 어린이집 평가인증 지침서(40인 이상)**. 서울: 보건복지부.

보건복지부(2012). **2012 어린이집 평가인증 안내**. 서울: 보건복지부.

보건사회연구원(1995). **보육시설 평가기준 및 평가체계 개발**. 한국보건사회연구원.

서문희(2007). [세계육아정책동향 시리즈 3] **호주의 보육정책**. 육아정책개발센터.

서문희·임상헌·임유경(2000). **보육시설 평가인증제도 도입방안 연구**. 한국보건사회연구원.

서울특별시교육청(2008). **유치원 평가 편람**.

서유현(2002). 유치원에서 교사-유아 상호작용 분석. 이화여자대학교 대학원 석사학위논문.

서현(2007). 보육시설 평가인증을 위한 준비과정에 나타난 보육교사 경험의 의미. **한국영유아보육학**, 50, 1-29.

성기옥(2005). 학교평가 체제 개선방향과 과제. 홍익대학교 대학원 박사학위논문.

손세영(2009). 보육시설 평가인증제에 대한 인식 차이 연구: 보육시설 종사자와 학부모를 중심으로. 연세대학교 교육대학원 석사학위논문.

손순복(2009). 보육시설 평가인증 개별조력과정에 관한 연구. **미래유아교육학회지**, 16(4), 121-147.

손아랑(2009). 민간보육시설의 근무환경이 보육교사의 이직의도 및 직무만족도에 미치는 영향. **한국영유아보육학**, 58, 81-101.

손영빈·윤기영(2011). 유치원 평가에 참여한 교사들의 평가준비, 평가수행, 평가이후 과정 경험이야기. **한국영유아보육학**, 67, 299-325.

손인숙·송진숙(2004). 부모와 교사 간의 연계교육 및 유아-교사 간의 상호작용의 질에 따른 유아의 적응에 대한 연구. **한국영유아보육학**, 39, 111-128.

송연숙(2009). 국가 수준의 유치원 평가에 대한 원장과 교사의 인식 비교: 조력활동을 중심으로. **생태유아교육연구**, 8(1), 1-26.

송연숙·유수경(2008). 국가 수준의 유치원 평가를 위한 조력활동에 대한 유치원 교원의 인식 및 요구도. **열린유아교육연구**, 12(6), 19-40.

신동주(2004). 유치원의 실외놀이환경 구비실태 및 실외놀이시설. **유아교육학논집**, 8(4), 151-173.

신동주·류진순(2006). 유아교육기관의 물리적 환경과 유아의 실내·외 놀이 행동. **유아교육학논집**, 10(2), 165-185.

신설주(2005). 유치원 평가인증에 대한 교원의 인식에 관한 연구. 성균관대학교 교육대학원 석사학위논문.

신유림·윤수정(2009). 교사-유아관계와 유아의 사회적 행동특성 및 교육기관 적응의 관련성: 유아 및 교사 지각의 비교. **유아교육연구**, **29**(5), 5-19.

심성경·백영애·최대훈·공미자·변길희·박지애·박주희(2006). 보육시설 평가인증제 참여교사와 비참여교사의 인식비교. **열린유아교육연구**, **10**(2), 75-94.

심은주·이경화(2010). 국가 수준 유치원 평가의 내용 적합성에 대한 교사의 인식. **열린유아교육연구**, **16**(6), 25-47.

안선희·김지은(2007). 영아 및 유아 보육교사의 개인적 특성, 근무여건, 사회적 지지가 소진에 미치는 영향. **열린유아교육연구**, **12**(5), 147-164.

안지송(2004). 교사-유아 상호작용 및 어머니 양육행동과 유아의 자아지각과의 관계. 이화여자대학교 대학원 석사학위논문.

양승희·염순교(2007). 보육교사 직무만족도와 보육시설 근무환경과의 관계분석. **한국보육학회지**, **7**(4), 45-67.

양옥승(2002). **유아교육기관 종합평가 인정제 모형 개발**. 서울: 창지사.

여민진(2007). 유치원 기관평가에 대한 원장의 인식에 관한 연구. 배제대학교 대학원 석사학위논문.

열린유아교육학회(2003). 우수 유치원 인증을 위한 평가 모형. **열린유아교육학회**.

오민수(2007). 보육시설 평가인증을 받은 보육시설 시설장의 평가인증에 대한 인식과 만족도. 이화여자대학교 대학원 박사학위논문.

오지은(1998). 보육시설 설립유형과 교사관련 변인에 따른 영아교육의 질적 수준 분석. 한국외국어대학교 교육대학원 석사학위논문.

우정숙(2007). 유치원 평가에 대한 교사의 인식 연구. 공주대학교 교육대학원 석사학위논문.

원영미(2000). 보육시설유형별 인적, 물리적 보육환경의 차이에 대한 연구(울산광역시를 중심으로). **한국영유아보육학**, **21**, 307-334.

유수경·송연숙(2009). 유치원 평가에 대한 현장교사들의 이야기 탐구. **유아교육연**

구, 29(1), 181-206.

유현숙·박영숙(1997). **사립유치원 기관평가 준거 개발 연구**. 서울: 한국교육개발원.

윤보영(2008). 보육시설 평가인증제에 대한 교사와 학부모의 인식 비교. 성신여자대학교 교육대학원 석사학위논문.

윤정혜(2009). 웹기반 유치원 자체평가 조력 시스템 개발 연구. 부산대학교 대학원 박사학위논문.

윤혜미·권혜영(2003). 보육교사의 직무스트레스와 직업만족도. **한국생활과학회지**, 12(3), 303-319.

이경일(2000). 유치원 실외 놀이시설의 질적 수준에 따른 유아의 놀이행동 비교. 배재대학교 대학원 석사학위논문.

이경채(2003). 보육시설 평가인증제에 관한 보육시설 종사자의 인식 연구. 아주대학교 교육대학원 석사학위논문.

이귀애(2004). 민간 보육교사의 근무환경과 후생복지에 따른 직무만족에 관한 연구. **한국사회복지논총**, 9, 119-146.

이기숙(2009). 질적 수준과 책무성 제고를 위한 유아교육기관평가. **효과적인 유아교육기관평가를 위한 방안 모색**. 2009 한국육아지원학회 춘계학술대회.

이기숙·홍용희·박은혜·김희진(2002). **유아교육기관 인정제 모형**. 교육과학연구소 2002-03. 이화교육총서. 이화여자대학교 사범대학 교육과학연구소.

이기현·강옥환(2000). 보육기관의 시설·설비 수준에 관한 연구. **아동학회지**, 21(1), 179-199.

이대균·김선구(2008). 보육시설과 유치원 평가제도의 개선을 위한 논의. **열린유아교육연구**, 13(3), 165-180.

이대균·최희숙·김선구(2007). 교육부 주관 유치원 평가에 대한 분석적 고찰. **열린유아교육연구**, 12(5), 1-21.

이미숙(2008). 보육시설 평가인증제에 대한 어머니의 인식과 평가인증제 이후 만족도. 원광대학교 대학원 석사학위논문.

이선희(2010). 만 1세반 자유놀이시간에서의 영아-교사의 상호작용과 교사의 민감성. 이화여자대학교 대학원 석사학위논문.

이선희(2010). 유치원 평가에 대한 사립유치원 교원의 인식과 요구. 경남대학교 교육대학원 석사학위논문.

이성희·박영신(2007). 보육교사의 효능감과 직무만족도에 관한 연구. **열린유아교육연구**, 12(1), 31-50.

이송이·손여경(2009). 보육시설 평가인증지표 관련연구에 관한 메타분석. **유아교육·보육행정연구**, 13(4), 247-266.

이숙재(1994). 어린이 놀이터와 놀이행동에 관한 질적 연구. **유아교육연구**, 14(1), 109-132.

이순영(2009). 보육교사의 전문성 인식. **한국유아교육·보육행정연구**, 13(1), 301-317.

이순형·최일섭·신영화·이옥경(1998). **보육시설 확충 3개년 평가에 관한 연구-보육시설의 환경 운영관리 및 프로그램 평가**. 서울: 보건복지부.

이영석·손지영(2002). 시설유형, 경력, 학급유형, 학력에 따른 유치원 교사의 DAP 신념 및 교육실제 차이와 관계 연구. **생활과학**, 5, 97-121.

이옥례(2011). 보육시설 평가인증 결과 공유 및 활용에 대한 학부모 인식. 아주대학교 교육대학원 석사학위논문.

이윤경(1994). 유아교육 프로그램의 학급크기가 유아의 스트레스 행동과 활동형태에 미치는 영향. **유아교육연구**, 14(2), 153-169.

이윤경·김여경(2004). 교사-아동 상호작용 유형과 영·유아교육 프로그램 질과의 관계. **유아교육연구**, 24(4), 55-73.

이은해(2002). 보육시설 프로그램 평가도구의 개발과 타당화 연구. **영유아 교육기관의 인정제: 한국·일본·미국·영국·호주**. 이화여대유아교육과 BK21·삼성복지재단.

이은해·유희정·김온기(2006). **보육시설 평가인증 사업평가 및 사후관리**. 육아정책개발센터.

이은해·이기숙(1994). 유아교육 프로그램 평가척도 개발에 관한 예비연구. **아동학회지**, 15(1), 5-21.

이정숙(2007). 보육시설 평가인증 참여시설과 비참여시설에 대한 어머니의 평가. **아동교육**, 16(3), 253-264.

이정숙(2010). 보육시설 평가인증제에 대한 시설장과 교사의 인식. 이화여자대학교 대학원 박사학위논문.

이지은·오경녀·황해익(2009). 「유치원 평가」 참여에 따른 평가 및 교직 전문성에 대한 교원의 인식과 기대. 한국열린유아교육학회 학술대회 발표논문집, 199-217.

이진화·유준호(2003). 유아교육환경의 질에 따른 교사 행동에 관한 연구 조사. **한국영유아보육학**, 20, 121-134.

이진화·이승연(2006). 보육교사가 지각한 의사결정참여와 조직적·심리적요인, 직무만족도, 이직의도 간의 관계. **유아교육학논집**, 10(1), 229-250.

이진희(2006). 유아교육 프로그램 평가의 다양성과 깊이에 대한 탐색. **유아교육연구**, 26(4), 261-282.

임승렬·권혜진(2005). 이직한 유치원 초임교사의 이직 동기에 관한 연구. **열린유아교육연구**, 10(4), 361-391.

임정호(2009). 유치원 시범평가에 참여한 원장과 교사의 유치원 평가에 대한 인식. 이화여자대학교 대학원 석사학위논문.

장명림·김은영·박수연·김온기·이일주(2009). **육아지원기관의 질적 수준 관리 방안 연구**. 육아정책연구소 연구보고 2009-07.

장명림·나정·이기숙·최윤정(1999). **유아교육의 공교육화 촉진을 위한 유치원 평가 체제 구축**. 서울: 한국교육개발원.

장명림·이기숙·최수경(2001). 국가 수준의 유치원 평가의 접근과 적용 사례 연구. **유아교육연구**, 21(4), 211-237.

장설혜(2009). 유치원 평가에 대한 학부모 인식. **통계상담**, 22(2), 33-48.

장현주(2004). 보육 시설의 교수-학습 환경이 유아의 정서지능 발달에 미치는 영향. 덕성여자대학교 대학원 박사학위논문.

전지형(2009). 유치원 평가위원이 들려주는 유치원 평가 이야기. **유아교육연구**, 29(6), 379-396.

전지형(2010). 유치원 평가 지침에 대한 공사립 유치원 교원의 인식. **열린유아교육연구**, 15(1), 393-411.

정계영(2008). 유치원 학급규모의 적정성에 관한 연구. 이화여자대학교 대학원 박사학위논문.

정기원·오미영·안현애(1995). **보육시설 평가기준 및 평가체계 개발**. 한국보건사회연구원.

정대현·지성애(2006). 유아의 또래 상호작용·유아-교사관계·다중지능과 초등학교 적응 간의 관계. **유아교육연구**, 26(3), 201-221.

정원주(2007). 보육시설 평가인증제도의 문제점과 개선방안. **한국영유아보육학**, 51, 45-64.

정찬우(2008). 보육시설 평가인증제에 관한 학부모 의식 조사(대전지역 보육시설을 대상으로). **교육연구논총**, 29(1), 185-206.

정찬우·김언주·민현숙(2008). 보육시설 평가인증제의 효과에 관한 연구. **아동교육**, 17(1), 269-279.

조경서·유준호(2008). 보육시설 평가인증 과정에 참여한 시설장과 교사의 인식에 관한 연구. **한국유아교육·보육행정연구**, 13(1), 67-95.

조부경·남옥자(2006). 공립유치원 교사의 역할수행에 영향을 미치는 교사 내·외적 요인. **아동학회지**, 27(6), 81-96.

주경진(2007). 보육시설 평가인증제에 대한 시설장의 인식연구. 숙명여자대학교 교육대학원 석사학위논문.

채혜선·현정희(2008). 보육시설 평가인증 참여유무에 따른 보육교사의 자기평가 전문성발달수준에 관한 연구. **한국영유아보육학**, 52, 63-84.

최명희·김선영(2007). NAEYC 평가인증제의 개정에 관한 분석: 1998년 개정된 인증제와 2006년 개정된 인증제를 중심으로. **교육과학연구**, 11(1), 1-22.

최미숙·이미혜·이민경(2007). 보육시설 평가인증제 실시가 보육교사의 교수효능감과 역할수행 인식에 미치는 영향. **한국영유아보육학**, 49, 129-149.

최미숙·황윤세(2007). 상호작용적 또래놀이에 대한 교사-유아관계와 또래유능성의 관계 분석. **미래유아교육학회지**, 14(1), 103-123.

최미애(2000). 유치원 교사-유아의 상호작용에 영향을 미치는 제 변인에 관한 연구. 이화여자대학교 대학원 석사학위논문.

최선희(2008). 교사-유아 간 상호작용과 유아 부적응 행동 간의 관계. 경기대학교 교육대학원 석사학위논문.

최희숙(2010). 유치원 평가 준비과정에서 경험하는 교사의 어려움과 조력을 통한 교사 및 유치원의 변화. 배재대학교 대학원 박사학위논문.

탁옥경·배지희(2007). 보육시설 평가인증 과정에 참여한 원장과 교사의 인식. **유아교육연구**, 27(4). 327-353.

탁옥경·배지희(2009). 보육시설 평가인증 참여과정에서 나타나는 어린이집의 변화 과정 탐색. **유아교육연구**, 29(4), 257-280.

하은경·김주후·김경란(2008). 시설장과 보육교사의 평가인증 참여 및 만족도 분석: 평가인증 심의 통과 보육시설을 대상으로. **미래유아교육학회지**, 15(4), 153-176.

한국교육개발원(1986). **유아교육기관평가 준거 개발 연구**. 서울: 한국교육개발원.

한국교육개발원(2001). **학교종합평가 종합보고서**. 수탁연구 CR 2001-38.

한국교육개발원(2005). **서울특별시교육청 학교평가와 종합장학지도의 연계 실시 방안 연구**. 한국교육개발원.

한국교육개발원(2008). **학교평가 공통지표 매뉴얼**. 서울: 한국교육개발원.

한국교육개발원(2009). **학교평가 공통지표 매뉴얼(미간행 자료)**.

한국교육개발원(2010). **학교평가 공통지표 매뉴얼**. 한국교육개발원 연구자료 CRM 2010-33.

홍명인(1998). 유아교육기관의 물리적 환경과 교사-유아 상호작용 간 상관관계. 건국대학교 교육대학원 석사학위논문.

황미혜(2010). 유치원 평가에 대한 교사와 학부모의 인식 비교 연구. 공주대학교 교육대학원 석사학위논문.

황성온(2006). 유아교사의 이직 결정 원인 조사. 중앙대학교 대학원 석사학위논문.

황해익(2009). 질적 수준 제고를 위한 유아교육기관평가. 한국열린유아교육학회 학술대회 발표논문집, 103-125.

황해익·이경화(1995). 보육시설 평가척도의 개발을 위한 기초연구. **유아교육논총**, **5**(1), 99-129.

황해익·최혜진·배인숙(2009). 국가수준 유치원 평가에 대한 공·사립유치원 교사의 인식 비교. **열린유아교육연구**, **14**(2), 1-24.

황해익·최혜진·오경녀(2009). 유치원 원장(원감) 및 교사의 국가수준 유치원 평가에 대한 인식 연구. **유아교육학논집**, **13**(2), 193-216.

Abbott-Shim, M. & Sibley, A. (1992). *Assessment Profile for early childhood program*. Quality Assist, Inc., 368 Moreland Ave. NE Suite 210, Atlanta, GA.

ACECQA (2012). *Guide to the national quality framework*. www.acecqa.gov.au.

ACECQA (2012). *Guide to developing a quality improvement plan*. www.acecqa.gov.au.

Arnett, J. (1989). Caregivers in day-care centers: Does training matter?. *Journal of Applied Developmental Psychology*, *10*(4), 541-552.

Barnard, W., Smith, W. E., Fiene, R., & Swanson, K. (2006). *Evaluation of Pennsylvania's Kestone STARS quality system in child care settings*. Pittsburg, PA: University of Pittsburg Office of Child Development and Pennsylvania State University Prevention Research Center.

Blatchford, P., Moriarty, V., Edmods, S., & Marin, C. (2003). Class size, pupil attentiveness and peer relations. *British Journal of Educational Psychology*, *73*, 15-36.

Bloom, P. J. (1996). The quality of work life in NAEYC accredited and non-accredited early childhood programs. *Early Education and Development*, *7*(4), 301-17.

Bowman, B., Donovan, M. S., & Burns, M. S. (Eds.) (2000). *Eager to Learn: Educating our preschoolers*. National Academy Press, Washington, DC.

Broberg, A. G., Hwang, C. P., Lamb, M. E., & Bookstein, F. L. (1990). Factors related to verbal abilities in Swedish preschoolers. *British Journal of Developmental Psychology, 8*, 335-349.

Chapman, C. (2001). Unlocking the potential: Inspection as a mechanism for school improvement. *Improving Schools, 4*(3), 41-50.

Chapman, C. (2002). Ofsted and school improvement: Teachers' perceptions of the inspection process in schools facing challenging circumstances. *School Leadership & Management, 22*(3), 257-272.

Clarke-Stewart, K. A. (1992). Consequences of child care for children's development. In A. Booth (Ed.). *Child care in the 1990s: trends and consequences*(pp. 35-60). London: Her Majesty's Stationery Office.

Connor, E., & McCartney, K. (2007). Examining teacher-child relationships and achievement as part of ecological model of development. *American Educational Research Journal, 44*(2), 340-369.

Cost, Quality and Child Outcomes | CQCO | Study Team (1999). *The children of the cost, quality, and outcomes study go to school: Executive summary*. Frank Poter Grahan Child Development Center. Chapel Hill. NC.

Cotton, J. L., & Tuttle, J. M. (1986). Employee turnover: A meta-analysis and review with implications for research. *Academic of Management Review, 11*, 55-70.

Curby, T. W., LoCasale-Crouch, J., Konold, T. R., Pianta, R. C., Howes, C., Burchinal, M., Bryant, D., & Barbarin, O. (2009). The Relations of observed pre-K classroom quality profiles to children's achievement and social competence. *Early education and development, 20*(2), 346-372.

Dahlberg, G. & Moss, P. (2005). *Ethnics and politics in early childhood education*. RoutledgeFalmer, London and New York.

Dahlberg, G., Moss, P., & Pence, A. (1999). *Beyond quality in early childhood education and care: Postmordern perspectives*. London: Palmer Press.

Davison, K. K., & Lawson, C. T. (2006). Do attributes in the physical environment influence children's physical activity?. *The International Journal of Behavioral Nutrition and Physical Activity*, *3*, 1-19.

Day, D. E. (1983). *Early Childhood education: A human ecological approach*. Greenwich, Illinois Scott, Foresman and Co.

Day, D. E., & Sheehan, R. (1975). Elements of a better school. *Young Children*, *30*(1), 15-23.

de Kruif, R. E., McWilliam, R. A., & Ridley, S. M. (2000). Classification of teacher's interaction behaviors in early childhood classroom. *Early Childhood Research Quarterly*, *15*(2), 247-268.

Ehren, M. C. M., & Visscher, A. J. (2008). The relationships between school inspections, school characteristics and school improvement. *British Journal of Educational Studies*, *56*(2), 205-227.

Fiene, R., & Nixon, M. (1980). The instrument based program monitoring information system and the indicator checklist for child care. *Child and Youth Care Forum*, *14*(3), 198-214.

Fimina, M. J., & Cross, A. H. (1996). Stress and burnout among preadolescent and early preadolescent gifted student: A preliminary investigation. *Journal of Early Adolescence*, *6*, 247-267.

Gerber, E. B., Whitebook, M., & Weinstein, R. S. (2007). At the heart of child care:Predictors of teacher sensitivity in center-based child care. *Early Childhood Research Quarterly*, *22*, 327-346.

Goelman, H., & Pence, A., (1987). Some aspects of the relationships between family structure and child language development in three types of day care. *Advances in Applied Developmental Psychology*, *2*, 129-146.

Goffin, S. (2002). Succeeding with Accreditation. **영유아교육기관의 인정제: 한국·**

일본·미국·영국·호주. 2002년 삼성복지재단 제10회 국제학술대회. 259-286.

Harms, T., & Clifford, R. M. (1980). *The Early Childhood Environment Rating Scale(ECER-S)*. New York: Teachers College Press.

Harms, T., & Clifford, R. M. (1989). *Family Day Care Rating Scale*. New York: Teachers College Press.

Harms, T., Clifford, R. M. and Cryer. D. (2005). *Early Care Environment Rating Scale*. New York: Teachers College Press.

Harms, T., Cryer. D., & R. M. Clifford. (2003). *Infant/Toddler Environment Rating Scale*. Rev. ed. New York: Teachers College Press.

Herr, J., Johnson, R. D., & Zimmerman, K. (1993). Benefits of accreditation: A study of director's perception. *Young Children*, *48*(4), 35-38.

Howes, C., & Hamilton, C. E. (1992). Children's relationships with child care teachers: Stability and concordance with parental attachments. *Psycscan Developmental Psychology*, *63*(4), 867-878.

Howes, C., Matherson, C., & Hamilton, C. E. (1994). Maternal, teacher, and child care history correlation of children's relationship with peers. *Child Development*, *65*, 264-273.

Howes, C., Phillips D. A., & Whitebook, M. (1992). Thresholds of quality: Implications for the social development of children in center-based child care. *Child Development*, 63, 449-460.

Kontos, S., & Fiene, R. (1987). Child care quality, compliance with regulation, and children's development: The Pennsylvania study. In D. A. Phillips (Ed), *Quality in child care: What does research tell us?*. Washington, D. C: NAEYC.

Kostelnik, M. J. (1997). 배우면서 자라는 공간: 유아교육을 위한 실내 환경. 삼성복지재단 제5회 국제학술대회 어린이와 환경. 156-228.

Lamb, M. E. (1998). Nonparental child care: context, quality, correlates, and consequences. In I. W. Damon., E. Sigel, & A. Renninger(Eds.), *Handbook of child Psychology: Vol. 4. Social, emotional, and personality(5th, pp.73-133)*. New York: John Wiley.

Lamb, M. E., Hwang, C. P. & Broberg, A. G. (1988). The effect of out-of-home care on the development of social competence in Sweden: A longitudinal study. *Early Childhood Research Quarterly, 3*, 379-402.

Lee, J. H. (2003). *The quest of quality: Evaluation and early childhood programs*. Unpublished doctoral dissertation, University of Illinois, Urbana Campaign.

Liu, J., & James, E. (2005). Teacher-child interaction in Chinese kindergartens: an observation analysis. *International Journal of Early Years Education, 13*(2), 129- 184.

Loane, S. (1997). *Who cares: Guilt, hope, and the child care debate*. Australia Red International Books.

Mahoney, G. (1988). *Family/child curriculum: A relationship focused approach to parent education/early intervention*. Tallmadge, OH : Family Child Learning Center.

Martinez, K. (2005). Identifying the wants and needs of North Carolina Teachers from national association for the education of young children (NAEYC) accredited and non-NAEYC accredited preschools for job sucess and satisfaction. Unpublished doctoral dissertation, University of Northern California.

Mashburn, A. J. (2008). Quality of social and physical environment in preschools and children's development of academic, language, and literacy Skills, *Applied Developmental Science, 12*(3), 113-127.

Maxwell, L. E. (2007). Competency in child care settings: The Role of the Physical Environment. *Environment and Behavior, 39*(2), 229-245.

McDonald, D. (2009). Elevating the field: Using NAEYC early childhood program accreditation to support and reach higher quality in early childhood programs (NAEYC public policy report.). https://www.naeyc.org/policy/state/pdf/.NAEYC pubpolReport.pdf.

McWilliam, R. A., Scaborough, A. A., Bagby, J., & Sweeney, A. (1998). *Teaching Style Rating Scale* (TSRS). Chapel Hill, NC: Frank Porter Graham Child Development Center, University of North Carolina.

Melhuish, C., & Moss, P. (1995). **세계의 영유아 보육-미국과 유럽을 중심으로**(이영, 이기숙, 박경자, 정미라, 김춘경 공역). 서울: 이화여자대학교 출판부(원서 1995 출판).

Minnesota Department of Human Services. (2005). School readiness in child care settings: A developmental assessment of children in 22 accredited child care centers. https://edocs.dhs.state.mn.us/lfserver /Legacy/DHS-4362-ENG.

NAEYC (1984). *Accreditation criteria and procedures: Position statement of the National Academy of Early Childhood Programs*. Washington. DC: Author.

NAEYC (1991). *Accreditation criteria and procedures: Position statement of the National Academy of Early Childhood Programs (Rev. ed)*. Washington. DC: Author.

NAEYC (1997). *Reflections on NAEYC accreditation learned and goals for the future*. Washington, DC: NAEYC.

NAEYC (1998). *Accreditation criteria & procedures of NAEYC*. Washington, DC: NAEYC.

NAEYC (1999). *NAEYC validatior manual*. Washington, DC: NAEYC.

NAEYC (2005). *Code of ethical conduct and statement of commitment: A position statement of the National Association for the Education of Young Children*. Washington. DC: Author.

NAEYC (2006). NAEYC accreditation. http://www.naeyc.org/accreditation.

NAEYC (2008). *NAEYC early childhood program standard and accreditation criteria*

: The mark of quality early childhood education. Washington, DC.

NAEYC (2011). All criteria document. http://www.naeyc.org/files/academy/file/AllCriteriaDocument.pdf.

NCAC (2005). QIAS Quality Practice Guide.

NCAC (2006). QIAS Handbook 4th edition.

NCAC (2007). Australian Government Department of Families, Housing, Community Services and Indigenous Affair.

NCAC (2009). NCAC Annual Report 2007/2008.

NCAC (2009). NCAC response to the report of the expert advisory panel on quality early childhood education and care.

NCAC (2010). Child Care Quality Assurance-Summary of Changes from September 2008 to August 2010.

NICHD (National Institute of Child Health and Human Development) (1997). Mother-child interaction and cognitive outcomes associated with early child care: Results of the NICHD study. Society for Research in Child Development meeting symposium, Washington, DC.

NICHD Early Child Care and Research Network. (1999). Child outcomes when child care center classes meet recommended standards for quality. *American Journal of Public Health*, *89*, 1072-1077.

NICHD (1996). Early Child Care Research Network.

OECD (2001). *Starting strong: Early childhood education and care*. France, Paris: OECD.

OECD (2006). *Starting strong II: Early childhood education and care*. France, Paris: OECD.

Palermo, F., Hanish, L. D., Martin, C. L., Fabes, R. A., & Reiser, M. (2007). Preschoolers' academic readiness: What role does the teacher-child relationship play?. *Early Childhood Research Quarterly*, *22*, 407-422.

Pezdek, A., & Nalbard, D. (1979). Psysiological, social and behavioral consequences of crowdling on children and adolescents. *Child Development, 50*, 201-208.

Phillips, D., & Howes, C. (1987). Indicators of quality in child care: Review of research. In D. Philips, & C. Howes (Ed.), *Quality in child care: What does research tell us?* (pp. 1-19). Washington, DC: National Association for the Education of Young Children.

Phillips. D. A., Scarr. S., & McCarteny, K. (1987). Child Care quality and children social development. *Development Psychology, 23*(4), 537-543.

Robert, J. C. & Kavita, P. (2003). Spending time with teacher: characteristics of preschoolers who frequently elicit versus initiate interaction with teachers. *Early Childhood Research Quarterly, 18*(1), 143-158.

Scarr. S., Eisenberg, M., & Deater-Deckard, K. (1994). Measurement of quality in child care centers. *Early Childhood Research Quarterly, 9*, 131-151.

Snider, M. H., & Fu, V. R. (1990). The effects of specialized education and job experience on early childhood teacher's knowledge of developmentally appropriate practice. *Early Childhood Research Quartelry, 5*(1), 69-78.

Spodek, B. (1978). *Teaching in the early years*. (2ed) NJ: Englewood Cliffs.

Standaert, S. (2000). *Inspectorates of education in Europe: A critical analysis*. Flanders, Minstry of Education.

Tyler, R. W. (1949). *Basic principle of curriculum & instruction*. Chicago: The Univ. of Chicago Press.

Tylor, D. (2002). 호주 보육시설의 질관리 시스템. **2002년 제10회 국제학술대회, 영유아교육기관의 인정제: 한국·일본·미국·영국·호주**. 이화여자대학교 유아교육과 BK 21 핵심 사업팀.

Vandell, D. L., & Wolfe, B. (2000). *Child care quality: Does it matter and does it need to be improved?* Washington, D.C.: Office of the Assistant Secretary for Planning and Evaluation: U.S. Department of Health and Human

Services. Retrieved from.

Whitebook, M,. Sakai, L., & Howes, C. (1997). *NAEYC accreditation as a strategy for improving child care quality: As assessment by the National Center for the Early Childhood Work Force*. Final Report. National Center for the Early Childhood Work Force. (ERIC Document Reproduction Service No. ED415028).

Whitebook, M., Sakai, Howes, C. (2004). Improving and sustaining center quality: The role of NAEYC accreditation and staff stability. *Early Education and Development*, *1*(3), 305-326.

Whitebook, M., Howes. C., & Phillips., D. (1989). *Who cares? Child care teachers and the quality of care on America: National Child Care Staffing study*. Oakland, CA: Center for the Child Care Workforce.

Whitebook, M., Phillips, D., & Howes, C. (1993). *Four years in the life of center-based child care in America*. Report of the National Child Care Staffing Study Revisited. Oakland, CA: Child Care Employee Project.

Zan, B. (2005). NAEYC accreditation and high quality preschool curriculum. *Early Education and Development*, *16*(1), 85-104.

[참고웹사이트]

보육진흥원 http://www.kcpi.or.kr

중앙정보보육센터 http://www.educare.or.kr

호주 http://www.ncac.gov.au, www.acecqa.gov.au

미국 http://www.naeyc.org

저자 소개

이 기 숙

이화여자대학교 사범대학 유아교육학과 졸업
미국 George Peabody College of Vanderbilt University (유아교육전공) 석·박사
한국유아교육학회 회장
세계유아교육기구(OMEP) 한국위원회 회장
환태평양유아교육연구학회(PECERA) 회장
대한어린이교육협회 회장
이화여자대학교 사범대학 부속유치원, 이화여자대학교 이화어린이연구원장 역임
현재 이화여자대학교 유아교육과 교수

❙ 유아교육과정, 유아교육프로그램, 유아를 위한 교수학습방법, 영유아를 위한 안전교육 등 다수

강 수 경

이화여자대학교 사범대학 유아교육학과 졸업
이화여자대학교 대학원 유아교육과 석·박사
굿네이버스 예비부모교육 강사 및 이화여자대학교·경원대학교·한양대학교 대학원 외래교수, 육아정책연구소 위촉연구원 역임
현재 가천대학교 세살마을연구원 연구교수, 동덕여자대학교·강남대학교 교육대학원 외래강사, 유아 그림책 동화작가

❙ 혼자 집보긴 싫어, 유치원에 친구가 없다면, 유치원 평가의 과정과 지표에 대한 교사와 평가위원의 인식, 유치원 평가위원이 인식한 평가의 의미와 개선방안, 실외 놀이터 안전 실태: 관리주체를 중심으로 등

유아교육기관평가

초판 1쇄 인쇄 2012년 4월 13일
초판 1쇄 발행 2012년 4월 20일

지은이 | 이기숙·강수경
펴낸이 | 김기섭
편집인 | 오경미
펴낸곳 | 창지사 www.changjisa.com
153-802 서울시 금천구 가산동 345-13 파트너스타워 1차 9층
전화 (02) 719-2211~3
팩스 (02) 701-9386
등　록 | 1977년 4월 28일 · 제1-421호

ISBN 978-89-426-0626-9 (93370)

값 16,000원